Violence, Exclusion, and
the Making of
the Alien in America

〔美〕贝丝·廖-威廉姆斯 — 著

张 畅 — 译

无处落脚

THE CHINESE
MUST GO

暴力、排斥
和在美异族的
———— 形成

社会科学文献出版社

SOCIAL SCIENCES ACADEMIC PRESS (CHINA)

本书获誉

荣获"雷·艾伦·比灵顿奖（Ray Allen Bilington Prize）"、"埃利斯·霍利奖（Ellis W. Hawley Prize）"、"萨利和肯·欧文斯奖（Sally and Ken Owens Award）"、"文森特·桑德提斯图书奖（Vincent P. DeSantis Book Prize）"、"卡洛琳·班克罗夫特历史奖（Caroline Bancroft History Prize）"

这是对19世纪下半叶排华现象的原创性的、令人信服的分析——美国移民政策是如何引起并帮助塑造1885年反华暴力事件的。
——雷·艾伦·比灵顿奖评委会

这本读物不仅节奏优美、令人感动，还怀有一种对种族边界有力且深刻的人道主义描述，其余波回荡至今。
——埃利斯·霍利奖评委会

《无处落脚》展现了一个曾不断拓展被奴役者和印第安原住民公民身份的国家是如何以一种细碎、断续的方式，否定其他阶层的群体被纳入国籍的权利……种族暴力和社区的回避读起来令人深感残忍。廖-威廉姆斯尤擅援引《排华法案》的通过对在美华人心理造成的影响。
——瑞贝卡·奥尼恩（Rebecca Onion），美国《石板》杂志（Slate）

本书重述了19世纪中后期美国白人劳工针对华人移民的暴力，以及始于限制、终于驱逐华工的一系列法案的制定历程。贝丝·廖-

威廉姆斯以她颇具技巧性的叙事，编织出种族歧视和排外主义的历史故事，在今天依然能引起读者的共鸣。

——安德里亚·沃登（Andrea Worden），《南华早报》（*South China Morning Post*）

通过细致入微的调查和对概念的大胆运用，廖-威廉姆斯利用"规模"透镜焦距的微妙变化，从地方、地区和国家等不同层面比照了反华运动。这段社会史通过强调反华暴力和地方自治的目标变化（从限制到驱逐），以及两者在推进华人移民管制方面的作用，极大地重塑了既有的排华编年史。

——马德琳·Y. 许（Madeline Y. Hsu），《亚裔美国人史：一段非常简短的介绍》（*Asian American History: A Very Short Introduction*）作者

《无处落脚》从地方层面无缝过渡到国际层面，提供了关于排华的引人入胜、文笔优美的新叙事，这种叙事铺陈了中国人的声音和经历，为我们理解移民和边境作出了重要贡献。

——卡尔·雅各比（Karl Jacoby），哥伦比亚大学

《无处落脚》所呈现的关于种族暴力的有力论证再及时不过。它说明了为什么19世纪美国西部针对华人的大屠杀在今天仍能引起共鸣。白人民族主义者将华人移民视作他们家园和工作的威胁，并指责美国政府未能成功封锁边境。

——理查德·怀特（Richard White），《它所代表的共和国：重建和镀金时代的美国，1865~1896》（*The Republic for Which It Stands: The United States during Reconstruction and the Gilded Age, 1865-1896*）作者

纪念廖进荣

目 录

他们在倾盆大雨中离开了。300 名华人移民走在马路中央，在大雨中弓着背。一群扛着棍棒、手枪、步枪的白人将他们团团围住，紧贴在他们前后，如同一支游行队伍一般。围观者们更增添了这沉重的气氛，他们挤在泥泞的路上，从狭窄的门廊处窥视，为了看得更清楚，还有人靠在了二楼的窗台上。队伍里一个名叫 Tak Nam① 的华人想要反抗，但他后来回忆，当时的人群异口同声地给出了答案："所有中国人！必须走！每个人！"¹

那一天是 1885 年 11 月 3 日，华盛顿领地，塔科马市（Tacoma, Washington Territory）。但这些都无关紧要。1885~1886 年，美国西部至少有 168 个社区驱逐过他们的华人居民。²

这一系列的清退时不时伴随着粗暴激进的种族暴力：在种族歧视的驱使下，施暴者试图通过肢体冲突造成身体损伤。³民团成员（vigilantes）将目标瞄准所有华人，不论长幼、男女、贫富。他们在商铺底下埋炸弹，从帐篷后面胡乱扫射，放火焚烧住宅区。一旦肢体暴力变得不可收拾，发起人又使用更温和的手段进行驱逐，例如胁迫、骚扰、威胁、恐吓。他们为中国人设定了搬离城镇的最后期限，似乎违抗命令的后果不言而喻。他们关押了华人社区的首领，然后看着其他人四散逃离。他们号召大家联合抵制华工，直至饥饿骤然降临。这也是种族暴力的一种。

尽管历史学家常说，种族暴力是美国建立的基础，然而他们很少涉及美国西部的华人。但凡提及种族暴力，他们脑海中浮现的多半是种族歧视引起的殖民地暴力、奴役和隔

---

① 本书中美华人姓名已不可考，故以英语转音的字母形式表示。（本书脚注均为译者注，除特殊情况外，不再说明。）

2

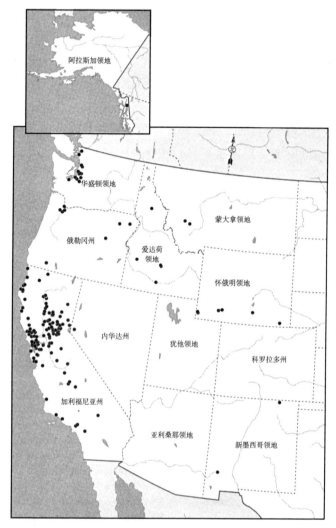

　　1885~1886 年反华驱逐发生的地点。民团成员通过骚扰、威胁、恐吓、纵火、炸弹、袭击和谋杀驱逐华人居民。（地图基于笔者搜集的数据绘制，详见附录一。）

离。[4]人们长期以来一贯认为，这类种族暴力的行为变种不仅根植于印第安原住民和非裔美国人，还根植于整个国家的历史中。然而，反华暴力却常常被排除在国家叙事之外。[5]

不难看出，对反华暴力的忽视或许只是因为华人的相对数量偏少。在19世纪的美洲，中国人本来就不多，因种族暴力而丧命的就更少了，这使得反华暴力致死的人数看起来似乎微不足道。据1880年官方人口统计，美国有105465名中国人，在1880年代中期反华暴力的顶峰中丧生的则至少有85人。然而，这些数字并不能勾勒出暴力的全貌，因为在这之前和之后发生了一些极其恶劣的事件。例如1871年，在洛杉矶的尼格罗街（Negro Alley），一群暴徒当着几十个目击者的面，私刑处死了17名"中国佬（Chinamen）"①。1887年,16岁的Hong Di被私刑杀死之后，加利福尼亚州"科卢萨市民（citizens of Colusa）"曾对着他的遗体拍照留念。这类反华暴力极端残忍，吸引了人们的眼球，但反华暴力并不总是致命的，因此不常被记载下来。基于已知的死亡人数，历史学家常将反华暴力视为针对印第安原住民和非裔美国人的致命暴力的余波。[6]假如我们用压迫黑人和灭绝印第安人来定义美国19世纪的种族暴力，华人受到的排斥似乎确实不值一提。或者说得再政治不正确一些，这些排斥看上去一点都不暴力。

对这段历史的忽视同样也能用暴力本身来解释。中国人移民美国的历史始于1850年代，上万中国人投身加利福尼亚州的淘金热。当其他新来的人想在美国及美国历史中享有一席之地时，暴力却让中国人退居国家和民族记忆之外。在塔科马市，1885年之后已没有中国人，又由于有人纵火，之前存在

---

① 1871年洛杉矶华人大屠杀（Chinese Massacre of 1871）发生于1871年10月24日，是美国洛杉矶针对华人的种族仇杀事件。500余名白人男性暴徒冲进洛杉矶唐人街袭击、抢劫并杀害当地居民，制造了美国历史上最大规模的私刑事件。

4

中国移民被私刑处死较为少见，更少见的是处死后被拍了照片。Hong Di 因杀人罪被判入狱，不具名的"市民"将他从监狱接出来，然后把他吊死在铁道的横杆上。（"Hong Di, Lynched by the citizens of Colusa, July 11, 1887 at 1:15 a.m."，BANC PIC 2003.165. Courtesy of the Bancroft Library, University of California, Berkeley.）

过的一点遗骸也不复存在。在如今"重归于好"的努力之下，塔科马市的确花费数十年的时间寻找塔科马华人的后代，然而至今仍杳无音信。[7]排斥成功使华人的痕迹所剩无几，甚至连记忆也淡去了。

综上所述，这段历史因误解而遭到无视。暴力的反华运动并非其他地区种族暴力的拙劣模仿，而是一个必须就事论事来重新考量的独特现象。就算没有致死的武力，排华暴力也自有其深远而持久的影响，尽管这可能并不是我们希望看到的。

*

反华暴力之所以与众不同，是因为它的主要目的、方式和结果都与其他暴力有别。

其目的就是排斥。在当地，反华的拥护者不让中国人进入和占据白人居民自认为有权独享的场所和工作岗位。在国家层面，拥护者们不让华人移民进入美国，并否认了已经生活在美国国内的华人的居住权。在国际上，他们将中国排斥在与移民有关的对话之外，希望以此将双边政策转化成单边政策。尽管学者有时将这些诉求分为不同的问题（分别是种族主义、国家主义、帝国主义），但反华的拥护者很少对它们加以区分。在他们看来，中国移民造成的威胁亟须从不同层面加以拒斥。

当时，全国上下的排华属于尤其极端的结果。虽然在今天，边境控制似乎是自然而然、不可避免，但在美国建立初期，这个国家却是向所有人开放移民的。19世纪初，联邦政府更在意的不是如何防范不受欢迎的人，而是如何吸引受欢迎的人进来。就算个别的州偶尔管控罪犯、穷人、病人入境，联邦政府却是不管边控的。[8]这意味着当时不需要护照，没有"非法外国人（illegal alien）"的概念，也没有达成这类共识：美利坚合众国必须大门紧闭，以此决定其公民的组成成分。

反华的支持者要求联邦政府改变这一切。他们认为，排华可以采用极端方式，因为中国人威胁到了19世纪美国种族的纯粹性。当时有一种观点颇为流行：认为从多个角度可以佐证中国人在种族上比白种人更低一等。中国人野蛮、奴性强，却格外勤奋、狡诈，并且适应能力强得惊人。华人移民源自一个闻名天下的古老民族，在美国人的眼中，那里可是先进文明的发源地。他们认为中国人要始终忠于中国，所以显然不可能变成美国人。白人既担心印第安原住民和非裔美国人可能会污染他们的民族，也害怕中国人有朝一日会征服这片土地。例如，塔科马的一位反华运动领导人公开表示了他的担忧：如果"孔子数百万勤劳肯干的儿女"被"赋予了和我们子民同等的机会"，他们"有可能会在生存之战中完胜，占领美国太平洋沿岸"。9因此19世纪末，就在美国人对印第安人和黑人实行驱逐、奴役、同化的时候，他们同时开始鼓吹排华。在版本各异的种族脚本背后，隐藏着冷酷无情的算计。美国白人征收了印第安人的土地，需要黑人劳力，却没理由容忍中国人。10

然而，并非所有美国白人都认同这一点。19世纪中期，很多美国商人、资本家和传教士都认为：华人移民对美国的利益和国力都至关重要。商人盯准了琳琅满目的中国商品和巨大的中国市场，而新教传教士则发现他们可以向太平洋两岸的"异教徒"传教。在全球扩张主义者看来，美国人和美国生产的产品可以跨越太平洋向国外扩张美国势力，反过来华人移民涌入美国则能加快西部发展，强化美国对在华权益的声索。11预见到美国在太平洋地区之外的未来，以及他们个人斩获的回报，颇具影响力的精英开始强烈反对排华运动。然而，这样的反抗却让排华运动的支持者有恃无恐，反而使19世纪以后的排华手段愈演愈烈。

反华暴力的主要手段是驱逐。华人移民自1850年代抵达美国以来就是被骚扰和攻击的主要对象，但从 1880 年代起，系统性的驱逐就成了首选方法。在西部的州和领地（99% 的中国人居住在这里），民团成员使用抵制、纵火、攻击等方式，如秋风扫落叶一般将中国人从他们的市镇赶走，不准他们再回来。[12] 尽管驱逐华人偶尔会造成人员伤亡，但这种伤亡很少是故意造成的。两名华人男性被迫从塔科马启程，长途跋涉之后于途中丧命，但根据 Tak Nam 的说法，死亡并不是肢体冲突直接造成的。之后的赔偿审讯中，Tak Nam 描述那群人是如何用棍棒和手枪"推搡我们"，"像赶猪一样赶我们"。就是在这种情形下，经过 8 英里被迫的长途跋涉和一个晚上的"瓢泼大雨"之后，"两个中国人死于严酷的天气"。[13]

尽管民团的目标是赶走他们的华人邻居，但驱逐可不仅仅是用地方的手段达成地方的目标这么简单。民团大造声势或直接请愿，把他们的暴力行为诉诸语言，再将这种暴力转化为更为广泛的驱逐呼声。换句话说，反华暴力是一种政治行为，更确切地说，反华暴力也可称作"暴力的种族政治（violent racial politics）"。民团针对地方目标发起种族暴力，实则是在表达他们在国家层面的政治意图。当然，这些民团成员并没有决定美国司法或外交的权力，众多政治势力和随机事件形成了最终的排华政策。然而，当民团的暴力抗议吸引了全美的目光时，排华就变得顺理成章甚至水到渠成了。联邦政府的排华政策不仅被兜售成针对华人移民的解决办法，还被包装成对抗白人暴力这一更迫切的威胁手段。

在 19 世纪，暴力对美国政治具有支配权并非意外。在国家暴力的转型时期，包括美墨战争（1846~1848）①、内战

---

① 美墨战争，也称墨西哥—美利坚战争（Mexican-American War），是美国与墨西哥在 1846~1848 爆发的关于领土控制权的战争。在美国扩张主义的驱使下，墨西哥割让了 1821 年独立以来国土面积约三分之一的土地。1848 年 1 月 12 日，林肯在议会上表示："波尔克发动的针对墨西哥的战争是没有必要的和违反宪法的。"直指该战争非正义的侵略性质。

（1861~1865）、印第安战争①，显然都是通过暴力来调解政治，并且是通过一系列超出法律权限的战争来达成的。暴力的种族政治不断涌现，尤其是在南方重建时期，比如在白人公民缺乏有组织的政权的西部领土中。这类种族暴力让当地人生活在恐惧之中，塑造了当地的政治，有时也推进了国家议程。19世纪中叶，政治暴力和随之而来的言语声势挑战了联邦政府保护印第安人保留地、解放非裔美国人的政策，以及对华人移民的忍耐度。到19世纪末，联邦政府默许了强占印第安人领地、压迫黑人和排华过程中的暴力需求。[14]

反华暴力的主要后果就是铸造了现代美国的外国人。"外国人（alien）"这个词一直以来指代的都是非本国人、陌生人、局外人；美国法律中的定义是生活在美国但尚未加入美国国籍且在外国出生的人。诚然，"外国人"这个词在我们现代人听来不太舒服，甚至是一种冒犯。最近学者和记者开始用"非本国公民（noncitizen）"来代替"外国人"。但这个更中性的词对于我们眼下要处理的问题来说太不精确了。在19世纪，"非本国公民"一词可能包含更大且更多样化的群体，包括在不同时期的奴隶、自由黑人、印第安人和殖民地国民。[15]因此，我们不能简单粗暴地废除"外国人"一词，因为它提供了史学意义上的准确度和精确性。本书谨慎地运用该词，以描述特定的法律和社会地位，而非本质属性。中国人作为外来移民进入美国，在法律和社会层面被界定为外国人。到19、20世纪之交，经过从地方到全国再到国际时断时续的排斥，中国移民成为美国土地上典型的外国人。[16]

在地方，暴力加固了美国西部的种族边界。和Tak Nam

---

① 印第安战争（Indian Wars），指的是美国独立战争前后，殖民白种人和美国原住民印第安人之间的一系列冲突，起因是随着北美西部白人殖民者增多，侵占了原住民的土地。

一样的人在多种族混杂的社区里站稳脚跟，与白人和印第安人一起生活和工作。在被赶走之前，Tak Nam 在塔科马居住了 9 年，在美国住了 33 年。当时，随着民团成员纷纷断绝与中国人的联系，并将他们驱赶到陌生的环境里，暴力将邻里变为象征和实际意义上的陌生人。除了 1880 年代的死亡记录之外，暴力还夺走了 20000 多条生命。在整个过程中，暴力加速了美国西部对中国人的种族隔离，促进了向东部进军的移民大潮，并且催化了华人移民回国的进程。[17]

暴力的种族政治迫使中国人从当地社区迁走的同时，也有效地将他们排斥在了国境线以外。1885 和 1886 年暴力爆发之前，国会努力平衡关闭美国国门和向中国敞开国门之间相互矛盾的需求。1882 年，美国领导人暂时达成了双边的妥协，颁布了众所周知的《排华法案》。① 就在这项法案经历了人尽皆知的失败和层出不穷的暴力后，国会才在 1888 年转向长期的多边"排华"政策。② 命名上的改变标志着立法、执行和意图上的重大变化，国会留给中国移民的出路变窄了，对美利坚帝国主义在亚洲的强化和扩张投入了更多的资源。历史学家们习惯于将目光聚焦在排华政策的可能走向，却忽略了两个时期之间的差别——限制阶段（Restriction Period，1882~1888）和排斥阶段（Exclusion Period，1888~1943）。想要了解排华的激进主义及其发展的阶段性历史，我们有必要了解之前的限制、实验和争论阶段。[18]

限制和排斥法令合力阻止了数以千计的中国移民定居美国，又通过分隔男女，抑制了在美出生的华人人口。伴随时

---

①　1882 年 5 月 6 日，美国总统切斯特·艾伦·阿瑟（Chester Alan Arthur）签署了《排华法案》（Chinese Exclusion Act，也称《中国人限制法案》），成为《美国法典》的一部分，将所有华人劳工拒于美国之外长达十年。

②　1888 年的《斯科特法案》（Scott Act）延伸了《排华法案》的内容，禁止华人在离开美国后再度入境。

间的推移，最初在中国人身上实施的政策为后续提供了法律蓝本，排斥中国人演变为排斥亚洲人，排斥的目标又在 20 世纪初指向了日本、韩国、南亚和菲律宾移民。[19] 其结果就是，1950 年，这些外族群体的人口总数仅占美国总人口的 0.2%。甚至到了 21 世纪，只有一小部分亚裔美国人的美国血统可以追溯至一代以上。[20] 倘若我们去想象事实原本应该是怎样的话，我们就能理解排斥所致的重大影响。

为了描述这段历史，学者们多依靠比喻，诉诸这类词汇：高墙、全球化边境线、大门紧闭。尽管这些比喻颇有力量，但也可能产生误导。它们均暗示排华已成功地将中国人拒之门外，但事实并非如此。尽管法律的实施确实减缓了中国移民进入美国，但据历史学家估计，1882~1943 年，有超过 30 万的中国人成功抵达美国。[21] 这类比喻还暗示了排华的势力集中针对特定的地点和时间，即领土边界和进入国土的那一刻。而事实上，在他们跨越美国国门之后的很长一段时间里，中国移民依旧每日背负着他们的外国人身份，连带着他们在法律和社会层面的不利地位。此外，上述比喻还将我们的目光导向国家的边界，有意无意地让排华史在与美国重建、剥夺印第安人和黑人隔离的历史相比时，显得更加边缘化。

尽管华人移民潮是一个横跨大半个太平洋世界的跨国现象，但对于在美"异族"的塑造应该在国家的语境下加以理解。那时正值联邦政府在大规模重新定义"公民"，中国人成为"异族"并非偶然。南北战争以后，国会通过《宪法第十四修正案》（Fourteenth Amendment）设立了新的国家公民权，明确赋予了公民特定的权利和豁免权，并且将正式公民权拓展至更大范围——非裔美国人和印第安人。在这一关键时期，外国人身份（alienage）的社会和法律意涵也发生了转变。在现代美国公民的形成时期，地方的驱逐、国家的

排斥同海外帝国主义势力共同催生了现代美国的异族和非法
居民。[22]

*

　　传统上讲，规模大小和地域层级高低的不同设定，把在
美华人的历史划分成全然不同的故事：地方的驱逐，国家的排
斥，以及国际上的帝国主义行径。[23]较为简单直接的办法就是
整合这些故事，用三种叙事线索编织成一条简洁有力的主线。
这就是多重规模的研究方法。但本书的目的并不在于整合线
索，而是将其拆解成更细致的纤维成分，进而重新开始。只有
另起炉灶，才有可能从传统的规模分析中发现不同线索间的因
果联系。这种方法可以理解成是"跨规模（transcalar）"的研
究方法。

　　这段跨规模的历史从特定地区的单一现象，即美国西部的
反华暴力入手，在不同规模的传统的分析之间，挖掘表层之下
的盘根错节和枝枝蔓蔓。这一重新讲述的方式认为，正是联邦
政府的失误造成了当地的问题，而当地的危机则产生了国家和
国际上的后果。本书力求厘清反华暴力在当地和全球范围内复
杂的演化过程，尤其强调历史是多层次的。每一层都需要被视
作是独一无二的——运行其间的不同势力、贯穿其中的讲述逻
辑，以及人的局限性——但观念、结构和关系网足以勾连起这
些层面。跨规模的历史以冲突和联系的眼光，将多层历史同时纳
入视野。只有这样，才能解释为什么 Tak Nam 在塔科马市的街上束
手无策、毫无反抗之力，却仍能通过索赔影响到外交关系。[24]

　　跨规模历史解读的核心是认识到规模本身是被建构的，首
先由历史的主角建构，其次由讲述他们的故事的历史学家建
构。在 19 世纪，人们通过松散和变化的关系网、制度、意识

形态、资本流动来定义当地、国家和全球（按照它们存在的程度范围划分）。层层嵌套的人类活动，以及用于描述这些活动的词汇，都是从实践和信仰中孵化的。历史学家同样参与了规模的构建，为它们命名，定义它们的边界，并且赋予它们以意义。[25]

11　　规模一旦形成，就能塑造历史参与者及研究他们的学者的思想和行为。相较于淡化规模的影响，本书试图对其进行重新阐发。第一部分"限制"回溯了《排华法案》，即《中国人限制法案》彼此拮抗的政治和地缘政治，以此思考国家层面令人忧虑的妥协如何影响了当地移民政策的实施。这些章节表明，美国人对于华人移民的看法很大程度上是由他们看待世界的眼界宽窄决定的。第二部分"暴力"检视了政府限制华人移民失败之后反华暴力的爆发。无论是制定暴力政策还是反抗暴力，华人移民、反华民团和白人精英都试着通过各式各样的手段并在多重规模上争取集结各自的政治力量。第三部分"排斥"阐释了当地的种族暴力如何演变为国际上的危机，并促成了联邦政府的移民新政。在 19、20 世纪之交，当地的暴力、国家的排斥、帝国的扩张三者合流，共同改写了美国边境控制的性质，在本国内部和跨太平洋地区极大地拓展了美国领土的边界。

　　除了在不同规模之间游走，本书还运用了多重视角审视反华势力。全书的三个主要章节，也就是第二部分"暴力"，从三个截然不同的视角讲述了驱逐华人的历史。这种历史叙事勾画出了誓与暴力斗争到底的群体——被驱逐的华人、反华民团、国际化精英——之间的三角冲突。写下这些章节的意图，并不是为了说明不同观点在道德上需要被一视同仁，也不是为了调停互相冲突的观点，而是为了让表面上彼此矛盾、错综复杂的观点同时也能清晰易懂。[26]

从三个不同的视角看待冲突，可能会在归化分歧的同时，抹杀掉每个群体的多样性。实际上，"华人（the Chinese）"、"反华（anti-Chinese）"和"亲华（pro-Chinese）"三个派别内部都有各自不同的分支。在抵达美国之前，不少从中国来的移民都将国籍视为他们身份的主要标识。行当、宗族、行会、方言和出生地区隔了所谓的"中国佬"，也正是这一系列的社会身份定义了他们的社群和自我意识。[27] 同样，带头参与反华运动的男女也依据阶层、民族血统、语言、宗教和公民身份彼此各异。尽管绝大部分的人都骄傲地自称为白种人，他们偶尔也分为非裔美国人和印第安原住民，并且这两个族群自身极少和对方混为一谈。最后，尽管反对暴力的世界性扩张主义者因阶层身份、保守的政治倾向和对华人移民的立场联合在了一起，但他们也再鲜有其他的共同点了。即便如此，在 19 世纪中叶，区隔三个群体的裂痕依然比每个群体内部的分歧要深。这三种被建构的身份一度在决定一个人的忠诚度、行为和记忆上起到超乎想象的作用。本书三度讲述的这个故事，揭示了冲突的深度和复杂性，以及不断变动的边界和人们为此付出的代价。

此前的历史记录中罗列的反华事件不胜枚举，但本书为捕捉多层次、多角度的观点，遴选出若干个案进行研究。在这个过程中，我们接触到一位在驱逐中精神失常的华人女性、一位只要有人因为胆小怕事不加入就给人家"好一顿臭骂"的白人民团成员，以及一位自称会保护自家的华人仆人而持枪行凶的牧师。第二部分"暴力"的三个章节集中讲述了 1880 年代中期反华暴力例证之一——华盛顿领地的华人驱逐。该地虽不起眼，但爆发的暴力却尤为重要，它甚至成为更大规模暴力现象的代指——媒体报道迅速将塔科马驱逐称作"理想模型（ideal model）"就证实了这一点。"既然不受法律制约的成功范例已经树立起来，并且被人效仿，"《洛杉矶时报》(*Los Angeles Times*) 表示，"我们可以预见，太平洋沿岸的每个市镇都会有支持者准备就绪。"[28] 伴随暴力在美国西岸蔓延，这个预言被证实确有先见之明。早先进行的追溯历史研究让我们得以分析美国西北部太平洋沿岸的暴力案例，重新审视该地区对于更广泛的暴力现象起到的作用。

尽管西北部太平洋沿岸在亚裔美国史中只获得了有限的关注，然而它拥有比其他地区更完善的亲历反华暴力的档案库。这在某种程度上是由于联邦政府对华盛顿领地的干预留下了大量的记录；也因为 1906 年旧金山的地震和大火①毁掉了加利福尼亚州的诸多历史记录。[29] 然而，即便是在华盛顿领地，历史记录也并不完整。意料之中的是，受过良好教育的白人远比其他族群的人留下了更多记录。而在档案资料中，作为劳工阶层（工人阶级）的华人因为不识字、居住时间短，尤其难发出他们珍贵的声音。这段档案资料的沉默呈现了美国华人历史上的一个核心问题。因为第一人称的讲述不多，历史学家只能冒个险，用简单化的词藻描述华人——要么是不受自身控制的不幸受害者，要么是在关键时刻对抗暴徒的大无畏英雄。通过谨慎地阅读不甚完美的原始资料，本书力图忠实呈现移民在知识、权力和遭遇方面的不平等特性。

*

如今，塔科马港口曾经的华人移民聚居地附近已建起了中

---

① 1906 年 4 月 18 日凌晨，旧金山发生里氏 7.8 级地震，震中位于接近旧金山的圣安地列斯断层，随后燃起大火，持续数天。对旧金山城区、湾区、圣何塞，包括斯坦福大学造成了严重的损害，逾 3000 人丧生，是美国历史上主要城市遭受的最严重的自然灾害之一。

华协和园（Reconciliation Park）。协和园以不具名的中式园林样式建造。沿着碎石铺成的蜿蜒小路，穿过"一串珍珠桥"，就会看到一座"龙墓"，还有一系列历史敏感的标牌和可预约举办婚礼的红色亭子。就在大半个美国早已遗忘之时，这是塔科马为纪念反华暴力进行的一次大胆尝试。[30]

但这座协和园仍像一个时空之外的怪异之景。像 Tak Nam 这样的华人移民曾居住在这附近，在北太平洋铁路（Northern Pacific Railroad）沿线，在哈奇木材厂（Hatch Lumber Mill）楼群中建在桩子上的木制移动板房里。[31] 但在这方精心修建的空间里并没有留下那片蓬乱世界的任何痕迹。站在优雅的滨水公园内，与塔科马之间相隔一条熙攘嘈杂的公路，我们很难真正了解 1885 年华人移民的状况，更难想象他们如何生存，同样难以判断自那之后的 130 年间，华裔美国人经历了怎样的境况。

事实证明，正如诸多建在美国的中式花园一样，协和园追求的是真实，而事实证明这种真实可遇而不可求。[32] 它所展现的中国形象，不过是美国人眼里中国的倒影，并非在美华人的真实记忆。哪怕就在这种可贵的公开纪念的行为中，中国人也依然不被理解，与周遭格格不入。

或许这是唯一恰当的方式。毕竟，塔科马让他们变成了今天的样子。

第一部分

限　制

1. 中国人问题

1850年代，抵达美国西部的华人移民与暴力不期而遇。他们在萨克拉门托（Sacramento）劳作时不得不躲开孩童们丢过来的石块，在普莱瑟县（Placer County）的河流沿岸开矿时必须提防携带武器的勘探者，在洛杉矶街头则要躲避愤怒的暴徒。[1] 尽管这类暴力不是每天都有，也并非波及每个人，但在跨越种族分界线的每次相遇中都相当普遍。首先，在历史记载中，白人对待华人的暴力一度几乎是无处不在，其轨迹深藏在故纸堆的边边角角，内容极为丰富却难得一见。尽管特定事件的记载的确存在，但暴力的具体性质时常含混不清。其次，和今天一样，我们很难分清人与人之间的暴力和政治暴力，前者与种族和信仰关系不大，后者则清晰地表达了对于种族与国家的仇恨。

以 Hing Kee 之死为例。1877年12月16日，华人劳工 Hing Kee 在华盛顿领地麦迪逊港（Port Madison）企业居民区的床上被杀身亡。这是一起恶意凶杀案件。他被发现时手指上有若干伤口（意味着死前曾挣扎过），头的一侧有两处砍痕（深得足以穿透头骨），喉咙被割开（曾遭受"斧头或切肉刀"）。麦迪逊港针对华人劳工的暴力并未终止于这次恐怖的谋杀，即刻而来的是驱逐和纵火。几天之内，Hing Kee 的同乡们被逐出镇子，他们合住过的房子被烧成平地。慌忙逃离之际，几十个华人劳工离开了他们的家和过往的生活。毫无疑问的是，他们脑海中频繁浮现的是 Hing Kee 的尸身，背负的是自己将会是下一个 Hing Kee 的恐惧。[2]

在这起暴力案件和诸多其他案件之后，现在唯一还能找到蛛丝马迹的言论就是当地英文报纸版面上的几段话。《西雅图邮讯报》（Seattle Post-Intelligencer）即使报道了该案件，却反而助长了将其从我们种族暴力的历史记忆中抹去。尽管杀人手段残忍，该报仍将这起犯罪轻描淡写成了盗窃案，强调说大家都知道死者有"一块金表和钱"。对于当地的白人记者而言，这只不过是对谋杀习以为常的社会上另一起不幸的个人暴力事件。简单的调查过后一无所获，因此地方当局和报纸都宣称这次案件是由"某个或某几个不明身份的人"犯下的。就在几天后，余下的华人"被勒令离开"麦迪逊港，报纸并没有将这次驱逐报道为一次暴力行动甚至是罪行。相反，报纸编辑们默许，这是华人劳工问题的一种"解决办法"。[3]

神奇的是，在圣诞节当天报纸发布了一则勘误和致歉，表示之前忘记说明工厂的负责人是命令中国人离开，他们的住所也被"拆除之后烧毁"。[4]这则声明到底想要平息哪一方的事态，我们并不清楚。或许这条更正有意向读者们，尤其是那些从字里行间读出不为人知的暴力故事的读者们强调，任何恶性事件都不曾发生。毕竟这是在企业的住宅区发生的事，企业想怎么做就怎么做。或者也许报纸只是想在公信力缺失的节点提高公信力。不管是出于哪一种原因，结果都一样：这个种族暴力的时刻被层层掩埋在辩护、模棱两可和委婉的说辞之下。

除此之外还有一些反华暴力从未被搬上台面：紧闭的房门背后发生的暴力，就像女主人殴打男仆，嫖客攻击妓女。这类暴力发生在白人社会的边界之外，在伐木工厂所在的穷乡僻壤，偏僻的铁路沿线，或者印第安人保留地内的隐蔽之处。但在政权当局和新闻工作者那里，暴力也依然屡见不鲜，他们直接选择转身离开。对于白人旁观者而言，中国人的生命价值微乎其微，而针对他们的暴力却不计其数，以至于大部分形式的种族骚扰似乎并不值一提。

对于中国人而言，这些事件当然无法随时间流逝而变得平淡无奇。当时并没有人费心记下移民者的经历，但几十年过后，一队学者造访了对 1860 年代至 1870 年代的美国西部尚有印象的中国老人。如果放在一起来看，这群老前辈讲述的恐惧和谩骂却是残酷得相似。"我刚来那会儿，"Andrew Kan 记得，"他们当中国人连狗都不如。唉，太糟糕了，太糟了。当时所有中国人都像在中国那样穿衣、留辫子。那群恶棍流氓和年轻男孩拽你的辫子，扇你的脸，朝你丢各种烂菜和臭鸡蛋。你能做的只有跑掉和滚开。""噢，我吓得要死，以为他们会搞死我们，"Law Yow 回忆说，"他们站在路边，丢石头，挥棍子，说'去他妈的中国佬'。"Daisy Yow 遭遇的诽谤来自学校里的白人小孩，他们叫她"中国佬"、"小黄脸"和"骗子"。当美国白人抛来东西或者侮辱谩骂时，中国人就会恐惧更糟的就要来了。"有那么两三次，"Andrew Kan 证实，"我记得在旧金山，有中国人被暴徒给杀死了。"Huie Kin 在他的回忆录中写道："我们简直快吓死了；我们天黑之后不敢出门，因为怕被人从背后来一枪。我们经过的时候孩子们朝我们吐吐沫，还叫我们耗子。""我气得够呛，但我能做什么呢？"Chin Chueng 说："我什么都不能做。"就从这些侮辱谩骂和他们无能为力的愤怒中，对于这个新国家和他们自身在其间的位置，中国人教训惨痛。正如 Daisy Yow 所说："我认为他们把我们看成是低人一等的民族。"[5]

*

19 世纪中叶的美国西部见证了反华暴力和反华运动的兴起，但它们不能一概而论。相当一部分人并不是出于政治目的，而仅仅是出于个人的目的参与到零散的骚扰和袭击事件之中。为了试图阻止华工移民，组织松散的政治运动有时会演变为暴力，但也依托于政治游说、示威游行、新闻报道、国会请愿、第三党派候选人和联合罢工。从 1850 年代到 1870 年代，反华暴力和反华政治同时发生，彼此助力，对于中国移民而言这两者似乎是无法区分的。但回过头来我们可以很清楚地看到，种族暴力尽管无处不在，却依然不是反华运动的主力。

就在华人移民抵达美国的头三十年，华人移民、反华拥护者和国际化精英建立了可延续至 20 世纪的辩论基调。尽管反华运动几乎从中国人一到美国就开始了，但驱逐中国人的战役并没有即刻取得胜利，因为彻底阻止华人移民美国的目标太过激进，所以反对者非常多。美国白人一面抱怨西部的"印第安人问题"和南部的"黑人问题"，一面始终对"中国人问题"各执一词。当时，人们认为印第安原住民和非裔美国人地位低下是亟待解决的问题，但华人移民问题却是一片未知的领域。中国移民的到来对于美国而言意味着什么？以及联邦政府需要为此做些什么？事实证明，中国人的问题很难回答，因为它源自对美利坚帝国未来不同设想之间的根本分歧。[6]

在 19 世纪，美利坚合众国急速扩张，一方面是扩张领土，一方面是扩张跨太平洋地区的商业利益。由于美国人扩张和定居的土地日后会成为合众国的西部各州，他们依靠资本扩张和外交高压单方面赢得中国的领土、港口和市场。[7]这在很大程度上是美利坚帝国主义的双重计划，而中国移民这个让人忧心的问题却暴露了美国国内和海外扩张之间潜在的紧张关系。精英世界的扩张主义者将中国移民视作美国渗透进中国市场不可或缺的一环，而定居在美国西部殖民地的劳工阶层，却将中国人看成他们想象中自由的白人共和国的存在性威胁。

因此，华人问题并非简单的种族问题。不管如何在争论的细节上吹毛求疵，绝大多数美国人都认为华人是一个有别于其他民族的低等种族。从根本上说，这是一个事关美利坚帝国属性的问题。虽然他们都信奉白人至上，梦想海外扩张的人从利用中国看到了实现梦想的希望，而其他寄希望于殖民主义的白人定居者则将驱逐华人视为殖民主义的顶点。美国白人如何看待中国移民，一定程度上取决于他们想象世界的尺度。想理解上述截然不同的世界观，就需要我们变换不同的尺度或规模了。

不断滋长的冲突数次演变为暴力，但多数时候冲突都维持在表面说辞和政治领域，因为每个持不同立场的人都表达着对美国未来的不同意见。19 世纪中叶，上万中国移民的涌入将这场近乎棘手的争论推向了国家的舞台。

一个移民从中国到加州的行程

Huie Kin 是从中国到加州的移民之一。作为家里五个孩子的老三，他出生在中国广东省台山市一个小村庄的两间房小农舍中。他的祖辈已经在这个村庄生活了 200 年，如果不是淘金热的流言，Kin 有可能已经死了。1860 年代，他的一位表兄从被当地称为"金山（Gold Mountain）"的加州回来，说"传说有人在河床上发现了金子然后一夜暴富"。1848 年，加利福尼亚的萨特磨坊（Sutter's Mill）有金子的消息很快传到了中国。一年之内，325 名中国人加入了淘金热，此后的 1850 年人数升至 450 名，1851 年 2176 名，1852 年突然之间飙升到了 20026 名。[8]

金子的说法具有魔力。就算当时还只是个孩子，Kin 多年后写道，他"知道贫穷的滋味。年复一年付出辛劳和汗水，就像他的父母那样，最终却一无所获"。他梦想跨过大海，去到"那片金子免费取用的神奇土地"。14 岁那年，他鼓起勇气征求父亲的同意，顺便要到了路上的开销。让 Kin 意外的是，他的父亲已经从有钱的邻居那里借到了船票钱，总共 30 美元，并用他的农场作为担保。"可能（我父亲）也想出国，"Kin 在他的回忆录中猜想，"但他结了婚，还有了家庭。他的儿子有胆去，而且如果他和其他兄弟一样幸运的话，他们可能就不必再面朝黄土背朝天地挣扎求生了。"假如 Kin 一击即富，那么美国就意味着能拯救全家人。

Kin 走的是在他之前和之后成千上万名中国移民走的路。1868 年，他乘小船或者叫"舢板（junk）"的中式木板船沿珠江三角洲走水路，先抵达广州，再到香港，随身就带一床铺盖卷和一只竹筐，用来装衣物和口粮。到香港后，他借住在亲友家中，在那里等候开往美国的国际轮船抵达。[9] Kin 离开村子时，他是年轻的底层男性移民浪潮中的一员，冒险离开广东寻找机会。同样是这群人，他们一代又一代远离故土，在邻近的市镇、省份或国家找寻工作。如今在新交通线的帮助下，他们跨越了太平洋。除了几个商人的妻子、女仆和妓女之外，绝大多数中国女性不被允许这么做。大部分人谋划的行程都是暂时的，离开中国，一赚回足够支撑未来家庭花销的本钱之后，就马上回家。这种"寄居者心态"源自中国强调孝道的文化传统和宗教信仰，他们在美国遇到的状况更强化了这种心态。[10]

离开那天，Kin 登上一艘大帆船，白色的巨帆鼓胀着在风中飘动。甲板上，他在白人船长前排队例行检查，下到自己的床铺。主要由美国或英国公司所有的外国轮船先沿中国海岸线向北，途经台湾海峡，然后沿西风带横跨太平洋。大部分移民付不起 30~50 美元去美国的单程票，他们借钱（像 Kin 一样）或者使用赊单制度，找个中国代理人签合同，承诺以后赚了钱就归还船票钱。[11]

Kin 一路上的大半时间都待在甲板底层。就在上层甲板和货架之间黑暗拥挤的空间里，Kin 和他的同乡挨过了两个月，他们昏睡、赌博、抽鸦片，谈论离开的那片土地。疾病夺走了几名乘客的性命，包括和 Kin 同行的年纪最大的表兄。他们的尸体被人从船上放下，"葬身"在远离祖先之地的"海底"。[12]

1868 年，Kin 终于登上了加利福尼亚旧金山的土地。他大大松了一口气，心潮澎湃。他回忆道："九月一个舒爽晴朗的早晨……大雾升起，就在离开（广东）海岸 60 多天之后，我们第一次看见了这片土地。我们真真切切地站在了梦想之地'金门'！涌上心头的感觉无法言表……我们卷上行李，装好竹篮，理了理衣服，等待着。"[13] Kin 到达旧金山港口之时，他的外表和语言都和周围格格不入。他梳着一条长辫子，穿宽松的马褂、宽腿裤子，头戴宽边的草帽，脚踩一双木鞋。船靠岸之后，Kin 和其他华人移民进入到一片吵嚷嘈杂的混乱之中。船夫、商人、运货马车车夫、海关官员、旁观者们涌上码头，码头上堆满了篮子、席子、帽子、竹竿和林林总总的货物。Kin 回忆说："就在一片嘈杂声中，有人用我们当地方言喊了一声，就像羊群听见声了一样，我们随大流跟了过去，很快就排了一队长龙。"华人移民徒步跟着中国劳工代理人，肩膀上斜扛着竹竿，走成一队，向这座城市的唐人街进发。就在 Kin 抵达的 1868 年同年，太平洋沿岸大约有华人 57142 名。[14]

23

Kin 回忆道："货车在鹅卵石上艰难地颠簸着，转过几道弯，爬上陡坡，停在了类似于会所一样的房子前面，我们在那里过了一晚。"由美国社区领导者建立的互惠组织机构——六大会馆（The Chinese Six Companies）——为新来的移民提供住处，直到他们签了劳工合同或者有亲戚帮忙把欠款结清。尽管与家乡远隔一片汪洋，新来的移民在华人聚居地依然感到亲切。Kin 想起："在 1860 年代，旧金山中国城的商铺只面向华人开放……我们这帮人都穿着家乡的服装，背后拖条辫子，和在中国一样，一整条街的店铺前门都敞开，百货和蔬菜就摆在人行道上。"[15] Kin 在这个遥远而陌生的土地上，满怀惊喜地找到了家的味道。

Kin 离开中国的时候或许还在做淘金的美梦，但淘金热早在他 1868 年到美国之前就已经结束了。开始，他在加州奥克兰（Oakland）的一个美国白人家里做佣工。就算是做佣工，Kin 赚的酬劳也是他在中国时难以想象的。他每月能赚 30 美元，而在广东做工的时候一个月也只能赚 2~10 美元。（在他老家的村子务农，他一年也不过挣 8~10 美元。）在美国，就算除去食宿的费用，Kin 还能每年往家里汇 30 多美元，这个数目足够支撑一个小家庭一年的米钱。最终，他可能会赚足够多的钱，然后像之前他尊敬的长辈那样，在美国买下一间中餐馆、洗衣店或商店。终极梦想是成为一个富有的老人，就是那种能向下一代移民提供借贷服务的人。[16]

对于 Kin 来说，这次旅行是一场个人的冒险。他的成功可能意味着将他和他的家庭从贫穷中拯救出来；失败对于所有人而言则是灭顶之灾。但事实是，Kin 的个人选择和他的最终命运，其实是太平洋世界的大趋势从中起了作用，最终使之成为可能。[17] Kin 听了他表兄的故事，他沿着不断完善的跨太平洋的交通、贸易和外交网络行进，登上一艘美国轮船，进入了满是人和货的中国城。在这趟行程中，他身后是一个急速变化的太平洋世界，以及关于他这类移民的意义的漫长讨论。

扩张主义者对于中国及中国人的畅想

在威廉·H. 苏厄德（William H. Seward）看来，Kin 这趟行程是早期美国对中国的帝国计划的必然产物。苏厄德原本是反对奴隶制的辉格党人，后来成为共和党人。他做纽约州州长和参议员时政治生涯相当辉煌，1860 年颇受共和党人拥戴［直到在共和党会议第三轮投票中输给了亚伯拉罕·林肯（Abrabam Lincoln）］。1861~1869 年，苏厄德担任林肯和安德鲁·约翰逊（Andrew Johnson）政府的国务卿。身居联邦政府的高位，苏厄德以最大的限度想象美国的未来，他设想美国成为连接东西方文明的年轻国度。

"近400年来，"苏厄德1852年对参议院说，"商人和贵族一直以来都在寻找便宜迅捷抵达'华夏''中国''东方'的办法，在这个古老民族和新的西方国家之间或可建立起交流和贸易的桥梁。"美洲的发现，他继续说道，是"更崇高的结果的附属品，如今即将功成圆满——两种文明的重聚"。[18] 苏厄德曾是世界性的扩张主义者这个多元团体中的一员；该群体由外交官、商人、投资者和传教士组成，他们相信美国的命运终将跨越太平洋。

美国对华通商之梦的历史，就和这个国家本身的历史一样长。独立战争结束之后，美国商人迅速将中国皇后号（Empress of China）民船改为商船。商人和之后诸多的追随者们希望把美国的产品卖给人口众多的中国，然后购买茶叶、丝绸和陶瓷之类的贵重进口货。但美国商人只能和中国市场保持相当有限的联系。1757年，清廷指定广州为唯一通商口岸，西方人可在此通商，但贸易严重受限。尽管关卡重重，广州和东南省份广东成为西方影响渗入中国的门户。西方帝国主义加速发展珠江三角洲地区的市场指向型经济，农民们不再种当地的主食大米，而改种橘子、甘蔗和烟草等有利可图的商业作物。[19]

美国和其他西方的商人们很容易为从中国进口的货物找到国内的市场，却一时没有可以等价出口到中国的商品。这种不平等的贸易一直在持续，直到英国人发现中国人会为了消遣购买鸦片，于是他们开始大批量从印度运输鸦片到中国。美国商人也希望从鸦片贩运中获利，试图控制19世纪初10%的鸦片贸易。因为担心毒瘾的蔓延，1839年，广州的一位钦差大臣①没收并烧毁了英美商人手上约 300 万磅（约合 272 万余斤）的鸦片。作为回应，英国向中国宣战。在第一次鸦片战争（1839~1842）期间，英国的战争诉求有二：一是将鸦片贸易合法化，二是让中国市场完全对西方开放。中方战败后，将香港岛割让给了英国，被迫开放了其他通商口岸并给予英国公民治外法权。由于中国力求避免和其他西方势力产生冲突，美国外交官经过谈判从中国得到了类似的贸易特权。20 之后的几十年里，中国签订了一系列不平等条约，条约由西方军队贯彻执行，中国继续丧失了对其领土、经济、军事、政府和社会的权力。21

西方重商主义和船坚炮利打开了中国的大门，也在 19 世纪中叶催生了一大批中国移民。战争结束之后，广东省因外国商品的竞争、农业歉收、毁灭性的太平天国运动（1850~1864）以及随后爆发的暴力民族斗争深受波及。广州仍然是一个繁华忙碌的大都市，但周围的地区和工人们却受益不均。22 伴随西方势力在中国不断增长，越来越多像 Kin 一样的广东人听说了"花旗之国（Country of the Flowery-Flag）"。美国商人们在广州设立了协调贸易的代理机构，每天通过这类当地机构同中国的劳工、翻译和商人打交道。紧随商人来华的是美国的传教士，他们多少懂点简单的粤语，开始向当地人传教。从 1862 年起，国会通过和太平洋邮船公司（Pacific Mail Steamship Company）签订一年 50 万美元的合同，促进了这一系列同广东的跨太平洋的联系。23

就在广东和美国之间联系越来越密切之时，加利福尼亚 1848 年发现金矿的消息很快传到了广州市和繁忙港口附近的乡村地区。很快，中国人开始筹备加入"1849 年淘金者（forty-niners）"的行列。24 1870 年代，加利福尼亚的金矿已

---

① 这里指的是时任钦差大臣，入广州查处禁烟的林则徐。他收缴全部鸦片近 2 万箱，约 237 万余斤，于四月二十二日（6 月 3 日）在虎门海滩上当众销毁。

经差不多被挖光，中国工人仍陆陆续续远途赴美。他们推进了太平洋沿岸的快速发展，为基于自然资源开采的经济提供了所需的劳动苦力：他们为修建美国铁路伐木，替白人农业生产者清理田地，向白人矿工们销售蔬菜。[25] 美国人口调查显示，到 1880 年，美国共有 105465 名中国人，其中 99% 住在西部。[26]

对于苏厄德和他的同僚而言，成千上万中国人的到来对美国来说无法避免并且很可能是有益的。"中国人自由移民到美洲和其他大洲，有助于增强所有西方国家的财富和国力，"苏厄德称，"而与此同时，中国大批人口的迁移会为向中国介绍我们的艺术、科学、道德和宗教清除障碍。"[27] 世界性的扩张主义者对于中国移民的支持，在很大程度上并不是建立在种族平等的构想之上。[28] 大部分白人精英和白人劳工阶层一样，都认为华人种群"难于同化"且天生"奴性强"。事实上，正是这类种族特点受到白人劳工阶层的厌恶，却赢得了白人精英的赞许。商人和资本家明白，美国西部急需非技术型劳动力帮助他们获取自然资源并服务上层家庭。他们设想，白人劳工阶层和自己所在的精英阶层都将从这种快速发展中获益。印第安纳州参议员奥利弗·P. 莫顿（Olive P. Morton）解释说："华人劳工为白人劳工开辟了许多路径和新行业，也使得多种贸易成为可能，并且有望为极大比例地提升制造业的收益奠定基础。"[29] 莫顿估计，华工从事最低薪酬的工作，可以提升白人劳工的地位，为美国西部带来繁荣。

苏厄德将中国人看作可以继续扩展的廉价后备军，他乐观地认为，只要继续招工，移民就会源源不断地进来。"假如……太平洋沿岸各州人民需要华工，他们就会鼓励移民，彼此相安无事，"苏厄德写道，"当他们不需要了，中国人就不会再来太平洋沿岸了。"[30] 世界性的扩张主义者认为美国有中国人的一席之地，前提是移民是暂时性的、从属于美国，或者

27

（偶尔）可以被同化。[31]

　　新教传教士们坚信中国人有被拯救的潜质，他们对中国移民持最为宽容的态度。他们认为，中国移民和华人种族的崛起有可能推动他们在太平洋两岸的传教事业。怀抱着此类幻想，"华人异教徒"为基督教美国的未来命运开辟了前所未有的机遇。Huie Kin 有幸遇见了这样一位传教士——詹姆斯·伊尔斯教士（Reverend James Eells），他"爱中国人……并且相信接触中国人的最好方法就是通过中国人自己"。伊尔斯教士教 Kin 英文，安排他受洗，引导他往一名牧师的方向发展，好去西化他的同胞，让他们也信仰基督教。新教传教士用 Kin 这样的人来证明中国人也能变成美国人，但国际化的精英却没这么肯定。[32]

　　1860 年代，伴随美国领土扩张至太平洋一带和工业扩张的加速，美国领导人意识到了与中国签订新协议的紧迫性，协议中需要更清晰地表述美国的权利和特权，以此来开拓美国商品的市场。[33] 几十年来，美国一直参照英国模式下的不平等条约，坐享英国海军赢得的特权，而苏厄德等美国外交官怀疑，如果仅仅是步英国后尘的话，美国是否还有机会在与中国的贸易中捷足先登。苏厄德基于共同合作打开中国大门的新愿景，秘密起草了一份协议。和英国用武力从中国攫取特权和领土不同，美国将会支持中国的领土主权，为的是换取中国的承诺：允许所有西方列强拥有平等进入中国市场的权限。苏厄德相信，假如中国市场面向所有人开放，拥有最强经济实力和与中国友谊最坚固的西方国家会在争取中国市场的竞赛中胜出。[34]

　　1867 年，清廷迈出了不寻常的一步——任命苏厄德的好友兼同僚、美国外交官蒲安臣（Anson Burlingame）代表清廷的立场。蒲安臣过去曾担任美国驻华公使，如今则成了中国对美国的外交使节。中国高度信任蒲安臣，认为他和中国朝臣比起来更适合应对错综复杂的对美外交。次年，蒲安臣陪同中国官员访美，并且采纳了苏厄德提议的条约草案。苏厄德和蒲安臣认为美国有必要"在对中国的外交中以平等的外交策略取代武力"，利用与中国"由衷的""合作""赢得……尊重和信心"。[35] 即便美国人误解中国是"尚未开化的"状态，1868 年，美国还是接受了苏厄德的协议，承认中国是"最惠国"并同意中美两国之间可以"自由移民往来"。[36] 扩张主义者相信这一新举措将使中国接受美国的影响，拓展传教事业以传播基督教，刺激商业发展并实现中国的西化。所谓的《蒲安臣条约》（Burlingame Treaty）及其共同打开中国大门的前提，受到了国会的一致认可，并被媒体赞誉成一次胜利。就这样，中美两国之间的"特殊关系"开始了，它由美国的帝国主义愿景而起，但也有意向中国人示好。[37]

定居者的噩梦：中国人入侵

眼看着 Huie Kin 和像他一样的人到来，加利福尼亚作家皮尔顿·W. 多纳（Pierton W. Donner）得出了全然不同的结论——这是美国快要终结的开端。在幻想小说《共和国最后的日子》（*Last Days of the Republic*，1880）中，他讲述了一段中国移民来到西海岸的颇具虚构色彩的历史，假想了一个反乌托邦的未来。根据多纳的说法，中国人和美国白人在"行为、穿着、生活习惯、宗教和教育"上都不同，但更为重要的是，"他们还不会被同化，不会社交"，始终是一个"和美国生活的每一种情感、每一种关联都格格不入的陌生族群"。这种对美国文化的抵触，用多纳的话说，是故意为之的。中国移民是由六大会馆发起的一次蓄意入侵的预兆，其目的是征服美利坚。像苏厄德一样的扩张主义者"从来没有怀疑过其中隐藏的背叛"，被骗进了这场通过条约谈判推动中国事业的局。[38]

在他笔调灰暗的叙述中，加利福尼亚州的白人劳工首先发现了中国人暗中入侵美国的行径。"不再去管条约的规定，或者是我们国家外国人的权利，"他写道，"整个生产阶层的公民一夜之间宣称：中国人必须走！"[39] 尽管加利福尼亚的工人们恳请政府保护这个国家，他们还是无法说服精英。美国政府允许中国人加入美国国籍，他们美国公民的身份将给美国带来毁灭。[40] 很快，25 万的中国人会被赋予选举权，他们会选出自己的同胞来领导这个国家。白人劳工阶层被迫陷入困境，婚姻制度即将瓦解，即便如此，世界性的扩张主义者还是置若罔闻。当有一天，中国军队在南卡罗来纳州起兵，拯救美利坚就为时已晚了。这场种族之战的结局就是，"美利坚合众国这个名字"将以"异族王权"的名义，"从国家和民族的记载中被抹除"。[41]

多纳的《共和国最后的日子》可能看上去不着边际，但还是反映了 19 世纪美国西部普遍存在的种族观念。[42] 种族多样化的美国公民（和有望成为公民的美国人）——包括非技术性和技术性的工人、家庭主妇和小商人——都将中国人看成他们的自由白人共和国愿景的外部威胁。世界性的扩张主义者从一开始就怀抱这样的希望：美国的商业帝国将会跨越太平洋；而上面提到的男人和女人则局限于更小的视野：美国定居者在西部各州和领地的殖民事业。后者的代表之一是旧金山的卡梅伦·金（Cameron King），他对国会委员会解释说，"让西海岸被中国人占领"来发展中国贸易是"一种自私和短视的政策"。"我们的国土在未来必须是我们自己人民的家园，"他接着说，"并且应该是留给我们子孙后代的遗产。"他形容中国人是"肮脏的、邪恶的、无知的、堕落的、奸诈的"，坚持认为他们是"我们自由制度的长期威胁和共和制政体的潜在风险"。金不光不喜欢华人种族，他和多纳一样相信中国移民会威胁到美国西进的扩张，最终威胁到这个国家。[43]

就在美国关于种族、劳工和公民身份长期争论不休的关键时刻，中国人抵达了美国。这是一个战争的时代——美墨战争（1846~1848）、南北战争（1861~1865）和一系列与印第安人部落之间的战争；这也是一个重建时期①——联邦政府在之后的几年里重新改造了南部和西部。44 在这一次次战争和努力维持和平的过程中，美国见证了西部扩张、黑奴危机和甚嚣尘上的"种族学"。混乱背后是针对美国民主的核心之问：谁能拥有美国的公民身份？这种特权又赋予了持有者什么样的权利？

美国宪法没有给出最终的答案。因为缔造者们并未创立单一形式的国家公民身份，在南北战争之前，州保留了赋予公民身份和特权的权利。因此州根据不同的标准赋予不同的公民权利，这就造成了公民身份的分化。本国出生的公民属于州的权限范围，而联邦政府则负责将出生在国外的人纳入国籍。1790年，国会保留了"德行良好"的"自由白人"入籍的特权。不管是由州还是由联邦政府赋予，公民身份仍只承载有限的社会和形式上的意义。其他形式的社会身份，包括性别、种族、自由、财务和婚姻状况，更有可能决定一个人的阶层和权利。比如外国人在很多州都不能投票，但同样没有投票权的还有女人和自由黑人。纽约州和马萨诸塞州的移民限制主要针对的是爱尔兰穷人，美国公民的身份并不足以让他们免于被驱逐出境。在一个社会分化普遍存在的年代，公民和外国人之间并非泾渭分明。45

直到南北战争之后，联邦政府才创立了单一形式的国家公民身份。从1866年的《民权法案》（Civil Rights Act）和《宪法第十四修正案》（Fourteenth Amendment）开始，国会

---

① 美国重建时期（Reconstruction，1863~1877）指南方邦联与奴隶制度摧毁时，解决南北战争遗留问题的时期。"重建"提出了南方分离的州如何重返联邦，南方邦联领导人的公民地位，以及黑人自由民的法律地位等问题的解决方案。

列举了公民的权利和特权，将公民权的范围扩展至非裔美国人和众多印第安人。国会预见有朝一日，这些新公民会通过基督教、经济上的融合和教育被吸纳进美利坚民族。[46] 该设想部分源自种族融合的根本思想，但也是基于诸多现实层面的考量。同化的过程有助于拆解小团体，保证黑人劳动力的供应，更易取得印第安人的土地。在这样的规定下，黑人和印第安人从来不会获得公民的完整权益，因为具有歧视意味的法律和惯例确保了种族依然是一个人获得权利大小的决定因素。尽管如此，战后时期非裔美国人和许多被同化的印第安人都在公民中找到了一席之地，哪怕这个过程是被征服的结果，而且常常是强制性的。相比之下，在美华人的身份地位依然不甚明朗。

美国公民身份在种族和法律层面转变的同时，快速的工业化和公司化同样催生了新的经济公民身份的概念。美国的缔造者们设想的理想公民是拥有财产的生产者。经济独立之后，财产拥有者会要求精神道德上的自足，借以维持公众参与的民主。然而南北战争结束之前，雇佣劳动力在人数上是个体经营者的2.5倍，因为独立生产者发现，要和生产便宜商品的大公司竞争实在过于困难。19世纪晚期，美国接连面临经济衰退、日益增长的收入差距和雇佣劳动力的大幅增长。新的经济现实挑战了理想公民的旧观念，引发了一系列迫切问题。白人雇佣劳动力在被他们的雇主操控的同时，如何维系自由？以及，如果白人雇佣劳工可以成为自治的公民，那中国人呢？[47]

和多纳一样的反华势力试图在白人公民和华裔外国人之间划清界限。尽管反华势力对华人抱怨连连，但他们一箭双雕的比喻"异族苦力（heathen coolie）"却成为排华的最初依据。"异类（heathen）"一词同时是种族和宗教的标志，背后隐含的意思是异教徒、未经驯化、未开化和野蛮。[48] 类似的，"苦力（coolie）"是一种种族和经济意义上的构成，意味着低贱、

奴性和异族劳力。这些表述加在一起，构成了反华运动的基础
框架。[49]

对"苦力"的恐惧是在美国南方种族奴隶制的大背景下产生
的，并伴随着黑人解放运动不断增加。自 1840 年代以来，古巴
的种植园主开始引入签订契约的华人劳工来补充非洲奴隶。美国 32
公众阅读了关于贩运来的华工和契约劳工骇人听闻的记载，才将
华人移民想象成是没有人身自由的工人。（在多纳的小说中，他
借用简单的事实陈述了这一点："亚洲苦力是人类奴役制度的一
种形式。"）就在南北战争中美国军队为结束黑奴制度浴血奋战
之时，国会通过了第一条规范加勒比地区"苦力交易"的法令。
1862 年的法律明确允许中国人"自愿移民"，但也暗示从古巴贩
运华工绝对不属于"自愿移民"。中国移民抵达加利福尼亚的
同时，他们非自由劳工的名声也传到了那里。[50]

在反华拥护者看来，南北战争的结束和黑人解放的开始加
剧了美国西部的苦力短缺。反华运动和南部废奴一样，前提都
是因为种族奴役威胁到了白人的自由。19 世纪，自由的含义发
生了天翻地覆的变化。南北战争之前，美国人需要靠个体经营、
自我雇佣保证他们的自由和经济公民身份；南北战争结束后，
美国人只想签约他们自己的劳动力，通过消费保证他们的经济
独立。[51] 华人劳工削弱了这些经济公民身份的原则，从而威胁
到了白人的自由。按照批评者的说法，中国人通过劳动力竞争
拉低了白人的薪酬，却拒绝购买美国的商品。

西部的反华煽动者认为，苦力就是新的奴隶，而垄断者则是
新的奴隶主。后者可能利用顺服的华工剥夺白人劳工的自由和男性
气概，即否定他们协商自己的基本生活工资和供养家庭的能力。愈
演愈烈的反垄断运动将反华事业当作目标，以错综复杂的种族和经
济逻辑来讲述苦力带来的威胁。他们坚持认为，由于中国人天生具
有奴性，华人苦力一向是廉价顺服的劳动力。在和资本争斗的过程

中，中国人非但不是无产阶级同盟，相反注定会成为被垄断者操控的工具。另外，华人苦力有着不需要消费就能生存下去的特异功能，原因是他们缺乏被文明束缚的内在渴求。按照当时流行的刻板印象，苦力们不吃红肉，不买书，不穿好看的衣服，没有业余生活，也不会供养女人和孩子。换句话说，他们没有展现任何经济公民身份所需的经济独立的迹象。相反，他们在美国依然保持着异族的形象。[52]

如果说"苦力"的形象激起了对于奴隶重现的恐惧，"异教徒"则无异于给美国人未完成的共和之梦火上浇油。多数美国人都认为欧洲移民会在美国永久定居，学习美国人的行事方法，然后成为美国公民；但他们却坚信华人移民永远不可能被归化到这个民族。不光是因为中国异教徒盲目敬神，吃鼠肉，发誓说的是真话其实却在撒谎；还因为美国白人害怕这些异教徒的信仰、未经开化的习惯和不合道德的行为永无可能被重新塑造。这些关于中国异教徒的观念既古老又新鲜。其谱系可以追溯至几个世纪以前的东方主义（orientalism）——将蛮夷的东方定位成文明西方的衬托品，但这种盛行的刻板印象很大程度上归咎于种族学的进展，它证实了中国人天生比盎格鲁—撒克逊人低劣。19世纪中叶，华人移民通常都是古怪、野蛮和不可同化的异类，这对于大多数美国人而言是常识。如果说一个独裁国家或许可以征服"不可同化"的少数种族，当时的人们认为共和国的维系则需要一个同质化的公民社会。[53] 如果一个国家的人民都不能被同化、不能自治，一个民有和民治的政府又何以存续呢？而假如中国人成为美国公民，多纳的反乌托邦就近在咫尺了。

在美国西部，美国早期的殖民计划加剧了新近抵达美国的欧洲移民对"异教徒中国佬"的抗议。美国1848年占据墨西哥北部时，美国殖民者迁移至西部，播撒美国"文明"的种子。美利坚合众国声称新领土将会实行白人定居、白人繁衍、消除和同化之前土地上的印第安人和墨西哥居民的政策。⁵⁴西海岸的定居者热衷于在想象中的不毛之地建立起一个白种美国人社会，于是他们制定出了涵盖内容更广的"白人（whiteness）"的定义，希望能让自己的队伍声势壮大。基于《瓜达卢佩—伊达尔戈条约》（Treaty of Guadalupe Hidalgo, 1848）①，墨西哥人被正式赋予公民权和合法的白人身份，即便他们在种族上仍被暧昧不清地对待。东海岸的美国人将爱尔兰人和东欧人描画成白人种族的预备成员，西海岸的定居者则在欧洲移民群体内部看到了更多同化的可能。⁵⁵美国公民坚持认为白人种族可以仅通过"混血""完美地和这个国家合而为一"。然而"同化中国人的想法必然令人反感，且不能忍受"。⁵⁶通过声援美国西部的反华运动，白人种族可以减少白人内部的文化差异所受到的关注，同时让底层白人抓住一个少有的向上流动的机会。⁵⁷

　　异教徒苦力的形象实在太过强劲，以至于反华运动集结了美国西部的白人殖民者，打破了传统意义上的阶层、政治观和种族划分。但是美国白人对于"异教徒苦力"的恐惧有任何经济和社会现实的基础吗？19世纪中国非自由的工人真的对融入美国社会不感兴趣吗？简单回答——并非如此。⁵⁸虽然当时人们广泛接受、之后也反复提及这些对于中国人的描述，但其实它们并不成立。就算是当时最固执的反华煽动者也能意识到意识形态和社会现实之间的断裂。很多时候，恰恰是华人移民违背了异教徒苦力这个刻板印象，才使得他们背上了威胁的罪名。

---

① 《瓜达卢佩—伊达尔戈条约》是1848年2月美国与墨西哥签订的结束美墨战争的条约，条约规定美国获得加利福尼亚、内华达、犹他、新墨西哥的全部地区，以及科罗拉多、亚利桑那、堪萨斯和怀俄明的部分地区。美国借此夺取了230万平方公里的土地，获得了美洲的主宰地位。

虽然华人男性在美国遭遇了多种形式的经济剥削，但他们毕竟不是签订劳动合约的固定劳工。女性（妇女和女孩）偶尔会被人口拐卖，但华人男性所做的工作还是会得到补偿（尽管补偿并不多），而且如果找到更好的工作，他们也可以自由离开受雇岗位。[59] 也就是说，自由和非自由劳工从来不是一个非此即彼的分类，有时华工个人出于某种原因可能被迫靠近非自由的一端。有些人是因为来美国时对负担他们行程的人欠下重债，有些人是被强制加入劳工帮派，而所有人都会遭遇基于种族的双重薪酬制度。即便如此，华工从未充分体现出苦力的特质。[60] 明确种族意义上的表述和实际社会生产关系之间的差异是非常重要的，不单单是为过去的诋毁证伪，还是为了从多个视角去理解中国人威胁论的本质。作为自由劳力，华人有一定的经济能力，也因此有了向上流动的潜在危险。

中国人口虽是 1870 年加利福尼亚州人口总和的 10% 不到，却差不多占到劳动力人数的 25%。在 19 世纪美国西部的飞速发展时期，一直被贬低为非技术型廉价劳动力的中国工人，一举上升到了自称想获得更理想岗位的白人劳工阶层。[61] 然而，1869 年 5 月中央太平洋铁路（Central Pacific Railroad）竣工，美国东部的商品货物开始涌入西部市场，西部经济就活力不再了。1873 年的恐慌① 过后，中国工人十年间已经在西部获得了技术能力，于是开始向有技能的白人工人理想中的工作进军。基于种族形成的行业区隔瓦解了，中国人进入到了各行各业。[62] 1882 年，行业联盟调查极为恐慌地发布了这样一份报告：

---

① 由于内战后的通货膨胀和修建铁路的过度投机，美国于 1873 年 9 月陷入经济危机。纽约股价大幅下跌，企业破产，失业率在 1878 年达到顶峰——8.25%。在 20 世纪 30 年代美国更大的经济萧条之前，1873 年的这次危机被称为"经济萧条"。

我们调查发现，［中国人］被雇佣生产靴子、鞋、桶、盒子、刷子、扫帚、毛毯、砖、服装、罐头、香烟和香烟盒、布料、绳索、家具、法兰绒、手套、马具、麻袋、编织品、皮革、火柴、纸张、粗绳、肥皂、草纸板、腰带、马鞍、衬衫和各种内衣裤、拖鞋、麻线、锡器、柳木制品、酒和搅拌器；还被雇为厨师、木匠、家仆、递送工、农场劳工、渔民、蒸汽船上的锅炉工、洗衣工、锁匠、矿工、油漆工、摊贩、招牌撰写工、服务员，以及修钟表工。我们还发现他们被啤酒厂、化工厂、面粉厂、伐木厂和磨坊、酿酒厂、冶炼厂、石粉厂、葡萄园、毛纺织厂、制革厂雇佣，他们在铁道上工作，在几乎所有的工业部门做工。[63]

当然，这段话同样适用于美国西部的爱尔兰、德国或意大利移民，但对于种族差异的预设使得人们认定中国人是来自国外的竞争者，而非未来的同胞。中国工人找到了广泛的就业机会，与此同时中国企业家的队伍也在不断壮大，这在一定程度上得益于商人阶层的移民，但也得益于当地社会经济的流动性，尽管这种流动困难重重。中国小型企业的入侵开始让白人雇主和他们的白人员工倍感焦虑，这无疑扩大了反华运动的阶层基础。[64]

中国人不只因卑躬屈膝的声名为人所知，还在经济上大获成功，这一举点燃了"黄祸（yellow peril）"的恐惧。反华拥护者努力平衡中国人劣根性的预设和他们取得的显著成果，在这个过程中，他们制造出了一种自相矛盾的种族形态。多纳将苦力形容成"奴性到极点"，但他同样承认中国人"不可思议地狡猾"，具有"不同凡响的……勤奋，百折不挠的耐力"。"他们在经商方面的能力，就像他们的威力一样，似乎是不可复制的，"他写道，"他们总能征服贸易或制造业各个部

36

门的反对派，然后在这些行业成功教育了对手；在某个部门取
得成功后不久，他们就会精力充沛地投入新的领域。"[65] 这种
危险在 1882 年一则名为《我们能拿我们的男孩们做什么呢？》
（"What Shall We Do with Our Boys？"）的政治漫画中被画
了出来。在工人报纸《工人社会主义党》（*The Wasp*）中，乔
治·弗里德里克·凯勒（George Frederick Keller）将中国苦
力刻画成了猴子一样的怪兽，因为有三头六臂，所以同时能做
好几样活计，然后把挣来的钱寄回中国。中国人代表了对于经
济公民身份的颠覆：为挣一份工资，无穷尽地辛勤劳作，但并
没有变得更自由、更文明，也不会在美国投资。漫画的标题表
达得相当清楚，苦力勤奋肯干的后果就是年轻白人的失业，他们如
今不太可能侥幸逃脱。苦力很快就成了垄断者随意利用的工具，他
们凭借自身的实力成了一个不容忽视的存在。

假如中国人不是苦力的话，他们还会是不能被同化的异教
徒吗？当然，一抵达美国沿岸，华人就和美国公民全然不同。
他们看上去就不一样（尤其是他们都梳着长长的辫子），讲一
口陌生的语言，不太了解犹太—基督教的信仰，穿宽松的长袍
而不是扣扣子的衬衫，比起牛肉和土豆更喜欢吃猪肉和大米。
但恰恰是由于对于种族的预先设定，使得这些文化差异看起来
似乎难以克服。印第安人和晚近的欧洲移民同样有着迥异的文
化规范，但许多 19 世纪晚期西部的美国白人都确信：这些群
体可以被归化到这个国家。[66] 对于华人种族差异的普遍信念，
以及随之而来的具有歧视意味的法律和惯例，使得华人的融合
难上加难，但也不是完全不可能。华人移民在美国西部居住的
时间越久，就越能适应美国人的习俗，首先他们的英语交流能
力提高了，还在白人社群中形成了社会纽带。

尽管反华拥护者强调自己和中国人之间的空间和文化距
离，考古研究和文献记载都说明：这些群体之间并不是完全区

37

1882 年由乔治·弗里德里克·凯勒创作的政治漫画《我们能拿我们的男孩们做什么呢？》中，华人苦力做了所有能做的工作，而白人青少年却在一旁无所事事。（*The Wasp*，F850.W18，vol.8，no.292：136—137. Courtesy of the Bancroft Library, University of California, Berkeley.）

隔开的。美国西部的社会生产关系需要白人和中国人产生联系。行业联盟（Trades Assembly）发布的华人从事的 63 个行业中，他们免不了每天和白人同事、雇主和顾客打交道。华人男性从卖肉的白人那里买到排骨，参加白人的集会。白人女性从华人开的洗衣房里取衣服，从华人蔬菜商贩那里买菜，在华人药剂师那里开药。白人男性雇华人佣工看护孩子，为他们的老婆穿衣服，帮他们打理家务。少数华人移民在西部的印第安人保留地或南方腹地的黑人族群中找到一席之地，他们卖货、卖酒，或者成为丈夫和父亲。这些跨越种族界限的频繁交流，并不妨碍反华拥护者相信"中国佬"在他们构想的美国社群之外。然而这样就意味着他们无视了社会现实。[67]

尽管"中国城（Chinatown）"是华人空间和文化自留地的象征符号，但在 19 世纪六七十年代，它却并不是一个以种族为分界线的空间。先前有学者注意到，在与世隔绝的中国城中同时存在着传教工作、白人贫民窟和偶尔存在的跨种族的联络。[68]事实上，在中国城中，跨种族接触是个更为普遍的现象。在加利福尼亚州的小镇，比如河滨（Riverside）、尤里卡（Eureka）、奥本（Auburn）或普莱瑟维尔（Placerville），中国城仅仅是几座住着华人的楼房，被白人主要活动的镇中心包围。在旧金山、洛杉矶或是西雅图这样的城市中心，中国城是一个更独特的相对隔绝的区域，但这并不妨碍所有空间上的融合。在西雅图，据 1880 年的人口普查记录，有 200 位华人居住在 49 户人家。人口普查员记录称，有 16 户种族混住的人家，其中 9 户是住在白人家庭中的华人，其余是种族混住的寄宿家庭。大多数西雅图华人都住在种族分隔的人家，但有 84% 的华人人口住在非华人的隔壁。[69] 在 1880 年的华盛顿领地 ①，81% 华人为主的家庭住在非华人为主的家庭隔壁。在俄勒冈和加利福尼

---

① 华盛顿领地（Washington Territory）是美国历史上的合并建制领土之一，从 1853 年 3 月 2 日至 1889 年 11 月 11 日，之后华盛顿领地以华盛顿州的身份加入联邦。

亚，空间上融合的比例虽然低，但仍数目可观，华人为主的家庭住在非华人的邻居隔壁在这两个州的比例分别为 71% 和 58%。

旧金山就完全不同了。在旧金山市内，一片相当明显的华人飞地占据了 12 个街区。1880 年，旧金山县（San Francisco County）的种族隔离让人震惊，只有 14% 以华人为主的家庭住在非华人为主的家庭旁边。[70] 然而即便是在被隔离的旧金山，一份富国银行（Wells Fargo）的工商名录显示，华人的生意已经做到了中国城之外。旧金山绝大多数华人都住在种族聚居区内，但许多人都到外面做生意。[71]

认识到华人在空间、经济和社会层面与美国两部的多种族结构相互交织的程度是至关重要的。当反华拥护者将中国人形容成是与周围隔绝的异族时，他们其实是在试图抹去日常生活中必不可少的跨种族交流。毋庸置疑的是，正是中国人让人畏惧的精明，而并非只是他们异教徒的声名，造成了白种人的焦虑。拥护者一边抱怨异教徒不可能被美国化，一边发出警告：中国人可能会渗入白人社会，然后污染白人种族。[72]

这一臆想出来的征服故事成为多纳《共和国最后的日子》的高潮，书中预言有朝一日"黄种人总会证明自己是士兵、官员、政治家、哲学家和劳工"。

随着中国人渗透进美国社会的各个领域，多纳想象的严重后果就是：精英华人"被认作男人的兄弟"，"和美国人的女儿通婚"，然后进入"一个由他们的白人近亲公民组成的社会"。

这个灾难在一部小说的一幅名为《加利福尼亚州州长》的插图中被刻画出来。这位有着华人血统的州长穿着粗野的东方服饰，坐在一间到处都是西方文明象征之物的房间里。这位华人除去在美国获得了新权位之外，并没有什么新奇之处，他并不比他的异族同胞更容易被同化，只不过这一次他暧昧地坐在了裸体白人女性的大理石雕塑旁边。这名异教徒或许没有自我

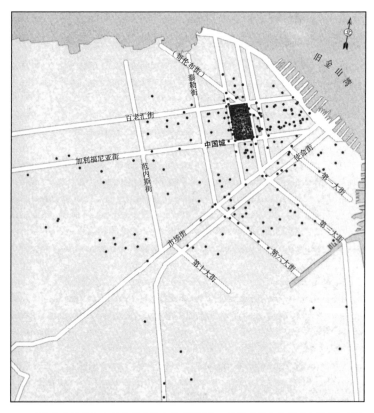

旧金山中国城和中国人开办的生意（1882）。尽管当时的人将"中国城"描述成12个街区的隔绝之地，《富国银行工商名录：由中国人开设的主要公司》（*Wells Fargo Directory of Principal Chinese Business Firms*，旧金山，1882）列出了该市很多其他地区也有中国人开办的公司。

管理的能力，但多纳还是担心他太过狡猾，足以从美国男性手中攫取美利坚合众国的掌控权，并夺走这个国家的白人女性。

美国人对异教徒苦力的恐惧多半是因为他们自相矛盾的特质，人们想象的特质和他们在现实中的能力不符。苦力看上去相当愚蠢，其实却热衷于欺骗；看似奴隶般顺从，现实中却占据了各大工作岗位；在所有和道德、学习相关的事上低人一等，却在生存和成功的欲望上无人能及。[73] 一提到中国人，美国人信奉的白人至上就显得信心不足了，尤其是在刚刚夺取过来的美国西部。白人公民担心中国人并不会像过去"消亡中的"印第安人、"被征服的"西班牙人，或被"奴役"的非洲人那样容易灭绝、被同化或甘心居于次要地位。[74] "假如我们家门大开，完全开放、自由、平等地邀请这群亚洲人和我们竞争高位，"反华鼓动者们警告说，"我们的情况可能会更糟。"[75] 因为中国人很有可能会在种族之战中凯旋，美国白人必须从一开始就避免加入这场竞争。正因为如此，反华拥护者们确信，这场由异族造成的威胁只有通过驱逐的手段才会止息。

19 世纪六七十年代，难被控制的反华运动草根在驱逐华人的呼吁中联合在了一起。这场运动沿着西海岸蔓延，之后将绝大多数的白人工人和小企业主纳入其中。在加利福尼亚，人们抱持的意见惊人的统一：1879 年的一次投票中，99% 的加州选民宣称他们"反对华人移民"。[76] 在旧金山未被占用的沙地和开公开会议的房子里，上万名加州白人参加了反华集会。其中涌现的最为瞩目的反华团体就是加利福尼亚工人党（Workingmen's Party of California），而最具种族色彩的反华代言人就是该党的领导人丹尼斯·科尔尼（Dennis Kearney）。

科尔尼生于爱尔兰，他在 1868 年 21 岁那年抵达旧金山，

41

　　《加利福尼亚州州长》想象了一幅反乌托邦的未来图景：一位未被同化的华人移民通过选举身居高位。G. F. 凯勒绘，选自 P. W. 多纳《共和国最后的日子》，旧金山：上加利福尼亚出版公司，1880。（Image reproduction courtesy of Glenn R. Negley Collection of Utopian Literature, David M. Rubenstein Rare Book & Manuscript Library, Duke University Libraries, Utopia D691L.）

在此之前一直在海上工作。从蒸汽轮船公司离开之后，他开启了马车车夫的运货生意，每天拉着重重的马车穿行于市镇之间。

1877 年夏天，全国性的经济衰退期间，美国各地的工人们为争取更高薪酬和更好的工作条件纷纷罢工。刚开始是弗吉尼亚州的铁路工人罢工，后来蔓延为中西部乡村地区的煤矿工人、芝加哥的肉类加工工人和圣路易斯的蓝领工人罢工。旧金山掀起的支持浪潮很快演变成针对华人的种族暴乱。就在这一系列暴力的开端中，加利福尼亚工人党应运而生。

加州人聚集在科尔尼和工人党周围，聆听他以"白人劳工阶层团结一致"为主题的演讲。科尔尼并不高大，也不太擅长演说，"身材单薄，四肢僵硬"，原本应该是具有抨击性的演说，结果却屡次被谩骂和自己的语法错误打断。但他有着某种个人感召力。"把所有中国人赶出旧金山，吊死所有的小偷和政客"，他对 1877 年旧金山激愤的众人这样说。"通过雇佣廉价劳工大捞一笔的垄断者们最好小心点。他们在诺布山（Nob Hill）为自己建了豪宅，在房顶上竖起旗杆。他们得小心点，别是为自己竖起了绞刑架。"[77] 科尔尼贬损中国人的言论并未遭人非议，但他针对白人雇佣者的言论却让他因煽动性言论的指控锒铛入狱。

科尔尼的被捕并没有让他噤声，东海岸的报纸对他个人和他所用策略的嘲讽也没有停止。在狱中，科尔尼写信给当地报纸和拉瑟福德·B. 海耶斯总统（President Rutherford B. Hayes），要求驱逐所有中国人。无罪释放之后，科尔尼参与领导了一次感恩节反华游行，和上万人徒步穿过旧金山的大街小巷。由于不满足于仅仅煽动当地人，科尔尼远赴芝加哥、波士顿、纽约和华盛顿特区。[78] 他带着反垄断和反华的诉求环游美国，喊出了那句闻名于世的战斗口号："中国人必须走！（The

Chinese Must Go！）"[79]

东海岸的报纸并没有理会科尔尼和他的同僚，认为他们不过是无知的爱尔兰暴徒，而科尔尼却谴责说这是对反华运动的蔑视。"我们聚集在这里，并不是作为爱尔兰人、英格兰人、苏格兰人或荷兰人，也不是作为天主教徒、新教徒、无神论者或叛教者，"在波士顿，他向人群呼吁，"让我们抛开教派，而是作为诚实的工人聚集在这里，共同商榷你们的问题。"[80] 工人党时常以白人至上的语气讲话，试图用普世的民族主义、自由和归属等论调联合起所有美国公民（和有志成为公民的人）。例如，科尔尼就联合起加利福尼亚州的非裔美国工人一起加入反华战线，帮助他们建立起他们自己的（即种族隔离的）反苦力社团（anticoolie club）。[81]

太平洋西北部的反华运动相比加利福尼亚州未免相形见绌。一部分原因是因为在俄勒冈州和华盛顿领地，白人工人不太担心来自华工的竞争。1870 年代，没有多少华人移民往北移动，在 1883 年全国性的经济衰退之前，这个区域经济的快速发展提供了过剩的工作机会。[82] 但俄勒冈州和华盛顿领地的报纸还是回应了其他地区盛传的反华言论，不遗余力地报道加州的事件，包括当地的反华骚动和种族暴力。太平洋西北部的印第安人也时不时将华人视作竞争劳动力或外国入侵者，开始攻击他们。[83]

西海岸的政治家们受到东海岸各州对贫民和罪犯（多数是爱尔兰人）的法规启发，于 1852~1879 年通过了旨在阻止华人移民的法律法规。仅举一例，1863 年，华盛顿领地通过了"一则保护自由白人劳动力免于同华人苦力竞争，不鼓励华人移民进入该领地的法案"，法案规定了领地内每一位"黄种"男性和女性每个季度必须缴纳 6 美元的税款。该法案的名称并没为立法机关的意图留下太多质疑空间。尽管在领地登记在册的华人只有几百人，华盛顿的领导人仍然深信：中国人会对自由的白人工人构成威胁。[84] 加利福尼亚州、俄勒冈州和华盛顿领地成功剥夺了华人的权利并实施了歧视性的税收方式，当然更为严苛的手段还是华人时常要面临司法审查。[85] 1879 年起草新的国家宪法时，加利福尼亚州代表通过了若干举措，阻止公司再雇佣中国人，要求加入的每个市镇将全部中国人逐出其管辖范围，禁止没有公民身份的外国人获得营业执照，甚至夺走了外国人垂钓的权利。很快人们就发现：上述举措违反了《宪法第十四修正案》，于是废除了这些由州制定的歧视性法规。[86] 由于法院规定了州的权力边界，从联邦层面阻止中国人移民显然就必不可少了。

暴力与限制政策

联邦立法者苦苦挣扎于这两者的权衡之间——向中国敞开合作大门的愿景与一个自由白人共和国的梦想——他们并未为这个"中国问题"找到良策。自第一批中国移民抵达西海岸已经过去 25 年了，反华鼓吹者的呼声也一浪高过一浪，国会却仍然没有做出任何行动。历史学家发现，正是出于不断增长的安抚西部选民的需求，针对在美华人的联邦立法最终才得以诞生。但历史学家对种族暴力的威胁如何渗入国家政治并没有给予足够的关注。[87] 1870 年代，反华暴力还只是区域性的，也没什么规则可言，但在政治话语中，暴力的威胁却是全国性的，并且频繁发生。白人暴力的威胁并不是反华拥护者们用来推进他们诉求的唯一甚至是核心的论据。然而，当地民团事件却让这些警告变得更为真实可信了，最终在国会的辩论中变成强有力的佐证。

"难道你们想让中国人在太平洋沿岸被屠杀吗？"内华达州的共和党议员威廉·莫里斯·斯图尔特（William Morris Stewart）1870 年在参议院大喊。"你们想让他们通通灭绝吗？"

眼下讨论的问题是：是否允许华人移民获得美国公民身份。从1790年起，美利坚合众国只将加入国籍的权利延伸至"自由白人"，但随着黑人解放并获得选举权，参议院正考虑出台一则可以打破"白种（white）"一词的法案。然而西海岸的政客们却通过唤起白人暴力的威胁论与异教徒苦力的形象，反对种族中立的公民身份。如果国会消除加入国籍的种族前提，斯图尔特声言美国西部将会"被想要灭绝中国人的暴徒分子掌控"，进而"他们中的任何一个人在法案的支持下加入美国国籍之前都将遭到屠杀"。这种措辞方式把人们的目光引到了数十年前针对加州印第安人的"灭绝"运动。受华人入侵的言论和迫在眉睫的种族运动威胁，国会仅将加入国籍的权利扩展至非洲后裔。[88]

1875年，为限制非自愿将"中国、日本或任一东方国家的任何国民""进口"到美国，加利福尼亚州的共和党代表贺拉斯·佩奇（Horace Page）在递呈法案时采取了不同的策略。他强调说迄今为止反华运动是多么平和，但隐含的意思是这种非暴力的承诺即将烟消云散。[89] 他提议的解决方案［后来成为《佩奇法案》（Page Act）］禁止美国人"在没有自由和自愿同意的情况下，以服务的条款捆绑为目的"运送华人。除了排斥亚洲的契约劳工之外，《佩奇法案》还将目标对准另一种形式的非自愿移民——亚洲妓女的引入。尽管法案并没有减缓华人劳工移民，却极大地削减了从中国来的女性移民。在美华人的性别比例一向不均衡，但如今这项道德指控却使得移民规模进一步倾斜。人口普查记录显示，1880年美国仅有4779名华人女性，仅占华人人口的4.5%。[90]

作为第一个明确限制在美华人移民的法案，《佩奇法案》是一项里程碑式的立法。然而，它的影响相当有限，在很大程度上不为人所知。这一狭义上的法律目的是防止特定不受欢迎的移民进入美国，并不是为了排斥华人。它通过远程操控来实施，由远驻香港或广州的美国领事，而不是由旧金山或西雅图的官员来具体执行。[91] 这项法案并没有为西海岸带去任何看得见的好处。

南北战争之后第一场竞争激烈的联邦选举发生在 1876 年，随之而来的是为争夺西部选民的新一轮你死我活的战争。共和党和民主党竞选之前的全国性纲领都投了反华一票，其中就包括了对限制华人的许诺。[92] 为了兑现选举过程中给出的承诺，国会在接下来的数月内引入了十几条限制华人移民的法案，又在接下来的几年内开展了一系列调查。这些调查和之后国会的辩论又回到了白人暴力和工人阶级革命的威胁上。"叛国罪总比在一个华人奴隶旁边做工好"是加利福尼亚工人党明确提出的口号。"人们会自己管好自己的事情，既不会被留在'公民民团'、州立民兵团，也不会被留在美国军队。"尽管一些国会议员反感这些煽动性的言论，对其听而不闻，但加利福尼亚参议员亚伦·萨金特（Aaron Sargent）却奉劝他们听从这些言论。"不满之人的不可理喻，甚至是暴力，"萨金特在 1876 年告知国会，"并不会使他们不满的起因变得不重要。" 1877 年，联合国会委员会确信，在美国西部已经存在"对个体华人的虐待"以及"零星的暴徒暴力事件"。但委员会预计，"只要国会能为人们所想的'不断膨胀的巨大罪恶'提供解决方案，针对华人的暴力举措就完全有可能得到遏制"。[93] 联邦的介入和作出的许诺至少暂时阻止了暴力。

在短时间内，反华拥护者将国会在 1879 年 1 月纳入考量的《十五乘客法案》（Fifteen Passenger Bill）视作他们的救命稻草。该法案提议，任何一艘开往美国的船只所载中国乘客的人数必须限定在 15 人以内，如载客超过该人数，船上每多出一人，船长将会被处以 100 美金的罚款和 6 个月的监禁。为

46

回应"太平洋沿岸人民的普遍情绪"，这项法案的支持者认为，基于种族的人头限额是必要的。在双方辩论的过程中，民主党和西部共和党将过错归咎于中国人诸多"龌龊、自私、不道德和不合时宜的习惯"。[94] 他们明确表示，来自中国人的竞争意味着白人骚扰的威胁以及美国商贸的中断。如果不对中国人加以限制，加利福尼亚共和党人牛顿·布斯（Newton Booth）警告参议院说，"劳工的不满会通过暴力性的愤怒或是没精打采的绝望宣泄出来"，甚至可能"酿成一场革命"。对于一个尚在疗愈南方分裂之痛的国家而言，这种与叛乱相关的言论无疑是强有力的。[95]

就在民主党因为《十五乘客法案》联合在一起的时候，共和党分化成了两派：美国西部对多纳的反乌托邦观点持担心态度的一派，以及对苏厄德的中国帝国主义愿景表示赞同的一派。后者主张，华人移民对于发展美国西部和对中贸易是不可或缺的，而基于种族的歧视性法律会将重建时期的种族自由主义毁于一旦，认为遵守美国条约的协定高于一切。而《十五乘客法案》单方面废除了《蒲安臣条约》中的规定，可能会招致来自中国的商贸抵制，有损之前敞开合作之门的理念。因此，尽管国会通过了该法案，却只从共和党那里得到了相当有限的支持。在众议院，民主党投赞成票与投反对票的人数比例是 104:16，而共和党的这一比例是 51:56，几乎持平；在参议院，民主党投赞成票与投反对票的人数比例是 36:27，而共和党的这一比例则是 18:17，几乎持平。[96] 无论在之前的竞选中两党的反华言论如何，国会在这个问题上还是各执一词。[97]

《十五乘客法案》摆上了共和党总统拉瑟福德·B. 海耶斯的桌面。在公开宣布他的决定之前，海耶斯总统在他的日记中与该法案及美利坚帝国主义两种迥异的观点缠斗不休。他认同美国西部公民的说法，认为华人移民威胁到了自由白人共和国的未来。他写道，"我确信现在华人劳工的入侵（并非原本意义上的移民，女性和孩子没来）是致命的，应该被阻止"。所谓的"入侵"并不仅仅指经济上的威胁，在海耶斯看来，也是对美国公民道德上的威胁。"我们对待弱等种族——比如黑人和印第安人的经验——让人扫兴，"海耶斯总结说，"我们应该压制中国佬，他们的出现会让他们的压迫者变成暴徒和流氓。"总统和国会一样，担心华人移民的一个不可避免的后果，就是会诱发白人的残暴。除了上述疑虑之外，海耶斯认为自己被捆缚住了手脚。在他的日记中，他这样写道，"我们和中国签订的条约让我无法同意（这个法案）"，"条约催生了重要的利益关系，这些利益关系的维系有赖于人们坚信条约会得到忠实遵守"。[98] 海耶斯将美国的外交承诺视为神圣不可侵犯，坚信应该合作性地敞开国门。在他公开的否决咨文中，总统承认了"太平洋沿岸各州人民的严重不满"，并敦促采取"更切实的措施"阻止来自中国人的威胁。他不会签署一个明显会威胁在华商人和传教士、"危及"对华贸易"增长和繁荣"的法案。[99]

海耶斯政权寄希望于合作性地敞开国门，于是就移民限制向中国政府寻求批准。1880 年夏，又一轮总统选举近在咫尺，海耶斯委派密歇根大学校长詹姆斯·安吉尔（James Angell）前去协商新的条约。最初，中国外交官对美国力图修改《蒲安臣条约》表示抗拒，但最终却受到其他潜在危机的掣肘，包括俄国的侵犯和日本的蚕食。负责外交事务的总督李鸿章确信，美国是一个必不可少的同盟。为了继续维持美国的支持，清廷最终同意了安吉尔考察团的大部分要求。[100] 1880 年 11 月 17 日签订的《安吉尔条约》（Angell Treaty）推翻了之前的《蒲安臣条约》，赋予了美国"管理、限制或延缓"中国移民的权利。但条约还是约束了美国立法的能力，明确否认国会有"绝对禁止"中国移民的权利，并进一步规定：任何"限制或延缓都必须合情合理，且仅适用于……劳工"。[101]

《安吉尔条约》于 1881 年 5 月生效，让限制中国移民成为可能，但也对限制移民提出了若干限定条件。

第二年冬，国会再次召集会议，提出了十几条反华法案，其中引起参议院注意的当数加利福尼亚共和党人约翰·米勒（John Miller）提出的法案。[102]《参议院第 71 号法案》（Senate Bill 71）在未来二十年里暂停了华人劳工移民美国。但为防止违反条约规定，法案不包括当时已经在美国定居的华人劳工，以及 1880 年签署《安吉尔条约》当天就已经身在美国的华人。所有华人移民，无论是不是劳工，都要求在从中国启程来美国之前，必须向中国政府申请护照，并得到美国外交人员的批准。如果发现任何中国人伪造护照，将会对其处以 1000 美元的罚款以及最高 5 年的监禁。除了明确规定任何协助华人非法进入美国的行为都会被罚款之外，法案还规定，未经授权的移民会被处以 100 美元罚款，附加 1 年的监禁，并会被美国政府"除名"。法案最终加入了两条重要的修正案，一条明确禁止华人移民得到公民身份，另一条将中国"劳工"泛泛地定义为技术性工人、非技术性工人和矿工。

民主党和西部共和党联合赞成《十五乘客法案》，以美国劳工的名义支持这项新举措。援引教育和劳工委员会（Education and Labor Committee）在众议院所作的报告，肯塔基州的民主党人阿尔伯特·谢尔比·威利斯（Albert Shelby Willis）称："这一问题已经到了难以挽回的地步。把华人移民当作凶神恶煞的想法太根深蒂固，偏见太普遍，暴民们已经不惮于公开威胁华人，很多情况下法律已无法发挥保护作用。"[103]

然而，有相当数量的少数派反对这项立法，主张该法案"太过……以偏概全和一边倒"，违背了新近与中国签订的《安吉尔条约》。[104] 正如康涅狄格州共和党人奥维尔·普莱特（Orville Platt）提醒参议院的那样，"既然我们和中国政府签订的叫作条约……那么我们务必遵守，否则将在全世界人民面前蒙羞"。[105] 一些国会议员进一步质疑国会是否有权单方面将华人移民排斥在外。马萨诸塞州的共和党议员乔治·F.霍尔（George F. Hoar）指出，美国在《蒲安臣条约》中将移民说成是"一个人不可剥夺的权利"。"由此可见，我们有权根据我们自己的裁定，驱逐一个人任意长短的时间，或者无限制地驱逐所有人"，康涅狄格州共和党人约瑟夫·霍利（Joseph Hawley）说道。"也许是这样，也许不是，或许我们混淆了权利和权力。"[106] 在这些大胆的反对声背后，潜藏着平等主义者的推动力量，但也有来自东北部精英群体的经济利益的驱动作用。他们仍在更广的层面憧憬着美国的帝国大业，并在进口中国茶叶、丝绸以及向中国出口棉纺织品的业务中持有大量股份。[107]

　　共和党的抵制者没有为中国移民的好处辩护，但他们还是力求修改该法案以减轻它的严苛程度。他们主张应该缩短二十年这一期限，去掉申请护照的部分，并且规定这项限制条约仅适用于特定不受欢迎的人群：合约劳工、罪犯、贫民和患病者。在这场修正案争夺战中，东海岸共和党人表示愿意支持用某种形式限制中国人，但也表示了他们坚定的决心：避免一刀切式的驱逐。最终，共和党人没能在法案通过之前明显削弱其效力，参议院中绝大多数民主党投了赞成票（20：1），共和党则意见分裂（9：14）。此后不久，众议院也通过了法案，民主党再一次联合起来投了赞成票，而共和党的投票则不相上下：60 票赞成，62 票反对。

　　但没有人能猜到总统切斯特·阿瑟（Chester Arthur）会不会签署该法案。1880 年，共和党在总统竞选中获胜，切斯特·阿瑟顺理成章成为副总统。他从未担任过民选职务，也从未就中国移民问题公开发表过讲话。1881 年夏，总统詹姆斯·A. 加菲尔德（James A. Garfield）被人暗杀，阿瑟突然被推至总统的位置。国会通过《参议院第 71 号法案》时，阿瑟召开了三次内阁会议才最终决定否决它。除了否决票之外，他还向国会递上了一封长信，解释说这项立法"有违我们国家的信仰"，威胁到了美国在亚洲的商业利益。阿瑟写信给国会称："经验表明，与东方的贸易对于国家财富和影响力是至关重要的……我们现在提议采取的政策，毋庸置疑地表明了直接排斥东方国家的倾向，这会促使他们的商业和贸易流入对他们更友好的土地。"他担心长达二十年的禁令会有损《安吉尔条约》的精神，他称这种个人移民的登记制度是"不民主的，对我们制度的精神怀有敌意"。呼应国际化精英的观点，阿瑟同样坚持认为华工帮助他们开发了美国。"没人能说我们的国家不曾受益于他们的劳作，"他写道，"如果没有他们，能让资本家和白人劳工获益的企业可能就会倒闭。"[108] 他认定这项法案是不合理的，但仍鼓励国会把它当作"一项短期实验"。

考虑到共和党抵制者占了相当多的人数，再加上阿瑟的否决票，国会对通过这项法律并没抱期待。共和党的反对声很清楚地表明，他们会和总统站在同一战线上，用纽约的共和党代表塞勒斯·普莱斯考特（Cyrus Prescott）的话说，只有"试着将限制性立法限定在合理范围内，且充分遵守我国政府和中国之间条约的诚信"，他们才会投出赞成票。俄亥俄州的共和党参议员约翰·谢尔曼（John Sherman）称，"为限制中国劳工阶层进入我们国家，应该制定一些法律法规，这一点几乎没有异议"，但他反对《参议院第 71 号法案》，因为"在管制华工入境的幌子下，国会通过了一项法案，在二十年内禁止华人移民"。谢尔曼提醒参议院："我们现在已经就管理和限制移民的权利取得了中国政府的同意，但并不是要完全禁止华人移民。"[109] 只有少数国会议员赞成华人移民，多数人都敦促在立法上加以限制，在外交上谨慎而行。他们言辞谨慎地区分两者的词义：要"限制（restrict）"还是要"排斥（exclude）"，"限定（limit）"的权利还是"禁止（prohibit）"的权利。多年来，联邦立法对移民从不设限，所以他们认为任何转向紧守国门的做法都应该建立在"尝试"或"实验"的基础上。[110]

国会中的共和党必须有所行动。阿瑟的否决票激起了全国的强烈抗议和更多意料之中的暴力威胁。共和党参议员约翰·F. 米勒（John F. Miller）确信否决票说明"［共和党］肯定不会领导太平洋沿岸太久了"，民主党参议员詹姆斯·T. 法利（James T. Farley）形容否决票"毁掉了阿瑟先生的政治前途"。《纽约论坛报》（*New York Tribune*）的报道称："甚至有［西部的国会议员］说，共和党选出了他们的最后一任总统。"在费城，全国性的劳工联盟劳工骑士团（Knights of Labor）为反对垄断，组织了10000名工人的群众性集会，抗议总统投出的否决票。加利福尼亚州的几个市镇，人们或火烧或高高吊起阿瑟总统的雕像。[111] "我从家里得到的消息是，人民中间涌动着非常激烈的情感，"加利福尼亚参议员詹姆斯·法利（James Farley）报告称，"眼下旧金山有可能会爆发暴力事件。"[112] 其中约翰·谢尔曼率先对可能发生的威胁作出回应："可能会有人放火、抢劫，加州可能会暴行不断。"他敦促国会避免被暴力的恐惧支配。[113] 尽管如此，公众对阿瑟否决票的强烈抵制还是表明：反对限制中国人入境在政治上是站不住脚的。

否决事件仅仅过去几周，国会商议了一项新的华人法案，该法案是前一个法案的弱化版本。被否决的《参议院第71号法案》已为避免激怒中国政府作出了相当努力，但新法案进一步将外交考量置于限制华人移民之上。国会不仅将限制期限减半为十年，还删掉了建立内部登记和护照制度的规定，不再将非法移民定为犯罪，改为处以监禁和罚款。[114] 有了共和党人的支持，国会通过了弱化之后的法案，并于1882年5月6日由阿瑟总统签署生效。[115]

这个法案的名字很说明问题。它冗长的正式名字，即"执行有关中国人的特定条约规定的法案"承认了它的外交缘起，而它在媒体上的别名——《中国人限制法案》（Chinese Restriction Act）——则反映了其有限的意图。共和党担心美国违反与中国签订的条约，因而《中国人限制法案》的范围有意被缩小了。国会制订《中国人限制法案》并非为了将中国移民"排除"在美国以外；许多国会成员甚至质疑，他们是否有法律特权违背中国的意愿这样做。[116]

相反，美国立法者在对内和对外的帝国主义之间做出了暂时的妥协。国会代表美国西部的殖民定居者，限制中国人入境，继续禁止他们加入美国国籍，以此保证这群异教徒苦力永远只能是外国人。国会需要关照世界主义精英所怀抱的更大规模的帝国主义梦想，所以在紧守国门的同时，还得小心维护互利开放的局面。因为排斥中国人并没有达成全国性的共识，限制阶段（1882~1888）是一个不确定的、实验性的、在外交磋商中变动的时期。[117] 甚至连该法案的支持者都承认它的局限性，并公开质疑它是否足以平息反华暴力。例如，众议院议员威利斯就曾支持更为严苛的《参议院第71号法案》，他也支持《中国人限制法案》，却有所保留，并将该法案描述成"不够充分，粗制滥造，软弱无力，不够完美"。他道出了国会中普遍存在的忧虑，大声质询："像这样的法案，能不能为我们带来和平与秩序？"[118]

2. 限制华人的实验

《中国人限制法案》将原本合法进入美国的华人移民大潮分成了几条非法的支流。一条从美加边境悄然进入，更小的一支偷偷跨过美国—墨西哥的边境线，最主要的一条支流原本是合法的，如今只能从旧金山湾偷渡入境。1882~1888年，上万中国人拿到了官方批准进入了美国，但因为《中国人限制法案》还在施行，不可计数的中国人未被察觉，偷偷溜进了美国。

华盛顿领地的情况尤其严重。在旧金山，虽然欺诈式的入境行为对移民管制工作造成了困扰，但至少移民从美国最主要的太平洋港口上岸时，那里的海关官员能亲眼看见他们，并对其进行清点和登记。而在国家的陆地边境线就没那么简单了，绵延数百英里的荒漠和森林使得在此地巡逻几乎是不可能的。1880年代，没有多少中国人住在墨西哥北部，而在不列颠哥伦比亚（British Columbia）①，上千中国人跨过了美国北部的国境线。"我确信，他们每天都通过水路和陆路，划船或是乘独木舟到我们这里，"1884年，海关副署长阿瑟·布雷克（Arthur Blake）绝望地写给他的上级，"在我看来，在不列颠哥伦比亚和这个国家之间，《中国人限制法案》几乎形同虚设。"1

而就在华盛顿领地的地方官员为此陷入惊慌时，华盛顿特区的联邦官员发布了相当乐观的统计数据，盛赞该法案是有效的。在《中国人限制法案》之前的十年间，财政部记录在册的中国移民有上万名，但其后的1886年仅有40名中国人移民入境美国，1887年这一人数是10名，1888年有26名。一个多世纪之后，历史学家重提了这些叫人难以置信的数据，并以此

---

① 不列颠哥伦比亚是加拿大西部的一个省，与美国华盛顿州、爱达荷州和蒙大拿州接壤，是加拿大通往亚太地区的门户。

为证据证明 1882 年的法案极大地扩大了联邦政府的权力。[2]事实是，这些数据并不能说明该法案减缓了中国移民的趋势，也没有迹象表明它在一夜之间转变了联邦权力。

考虑到此前一个世纪左右的时间里美国的国界并非都是严格封闭的，所以联邦政府第一次封闭边境的尝试以失败告终，这一点并不令人意外。更出人意料的或许是，该法律从未打算关闭美国的国门。华人移民依然陆续涌入美国，这不仅因为州在限制移民方面动作笨拙，还因为州做出的这些努力被有意地限制了。经过了几十年针对华人问题的争议，国会起草《中国人限制法案》不是为了大幅拓展联邦政府的权限，同时永远阻断华人移民潮，而是为联邦权和州权之争提供一个权宜之计，并且为联邦控制边境开启第一次磕磕绊绊的试验。

要了解限制中国人这件事的性质，我们必须了解 19 世纪美国国家（American state）运作的方式，而为了了解美国国家的运作方式，我们就必须理解这一关键性的考验。《中国人限制法案》实现了美国人理想中的制衡政府，是国会参众两院权力制衡的产物，而最近总统行使的否决权损害了这种平衡。但相较于在中国问题上相互弥合政治上的分立，该法案只是单纯反映了这种分立本身，它同时展现了两种截然不同的立场——大胆宣称反对中国移民与向中国作出外交让步。其结果就是这个模棱两可、漏洞百出的法案。

这一法案的实施也反映了美国政府面临的双重矛盾——既想要限制中国移民，又希望在亚洲进行商业扩张。[3]那些被分配到执法任务的财政部高层官员，其实对美国跨太平洋商贸倾注了大量投资。负责裁决法律质疑的联邦和州法官也常常怀有类似的同情心。尽管学者们赞许了西部法官在种族平等和移民权利方面采取的进步性举措，但实际上他们偶尔也会受一些不那么大公无私的顾虑影响，比如美国在中国获得的利益。美国国家的行政和司法两大分支都试图以不损害美国未来在太平洋的帝国设想为前提，实施对中国移民的限制。

就在位于国家权力核心的政客继续在中国问题上各执一词时，处在权力边缘的官员对于这一边境界定计划的态度却是毫无保留的。⁴专注于地方政治和地方权力运作的地方当局在终止中国移民方面展示出了孤注一掷的投入。在华盛顿领地，海关官员加强了执法，力图让法案比原本预计的还要强有力。比如当海关副署长布雷克（Deputy Blake）意识到《中国人限制法案》"几乎没什么用"时，他和驻守美加边境的当地官员做出了远超法律字面规定的举动。他们开发了一种符合地方需求的制度，不用经过审判就可以有效识别、逮捕和驱逐中国移民。这些联邦政府的地方执法者比他们在华盛顿特区的上级更执着于阻止中国移民；他们为了封锁边境，不惜混淆公共和私人的执法界线。

这种法律之内和法律之外的努力的结合，再次展现了美国国家治理的一项悠久传统。限制华人移民的行动，标志着19世纪美国国家政府的一种分裂、分散并常常不为人注意的特质。⁵19世纪的美国国家的权能，并不源于那种中央集权或者专制的权力；它来自于国家从正式国家体制之外调动力量的能力，并渗透进社会的各个层面。⁶通过转换尺度，我们能够看出限制中国人是如何模糊地方治理和联邦治理、私人的个体与公共的个体、法律行动及法律以外的行动等诸多界限的。限制中国人，如同美国国家建设的诸多元素一样，变成了一项社区事务。兼用公共和私人的手段执行限制法案可能在短期内帮助了当地官员，但也产生了难以预料的后果。当官员们雇用社区成员执行法案时，既鼓励他们动用私刑，又对外表示他们自己在控制中国移民这件事上无能为力。

旧金山门户记录在册的移民

《中国人限制法案》对于美国形成我们今天所知的边境管制作用甚微。这项法案并没有培育出负责监管移民、训练有素的联邦官员，也没有形成拘留中心的网络、移民局或特定的行政复议制度——这些都是后来才有的事。国会只是让财政部和部分海关部门承担了执法的工作。借此，在限制阶段，权力有限的联邦政府将限制中国人的权限交给了自己最有权力、也最核心的部门。然而国会没有为海关进一步扩大权限提供太多的资源，仅仅在每年的预算中增加了 5000 美元的额度，而这个数目通常是以百万计的。[7]

官方的说法是，法案在全国每一条陆地和海洋边境线上都发挥了效用。而运输和移民网络的现实情况却意味着，美国第一次阻止非法移民的广泛尝试只是由十几名驻扎在加州旧金山和华盛顿领地汤森港（Port Townsend）的海关官员来掌握的。这两大门户面临着两种截然不同的非法移民，尽管当时这两地都没有这样表述。在从旧金山上岸之前，大多数中国移民都必须站在海关官员面前申辩，偶尔也需要靠伪造文件协助入境。而在华盛顿领地，大多数中国人则是趁人不备溜进美国，既没有获得授权，也没有官方登记。简言之，区分加州和华盛顿边境执法情况的，不只是地理上的差异。

在旧金山，中国移民大多依靠《中国人限制法案》中关于不受限制的移民群体的若干规定入境。法案试图在一群组成复杂、不断变动的人当中强制实施严格的职业分类，在新来的华工和其他所有人之间划出一条严格的法律分界线。相应的结果就是，中国移民和走私者也学会了把自己伪造成除新来华工之外的任一身份。[8]大多数移民为逃避法案的罪责，都会说自己属于如下三种身份之一：①他们自称是被豁免的精英；

②之前就已经定居在美国；③或仅仅是在美国境内"中转（in-transit）"。⁹ 在限制阶段，使用上述三种说法很容易就能进入美国。

国会故意为中国的精英群体，包括外交官、商人、学生和游客提供了相对广泛的豁免权，目的是为了维系同中国的商业和外交纽带。为进一步做出善意的姿态，法案赋予了中国政府对于哪些人可接受豁免的决定权，以及指定哪些人拥有人们心向往之的"第六项（section six）"，即商人的权限。此后不久，旧金山的海关官员便抱怨称，中国使用了"非常宽松的""无差别的"人口界定方法，为大范围的坑蒙拐骗开了口子。此外，地方的海关官员企图质疑中国政府对"第六项"商人作出的界定，但往往起不到任何效果。例如，1883 年 11 月 14 日，137 名手持"第六项"证明的中国乘客乘坐北京号（Peking）轮船抵达美国。海关官员担心他们是在诈骗，不许他们上岸。船舶公司拍电报给财政部，称乘客使用的文件具有法律效应，"假如我们拒绝把他们送到美国，我们的轮船将会被禁止同中国的贸易"。面对华盛顿特区的官员施加的压力，旧金山方面最终还是缓和了态度，同意北京号的乘客入境。国会的扩张主义理想是仅向被豁免的人群敞开国门，而如今在美国商人的成功游说下，这扇门又一次向所有人开放。¹⁰

被认定为中国精英自然需要资源和关系，但很多中国移民还是从法案中发现了一线生机。法案虽然禁止新来的华工入境，却允许"归国劳工（returning laborers）"移民来美。然而要区分过境的人是新移民还是旧移民即便有可能，也着实困难，原因是国会因为担心中国政府介意，取消了强制护照的规定。为取代护照，海关官员开始为从美国各港口离开的中国人签发"归国证明"，以此作为允许他们日后返美的凭证。在当时，即便是这种程度的联邦监管也是前所未有的。除了南北战

57

争时期采取的紧急措施之外，美国边境此前从未要求移民出示身份证明。但就算是这样，还是不能阻止未经授权的移民自称是"归国"人员。[11]

截至 1885 年 8 月，海关执法探员 O. L. 斯波尔丁（O. L. Spaulding）发现，在太平洋港口共计签发了 35235 份归国证明，还有 20506 名移民尚未获得归国的权利。"这么多份〔归国证明〕尚未解决，"斯波尔丁评论说，"一些人可能会通过错误的人找到回国的路。"如果拍照的话就远超执行预算了，因此"归国证明"上只包含关于移民特征的简要描述。要从合法的归国移民中区分出从黑市买来"归国证明"的人，这并不是万无一失的办法。海关官员记录的身体特征经常是含混不清的，例如"扁平的鼻子"、"很有特点"或者"没什么特点"。而有些特征则很容易被模仿，一个人但凡下点决心，就能制造出"右耳朵上的洞"、"额头上的疤"或者"右眼的胎记"。海关执法探员斯波尔丁认为，描述模糊的问题几乎是不可避免的。"华工的特征不太容易描述，"他抱怨说，"他们看上去长得都一样。"[12]

财政部又错过了一个颇具创造性也很廉价的想法：取指纹。加利福尼亚一位企业家 1883 年写信给财政部，建议他们实行"拇指指纹检测系统"，因为"100 万人当中，任意两人的指纹都不一样"。这种指纹检测系统之前在印度使用过，西方科学家开始相信它有一定的准确性。然而一份财政部内部的匿名备忘录直接否决了这个办法："对我来说，我们已经签署的法规似乎已经足够了。"直到数十年后纽约州监狱局在 1903 年试水，指纹识别才开始在美国实行起来。[13]

欺骗性的"归国证明"给旧金山的海关官员出了不小的难题，但更大的问题终于浮现出来，那就是返美的中国移民甚至不需要证明就能入境。《中国人限制法案》中的条款让那些

1880 年签署《安吉尔条约》之前就定居美国的华工有了重返美国的权利。当初之所以有这么一条欺诈性入境的路径是为了防止废除和中国的条约。而在实践过程中,这意味着任何中国移民都可以说在海关部门签发"归国证明"之前他们人就已经在美国了。最终替代证明文件的是,入境移民只要说点关于旧金山的粗略的地理知识,就能证据充分地蒙混过关了。

执法探员斯波尔丁称,这个"法案背后凸显的最让人难堪的问题之一……是为欺诈和伪证敞开大门,连法院都没办法保全自己"。[14] 加利福尼亚众议员威廉·莫罗(William Morrow)抱怨说:"向这群自称原先就住在美国的中国人敞开国门的实际影响,就是打击了我们条约规定和立法的整体目标。"[15] 在限制时期,中国人进入美国的主要方式就是证明他们的归国身份。无论是当时的官员还是历史学家至今都无法证明:在这些移民中,到底有多少人确实之前就定居在美国。[16]

联邦报告显示,在限制阶段抵达美国的中国移民少之又少,但这并不准确。旧金山港口的文件明确表示,联邦的数据并没有涵盖以归国劳工的身份进入美国的大批中国人。联邦政府称,1887 年仅有 10 名中国移民来美。然而单是旧金山一地,当年就有 11162 名中国人被批准入境。

1888 年,在限制中国人的法规实行之时,中国移民的人数达到了顶峰,当年至少有 12816 名中国人入境。在国会的政策转向排斥之前,1889 年,这一数字仍在增长。[17] 如果将归国移民的人数也计入每年抵达美国的中国人总数,就能清晰地看出:限制政策并没有起到什么作用。1851~1882 年的自由移民阶段,中国人入境美国的年平均人数是 10388 人。[18] 1883~1889 年的限制阶段,旧金山批准并登记在册的年平均移民人数是 8746 人,一年仅下降了 16%。

有众议员甚至称,在限制期间中国移民的人数实际上增

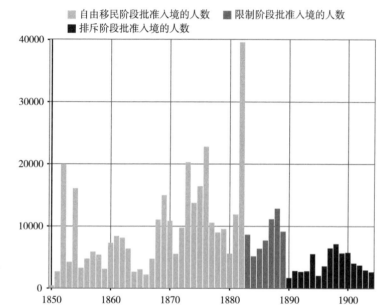

59

1850~1904 年每年批准入境美国的中国人口总数。每年 6 月绘制，统计前一年抵达美国的外籍华人总数，包括第一次入境与归国华人。1882 年，即将实施《中国人限制法案》的消息传到太平洋对岸，移民人数达到高峰。在限制阶段，由于仅有旧金山港一地有归国中国人的数据，其间批准入境的总人数未被统计。（图表基于笔者收集的数据绘制，详见附录二。）

加了。得出这一结论可能是因为，他们将每年在美国境内"中转"的中国人也计算在内了。该法律并未对途经美国前往古巴、南美、加拿大或中国等地的中国劳工问题作出规定。但对于美国商贸的担忧促使美国司法部部长又制造了《中国人限制法案》的另一个漏洞。在法案生效前，美国船运公司已经开始游说财政部部长、国务卿和司法部部长，希望不要去限制那些"中转"的中国移民。芝加哥、岩岛（Rock Island）和太平洋铁路公司的代理人报告称，预计有 40000~60000 的华人劳工即将离开古巴返回中国。按每个人头 100 美元来计算，"美国利益"运送这群中国工人至少能赚到 400 万美元。代理人迫切地为这群"中转"的中国人辩护，希望他们能被排除在限制法案之外，因为只有这样，"美国［才能］从这笔资本中获益，而非英国"。[19] 同样，中央太平洋铁路公司的副总裁 C. P. 亨廷顿（C. P. Huntington）提醒国务卿，南太平洋铁路公司正在修建一条连接加利福尼亚州和墨西哥湾的铁路，这条铁路横跨大西洋，用于高效出口美国西部种植的谷物。为了让这个尝试取得成效，公司急需西向的交通运输，也就是从古巴运送中国移民。亨廷顿认为，美国政府如果不允许运送中国工人，将会损害美国的前景，每年少赚 1500 万~1800 万美元。即便是《中国人限制法案》通过了，美国还是可以继续从中国移民那里寻求商业利益。

最初，司法部部长本杰明·布鲁斯特（Benjamin Brewster）颇为严格地阐释这条法案，于 1882 年 7 月 18 日禁止了"中转"的中国人入境。但同年 12 月，在中国政府的施压之下，布鲁斯特转变了路线，称自己之前的阐释有误。从 1883 年 1 月 23 日起，那些声明自己只想跨越大陆、穿过其他国家国境线的中国人被批准入境美国。[20] 据美国官方记载，1883 年非移民的中国人（从美洲其他国家和地区跨越国界进入美国）有 2151

名，1884年有3194名，1885年有5330名。从官方的角度来讲，所有中转的外籍人士和游客最终都离开了美国，但无论是地方政府还是联邦官员都担心会有大范围的欺骗行为发生。众议员威廉·莫罗（William Morrow）在1886年向财政部部长抱怨："在旧金山，人们普遍认为，大量因为这条规定来美国的人，都利用这样那样的欺诈手段设法留在了美国，就算他们已经离开了，也是为了之后再回来。"如果非移民的中国人也被算到1883~1889年的移民总数之中，在限制阶段抵达美国的年平均人数将是12165人，比自由移民阶段还高出15%。[21]

美国法官进一步弱化了这一法案，部分是因为他们顾及美国在中国的利益。例如，曾在加利福尼亚巡回法院任职，日后进入最高法院的大法官史蒂芬·菲尔德（Stephen Field）在**Low Yam Chow案**（1882）中明确了他的这项外交特权。与美国企业有联系的中国商人Low Yam Chow在《中国人限制法案》通过之后从巴拿马来到旧金山。尽管Chow是商人，但还是因为没有中国政府签发的"第六项"证明而被拒绝入境。Chow对这一决定提起上诉，因为他是从中美洲到美国的，而不是从中国来的，所以并没有获取那一纸证明的途径。法院的裁决倾向于请愿人，并使用其权力向旧金山海关官员施压。菲尔德写道，《中国人限制法案》有意"限制劳工移民出境"，"不要通过将中国商人排斥在外，或是对他们的到来施加让人尴尬且不必要的限制，来干涉中国和这个国家之间的商业往来"。"和中国的商贸往来高于一切，其价值还在不断增长，"菲尔德说，因此，美国官方应该避免"阻断或减缓商贸"的法律阐释。他警告说，"某些政府官员""空有一腔热情，却很是无知"，可能会直接威胁到美国在中国的利益。[22]

俄勒冈州的巡回法院法官马修·戴迪（Matthew Deady）

同样对美国帝国利益的重要性直言不讳。1882 年 10 月,《中国人限制法案》通过后仅数月,戴迪审理了他的第一个案件——**乔治·蒙坎案**(Re George Moncan)。这个案子牵涉两名中国海员,他们和一艘美国航船签订了劳工合同,这艘船于 1882 年 10 月抵达波特兰,船上装载着运往欧洲的小麦。船一靠岸,联邦一位主事的官员便在陆地上逮捕了这两位中国海员,理由是他们违反了《中国人限制法案》。中国海员申请了人身保护,戴迪法官倾向于支持这两位请愿人。他认为,这两位中国海员的情况不在法案的限制范畴之内。"没错,他们的职位的确是劳工,"戴迪承认,"但他们被带到这里,并不是为了和这个国家的居民与劳工竞争。"此外,他认为禁止中国海员登上前往美国的船只,可能会"阻碍或严重损害"中美贸易。法官在法庭上说,他的工作是执行法案,"不会为了涵盖几个可疑或极端的案例而恶意曲解,最终使这个法案遭人记恨、声名狼藉"。

因为担心限制法案可能会损害美国在中国的商业利益,戴迪并没有掩盖他对于新法案的不屑。他主张说,正是那群"国家中最聪明、最有影响力的人"在谴责限制法案,因为他们认为这项法案"对我们和中国的商贸关系危险重重,有违我们一贯的国家政策,妨碍基督教的传播,不光违反条约,还有违人与生俱来的权利"。[23] 戴迪出于对这项法律的反感以及对中美关系的顾虑,并不愿意积极实施《中国人限制法案》。[24]

尽管实施困难、信念摇摆等问题源源不断,联邦官员依然在吹嘘他们的数据,这些数据均表明:离开美国的中国人比来美的中国人多。在旧金山港,官方报告称,1883 年离境的中国移民人数,除去入境移民的人数是 1633 人(净离开人数),1884 年这个人数是 4788 人。这为他们带来了扭转中国移民趋势的一线希望,因为此前 30 年间,旧金山仅有六次中国移民人数的流出大于流入。[25] 然而相比于流出的移民，加州人更关注流入者。对他们来说显而易见的是，旧金山依然是每年上千名中国人进入美国的熙熙攘攘的入口，他们中确实有很多人是返回此地，而其他人则是首次来美国。正如反华代言人丹尼斯·科尔尼（Dennis Keerney）回忆的那样，"第一部限制法案在 1882年生效的时候，当年有不到 40 个中国人来；当然之后呢，就开始像从前一样，人数飞速增长"。[26]

西北太平洋的无证移民

联邦的中国移民数据同样没能涵盖在限制阶段偷偷潜入这个国家的上千名中国人。1880 年代，华盛顿领地仅次于旧金山，是中国人第二大热门入境地。在旧金山，海关官员会监视靠岸的国际轮船，拿到中国乘客的名单后才允许他们下船。和旧金山不同，华盛顿与加拿大之间狭长的国境线为想要偷偷溜进美国的华工提供了一条理想路线。

和今天一样，要准确估计有多少人跨越了国境线并不容易。当时的地方报纸对此并不认同。有的报纸说，截至 1885 年秋，每个月有 100 人跨境。而有的报纸说每周就有 100 人入境。全国报纸对入境人数的估算如下：1884 年，《纽约时报》（*New York Times*）称有上千名中国人已经偷渡入境；1891 年，《哈珀新月刊》（*Harper's New Monthly Magazine*）估计每年有1500 名偷渡客。1890 年的一项国会调查中，华盛顿领地的美国海关官员认为每年偷渡的人数不止 2500 人。很可能每年都有1000~2000 名中国人偷渡入境美国，这意味着旧金山批准入境的中国人一旦减少，通过加拿大入境的移民就会平稳或大幅增加。简言之，《中国人限制法案》不可能减少了中国移民。[27]

1846 年，美国和英国以北纬 49 度为界划分了它们在西北太平洋的领土。但为地图上想象出来的这条领土边界赋予意义，却需要更长时间的社会建构和维系过程。[28] 这条力求强化美加边境的法案的失败，可以由一些潜在原因来解释，华盛顿领地一小批海关官员的经历生动演绎了这些原因。当时，华盛顿领地的议员代表 A. W. 巴什（A. W. Bash）同时也是汤森港的海关征税员，负责管理华盛顿领地的全部海关事务，包括普吉特海湾（Puget Sound）附近 6 个稍小的口岸城市，以及与不列颠哥伦比亚接壤的上百英里的陆地边界。

实施法案仅仅两周后，巴什就因为人手不足向联邦政府寻求帮助和指点。他写信给华盛顿特区的上级，"新的反华法案……引起了混乱，也给我们带来了海量的工作。据我了解，已经有 17 名中国佬［原文如此］跨境进入美国，喀斯喀特山脉（Cascade Mountains）① 以东 200 英里的国境线上只有一名官员在把守。"巴什认为，至少有两名官员表现了"抗拒和警惕"，他承认，"这么广阔的边境线，就凭这么几个官员，我们真的尽力了"。除了人力问题之外，巴什注意到，和法案有关的问题"几乎每天都接踵而至"，其中很多问题都不能用法律的语言来解答。有中国海员乘坐美国的轮船抵达，或是遇到加入英国国籍的中国劳工，他又能做什么呢？一面是抓获未经授权的中国移民困难重重，一面是要分辨具体哪些人是未经授权的移民使他困惑，巴什就被夹在了这困难和困惑之间，"到目前为止，"巴什解释说，"我们要执行这项法案是不可能的。"[29]

财政部并没有拨给巴什额外的员工或资金，却委派了一名特派督查员评估美加边境的边控情况。特派员 J. C. 霍尔（J. C. Horr）于 1883 年 5 月巡视了这个区域，之后提交了一份极为乐

64

---

① 喀斯喀特山脉位于美国西北部，是北美洲环太平洋海岸山脉的一部分，由南向北从加州北部跨越俄勒冈州、华盛顿州，一直延伸到美加边境至加拿大的不列颠哥伦比亚省南部，全长 1127 公里。是华盛顿州境内最大的山脉。它贯穿南北，几乎将华盛顿州一分为二，东、西华盛顿以此为分界。

观的报告。他承认不列颠哥伦比亚的确有 10000 名中国人越过国境进入美国，霍尔写道，"我……说这些话不怕失实，从不列颠哥伦比亚进入华盛顿领地或俄勒冈州的华人，统统都提供了职业或商人证明，或是之前在美国居住的证明。"按照霍尔的说法，陆地边界并没有遭到什么威胁，因为这里只有五条有可能入境的路径——"经过山林密布的乡野，其间散布着众多溪流和河道，冬雪和春雨使得河水漫溢，一年中有六个月是不可能穿越的。"而其他的六个月都有海关官员把守，除了一条路——最后的这条从不列颠哥伦比亚斜坡堡（Fort Slope）到华盛顿领地斯卡吉特矿区（Skagit mines）不可能出问题，因为"斯卡吉特的白人矿工对中国人怀有敌意，一有违反法律的情况会及时向海关官员汇报"。[30]

霍尔承认"华盛顿领地上千英里的陆地海岸线和邻近的众多岛屿似乎表明这里的人们很容易逃避法律"，但他依然坚持认为，不用担心这里会发生违法越境的行为。霍尔深信中国人没有利用这条路线的心智能力。"不列颠哥伦比亚的中国佬，"他认定，"必须利用他的聪明才智"乘独木舟过境，因为海关官员就驻扎在那些最容易进入的地点，而征税员的海关缉私船则不间断地穿行在圣胡安（San Juan）和普吉特湾水域。此外，"任何这样的尝试要想成功，必须和人合作，或是对方有足够的善意，缺少任何一个条件，这个计划都可能搁浅"。"要是一个陌生人想要通过岛屿找到入境的通路，"霍尔提出，"在他抵达小镇或者找到容身之所前，充满敌意的当地人就会让他暴露。"他寄希望于华盛顿领地的人民能协助海关，共同战斗，一起保卫边境。有了恶劣的地形和警惕的老百姓的协助，四名海关稽查员就能成功保卫 1000 多英里的海岸线和陆地边界了。[31]即便是在当时，也有人指责霍尔低估了中国人的智慧，高估了当地的反华情绪，这两者都反映了他自己的偏见。美国驻不列颠哥伦比亚省维多利亚市的领事警告说，霍尔"充满了对华裔的敌意……"他显然认为中国人没有灵魂，他们中最聪明的也被他贬低成了最差劲的。[32]

过了几个月，巴什读到霍尔的那份报告之后沮丧至极。霍尔的推断是怀有敌意的白人会帮助阻止移民，为了反驳霍尔，巴什主张：也有开发商发现中国劳工对他们的生意还是有用的。他举例说，普吉特湾沿岸和普吉特湾铁路沿线 12 家大型锯木厂和伐木场已经雇佣了 2000 名中国人。当中国劳工离开这些工作岗位去找别的工作时，"有传言说，承包商们试图让来自不列颠哥伦比亚的中国人填补他们的空缺"。[33]

巴什的观点得到了当地官员的响应。1883 年 7 月，在赴不列颠哥伦比亚调查之后，稽查员伊拉·B. 迈耶斯（Ira B. Meyers）报告称："我和几个不认识我的中国人聊了聊，他们急切地想要找到进入美国的途径，他们给了我 25 美元，问我能不能带他们过去。我知道他们中许多人只是在等待一个合适的机会偷渡过去。我的观点是，除非是非常密切的监视，不然会有上百人跨过国境线，因为新来的人还会从中国源源不断地进来。"[34]海关缉私队队长 C. L. 霍珀（C. L. Hooper）认同迈耶斯的估计。在他 1884 年写给领地总督的信中，他这样写道："有上千名中国人就在境外等着找机会进来。如果做这件事没有风险的话，一大批无名之辈正准备协助他们，所有的客船都准备载他们一程。"进入这个国家的路径如此之多，海关官员又如此之少，霍珀队长认为，美国要阻止非法移民的希望相当渺茫。华盛顿领地可能有很多白人居民讨厌中国劳工，但也有不少有权有势的人不择手段地找到他们。[35]

此外，巴什认为陆地上可能通过的路线是九条，而不是五条，霍尔的描述夸大了地形的险恶。利用这些路径非法入境是极有可能的，原因是"一些中国的采矿营就在不列颠哥伦比

66

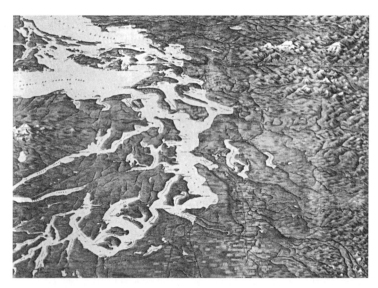

　　这张 1891 年的"普吉特湾鸟瞰图"描绘了美国和加拿大之间的陆地和海上边界。华盛顿和不列颠哥伦比亚迷宫般的水道和岛屿，削弱了边境管制的力度，为秘密进入美国的非法移民提供了帮助。（University of Washington Libraries Map Collection, C. G. Maring, mapmaker, Charles H. Baker & Co., publisher, UW29556z.）

亚的国境线附近"，并且"海关只安排了一个人来管理华盛顿领地东段，所以有些路段必定无人看守"。至于海岸线和岛屿的部分，巴什认为，"已经有不少人乘印第安人的独木舟和小船过了国境线，其他的人肯定会效仿"，因为"要逮捕中国人太难了……在一个由 50 多个岛屿组成的群岛上，只有两名海关官员驻扎在该地区，其中一人还被迫留在星期五港（Friday Harbor），那个地方是入境的子港口"。[36] 因为同事驻扎在了星期五港，唯一能自由巡逻岛屿和海岸线（也是美加边境最松懈的地段）的只有海关副署长阿瑟·布雷克。他肩上背负的，是在加利福尼亚北部实施限制中国人的重任。

与副署长阿瑟·布雷克的一晚

在《中国人限制法案》生效的前一年，布雷克在塞霍德（Sehome）的村庄和塞米亚摩（Semiahmoo）开始了他的海关征税员工作。推荐布雷克到这个岗位时，巴什形容他是"精明、清醒、勤奋、坚定的共和党人"，他坚信他能成为"一个有能力的官员"。[37] 布雷克出生于马萨诸塞州的波士顿，一直以来的工作都是一名土木工程师，直到 50 岁那年，他跋涉 3000 英里来到了华盛顿领地。华盛顿与他离开的新英格兰的发达城镇相去甚远。根据 1880 年的人口普查，居住在这片广阔土地上的白人不到 72000 人。最大的城市西雅图也只有 3553 人。而布雷克要去的地方不是西雅图，而是荒野中的一个小村庄。他将驻守在华盛顿领地的西北角，不让那些不缴纳美国税款就从加拿大走私货物的人得逞。这个活可不好做。他负责的领土包括众多蜿蜒的河道、圣胡安群岛隐蔽的海湾——简直是走私者的天堂。内陆的地形也没轻松多少：在塞霍德〔今贝灵汉（Bellingham）〕和塞米亚摩之间，与加拿大的边境相邻，绵延着 25 英里长的森林和荒无人烟的海岸。布雷克把妻子和儿子留在了汤森港，很可能就是认定自己此行的目的地对家人来说太过恶劣和不安定了。

布雷克到塞霍德的第一天就很清楚，他并不具备完成边境巡逻这项艰难任务的体力。1881 年 8 月 11 日，一个"晴朗温暖的日子"，布雷克却在他的日记中写道，他感觉"非常不舒服，头痛，消化不良，胸口和后背阵阵发冷"。头一个星期，他每天都给妻子写信，信中极少透露自己的情绪，而在日记中，他却说"到目前为止感觉非常孤单"。几个星期过去，几个月过去，他身体的不适有增无减：失眠、气喘、胸痛。然而巴什对他的看法是对的。布雷克的病并没有阻止他去执行任务：和当地人见面、沿着海岸线走走、骑马去邻近的村镇、检查过往的轮船、向他的上级写详尽的报告。[38]

68 尽管《中国人限制法案》在 1882 年 8 月就生效了，一直到次年 5 月，布雷克只抓获了少数几个中国移民，他相信，有不少人从他眼皮底下逃过去了。他写信给巴什，"我最近从《汤森港阿格斯报》（*Port Townsend Argus*）上读到一篇文章，说还是有大批中国人不断从新威斯敏斯特（New Westminster）、穆迪港（Port Moody）过境。首先我不觉得是这样，就算他们真是这么过来的，他们也必须越过边界线再到北部和东部，因为他们不会从这里或者塞米亚摩过去"。[39]《中国人限制法案》通过一年后，布雷克有信心保卫好海岸线和岛屿，不再让不列颠哥伦比亚来的一小撮无证移民在此穿行。布雷克相信，自己每抓到一个人，都会让之后的无证移民望而却步。

布雷克每天都在同中国移民作斗争，但在他的职务信件和私人日记中，他从来没有说过一句反华的字眼。和"稽查特派员"霍尔不同，布雷克并没有低估中国移民的聪明才智，甚至有些时刻，他表现了对他们的人性和遭遇的认同。布雷克向他的上级抱怨，关押中国人的监狱似乎"不太安全，把人囚禁在

6 英尺 ×6 英尺的寒冷肮脏的牢笼里面，似乎不太合适。警长
不提供毛毯，那层楼也没有炉子，在寒冷的冬夜，囚犯都快要
冻僵了"。⁴⁰ 就在他的同事们毫无避讳地辱骂中国移民时，布
雷克要么是出于职业道德，要么是对这些"人类"抱有同情之
心，他没有说出一句刻薄的话。

但他还是在北部边境忠于职守，尤其是在 1883 年秋，他发
现有一大拨移民从那里涌入国内。布雷克很快意识到，限制法
案生效的第一年就有不少中国人尝试过境。1883 年 10 月，他
向巴什报告说抓到了 11 名从维多利亚市过来的中国劳工。但他
并没有为这次大规模的逮捕欢欣雀跃，而只是担心"还有更多
人正在穿越国境线"。11 月底，在与上级的通信中，布雷克被
失败的恐惧支配。他发誓"尽我所能发现并逮捕他们，"但他确
信，"这个季度的苦力移民，一时半会儿不会终止。"⁴¹ 布雷克
发现，由于联邦对于阻止中国移民的投入太少，他的工作没办
法开展。1883 年 11 月 25 日下午 5 点，一切如常，他收到消息称，
有人看见 6 名中国人正离开芬代尔渡轮（Ferndale ferry）向塞
霍德赶来。他和往常一样，叫上两个人，命令他们在丛林中追
踪中国人。太阳落山的时候，布雷克听传闻说移民在中国洗衣
房停了下来，他和镇上的警长一起，匆忙赶了过去。他们到的
时候只发现了洗衣房的店主 Ah Hing，他说的确有 5 名中国人
来过，但他没让他们留下来。Ah Hing 认为他们已经乘坐爱达
荷号（Idaho）轮船跑到别的国家去了。布雷克于是骑马赶到码
头，登上爱达荷号，找到了 5 名中国乘客。

但当他单独审问他们的时候，他们"什么都不懂"，也说
不出他们从哪里来，只用不合语法的西班牙语统统回答说"不
知道（no sabe）"。没有他们自己的供词，布雷克"没有证据"
证明这几个中国人是从不列颠哥伦比亚入境的，甚至不能证明
他们就是他追了一整夜的中国人。他注意到他们的相貌特征和

他最初记录的不符，因为他一直在找的 6 个中国人，其中应该有 3 个人拿着雨伞，但眼前的这 5 个人都没拿伞。

布雷克不确定，先逮捕他们再由政府出资把他们押送到汤森港接受审讯到底值不值得，因为他们很容易就会被无罪释放。"如果能在这里审他们的话，"他写道，"[我]也可以逮捕他们，并且不怀疑他们会根据自己的证据被定罪——因为他们肯定是近期从不列颠哥伦比亚过来的。"然而他们不能就地被审判，原因很简单，不管是布雷克还是当地法官，手上连一份《中国人限制法案》都没有。他下了爱达荷号的船，给巴什发电报征求建议，却发现电报掉线了。最后，万般后悔与沮丧之下，他决定放这群中国人走。当晚，爱达荷号载着 5 名中国人驶离了港口。翌日早 9 时，从汤森港开过来的轮船靠岸，带来了一份《中国人限制法案》和一封征税员巴什的信件。"要是我早几个小时[收到]就好了，"布雷克在日记中不无惋惜地写道，"我就能拘捕那群中国人了。"他写信给巴什："既然我已经拿到了法案，那我以后就能提审任何一个抓到的犯人了，就在这里审，然后再将他们押送到你那里。"[42]

布雷克在树林中的一番追逐闹剧，暴露了大大小小的失误。《中国人限制法案》生效 16 个月后，负责抓捕无证移民的主要警官手头居然连一份法案都没有，由此可见联邦统治对于西部领土而言是多么鞭长莫及。更根本的问题是，国会将旧金山、汤森港这类主要港口视作美国西部的门户，却制定了不切合实际的法律，譬如像华盛顿领地这样边境线绵延不绝的地区，入境的地点比比皆是。布雷克遭受的挫败，从某种程度上说是由于联邦政府的失策和权力匮乏导致的。

然而，布雷克遇到的诸多困境，起因都是国会的妥协和故意削弱法律的决定。国会拨款太少，意味着布雷克要独自一人巡视该地区所有的进港交通是一项不可能完成的任务，尤其是在范围如此广阔的区域，单靠一名骑警是无法监控到位的。没有护照制度——为了维持美国与中国政府的良好关系而作出的让步，意味着布雷克不得不依靠当地居民提供的相对主观和模糊的描述，区分未经授权的新移民和当下的合法居民。至于存不存在雨伞，不是一种万无一失的身份识别方法。布雷克面临的挑战不仅包括恶劣而广阔的地形、在庞大而年轻的官僚体系中一个人对困难的预期，还在于：国会对于真正终止中国移民明显缺乏热情。

边境之地的偷渡客

《中国人限制法案》使得中国的移民大军被迫转入地下，由此催生了偷渡业务。中国工人一直以来都仰仗中间人，确保他们横渡太平洋、得到行程所需的车船票，并在抵达之后找到一份工作。该法案的目的原本是叫停这些业务，事实上却扩大了这项交易，因为中国移民发觉，要自己安排这趟去美国的行程已变得难上加难。关于谁在经营中国人的这桩生意、他们从中赚了多少钱这类的传言纷至沓来：法案实施的头几年，每人收取 15~25 美元的费用，到 1880 年代末，每个人收取的费用超过了 100 美元。[43] 假如这类传言准确的话，偷渡中国人这一"违禁品"可比走私货物有太多的利可图了。

由于海关官员更关心的问题是抓获走私者，而不是监管他们的生意，关于这段剥削历史的记录并不多，个案之间也没什么关联。就布雷克而言，他确实表现了对无证移民的担忧。1883 年夏，他听闻了一则令人不安的传言：鹿米（Lummi）①的印第安人被雇来偷渡中国移民，背地里却杀死了他们。为了

---

① 位于美国华盛顿州西部，是萨利希语族的印第安人部落。联邦认可的部落主要居住在：从鹿米印第安人保留地附近，到沃特康县西部的贝灵汉以西，与加拿大接壤的边境以南 20 英里（32 公里）的范围内。

搞清真相，布雷克询问了杰森·泰勒（Jason Taylor），这位白人的妻子是鹿米一位部落头领的女儿。泰勒"不相信这个说法"，承诺说"再进一步打听打听"。布雷克对此明显很是担心，一周后，他再一次找到了泰勒，想知道故事背后的真相，但泰勒"并不认为这是真的"。[44] 布雷克和他的同事们也将注意力转向了对偷渡者和他们使用策略的识别。虽然《中国人限制法案》规定将无证移民驱逐出境，但对走私者的打击更加严厉，或被处以 1000 美元的罚款和长达一年的监禁。但和法案的诸多方面一样，最终证明这项规定同样很难付诸实践。

海关官员很少目睹走私的过程；他们只会时常听闻有人偷渡的传言。罗奇港（Roche Harbor）的警官从最近刚从不列颠哥伦比亚回来的造船匠那里听说，"中国人会事先支付每人 25 美元外加 100 美元，以保证平安被运达"。[45] 当然，有时传言终究是传言。"我得到消息，"警官 J. H. 普莱斯（J. H. Price）报告说，"有个叫威利（Willey）的男人已经和好几个人打过招呼了，说他一直都用小帆船从维多利亚市运送中国人过来，"每个人收 15 美元，"还有一份他们随身携带的鸦片。"但他也说，"那个叫威利的男人说这话的时候喝醉了，也有可能都不是真的"。一个月后，普莱斯报告说他已经调查了此事，并未发现任何线索，因此威利的这番大话肯定和他"处在醉酒的状态"有关。[46] 不论威利的话是否属实，很神奇的一件事是：他觉得帮中国人偷渡是一个值得在公共场合和人炫耀的话题。尽管当时的普遍情绪是反华，但也有一部分人一定觉得，冒险将中国人运到这个国家的做法既让人感到兴奋，又能彰显他们的男子气概。

海关官员还听传闻说，印第安人和白人偷渡者正在对这群无证移民施以援手。布雷克在他负责地段的北部区域巡逻的时候，就非常敏锐地意识到：中国人"可能极容易不被发现就经过那里"，因为"那附近有太多印第安人和独木舟"。[47] 布雷克会盯着印第安人的独木舟沿海岸线来来去去，上面载着从不列颠哥伦比亚伐木场来的乘客。他发现"有一艘大的独木舟离开了印第安人的营地，驶离沙嘴，没有在海湾处多作停留，直接向鹿米岛驶去。船上有三个人，只有一个人在划船"。布雷克用他的望远镜观望，发现独木舟小心翼翼地与海岸保持着距离，这一点尤其可疑。乘客"好像是穿着宽松罩衫的中国人"，但由于离得太远抓不到了。即便布雷克经常报告这类可疑行径，但他从未成功抓获过任何印第安人蛇头①。[48]

毋庸置疑其中也有来自中国的蛇头，但对于海关官员来说，他们尤其难以辨别。当警官成功抓获一伙无证移民时，海关官员很少能分辨出他们中的哪些人是偷渡的组织者。[49] 但在布雷克调查无证移民的过程中，一个名字曾反复出现——Wa Chong。[50] 布雷克以为这是个人名，但实际上这是一家公司的名字。1868 年，Wa Chong 公司在西雅图成立，是华盛顿领地最早的一批由中国人开办的进出口公司之一。公司合伙人是西雅图第一位华人居民陈程学（Chin Ching-Hock）和陈宜禧（Chin Gee Hee）。[51] 最初公司的业务是经商，但陈宜禧对雇佣劳工更有兴趣。他在当地四处奔走，为中国工人寻找挖矿、修铁路、务农和家政方面的劳工合同。一旦找到有意向的雇主，他会出面协商出一份合同，然后提供给他们一批中国工人和一位会说两种语言的老板。《中国人限制法案》通过后，有传闻说陈宜禧在蛇头人脉网络的协助之下，继续开展他的劳务承包生意。[52]

经过一番调查，布雷克有些相信了传言，认为陈宜禧深陷走私和偷渡生意。1883 年 7 月，社区的线人带来了一名从路

①　也叫带路人、组织者，即把偷渡的人带出国境，从中赚取费用的人。

上抓来的中国人。该移民名叫 Ah Sin，手里握有布雷克写的"归国证明"，这证明他在领地中属于合法居民，可以自愿自由地来去。在和 Ah Sin 长谈过后，布雷克向巴什汇报："我认为他就是带中国人过境的那个人。""他英语说得非常不好，"他解释道，"但据我理解的意思是，他主动提出所有经我许可入境的中国人，每人可以付给我 2 美元。"布雷克为了从这个人身上挖出点料，假装在考虑他的提议，他注意到，Ah Sin "频繁提及 Wong Chong 的名字，虽然我不太懂 Ah Sin 说了他什么"。虽然 Ah Sin 表面上坦白了自己的确参与了走私，但布雷克并"没有拘留他"。尽管《中国人限制法案》规定，协助未经授权的移民也会受到相应处罚，但有偷渡中国人的意图并不被视作犯罪。Ah Sin 可以直接向布雷克行贿，但警官仍然不能对此提出指控。[53]

布雷克每天都在监视着边境，但他只见到了不断扩张中的贩运业务的一角。就算他有真实可信的证据，并且偷渡者触手可及，法律也没有给他进行干预的权力。"我肯定那个人就是蛇头，"布雷克抱怨道，"但这证明不了任何事情。"[54]布雷克阻止无证移民的尝试从未停歇，但国会有限的拨款和法律的语言，总是一而再，再而三地打压他在北部边境这场战役中的掌控权。

社区边境管制

最终，布雷克和华盛顿领地的其他海关官员不得不借助"法律以外的（extralegal）"途径。分辨不出哪些是未经授权的中国人而哪些不是，这让布雷克感到沮丧，于是他自己设计出了一套身份识别系统。法案刚开始生效时，布雷克在他负责的区域内走访雇佣中国人的白人雇主，告诉他们，中国劳工的工作结束之前，"要在为他们付报酬时提供一份离职证明"。有了这样一份证明，失业的工人不会被怀疑成无证移民，可以在领地内流动、找工作。布雷克请征税员巴什在区域一级也建立一个类似的法外系统。他坚信"一个地方的通行、检查、证明系统"可以有效防止"违禁的中国人"在未被发现的情况下通过该地区。有了这样一个系统，布雷克可以逮捕任何一位没有离职证明的中国移民。布雷克急匆匆起草了一份离职证明的草稿，并纳入了他的提案，但他并没有意识到，国会有意回绝了内部通行凭证的规定。巴什也忽略了他的提议，最终，布雷克放弃了。[55]

布雷克解决联邦拨款少、人力匮乏的办法，是招募当地社区的成员做线人。他街上逮着谁就和谁打探消息，终于建立起了一个情报网，他们只要在区域内遇到陌生的中国人就会给他发消息。比如1884年9月20日，他在日记中写道，骑马去鹿米"寻找中国人"的路上，他"撞见一个人，说自己五分钟以前遇到了两个人正往华肯县（Whatcom）①去。我继续骑却没遇见他们，可能是躲进了灌木丛"。当天，他遇见了从塞米亚摩来的两个人，"他们说有六个中国人早上10点半穿过了芬代尔的渡口，他们要么斜对角穿了过去，要么就是走了10英里的路"。他试图从小路上拦下这些人，失败之后，又跑到华肯县的中国洗衣房，在那里他"只找到了三个"。[56]

收到情报时，布雷克经常发现为时已晚。他和上级抱怨，"26日午夜，三个中国人来到这里的酒吧，买了点酒，要了点吃的，说他们刚从［不列颠哥伦比亚的］威斯敏斯特过来。当时在酒吧的一个人跑到我的旅店告诉我，他在房间里找了一大圈儿，没找到我。一直到27日晚上我才得知此事"。随着目击到中国人的情况越来越多，布雷克感到越来越无力阻止无证移民的大潮，为此，他想出了一个可能的解决方案。他写信给巴什："经常有人问我，'一个普通公民是否有权逮捕穿越边境

---

① 地处美国西雅图和加拿大温哥华之间。

线、进入这个国家的中国人？'我还被问及'假如他有权这么做，政府会支持他吗？'"当地人清楚地意识到，布雷克正凭一己之力，单枪匹马地保护边境，他们希望自己也能助他一臂之力。[57]

和布雷克相比，巴什更能接受这个地区发生的临时状况。他没知会财政部就回应说："普通公民有权对越境进入这个国家的中国人实施抓捕，同样有权逮捕偷渡者或负责的人。"他准许布雷克许诺给逮捕未经授权的中国移民的公民每天 3~4 美元的报酬，并让他走访家住边境线附近的居民，鼓励他们抓人。1883 年 12 月，巴什对违规行为尤其担心，因为他听说过冬前，加拿大太平洋铁路新近解雇了 300 名中国劳工。他敦促布雷克："要是人数太多妨碍到你了，需要的话尽可能多叫居民帮忙，把他们全都关起来。"但巴什意识到，单靠居民可能阻止不了如此多的中国人越境，他写道："与此同时，我要求你去见麦克弗森将军（General McPherson），悄悄告知他，我可能不得不通过总督［请求］民兵的援助。"他已经准备好利用社区成员——类似于平民和民兵——执行《中国人限制法案》。[58]

最终证明，那 300 个中国人并没有大举进犯边境。然而布雷克已经散布消息说，居民抓到中国人的话会获得相应的报酬。不知是受仇华情绪影响，还是一心只想拿到赏钱，短短几天之内，当地居民抓到了 6 名中国人，其他人则发来消息称"还有一大伙人在来的路上"。12 月 3 日，家住距离边境线不到半英里的农民所罗门·艾伦（Solomon Allen）抓到 5 名中国人。在一份次日提交给征税员的费用报表中，布雷克要求对帮了忙的居民发放丰厚的奖金，并警告说走私者也会愿意付钱给那些帮助他们走私的人。"请容我这么说，在中国问题上，我认为政府应该对农民慷慨一点，这样会取得不错的效果……

这里一家洗衣店的老板 Wa Hing 问我，'如果抓到一个人，官员不多拿个 2~3 美元的话，他们会把中国佬［原文如此］放走吧'。"[59]

联邦的慷慨行为并没有出现。艾伦抓捕中国人两个月后，布雷克写信给上级提醒他说，农民还没有拿到报酬。他写道："艾伦是个穷人，他已经问我要过两遍钱了。"终于，4 月的时候，布雷克放弃了，他骑马去到艾伦的农场，自掏腰包 6.5 美元，付给他之前许诺过的"中国人的事"。一直到 1884 年 10 月 13 日，距离最开始的抓捕过去 10 个月之后，财政部才批准了报销的事。尽管付钱给当地居民抓中国人，比额外雇一名海关官员的花销要小得多，联邦政府还是不愿支付这笔少量的执行预算。[60]

即便没有联邦的支持，当地人还是继续为执法工作贡献着自己的力量。布雷克始终没办法按照巴什最初设想的那样组建一支民防团（posse of citizens），但像艾伦这样的人还在继续抓捕中国人，还在举报他们的行踪。有些当地人根本不需要别人承诺什么奖励，就会发动民团，尽全力保卫边境。一名美国公民乘船从不列颠哥伦比亚到达汤森港时，看见船上有两名中国工人。船一靠岸，他就报了警。在距离美加边境不到 3 英里的奥卡斯岛（Orcas Island），一群白人社区的成员在没有任何政府支持的情况下，自行创建了抵御中国移民的防线，还组织了圣胡安群岛的海上巡逻。[61]

协助海关官员抓捕中国移民的可不只是本地白人。1883 年 8 月，印第安人向华盛顿领地东部的地方副署长汇报，有 10 名中国人从不列颠哥伦比亚过境。因为不能离开他在奥苏尤斯湖（O'Sooyoos Lake）的岗位，副署长任命白人社区的成员亚力克·麦考利（Aleck Macaulay）为临时的"稽查特派员"，命他沿科尔维尔堡（Fort Colville）方向追捕中国人。

76

几天后，又有消息称另有 6 名中国人"在不列颠哥伦比亚一侧的边境来回溜达，可能有要跨境到美国之意"，奥苏尤斯湖的副署长又雇了一名印第安人当信差，传话给"稽查特派员"麦考利。在印第安线人和信差的帮助下，麦考利抓到了 10 名中国人。印第安信使和临时特派员分别得到了相应的报酬。即使海关副署长不能离开他的岗位，他还是汇报说，有了印第安线人的帮助，自己有信心保护好边境。[62]

甚至一些中国居民也愿意帮忙搜寻偷渡的中国移民。普莱斯副署长从一个中国人那里得到情报，"各方正将中国人运往美国，并以发现港（Port Discovery）作为他们夜间停靠的港口"。这位中国线人说，组织这次行动的是白人，等到下一拨人来，他会继续向普莱斯提供情报。副署长并不确定这一消息的真实性，但觉得不管怎样还是应该向上级上报。同样，有个中国洗衣工找到布雷克，说如果"我能一次性给他 5 美元"，他就带我看 3 名没有证件的中国移民。布雷克将他的这个提议汇报给了巴什，但没好意思问自己应不应该付这笔钱。[63]

布雷克可以给白人丰厚的奖励，可他对中国人的用意并不信任。但或许他应该相信。中国人和白人、印第安举报人有许多相同的动机，因为无证中国人的到来意味着劳动力的竞争；举报他们又能得到补偿和好处。尽管中国人在白人外来者看起来喜欢内部抱团、外部搞分裂、有组织性，但在华人社群内部还是存在着许多分化。因《中国人限制法案》之由，其中最大的一个分化存在于合法居民和未经授权的新移民之间。[64] 尽管许多合法的中国移民的确站在没有移民证件的亲属这边，但他们还是对旁人一刀切式的猜忌感到不满。

当地媒体注意到了社区在维持美加边境治安方面的广泛参与，一些报纸并不赞成这种做法，《奥林匹亚通讯报》（Olympia Courier）就是其中之一。两个普通公民自称"临时督察"，抓了 9 名中国人，该报对此评价道："山姆大叔的强大政府必须依靠普通公民的积极帮衬才能执行一项法律，想来是有辱声名的。"[65] 报纸上的这类报道让公众深刻地认识到，海关官员执行该法案时是多么左右为难，以及社区支持发挥了多么不可或缺的作用。

海关不只抓捕未经授权的移民需仰仗私下的帮助，驱逐移民出境也是如此。当地官员既没有让地区法庭为非法移民定罪，也没有授意美国治安官处理驱逐出境的事宜，而经常是在航运公司的帮助下将无证移民直接送回加拿大。这种法律之外的驱逐方式与《中国人限制法案》规定的正规流程共存，不过因为前者的性质，并没有留下完整的记载。但在 1885 年，一次错误的法外驱逐将当事人推上了美国地区法庭，1885 年**美国政府诉伊丽莎安德森号**（U.S. v. Eliza Anderson）的审判记录记载了这起案件和案件审理的细节。

根据审判结果，1885 年 10 月 23 日载有 30 名中国乘客的伊丽莎安德森号从维多利亚市抵达汤森港。这艘轮船明目张胆地靠了岸，引起了海关副署长布雷克和美国海关船沃尔科特号（Wolcott）船员的注意。就在布雷克要对甲板上的中国移民核验"归国证明"时，沃尔科特号船员没有像往常一样检查走私的货物，而是下到船舱里开始搜查偷渡者。沃尔科特号的锅炉工乔治·伯恩斯（George Burns）下去查看了伊丽莎安德森号的锅炉房，在里面发现了一块可疑的厚木板。拉开木板，他发现有 8 名中国移民挤在水箱和挡煤墙之间狭小的空间里。他们和甲板上的乘客不同，穿得像是劳工，也没有"归国证明"。海关稽查员查尔斯·戴维斯（Charles Davis）向船主"半开玩笑似的说"，这趟肯定"有人赚了 600 美金"。[66]

甲板下面明明藏匿了 8 名中国人，但船长怀特（Captain Wright）只是被指控窝藏了 2 名中国男孩（原因不明），也就

78

是为这次控诉作证的 Ah Wy 和 Ah Yuk。经过一名口译的传译，Ah Wy 说自己是学校老师的儿子，今年 14 岁，之前一直在中国上学。他来到维多利亚市之后发现"无所事事"，只做过一天的厨师，因此才想到美国找他在旧金山的家人。Ah Wy 作证说，他同意向伊丽莎安德森号的锅炉工支付 30 美元的费用，好让自己藏在船上。Ah Yuk 也只有 14 岁。虽然他在维多利亚市的一户人家找到了工作，但当维多利亚中国城的一个人说要带他偷渡过境时，他还是迫切想抓住这次机会到美国去。两个少年在这次旅程之前并不相识，但他们在甲板下面一起待了 4 个小时，在挡煤板后面狭小的藏身之处度过了 2~3 个小时。[67]

布雷克并没有像《中国人限制法案》规定的那样，对没有证件的中国乘客和贩运他们的白人实施逮捕和审判，他只是"告诉怀特船长将他们运回"到不列颠哥伦比亚。伊丽莎安德森号返回维多利亚之前会经停西雅图，在去往西雅图的路上布雷克就将中国人"铐了起来"。审判中，布雷克向辩护律师解释说，"这是传统，我们总是把他们和船主一道送回去"。当对方进一步询问他时，他承认"有时我们也把他们关进监狱"，但更多时候船长会被告知"必须把他们运回去"。布雷克作证，这在因偷渡被抓的船主当中是"常规操作"，也"得到了政府官员的批准"。[68] 他这里一定是指地方政府，因为这类驱逐从未留下过向财政部报告的记录。不管有没有获得批准，这种法律之外的非正规驱逐比起另一种——需要拘留、审判、护送跨境——要简单得多（也便宜得多）。

为确保怀特船长遵守了将无证乘客送回加拿大的命令，轮船从西雅图返航后，布雷克再次登上轮船，确认 8 名无证移民还在船上。伊丽莎安德森号之后继续向维多利亚行进，布雷克确信，船长会在那里放下这些中国乘客。而现实情况是：由于加拿大海关拒收了 Ah Wy 和 Ah Yuk，怀特船长没法让他们下

船，案子这才进入美国司法系统，华盛顿领地法外驱逐移民的 79
这一"惯常"做法才留下了一笔痕迹。69

必争之地——美加边境

加拿大政府已经有过几年成功驱逐出境的经验了，又为
何突然拒收 Ah Wy 和 Ah Yuk 呢？**伊丽莎安德森号案**掀开了
关于美加边境之争的尘封历史。先前的学者将排斥中国人定义
为"两国之间"或是"殖民地之间的"计划——由美国和大英
帝国联手，在加拿大政府的支持下，共同监管中国人的流动问
题。70 但在限制阶段，由于美国和加拿大在禁止中国移民问题
上的想法产生了分歧，所以这类合作基本上不复存在了。就在
各国政府为边境管制而争吵不休时，中国移民无论从象征还是
从字面意义上看，都被夹在了中间尴尬的位置。

中国人移民到不列颠哥伦比亚的历史，以及那里随后发
生的反华立法，在诸多层面上都和美国西部的事件相类似。弗
雷泽河（Fraser River）发现金矿之后，中国移民和白人矿工
于 1858 年率先涌入不列颠哥伦比亚。中国人先是从加利福尼
亚过来，后来直接从中国过来。淘金驱动的经济持续了不到
十年，最终，中国移民进入人烟稀少但不断扩张的英国殖民
地，从事的行业遍及农业、伐木业和铁路工作。最开始人们
对中国移民的反应较为复杂。一些加拿大白人将中国人视作
很有价值的社区成员，而另一些则担心他们会让白人的工资降
低。1870 年代，不列颠哥伦比亚人成立了反华社团，如工人保护
协会（Workingman's Protective Association）和反华协会（Anti-
Chinese Association）。这些社团敢于发声，但存在的时间都
不长。在经济衰退时期他们一度宣称：白人工人"宁可饿死，
也不会和一个中国人一起工作"。71

渥太华和伦敦官方尽管听闻了不列颠哥伦比亚的反华呼

声，但他们还是优先考虑了发展加拿大和英国在华商贸的需要。1881 年，加拿大联邦内阁协助加拿大太平洋铁路公司，与香港总督一道安排运送中国劳工。1882 年，6784 名中国人抵达不列颠哥伦比亚，中国人的总人口升至 12000 人。[72] 伴随铁路公司开始雇佣中国的铁路工人，1882 年美国通过《中国人限制法案》的消息散播开来，许多不列颠哥伦比亚人开始担心中国移民很快就会在省内泛滥成灾。

铁路显然无法稳定地供养全年的劳动力，情况于是恶化了，不列颠哥伦比亚省冬季几个月的饥饿、犯罪、罢工骤增，省政府作出反应，于 1884 年通过了两项反华法案：《防止中国人移民法案》和《不列颠哥伦比亚省中国人口管理法案》。前者禁止所有新来的中国移民到不列颠哥伦比亚；后者则对现有的中国居民征税，禁止非医用的鸦片使用，禁止挖掘中国人的尸体，对中国人占用的房屋实施最小规模的限定，并在打官司时将"举证责任"转移到被告华人身上。[73] 两个法案最终都被英国殖民政府废除了，却促使首相约翰·麦克唐纳爵士（Sir John MacDonald）在不列颠哥伦比亚省发起了针对中国问题的调查。

不列颠哥伦比亚人可没那么容易平复。不列颠哥伦比亚省政府于 1885 年 2 月再次通过了一项阻止中国移民的法案。该法案和此前一年自治政府驳回的法案几乎一模一样，所以渥太华不太可能对它袖手旁观。即便如此，不列颠哥伦比亚政府还是力图实施法案中的规定。1885 年 4 月 2 日，美国海关总署署长写信给美国司法部部长，抱怨说海关官员尝试把无证中国移民驱逐到"他们来的那个国家"，即加拿大，然而不列颠哥伦比亚官方却拒收了这批移民。这封信很快就被转送给了美国和加拿大地方和联邦的政府官员，但一个月内这个问题依然悬而未决。1885 年 3 月 28 日，自治政府再次驳回了法案。1885

年春，美国将中国人驱逐到加拿大的做法有增无减。这一事件
让加美两国政府都意识到，如果加拿大未来通过了限制法案，
那将会影响到美国的驱逐政策。但美国对这次警告并未留意。[74]

　　1885 年夏，伴随铁路建设接近尾声，自治政府终于迫于
不列颠哥伦比亚的压力作出了让步，通过了限制中国移民的法
案。法案向每位新来的中国移民征收 50 加元的税（约等于非
技术劳工两个月的工资），且不鼓励中国人尤其是贫困的工人
移民加拿大。加拿大政府预计这一新政策将干扰美国的移民政
策，并向美国政府发送了一份新法案的副本。[75] 依照新法案的
规定，美国政府每向加拿大引渡一个中国移民，都需要上缴 50
加元的税。然而，美国联邦政府并没有积极采取措施解决两国
政府法律中的固有冲突，也没有警告华盛顿领地的海关官员之
后会出现什么问题。

　　正是加拿大的这项人头税法，阻止了伊丽莎安德森号将
Ah Wy 和 Ah Yuk 送回维多利亚，同时也威胁到了美国方面的
合法驱逐。[76] 人头税于 1885 年 8 月 27 日生效，很快美国海关
官员就发现，要将中国移民驱逐到加拿大是不可能的。汤森港
新任的海关征税员赫伯特·F. 比彻（Herbert F. Beecher）致
电财政部："本月 25 日，一位自称是商人的华人 Ah Teck 从不
列颠哥伦比亚省维多利亚市抵达这里……被我拒收了，于 27
日送回了维多利亚。[他]当天又被送了回来，因为除非他支
付 50 加元，否则维多利亚当局将拒绝让他入境……他没钱。
昨天人身保护令把他送上了法庭，又将他遣送回了维多利亚。
我不能合法囚禁他，我能对他做什么[？]"财政部没有很快作
出回应，所以在接下来的一周里，比彻又发了一条紧急信息：
"为执行法庭的命令，我应该上缴[人头税]吗？如果不缴纳
的话，他又会回到我这来了。"财政部最终给出的答复简明扼
要："中国部分的拨款已用完，由政府支付 50 加元的请求被驳

回。"[77] 比彻不安地了解到，在经济低迷时期，财政部已经没有资金执行限制中国人的法案了。就算财政部有钱，目前也尚不清楚他们能否合法地将资金用于缴纳加拿大的税。华盛顿领地的海关部门再一次被联邦政府的冷漠、僵化和吝啬深深伤害了。由于布雷克的工作必须依靠这笔资金才能开展，比彻被迫于 1885 年 9 月 1 日解雇了他，之后又重新雇用他为定期海关稽查员。[78]

1885 年夏，驱逐中国人几乎变成了一项不可能完成的任务，正是在这段时期，由于不断有中国人抵达维多利亚，不列颠哥伦比亚的工作机会有限，入境美国的中国人人数激增。征税员比彻向财政部报告："上周，有八九百名中国人直接从中国来到维多利亚，还有 600 名可能已经在来的路上了。"这着实令人担忧，毕竟"加拿大太平洋铁路很快就要竣工了"，这意味着 6000 名在铁路工作的中国人将陆续离职。比彻预计，"不列颠哥伦比亚省要雇佣所有人是不可能的，所以他们中的大多数人肯定会竭尽全力偷渡到我们国家"。这在夏季那几个月尤其容易——不列颠哥伦比亚和华盛顿领地之间的空间非常狭窄，中国移民发现乘小船或独木舟穿过这里速度更快，也更容易。比彻认为，东海岸没有多少人理解中国无证移民的真实威胁，但还是警告说"公众对于这一话题感受非常强烈"。[79]

1885 年 9 月 7 日，暴力爆发。就在 37 名中国工人抵达华盛顿领地的斯科克谷（Squak Valley）小镇准备从事采啤酒花的工作时，当地的工人决定为此罢工。白人和印第安人当晚袭击了中国人的营地，对着他们的帐篷胡乱开枪，试图将他们驱逐出小镇。9 月 23 日，征税员比彻给财政部部长写了一封长长的求情信。他不知道该如何将《中国人限制法案》继续执行下去，他明白自己的不作为可能会进一步引发反华暴力。在信中，比彻的苦恼显而易见。

从现在的情况看，在这个地区我们无法决定如何行动……我也遇到过让他们下船前，加拿大海关当局要求我交每人50加元的税，这笔钱当然不能从我自己的腰包出，也不能动用已经耗光的资金，所以我不得不把中国人带回我们那里，再给他们车费和饭钱，因为船运公司不会免费运送他们。到目前为止我已经把他们移交给了美国联邦法院执行官，等他作决定。结果他把他们关进了美国监狱，这是违法的，但就算我不这么做，我该怎么办呢？……除非两国政府达成解决方案，否则这里很快就会陷入麻烦，因为大批中国人正跨越边境，领地公民已经开始采取非常明确的手段，他们担心如果不及时采取坚决明确的措施，不久之后这里将会爆发公开的流血冲突……财政部会替我决定在这种情形下我该做何举动吗？ [80]

由于加拿大征收人头税，而且执法工作完全缺乏资金，比彻没能找到在美加边境一带执行《中国人限制法案》的方法。过去的三年，地方海关官员在法律规定之外，努力寻求法案更可行、更经济的实施办法，但情况已经不是地方层面的创造力所能解决的了。比彻不可能同加拿大谈判交涉，也不可能增加执行法案的资金。华盛顿特区的联邦政府需要介入了。

财政部最初的反应是将这一问题转交给其他部门。财政部部长在将比彻的信转交给司法部部长时，提出寻求任何"关于可采取的行动的意见"，以期替政府官员缓解他们"极度的窘迫"。即便信中并没有直接要求司法部提供经济援助，司法部部长还是读懂了其中的潜台词。他在回复时明确说："美国法院的财政拨款只涵盖华盛顿领地的中国移民案件，即法庭案件本身所产生的费用。"司法部不会支付驱逐出境的费用及加拿大的人头税。司法部部长称，他认为"没有迅速缓解上述难题的方法"，提议这一情况"必须提交国会"。[81]

一直到 10 月 15 日，财政部才回复比彻，彼时距离他写请愿信已经过去三周以上了。回信详细说明了部门调查此事的时间，但最终没有给出任何建议。比彻确信对方已经"意识到问题非同寻常的重要性"，且这件事已经转达给美国司法部部长了。遗憾的是，"对于实施上述法案的开销，没有任何形式的拨款支持，司法部部长这一次尚未有缓解上述难题的方法"。剩下的唯一解决方案就是把执法开销晾给国会，寻求额外的拨款，这也是财政部部长之前承诺过的。信的结尾写道，"在现有情况下，财政部无法就执行上述法案的规定发布任何明确的指示"。[82] 这其中传达的讯息一目了然：在不断发酵的移民危机面前，华盛顿领地的海关征税员得不到联邦的任何援助。

为解开这道司法和财政的死结，华盛顿领地的地方官员面临着几个选择。方法之一就是直接无视穿越美加边境的无证中国移民大潮。比彻很清楚，他手下的官员并没有执行《中国人限制法案》，而是将工作重点放在了进出口的治安管理上。1887 年 7 月，比彻写信给财政部部长称，目前的情况已经使得"我们的官员中间产生了蔑视该法案的倾向，这让中国人得以毫无妨碍地进入美国"。[83] 比彻无力阻止他们的这种玩忽职守。

那些仍然坚守在边境管制岗位的官员，只能再找新的办法对他们抓到的中国人实施驱逐或惩罚。海关官员有时甚至决定违抗加拿大法律，背地里"强制［将中国人］送回不列颠哥伦比亚"。[84] 这种做法起始于加拿大人头税法案生效之后，并持续了若干年。在 1890 年的一次调查中，几名华盛顿领地海关官员承认，他们每在边境附近抓到中国人，就经常"送他们回去，甚至不惜越过几英里的边境线，当然我们无权这么做，但我们还是做了"。一名官员称,他曾收到他上级的指示,要他将中国人"送回去",而不要把他们带到部长面前。另一种更普遍的解决困境的办法是,让中国人为自己的驱逐出境埋单。由于海关官员付不了人头税,他们可以说服他们逮捕到的中国人,由他们自己来垫付 50 加元的费用。一位驻华盛顿领地的联邦法官报告称,大部分被扣留的中国人都自己缴了税,要么是从朋友那里借钱,要么是确定之前就交过税。[85]

那些被捕之后无力支付费用的中国人会发觉自己处于万分尴尬的境地。最生动的例子发生在美国东部,那里中国人试图入境的情况要少得多,但也并非闻所未闻。1888 年 10 月 11 日,4 名中国人试着从尼亚加拉吊桥(Niagara Suspension Bridge)穿越国境线。在两国之间的"悬空"时刻,他们发现自己被困住了。美国官员拒绝放他们入境,因为他们身为中国劳工没有"归国证明";加拿大官员也不肯他们回去,因为他们没有文件证明他们已经付过人头税,他们手头也没有钱垫付这笔费用。一位美国官员汇报称,那群不受欢迎的人就那样被困在了桥上,"他们肯定经受了诸多不适,更不用说忍受桥上恼羞成怒的同伴了"。美国和加拿大都宣布他们是未经本国授权的移民,因此这群人无处可去,美国官员从法律上也没地方安置他们。他们最终命运如何,我们就不得而知了。[86]

这场危机催生了美国第一起无限期移民的拘留事件。[87] 自 1885 年 8 月起,美加边境开始将中国人拒之门外,也是从这一刻起,华盛顿领地的美国治安官将他们关进位于普吉特湾南部的麦克尼尔岛(McNeil Island)的美国监狱。比彻明白,这种做法"没有任何道理可言,也不被法律允许",但他不知道自己还能怎么办。非法拘留未经授权的移民最开始还只是偶然为之的非官方做法,很快就变成了华盛顿领地的美国警察局局长的通行手段。监狱和法庭记录显示,1885~1890 年有超过

85

100 名中国人因未被授权的移民身份被非法拘留，包括在伊丽莎安德森号上被发现的 Ah Wy 和 Ah Yuk。其中有 31 名被当地法官判处了 6 个月的监禁，尽管这并未取得《中国人限制法案》的法律许可。这些囚犯中有少数人在刑满之后被释放了，但大部分人都被无限期地关押在麦克尼尔岛，从始至终得不到一句解释。71 名中国人在没有明确法律条款规定的情况下被拘留，最终在"等待判决"或"等待总检察长指示"期间服了 1 个月至近 3 年的刑期。[88]

1889 年 6 月，华盛顿领地首席大法官 C. H. 汉福德（C. H. Hanford）写信给本杰明·哈里森总统（President Benjamin Harrison），为拘禁时间最长的十几个中国人求情。他解释说，19 名中国人在两年前就被捕了，被认定为非法居留，被命令遣送到不列颠哥伦比亚。然而美国治安官不能再将他们驱逐出境，因为美加边境那边已经拒收他们了。这 19 名中国人再一次被押送回美国法庭，再次接受审判，随后又被命令驱逐出境。第二次驱逐失败后，美国治安官将这群中国移民囚禁在麦克尼尔岛，一直到汉福德写信给总统时，他们还关在那里。虽然汉福德不负责这类案件，但中国人在他新的管辖范围之内，他们面临的困境显然让他身负重压。"以［我］粗浅的看法，"他写道，按照法律的"精神和字面意思"，"应该是将这群人带离我们的国家，而不是出于官员们不知道还能拿他们怎么办诸如此类的原因，就以惩罚为目的，将他们囚禁起来。"他确信，"任何一个人，因为没有做他无能为力的事情而被反复监禁，甚至相当于被永久关押，这有悖于这个国家的基本法律"。他恳请总统"出于［他的］仁慈之心"，找到能"将这个领地的官员从之后更尴尬的局面中解救出来"的方法，并"让这 19 名被捕的悲惨又可怜的局外人重返自由"。[89]

汉福德的信被转交给了国务卿托马斯·拜亚德（Thomas

Bayard），后者联系加拿大政府，希望能找到外交解决的途径。加拿大枢密院对此案展开内部调查，以确定是否有证据表明这群中国人可以合法返回加拿大。不列颠哥伦比亚的当地官员，包括一名为加拿大政府工作的中文翻译坚持说，没有证据表明这 19 名中国人就是从加拿大来的。因此，加拿大政府拒绝在没有缴纳人头税的情况下接收他们。[90] 两国政府就此案争论不休，并没有表现出未来数十年会有合作的迹象，就这样，19 名中国人在华盛顿沿岸的小岛监狱里又被关押了一年时间。

*

限制并没有减缓中国人入境美国的趋势，反而给中国移民的生活带去了深刻的影响。少数中国人面临无限期的监禁，更多人生活在恐惧联邦官员的阴影之下，所有人都发觉自己重新处于危险的法律地位。反华鼓吹者们素来主张中国人永不可能成为美国人，现如今，联邦法律起到了推波助澜的作用。美国各州掌握着将种族差异变为法律劣势的权力。禁止加入国籍和限制入境两项规定使得所有中国移民成为永久的外国人（permanent aliens），一些则变成了非法的外国人（illegal aliens）。后面这个词当时尚未走红，其实也没必要存在这样一个词。中国人是唯一面临系统性边境管制的群体，因此，所有未经授权的移民都可以被叫作"苦力"、"中国违禁品"，或是直接被叫成"中国佬"。没有一套身份识别的制度，意味着全体中国人仅仅因为他们的容貌，就会遭受怀疑，被认为是欺诈入境。正因为联邦法律的规定，中国人的身体就被烙上了外国人（alienage）三个字，他们的身体也可以被当作犯罪的证据。[91]

尽管《中国人限制法案》对种族和外国人身份的含义产生了明确影响，但对联邦中央集权和边境塑造的作用就模棱两可

87

了。[92] 国会或许已经在国家建设方面开始了犹豫不决的实验，但正是国家外围那些身处地方的官员积极努力地赋予法律以实质性的内涵。限制政策在 19 世纪对于集中国家权力并没有起到太大作用；该法律也并没有创造新的联邦机构，从一开始就没有多少新的工作机会。然而，它确实扩大了政府的管理范围。《中国人限制法案》的制定者包括：一大批现有的政府官员（包括外交官、海关官员、联邦执法官、警察、法官、征税人和监狱看守）以及多语种的私人团体（包括民兵、地方治安官、船长、雇员、线人、目击者和民团成员）。这看上去似乎是一次自上而下的尝试，但从根本上还是一个从边缘至中心如何形成边界的故事。[93]

值得注意的是，在这方面《中国人限制法案》和 1882 年的《联邦移民法案》（Federal Immigration Act）异曲同工。该普通移民法步了限制法案的后尘，它适用于所有外国人，致力于限制"罪犯、疯子、白痴或任何无法照顾自己的人，且无需经过公开审判"。该法律旨在将之前由州行使的对不受欢迎欧洲移民的监管权划归到联邦。虽然已经得到了联邦的授权和资助，但每天负责执行该法律的依然是国家的机构。[94] 简言之，普通移民法和《中国人限制法案》一样，都是在不集中国家权力的基础上，扩大了联邦政府的职权范围。

88　由于地方官员操纵了限制法案的执行，他们选择由哪些公民个人来执行就具有重大的影响。当海关副署长布雷克在华盛顿领地实施社区边境控制时，他加快了美国边境塑造的进程，协助将法律意义上的边境变成了社会现实。然而，他在法律之外的行为同样有其反作用，那就是妨碍了联邦政府对国境线的控制。通过招募社区成员，布雷克协助建立起了一种群众参与边境控制的管理形式，这模糊了国家和非国家层面的角色界限。为了维护美国主权，海关官员将国家权力移交给了普通人。

联邦官员原本鼓励这种民间自治的方式，但当这种法律之外的边境执法手段转向暴力时，他们又举棋不定了。1885 年夏，联邦政府的拨款耗尽，将移民驱逐至加拿大的做法难以为继，所有人都再清楚不过：政府已经失去了表面上掌控事态的可能。"通过国会颁布的一系列法律来看，中国人的这场诅咒不再有任何可能缓解的希望，"《西雅图电讯报》（*Seattle Call*）称，"这已经证明了他们在阻止中国移民方面的低效无能。对于这个与不列颠哥伦比亚接壤的北方国家而言，他们绝对提供不了任何保护。"由于联邦政府最终失败了，该报总结道："所以我们必须保护好自己，否则这群异教徒就会泛滥成灾。"[95] "人民"被国家抛弃了，因此执法必须介入了。

第二部分

暴　力

3. 被驱逐的人

对于 Gong Heng 而言，这份工作起初和其他工作没什么不同。他在西雅图见到了劳务承包人陈立崇（Chin Lee Chong），后者在入冬前给他提供了一份长达几个月的岗位。他很快就和其他 36 名中国工人一起启程，辛劳跋涉 15 英里，来到华盛顿领地的斯科克谷。途径城郊时，他们这支行进的队伍吸引来了大批围观者和一阵阵窃窃私语。这在他们的意料之中。就算从远处望去，他们宽边的稻草帽、编起来的辫子和担在肩膀上的扁担，也将他们和白人工人熟悉的相貌区分开来。在美国，中国人是很惹人注目的。但他们还是平安抵达了沃尔德兄弟啤酒花农场（Wold Brothers hop farm），在那里支起了 16 顶小帐篷。那是 1885 年 9 月 5 日，星期六。

我们不清楚 Gong Heng 是否知道，三天前，就在怀俄明领地的石泉城（Rock Springs），有 28 名中国矿工被屠杀。这一事件登上了每份美国报纸的封面，但很少有中国工人会读报纸头条。或许关于远方暴力的传闻让他对即将发生的事有了预感，又或者当 25 个人于当日中午袭击了他的帐篷，挥着武器大放厥词的时候，他毫无防备，完全震惊了。Gong Heng 无需懂太多英文就能理解暴徒的意思。这是一次警告。

星期日，终日安静无事。再之后的周一，工作开始了。正值收获之际，啤酒花田里的藤蔓高耸在他头顶，要远眺几英尺之外都不太可能。Gong Heng 害怕惹事，但他什么事也没看到。事实证明，民团那天在别处忙活；正当 Gong Heng 在田里干活的时候，暴徒拦住了另一伙为沃尔德兄弟农场工作的中国工人。民团和新来的工人之间究竟发生了什么，我们不得而知，但结局本身就说明了问题。中国人转身逃跑了。

星期一夜里，Gong Heng 正在帐篷里睡觉，民团在黑暗

92

皮阿拉普山谷（Puyallup Valley，1889）。在1885年斯科克谷屠杀和驱逐发生地附近收割啤酒花的华工和白人工人。（University of Washington Libraries, Special Collections, Boyd and Brass, photographer, UW38226.）

中毫无征兆地回来了。"枪声一声接一声响起，听起来［和］中国新年一模一样"，几天后他这样对法医的陪审团说。子弹击穿了工人们的帐篷，现场一片混乱。Gong Heng 向森林跑去，跑到安全距离之后盘坐下来，眼看着帐篷被烧毁。他回到帐篷，找到了几个小时前还和他一起工作的工人们的尸体。35岁的 Fung Wai 胸部中枪，32 岁的 Mong Goat 腹部中枪。众多尸体旁边是一个伤势严重的男人 Yung Son。"Yung Son 左胳膊中了枪，大腿和脚踝也被子弹击穿了"，Gong Heng 作证说。次日一早，Yung Son 过世了，这群中国人收拾好剩下的东西，踏上了离开斯科克谷的路。[1]

Gong Heng 留了下来，看顾三个死者的尸体，将弹壳带到当地治安官那里当作证据，并在法医的审讯和刑事审判中担任证人。在暴徒面前，他曾手无寸铁，毫无反抗之力，而今却要为寻求赔偿而战了。在他情绪激动的证词中，Gong Heng 努力传达出对 Yung Son 之死的极度痛苦。他对陪审团说："很遗憾［Yung Son］死了。他家［里］有个儿子，年纪还太小，没人给他汇钱。［Yung Son］平时话不多，却一整晚都疼得大喊大叫。"即便是在法庭上，Gong Heng 也无能为力。他认识死去的男人，却对开枪的那群人一无所知。他所能说的一切只是，"周一晚上白人来了，杀死了中国佬"。这群"白人"是谁呢？他们为什么要杀害"中国佬"？Gong Heng 并不知晓。[2]

93

*

对于中国人而言，暴力就是这样掺杂着震惊、恐惧和徘徊不去的疑问开始的。然而，暴力的历史很少这样开端。要从受害者的角度讲述反华暴力的历史是困难的，因为种族暴力的故事不可避免地遵循作用与反作用、狩猎者与猎物的叙事。在寻找因果的过程中，历史更偏爱讲述煽动事件的人的故事，而不是那些承受后果的人的故事。中国人之所以不会顺理成章地成为故事主角，是因为他们既没有发动这些暴力事件，也没有阻止暴力发生的力量。他们作为叙事者甚至也是存疑的，因为和Gong Heng一样，他们往往叫不出袭击者的名字，也讲不出他们的动机。

针对中国人的种族暴力依靠的是突然袭击的威力。中国人不知道威胁何时变成暴力，暴力以何种形式存在，也不知道暴力何时终止。民团偶尔靠子弹清除他们所在社区的中国人，但大多数时候他们仅仅靠威胁就把他们赶走了。想要充分理解这种心理暴力的影响，我们必须从挖掘针对中国人的种族暴力入手，感受和他们一样脆弱的无知状态，试着去了解：在恐惧中生存究竟意味着什么。

从中国人的视角出发也可以防止他们的声音被别人淹没。[3] 过去的不平等在我们今天的历史档案中留下了令人不安的空白。1885和1886年的美国西部，上千名中国人被驱逐出小镇和城市，但第一手的中国人的陈述却所剩无几。讲述被驱逐者的故事既需要搜寻这些并不常见的记录，也需要仔细阅读那些无声者遗留下来的静默。以此为目的，第二部分聚焦于华盛顿领地的驱逐情况。在华盛顿领地，戏剧性事件和偶然性相结合，创造出保存最为完好的中国人的记录。其中，许多陈述都来自县级法院和联邦调查人员收集的法律证词。这份主要由中国商人或劳务承包人提供的证词，很难呈现事件的完整面貌，并且经常是经过转译，残缺不全。为补充当时这群亲历者的讲述，我选择了1920年代社会学者记录下来的口述历史。而即便是这种囊括了工人阶级叙述者的回忆，也常常有所保留，并且总是带有当时的烙印。正因为上述材料来源都不甚完整，关于美国西部的中国移民如何理解暴力，又如何应对其影响，它们都只能为我们展现相当有限的侧面。尽管民团喜欢将中国人形容成一个没有情感的群体，而中国人多种多样的反应却证明了事实恰恰相反。即便是严重受困于他们在社会中所处的地位，中国移民依然保有某种权力，让他们得以阐释暴力，并且自主地选择应对暴力。

他们应对暴力有时采取的是直接抵抗的形式。[4]的确，中国劳务承包人和商人有很充分的经济理由必须留在原地，因此他们常试图在当时和事后对民团的权威发起挑战，有时这种挑战利用的是他们与当地白人领导者的多重关系。民团驱逐行动的核心观念，在于白人民团认定华人"不可同化"、自成一群，然而华人对驱逐的反抗恰恰揭示了他们在相当程度上已经融入了白人社群。西北太平洋的中国商人中文和英语都说得很好，又受双重文化的熏染，在危机爆发的危急时刻，他们动用了能够集结到的全部社会资本以阻止驱逐的发生。但他们在地方上的权力通常不足以保护他们免受暴力。[5]

在国际范围内，中国商人在遏制暴力方面更加成功。例如，在西雅图街头，中国人明显无力抵抗拿着武器的暴徒，但他们向中国领事馆发出的求助电报却招来了美军的援助。虽然"无资格获得公民身份的外国人"这一身份通常对他们不利，但在这种情况下，这也是他们潜在的权力来源。由于中国国民享有"最惠国"的条约权利，他们在美国有着其他少数族裔都没有的地位。通过利用他们手中的跨国关系，中国的商人兼承包商将地方的反华暴力推向了国际舞台。他们借此强化了在美外国人的地位，改变了中美关系的进程。地理学家将这类策略描述为"规模跳跃（scale jumping）"。[6]当中国人利用国际上可用的资源来克服地方上遇到的制约因素时，他们就会进行"规模跳跃"。中国人可能在自家后院打不过外国人，无论是从比喻义还是从字面来看，但他们在国际舞台上找回了他们的权力。

话虽如此，重要的是不要认为中国人只有抵抗这一种形式。[7] 就在一些中国精英为留下来而战斗时，许多中国工人都选择了离开。和他们更有特权的同胞一样，下层阶级的成员也有作出个人选择的能力，尽管这种选择范围相当小。面对一连串他们无力掌控的事件，许多中国工人决定撤退，重新在其他地方集结，这最大限度地为他们重获和平、找到新工作、收获繁荣的未来带去了希望。毕竟身为移民劳工，他们已经习惯了季节性的工作，并且他们在当地社区缺乏经济来源。他们跨越太平洋，在内陆四处游走，他们擅长采取流动的策略，为的是继续生存下去。

本章重新追溯了中国人面对白人暴力时的反抗和逃亡故事，但这并不是本章唯一的意图。在现存悠久而尚未言明的传统中，人们认为在美华人的历史主要是白人压迫的历史。[8] 选择性地聚焦于中国移民遭受白人偏见的时刻，是有其风险的。这么做强化了过去的偏见，有可能会剥夺中国人的完整人性。当我们考虑中国人针对种族暴力作出的反应时，也必须关注这些突如其来的事件如何揭示了他们的日常生活。危急时刻及其诞生的独特来源，可能会暴露华裔美国人的经验中不为人知的某些侧面，在这种情况下，这个侧面就是工人和商人兼承包商之间的严重分歧。当时的观察者和历史学家所描述的，是一个垂直组织的企业和乡村血缘关系网络紧密相连而形成的社群。然而，在一个看似统一的华人社区中，来自白人暴力的压力暴露并凸显了迥异的阶级利益。[9]

就像好多头猪

中国人刚到斯科克谷就被撵走了。但 1885 年秋，伴随暴力继续蔓延，还是波及了那些与新来移民者相距甚远的华人社区。中国劳工已经在附近的科尔克里克矿区（Coal Creek mines）工作了若干年，直到斯科克谷屠杀发生几天之后，15 名携带手枪的蒙面白人在半夜闯入了他们的帐篷。一名叫 Ching Poy Hing 的中国工人事后讲述了这让人震惊不已的场景：人们突然"踹开房门，强行闯了进来，逮住了他和其他几个中国人，把他们赶到了屋外"。[10] 一个人侥幸逃走了，手里攥着自己的衣服跑了出去。但其他人就没有这么幸运了，在逃走之前纷纷遭受了一顿暴打。正如同斯科克谷的可怕重演，当这群中国人跌跌撞撞地逃进阴暗的树林，回身远望，只见他们所拥有的一切都吞没在熊熊大火之中。如果说，中国人在过去三年中和白人矿工日复一日的并肩工作建立了某种熟悉感的话，那么黑暗、蒙面和暴力突然将这些洗刷得干干净净。

在附近的塔科马，中国人的存在可以追溯到十多年前，这对于一个主要由新来人口组成的港口市镇已经是相当长的历史了。甚至早在 1870 年代初这座市镇还没被命名的时候，中国人就已经在这里从事铁路和伐木的工作了。截至 1885 年，在华盛顿领地，中国人仅占非本地人口总数的 2.6%，而在塔科马和附近的皮尔斯县（Pierce County，男性占 12.5%），中国人已经占到总人口的 9% 了。尽管一些中国工人群居在海湾沿岸的木棚屋里，中国商人已经开始在镇中心买地了。早期塔科马的编年史曾抱怨称，"有中国人做邻居"是在镇上居住的风险之一。的确，对于白人社区而言，塔科马的中国精英并不是什么陌生人。[11]

回望过去，我们很容易将席卷塔科马的反华暴力当成是社区内巨大种族鸿沟的证据。但事后由领地总督沃森·斯夸尔（Watson Squire）搜集的中国人的证词却揭露了一个更为复杂的故事。在详述驱逐的过程中，塔科马的中国商人兼承包商讲述了他们是如何跨越种族界限紧密地联合在一起，又是如何试图将这些联系作为抗争手段的。

在塔科马，对即将到来的暴力发出的警告使得华人的撤退和抵抗成为可能。一位中国的商人兼承包商 Kwok Sue 作证说，1885 年 10 月，20 个白人聚集在他的店铺门口。民团声明说，"劳工骑士团和所有的人都希望中国佬走"，并命令中国人在 11 月 1 日之前从小镇撤走。据 Kwok Sue 估计，就是这样一个截止日期赶走了逾 200 名中国工人。"他们害怕的原因，"Sue 解释道，"是因为通知我们搬走的团体说，如果中国人不走，他们就会割断他们的喉咙，杀掉他们，然后毁掉他们的财产。"[12] 当白人雇主开始迫于公众压力不加选择地向中国工人随意开枪时，几百名中国人打好包，离开了镇子。然而，仅仅靠威胁并没有清走塔科马所有的中国人。在领地内持有大额金融股份的最富有的中国商人，以及不太容易迁走的最贫困的中国劳工都决定留下来。

Kwok Sue 和许多商人一样，并没有立刻一走了之。当要求离开的通知下达到他这里时，他已经在美国住了 20 年，在塔科马住了 12 年，商人和劳务承包人做了 6 年。他辛辛苦苦在他入了籍的国家建立了生活，积攒下足以谋生的生计，所以还在犹豫要不要抛弃他亲手经营起来的这一切。相反，Kwok Sue 选择利用自己与塔科马白人精英的关系。为了寻求建议和保护，他拜访了一位银行家、一名商人，以及北太平洋铁路的地产商。他回忆说，他们都和他说，"这件事不过是空谈罢了，政府会保护你的。顾好你自己，继续办你的生意，一切都会好起来的"。Kwok Sue 相信了他们的话。[13]

另一位塔科马的中国商人兼承包商 N. W. Gow 更广泛地征询了建议。1885 年 11 月，Gow 仅在这座城市待了一年时间，但就在这短短的一年中，他利用他出色的英语和成功商人的社会地位，成功融入了当地的社区。除了签订商业合同之外，他还加入了第一浸信会教堂（First Baptist Church），成为主日学校一名普通的职员，并且赢得了当地牧师的尊重。当收到要搬走的通知时，Gow 拜访了一名当地的法官，询问民团是否有其合法地位。他得到了对方的保证：没有一条美国法律能驱逐中国人离开。

即便如此，Gow 还是联系了当地社区之外的地区和国际的权力机构。他首先向中国政府求助，提醒旧金山领事馆塔科马煽动反华的活动激增。他并不是第一位选择"规模跳跃"，呼吁远在别处的外交官解决当地问题的中国人。代表领事馆的美国律师弗里德里克·A. 比（Frederick A. Bee）收到了多份报告，称"看上去穷凶极恶"的人已经在威胁使用暴力了，"事实上，中国人要被赶出〔华盛顿〕领地了"。在将这一消息传到中国后，比写信给总督斯夸尔，要求地方政府出面阻止这场骚乱。斯夸尔承诺会竭尽全力阻止暴力发生，比于是给 Gow 发了封电报，让他坚守原地，按兵不动。[14]

一封电报平复不了 Gow 的恐惧。他赶赴领地的首府奥林匹亚（Olympia）拜见了总督。斯夸尔当即建议 Gow 和其他恳求解决此案的中国人，"假如能做到的话，不如悄悄撤离，等到现阶段的风波过去"。如果中国人坚持继续留在领地，斯夸尔许诺会保护他们。[15]得到了中国和美国政府官员的宽慰，Gow 决意留在塔科马，挨到 11 月 1 日。

最后的期限到了。起初似乎对身在塔科马的 Gow、Sue 和其他华人没什么影响。但随后，11 月 3 日，早上 9 点 30 分，一阵短促的哨声响彻整座城市。中国居民眼见几百个白人手持手枪和棍棒，从铸造厂开始了游行。塔科马没有居住区隔离，因此民团不得不在小镇来回穿梭围捕中国人。他们的起点是 C 街最南端的一间洗衣房，之后来到镇中心的住宅区、"中国城"，最后行进到"老城区"。有的中国人为这群强盗开了门，有的则徒劳地锁紧家门。不管怎样，民团都会擅自闯进去，命令

98

受了惊吓的中国人最好在下午 1 点之前打包离开，否则后果自负。[16]

可以想见，当费力运作、努力捍卫留在塔科马的权利的 Gow 看见"一大群白人暴徒涌到街上，把［他的］店铺前后围得水泄不通"时，他在想些什么。Gow 的牧师巴纳巴斯·麦克拉弗蒂（Barnabas McLafferty）赶到店里，眼前的一幕让他忧虑不已：白人抓起货架上的东西丢到门外，而 Gow 只能眼睁睁地看着，束手无策。[17]甚至当着手拿武器的暴徒的面，Gow 还在试图谈判：除了被赶走有没有别的办法。中午刚过，他到对面的商店寻求帮助，店主是一个名叫 H. O. 鲍尔（H. O. Ball）的白人。鲍尔和 Gow 一起找到了塔科马的市长雅各布·韦斯巴赫（Jacob Weisbach），请求他出面阻止民团。Gow 后来作证说："［市长］告诉我，这群人伤害不了我。我会是安全的，但中国人必须走。"Gow 的执着游说对保护塔科马更大的华人社区于事无补，却为自己提供了喘息之机。市长手写了一张字条，敦促民团给这位声名显赫的富商多点时间打包他的货物。[18]

Sue 和 Gow 一样，并没有一声不响地离开塔科马。暴徒乘船来到 Kwok Sue 水边的家。"他们闯进我家里，"他回忆说，"拿走我好多好多货，然后搬到了他们的船上。他们还把我推出了家门。"即便是这样 Kwok Sue 依然没走。他拜访了一位做治安官的熟人，请他再多给自己 48 小时收拾剩下的货物。他同样得到了宽限，带着暂缓撤离的批条离开了。[19]

Gow 和 Kwok Sue 寻求的是地方的保护，而其他中国商人则选择向联邦政府求援。李善仪（Sin Yee Lee）从塔科马发电报给总督斯夸尔："暴徒正将中国人赶出镇子。你为什么不保护我们？"在附近的皮阿拉普（Puyallup），Goon Gau 呼

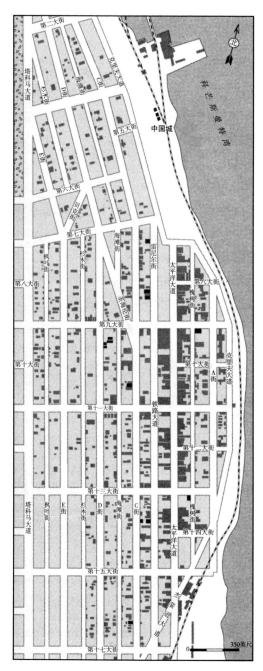

塔科马市内中国人的住所（1885）。这张桑邦保险（Sanborn Insurance）的复原地图展示了中国人居住和工作所在的楼房位置。尽管当时的人将住在科芒斯曼特湾（Commencement Bay）沿岸的华人居住区称作"中国城"，但这张地图并没有华人居住区被隔离的迹象。

100

太平洋大道（Pacific Avenue，1876）。1885年塔科马驱逐中国人期间，不具名的纵火犯烧毁了照片前的中国人的住所。当时的人将这些建在科芒斯曼特湾沿岸的楼群称作"中国城"。（Courtesy of the Washington State Historical Society Cecil Cavanaugh Collection, 1979.1.101.）

应了这条信息："人们将中国人从塔科马赶走了。为什么警察不管？请回答。"他们得到的只有一条简短而谨慎的答复："来电收到，"斯夸尔回复说，"我已将情况电告华盛顿政府。"并没有人来援助他们。[20]

中国工人由于没有 Gow 和 Kwok Sue 所享有的社会和经济资本，所以必须立即离开。另一位中国商人 Lum May 获得了短暂留守的许可，但他的妻子却于 11 月 3 日和其他中国劳工一起被赶走了。站在自己店铺所在的街对面，May 无助地看着暴徒逼近他的家。"我家门是锁着的，"Lum May 回忆说，"他们强行破门进去，砸烂了门，敲碎了窗。有些人手里拿着手枪，有些人举着棍子。他们行事粗鲁暴躁，看上去不太好惹，他们把中国人连踢带拽赶出了自己的家。我老婆不走，几个白人上去就把她拖了出去。"Lum May 的妻子是上百名被驱逐出镇的中国人之一，正如先前承诺的那样，时间是：11 月 3 日下午 1 点。[21]

中国商人们只能观望。"狂风席卷，雨下得很大，"Kwok Sue 回忆道，"一些中国人丢了他们的箱子和篮子。好多人都在哭……中国人就像一群畜生一样被撵走。"[22] 没能为自己赢得暂缓搬离的商人 Tak Nam 也将中国人比作一群毫无防备的动物。一些民团的人拿着棍棒和竿子，Tak Nam 作证说，"他们用这些东西就像赶好多头猪一样驱赶我们"。他们就是被"一群恶龙"追赶的"受惊的绵羊"，塔科马和波特兰的商人向中国领事馆这样报告，"生怕丢了性命"。因为不知终点在何方，许多人都在担心自己正跋涉在死亡之路上。最终，在被迫向莱克维尤（Lake View）徒步 8 英里的路上，两名工人因病死去。[23]

Gow 不知道自己的员工和亲属会遭遇什么，他不肯坐以待毙，不能就这样眼睁睁看着他们被生生撵走。当晚，他租了

101

一辆马车开往莱克维尤。他想在塔科马买点面包带给被赶走的那群人，但白人店主不肯卖给他。他晚上9点就到了，拿着从自己的家当中搜罗出来的吃的。他看见那里有50~60个带武器的白人看守几百名中国人。[24] 民团为大部分中国工人找到了栖身之所——火车站、附近的房子和没有地板的空地。还有几个中国人待在雨中。他们允许中国人生火，但很多人已然浑身湿透、瑟瑟发冷、毫无斗志。有了市长的批条，Gow没有受到太多刁难，他放下食物和必需品，返回了塔科马。当夜，被撵走的中国人一半登上了去波特兰的第一班火车——这辆运货火车于凌晨3点抵达车站，而其他人则在次日早上7点30分乘客运火车离开。77名中国人能付得起150英里的车票钱到波特兰，但那些付不起车票的人在火车行驶8英里后被赶了下去，要么被迫沿铁道徒步去到最近的镇，要么留在荒野里等待救援。"这种痛苦很难用语言形容，"波特兰商人向中国领事馆报告。"从几英里之外都能听到他们的哭喊声。"[25]

事实证明，商人获得的缓期只不过是暂时的。驱逐发生的当晚，9点钟，30个人来到Kwok Sue的住处。"四五个人从兜里掏出了手枪，"Kwok Sue作证说，"他们说，你是婊子养的。你必须滚出这栋房子。"他求情说，治安官已经给了48小时的宽限时间，但那伙人根本不听。因为担心丢了性命，Kwok Sue从塔科马逃走，躲在距离小镇约1英里的一户印第安人家里。在持续不断的威胁中，Gow在塔科马又多活了几天。从莱克维尤回来之后，他又回到店里，民团要他交出钥匙，之后把他锁了进去。他一边打包自己的货物，一边被软禁了6天，当不具名的纵火犯点燃了中国城，Gow终于成功逃离塔科马。尽管余出了点打包的时间，Gow还是损失了超过1300美元，而Kwok Sue则损失了超过15000美元。[26]

截至11月7日，斯科克谷屠杀发生两个月后，塔科马的中国人一个不剩。然而，商人们的许多反抗行动还是留下了痕迹。他们与当地白人社区的频繁联络给他们赢得了一些时间，正是因为他们在地区和国际层面的联系，反华事件取得的影响得以扩大到最大。在他们向总督提出的绝望请愿中，在他们向中国领事馆汇报中国人遭遇的一切时，他们将塔科马的驱逐从一次地方性的冲突转化成了国际事件。因为中国急需一个解释，美国政府派给了总督斯夸尔一项任务，请他调查赔偿事宜。斯夸尔从 6 名中国商人兼承包商那里搜集到了书面证词，他们曾将塔科马称作"家"。无意之中，他史无前例地创造出了一部有关中国人讲述种族暴力的叙事合集。

我们请您保护我们的安全

103

如果说在华盛顿领地有谁能逃过一劫的话，这个人就是西雅图的陈宜禧。暴力爆发时，陈宜禧既有钱有权又有关系，这一点让塔科马的其他华人相形见绌。他平日时常处理上层白人女性和商人寄来表达敬意的信，并且自认为是那些颇有名望的律师、法官和总督的熟人。但他并非向来都如此。陈宜禧来自中国西南的一个小商人家庭，在加利福尼亚找到了一份家政工作，挣点微薄的工资，之后又北上，在华盛顿领地甘波港（Port Gamble）的一家伐木厂做厨师。他在半路上遇到了白人新教传教士，教会了他基督教经文、英语和一些美国习俗。攒够一些钱后，陈宜禧没有返回家乡，而是派人从中国接来了妻子。1873 年，他和妻子举家搬到西雅图，在 Wa Chong 公司买到了一个初级合伙人的职位。这家公司就是后来海关副署长阿瑟·布雷克和偷运移民一事联系起来的公司。他的商业伙伴陈程学专注于商贸，而陈宜禧则从劳务承包中看到了商机。对于想雇佣华工的商人而言，陈宜禧就是他们要找的那个人。[27]

陈宜禧是西雅图第一批中国商人之一，在他的帮助下，以他为核心的华人社群日渐壮大。截至1880年，据人口普查员统计，西雅图共有200名中国人，其中29名住在陈的寄宿公寓。至1885年秋，西雅图有400~800名中国人（依据季节会有不同），横跨华盛顿大街（Washington Street）和第三大街（3rd Avenue）周围的7个街区。然而西雅图的中国城并不是一个单靠种族和周围区隔开来的空间。在中国城之外，华人佣工和他们的白人雇主住在一起；但在中国城内，一些华工住在种族混居的寄宿公寓里，很多中国商人的店就开在白人店铺的旁边，并且大部分华人居民就住在白人邻居隔壁。换句话说，中国城是一个囊括欧洲移民、印第安原住民、非裔美国人和低薪一族的多语种社区。西雅图的绝大部分中国人都住在中国城，但那里可不只有他们。这是暴力发生之前的事了。[28]

陈宜禧穿越西雅图暴力冲突的道路曲曲折折，这本质上反映了他权力的不平衡。和塔科马的华人精英一样，陈试图利用他在地方上的关系保护自己和自己所在的社区免受驱逐之扰。这种当地的影响力并没有多少力度，但"规模跳跃"却不一样了。通过与中国政府取得联系，陈动用了一些手段来抵抗当地对中国人的敌意。

对于陈而言，塔科马的暴力对于即将发生的事是一次警告。在他听说驱逐一事后，他当即提醒了位于旧金山的中国领事馆。"塔科马的中国居民昨天遭到了强制驱逐，"陈发电报称，"现在西雅图有200~300个中国人。危险一触即发。地方当局有心无力，没办法保护我们。我们请您保护我们的安全。"陈以一名非常富有、地位显赫的商人身份，将这封绝望的请求电报发给了中国领事馆，引起了总领事欧阳明（Owyang Ming）的注意。欧阳明逐字逐句地引用了陈的电报内容，将这件事汇报给了华盛顿特区的中国公使：华盛顿领地的"暴行还在继续"，"这里每个小时都会收到寻求保护的强烈诉求"。

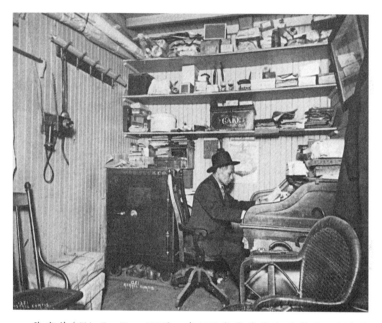

104

陈宜禧（Chin Gee Hee, 1904）。在1860年代跨过太平洋后，陈宜禧（1844~1929）开启了在美国的生活，做过矿工、铁路工人和家庭佣工。到1870年代时，他在西雅图成为一名成功的商人兼劳务承包人。（University of Washington, Special Collections, Asahel Curtis, photographer, A. Curtis 01281.）

中国公使先是写信给国家部门，再次转达了陈的电报，随后恳请美国政府保护中国公民免受暴力的侵扰。陈的消息很快就摆上了美国国务卿托马斯·拜亚德的桌面。就在陈怀抱一线希望等待回复时，他被捕了。[29]

陈宜禧在全国和国际范围内都有着非同一般的权力，但在当地，他还是被迫屈服于从天而降的专断逮捕。11月4日，塔科马驱逐爆发后的第二天，地区检察官以"持续妨碍公共秩序"为罪名对他提出起诉。起诉指控陈自1885年1月1日以来，在他的店铺旁边留了块1英亩的土地，"宰杀了大批的猪等动物，储存了大量腐烂的蔬菜和污物"。这些"攻击性物质""散发出有害的毒性气体，臭气熏天"，对"整个社区"造成了"伤害和危险"。根据投诉，陈的行为与"华盛顿领地的和平和尊严"相悖。考虑到近期发生的暴力事件，这类标准化的法律语言极具讽刺意味。

11月5日，就在西雅图的反华威胁将要演变成为公开暴力的时候，治安官手拿逮捕令拘捕了陈。[30]没有证据表明这起诉讼最终的结果是和解还是审判。事实上，陈在监狱里待了不到一天。我们很难绕开这样的结论：选择这个时间点逮捕陈，目的就是为了影响当天下午即将召开的关键性会议的结果。被释放后仅4个小时，陈与其他4位声名显赫的中国商人便和反华领导者坐了下来，商讨自愿流放的计划。暴力的威胁迫在眉睫，陈和其他几位中国商人一致同意，只要资金允许，要以最快速度将全部中国工人送走。而像他们这样的中国商人，则需要额外的时间打包和整理店铺。陈指出，市里还欠Wa Chong公司大约30000美元，而公司在西雅图的资产价值13.5万美元，所以他不太可能当晚就撤离。显然，商人兼承包商遵守了诺言，开始陆续将中国工人送出城。两天之内，约有150名中国人搭火车或乘船离开了西雅图。[31]

塔科马的中国城正在着火的消息传开来，随后西雅图的 ₁₀₆ "自愿"撤离于 11 月 6 日突然停止。纵火让寻求联邦保护变得更加急迫了。11 月 8 日一早，350 名联邦士兵进驻西雅图，以防驱逐进一步发生。对于中国人而言，军队出现的这十天意味着驱逐暂时停止了，可骚扰并没有停歇。一名士兵打倒了一个沿着前街（Front Street）走的中国男人，夺走了他的洗衣篮，然后把它丢到海滩的悬崖边上。另一个士兵抓住一个中国男人，剪掉他头上的辫子，把它系在了有轨电车上。除了肢体上骚扰中国人之外，一些士兵决定在华人社区狠赚一笔。一队士兵在华人居住区挨家挨户敲门，收取每人 150 美元的"特殊税款"。尽管士兵们的忠诚度令人怀疑，但中国领事馆依然相信暴力终会结束。11 月 9 日，总领事给陈宜禧发了一封电报："告诉中国人留在华盛顿领地。"工人们显然听从了这句话。从西雅图大批撤离的人流减缓了。[32]

随着华人面临的危机逐渐被公之于众，陈宜禧抽出时间，专攻司法正义和赔偿问题。为获得赔偿，他找到了中国领事馆和美国联邦政府。他找来 40 多名从科尔克里克附近被赶走的中国工人，让他们聘用自己为"代理律师"。陈准备了一份宣誓书，向每名工人发誓，一定帮他们讨回他们的个人损失——从 14~191 美元不等——而他自己的企业损失共计超过 1000 美元。随后，他将这些文件提交给中国领事馆，中国领事馆又传达给美国国务卿。[33] 为了寻求司法正义，陈向地方法院系统求助。他在大陪审团面前为诉 14 名民团成员一案作证。根据起诉书，这些人参与了"威胁、恐吓、袭击、骚扰"国王县（King County）全体中国人的犯罪阴谋。但辩护方声称，这些人只是在行使他们言论自由的权利。虽然陈最终获得了联邦的补偿，他却输掉了在当地的正义斗争。1886 年 1 月，陪审团认定：14 名被告无罪。[34]

地方上的失利预示着更糟糕的事还在后面。2 月 6 日，反华煽动者庆祝他们在法律上赢得的胜利。翌日，西雅图的华人社区被一群在唐人街游行的白人暴徒惊醒——和三个月前塔科马发生的一幕惊人的相似。民团带着武器，挨家挨户敲门，告诉中国人他们必须在下午 1 点之前离开西雅图。无人幸免。[35]

当暴徒来到陈宜禧的寄宿公寓，陈吸取了之前血的教训，深知自己在地方的权力有限。暴徒强行冲进他家，飞速上了楼，找到了他怀着身孕、被家里人叫作黄女士（Madam Wong）的妻子。他是否目睹了接下来的场景？也许没有，但不论如何，那场景一定会深深地烙印在他的脑海里。一个暴徒冲出来，拽住他妻子的头发，硬把她拖下楼梯，推搡到了大马路上。几分钟工夫，民团毁掉了陈宜禧所珍视的一切：他的生意、他的家、他的第一任妻子，还有尚未出生的孩子。而他所能做的，只是日后讲起这个故事。他写信给中国领事馆，领事馆之后又将这暴力的场面讲给了国务卿拜亚德听。"惊吓和身体上的伤害让她病得很重，"公使张荫桓（Chang Yen Hoon）解释道，"三天之后，她早产下一个婴儿。"黄女士几经疼痛折磨，终于恢复了元气，孩子却夭折了。[36]

但不管怎么说，陈都成功地抵抗了西雅图针对华人的驱逐。当别人都逃走时，他没有，之后联邦军队很快就回来了。陈为尽可能延长联邦的保护，再一次动用了他与国家部门之间那惊人的沟通渠道。5 月 6 日，他电告中国领事馆："美国军队从西雅图发来命令：见总统，并留驻西雅图两个月。"假如军队撤走，陈解释说："劳工骑士团说他们会在 30 天之内赶我们走。"陈的请求被转达给了国务卿拜亚德，拜亚德很快答应了他的要求。就这样，军队一直留在西雅图，直至 7 月底。[37]

暴力的浪潮减弱后，陈宜禧再一次转向补偿之战。当中国领事馆针对西雅图驱逐事件展开调查时，陈第一个提出了索赔要求。他暂且撇开了自己和妻子遭受的个人损失，而将关注点放在了经济损失上。在律师的帮助下，他估算出公司的损失共计 67000 美元，"这笔损失是由于［他的］房屋不再对外租赁、没有收回中国人的欠款，还有就是几家煤矿和其他几地的劳工经纪业务都停了"。除此之外，他投资了 15 幢楼，共计 85000 美元，如今都没人住；8 个农场共计 4500 美元，如今地也荒了。陈的申诉不仅说明了他个人损失的严重程度，也证明了西雅图华人社区的土崩瓦解。他找不到人租他的房子，雇不到人，更没人肯来种他的地。陈或许成功抵制了民团的驱逐，他手下的工人却早已离开了。[38]

108

我们得离开这里

陈宜禧确信自己可以代表底层中国人说话。毕竟，劳务承包人的工作职责就是代表工人的利益。在和平年代，劳务承包人雇佣工人，为他们提供食宿，把他们派到领地中有钱的白人那里，按人头挣得费用。中国工人因为不会说英语，也不了解当地社区，需要劳务承包人帮忙找工作、谈薪酬。反过来承包人也需要现成可用的工人替自己谋求利润。值得注意的一点是，无论是劳务承包人还是雇佣工，都不把这层不平等关系看作永久性的阶层区隔。商人兼承包商会从领工资的劳工队伍中找到未来的股东和商业合作伙伴。工人们也心知肚明，社会阶层向上流动的理想能否实现，取决于他们同上级的社会关系如何。其结果就是在社会阶层之间相互依存、彼此利用和非同寻常的忠诚的基础之上，建立起一种劳动制度。暴力考验着这些亲属和资本关系。当陈宜禧为争取到留在西雅图的权利而不懈战斗时，没有多少中国工人乐意跟随他的领导。[39]

其中努力想要留下来的一个人是 Kee Low。1924 年，社会学家采访 Kee Low 的时候，他已经"积攒了相当可观的财富"，并且"关系过硬……让任何一位［西雅图的］美国人和欧洲人都欣羡不已"。但在驱逐时期，他自称是非技术工人，只赚得一份"相当可怜的工资"。1886 年冬，Kee Low 开始在西雅图生活。他在这里安了家，找了工作，有了自己的朋友圈子，但还没有社区里的中国商人该有的资本。他没有房产，没有妻子，没有孩子，没有能说上话的关系，也不是债主。换句话说，他既没有牢靠的关系，也没什么权力资源。[40]

Kee Low 当时住在中国城边上，据他回忆，"他们让我一天之内滚出去"。时隔近四十年后，他依然清晰地记得，那天是星期日。"周日早上，"他对采访的人说，"他们一起过来，合伙把中国人撵跑了。"民团把他押送到码头附近，他加入到Wong Chin 和近 400 名被驱逐的华人队伍中。他们在武装警卫的带领下，等候登上太平洋女王号（Queen of the Pacific），于当天下午前往旧金山。但在船即将驶离之前，这拨队伍被一纸人身保护令叫停了。一个叫 Wan Lee 的商人成功避开了驱逐，在律师的帮助下，他以他的合作伙伴 Gee Lee 的名义和大法官罗杰·格林（Roger Greene）共同起草了一份起诉状。众所周知，对于华人社区抱有同情之心的法官格林，要求民团次日一早将所有在押的中国人送到他的法庭。[41]

"我们在码头待了一整晚，"Kee Low 回忆说，"早上他们带给我们一点黑咖啡和面包。我们都饿坏了。"他们来到格林的法庭，法官告知这群中国人，他们有留在西雅图的合法权利。格林郑重其事地对这群中国人说："你们不需要害怕。所有领地和美国的权力随时准备为你们辩护……留下来的人会平安无事的。"除了这些宽慰的话之外，格林同样明确表示："社区里的普遍情绪是反对你们待在这里的。"法庭上有中国商人担任翻译，工人们了解了这句警示的意思。[42]

尽管 Wan Lee 已经尽力去保护他们不被驱逐，超过半数的中国工人还是决定立即离开西雅图。或许他们并不相信商人能在激进的暴力降临时保护他们。或许他们本身就对劳务承包人怀恨在心，认为后者是劳动市场剥削自己的共谋。更有可能的是，他们不过是觉得别处还有更好的机会。在他们跨越大洋、穿过美国西部寻找机遇的过往时日，流动的策略让他们颇为受益，或许这个策略能再一次拯救他们。许多工人为了寻找工作机会都会季节性地迁移，这使得和比他们社会阶层更高的人相比，他们在当地社区的经济和社会投资都少了很多。如果能免费去旧金山，聚在一起抱团取暖，找到下一份工作，他们何苦还留在西雅图甘受暴力的风险呢？这群中国人被护送回码头，196 名男人和女人，正好是这艘船的最大载客人数。他们登上了太平洋女王号。

就 Kee Low 自己而言，他"并不打算走"。之后，暴力升级了。太平洋女王号要装下所有想离开西雅图的中国人是远远不够大的。Kee Low 回忆，"有些人不得不回到城里等下一趟船来"。但当他们在当地军队的护送下，回到他们破烂烂空荡荡的家时，撞见了一伙怒气冲冲的暴徒在朝他们大喊大叫。在肆意的辱骂和极度亢奋之中，中国人只能眼看着前来挑衅的民团和护送自己的军队大打出手。"枪响了，中国人受了刺激，"Kee Low 回忆，"他们丢下鞋子、篮子和手里所有的东西跑掉了。"[43]

尽管已经拒绝了去往旧金山的单程票，Kee Low 如今需要好好想一想了。他聚了几个朋友，跑到森林里，和他们说："我们得自己保护自己了。我们得离开这里。"风险太大了。经过几个小时仓促而慌乱的讨论，他们决定当晚偷偷溜回西雅图，希望能偷偷坐上开往不列颠哥伦比亚省维多利亚市的船。他们成功到了码头，没被发现，但港口黑洞洞的，一艘船也没有。天色慢慢变亮，Kee Low 试图藏在一堆准备装运的啤酒花中间，但港口的看守很快发现了他。幸运的是，看守挺

110

同情他的遭遇，找来了一个民兵。两个白人男子走近啤酒花堆，对 Kee Low 大喊："那小子，出来吧……我们得喂你吃点东西了。"但要找到诚心帮助中国人的人并不容易。第一家饭馆不卖给他吃的，最终民兵买到了点三明治。陌生人的善意给了 Kee Low 一顿饭和避开驱逐所需的时间。"第二天，士兵来了，"Kee Low 回想起来，"我们都没事了。"[44]

军队一来，Kee Low 就放弃了他的逃跑计划。档案赋予了像他这样的人以特权，使得他能够留下来，数月或数年之后就会有机会讲述他们的故事。事实上，Kee Low 留下来的这种最终决定并不常见。下一趟前往旧金山的船上约有 110 名华人移民，其后的一艘又运走了 90 名。随着越来越多的人离开，留下来的理由微乎其微。商店和楼房都清空了，劳工合同成了废纸一张，社会关系网络支离破碎。大批中国工人继续源源不断地从西雅图涌出来，在加利福尼亚、俄勒冈、不列颠哥伦比亚和中国找寻安身之所，等候机遇降临。[45]

选择离开的中国人没能留下他们为何作此决定的只言片语，但也许他们的逻辑再简单不过。数十年后，旧金山的一位中国工人 Chin Cheung 回忆起那段暴乱和骚动的时日，"年轻人朝我们丢石头、罐子、砖头；总是在不停找茬"。"但我总是选择逃跑，"Chin Cheung 回忆，"我没惹过那样的麻烦，因为我从来不会留下来和他们打斗。"他解释说，逃跑只是因为他迅速计算了一下双方权势的优劣："白人很多，中国人也很多的时候，就容易爆发冲突；没多少中国人，仗就打不起来。"意思是，从长远来看，还是跑吧。[46]

*

1885 和 1886 年中间的 18 个月中，美国西部的中国人经受着史无前例的暴力。中国人对于这段经历的回忆清楚地表明，每个生存故事都是高度个人化的，每个人在不同时间、不同地点的经历和感受都是独一无二的。然而，暴力也有着集体性的、不断积聚而产生的后果。例如，Kee Low 就认为自己曾目睹了暴力，但其实他并没有。他当时住在西雅图，却将斯科克谷的屠杀当成了自己的亲身经历。他回忆，"他们让几个中国人在斯科克谷摘啤酒花"，然后"晚上［民团］跑到中国人的帐篷那里，杀了三个人"。尽管他对采访他的人说，"我当时就在那里。我看到了。我知道是怎么回事"。然而他的话不能从字面上来理解。他当时安全地待在西雅图，却仍感受到了屠杀产生的涟漪效应，仿佛是亲历了一次创伤。Kee Low 认为，这些驱逐不是孤立的事件，而是一次以"将中国人赶出这个国家"为目的的集体战役。他人虽不在斯科克谷，但他明白，子弹在向他飞来。[47]

对于中国人而言，暴力的爆发似乎是一次有组织有预谋的袭击。一名叫 Ah Hung 的华人移民在 1886 年 2 月对加利福尼亚的《马里斯维尔电讯》(*Marysville Appeal*) 说："中国人……已经得出了这样一个结论，认为眼下的运动有别于之前的那些，看起来这将会是旷日持久的一次。"暴力波及的范围让 Ah Hung 相信，"太平洋沿岸［的人］不仅从骨子里迫切需要限制［我们］来这个国家，还要把原来就住在这里的人一并撵出去"。Ah Hung 将移民限制和暴力驱逐理解为单次袭击的两种手段。总体来看，无论是法律还是暴力，都拒绝为在美华人留哪怕一席之地。[48]

中国公使郑藻如 (Cheng Tsao Ju) 也从西雅图的驱逐浪潮中悟到了这一点。在给美国国务卿拜亚德的信中，郑藻如写道："多地皆以暴力驱赶中国人，住处焚毁，财物尽夺，某情形之下杀人殒命，当局未采取任何严苛手段予以制止，亦未承担保护之责。"暴力似乎远非一系列孤立的事件了。郑藻如听传闻说"诸多市镇"也正在组成"公然宣称以驱逐中国人为目的"的团体。他担心这将会演变成一次群众运动，"不只自当地驱赶［中国人］，亦保证由美国驱逐"。如果联邦政府再不介入，郑藻如相信，中国人会从这个国家彻底消失。[49]

　　暴力所到之处，也将华人社区一分为二——劳工群体和精英群体。多数中国商人要求保有留下来的权利，而大部分工人却决定：离开才是正确之选。最初，郑公使响应商人阶层的号召，向美国请愿，希望对方能保护中国人不被驱逐。但很快他就发现了工人上述行为背后的逻辑。郑藻如写信给总理衙门称，要中国移民留在这片暴力之地是有勇无谋的。他慢慢相信，唯一能阻止暴力、保护中美贸易的方法，就是从最一开始就不让中国工人来美国。唯一的解决途径就是用中国开出的条件自行阻止华人出境。[50]

4. 人 民

如今回想起来很难不去相信，这一切的起因就是尤里卡（Eureka）。1885年，美国已经进入经济衰退的第三年，海关部门费尽心力保卫着这个国家的边境，而在加利福尼亚州的尤里卡，一名中国男性开枪打死了一个白人。所有人都知道这次开枪只是一次意外。2月6日，市议员大卫·肯德尔（David Kendall）正穿过马路，碰巧撞见两个中国人正在交火，结果肯德尔意外受伤致死。不管实际情形如何，白人社区奋起反抗，高呼"一起烧尽魔鬼们！""吊死所有中国佬！"警察害怕引起骚乱，逮捕了一伙中国人，并派地方军队对县监狱严防死守。没法即刻施暴的暴徒们聚集在百年厅（Centennial Hall），商讨下一步要怎么办。屠杀和放火的提议被否决之后，自称"人民"的民团成员宣布，他们会在第二天下午之前赶走所有中国人。当晚，民团在小镇和附近的农场四处奔走，宣告驱逐令，领导者们则架起绞刑架，吊起"中国佬"的雕像。48小时以内，民团将整个华人社区（近800人）驱逐出了尤里卡。[1]

尽管大部分报纸都批判了这一暴力行径，少数报纸却对这次驱逐表示赞许。例如《斯托克顿邮报》（Stockton Mail）写道："这是一个镇摆脱了令人厌恶的异类"，表示驱逐"给其他社区上了可供借鉴的一课。"至少在最初，这"一课"并没有引来太多兴趣。事实证明，只有与尤里卡近在咫尺的地区，这次驱逐才发挥了传染效应。一个星期之后，阿克塔（Arcata）附近驱逐了几十名中国人，但在接下来的暴力瘟疫中，尤里卡并不是第一感染源。单个的地方事件不会轻易触发反对中国人的群众运动。美国西部的许多美国白人和尤里卡人一样，都在经济困难时期对中国人怀抱仇恨和恐惧心理，但他们并不打算直接照搬尤里卡的做法。[2]

例如，住在尤里卡的詹姆斯·比思（James Beith）和大多数邻居一样，朋友中没有中国人。他确信所有"高加索人种"都共享"共同的文明圣坛"，而中国人"出了名地鄙视我们的宗教、风俗和习惯"。即便如此，他还是对发生在阿克塔的一次效仿事件忧心忡忡。他在日记中写道，"尤里卡这么做有它的理由"，毕竟大卫·肯德尔被杀死了，但他担心"没有遭受挑衅阴影的阿克塔坚持采取同样严厉的措施"。比思虽然支持反华大业，却认为"尤里卡人有真正的冤屈，而阿克塔人没有"。[3] 他确切指出了 1885 年春天阻止反华暴力蔓延的真实原因：暴力的反华运动成不了气候，除非像比思这样的人确信美国西部的所有社区都有"真正的冤屈"；也只有在这种情况下，每当中国人一出现，就足以"挑起"一场驱逐了。

*

美国西部的反华运动一直存在暴力因素，但直到 1885 年，暴力才构成了运动的基础。这一年，（偶尔伴随暴力的）政治现象演变成了（时常有政治参与的）暴力。表面上看，这场新的恶意反华运动的策略简单有效：当地白人社区的成员恐吓他们的中国邻居，然后把他们赶出镇子。这看似不关我事型的区域性现象实则有着广泛、连带性的影响：超过 150 个社区加入了这场纷争。由于缺乏核心领导，地方社区通过抵制、骚扰、胁迫、纵火、围捕和袭击等行为宣扬各自在运动中取得的胜利。

反华运动为什么最终演变成了暴力呢？个体加入施暴群体往往是出于个人的、异质化的、不为人所知的原因。特定的社会结构和社会话语垒好了木柴，具体的人和事件则点燃了火苗。这种支撑反华运动的社会结构由来已久。在美国西部，一直以来都存在着工人和资本家之间巨大的经济差距；劳工系统是按照种族来划分的，但社会上却普遍流行着白人至上的信仰。1885年9月，这些条件的主导话语变了。受月初石泉城华人矿工屠杀事件的影响，怀俄明领地的反华发言人编造了一个令人信服的说法：中国移民对美国西部白人的定居地构成了生存上的威胁。接下来发生的是，联邦政府没能保护美国公民远离即将降临的危险，试图将屠杀合理化。这是一种先发制人的自我防御行为。[4]

石泉城的屠杀在全国范围内引发了人们对反华暴力意义的讨论，但正是两个月之后塔科马的驱逐华人事件让暴力运动更加受到公众的认可。塔科马的暴力与尤里卡事件、石泉城事件都不同。塔科马的驱逐并不是一伙暴徒被某个事件激怒之后的自然行动；而是一个事先就公开宣布，经过深思熟虑的冷静的群体行动。塔科马的民团使得恐怖行动的策略变得常规化，这降低了暴力行动的门槛，为美国西部的各个社区提供了战略上的预演。在某种程度上，塔科马的排华手段不断被复制和传播，是因为反华发言人、劳工组织和持支持意见的报纸在不同社区之间搭建了沟通渠道。但暴力之所以能散播，还是因为它有效。反华驱逐重新勾画了美国西部的种族版图，重塑了地方社区团体内部的权力关系，并赋予白人工人优于白人精英的不寻常的权力。并且更令人惊讶的是，反华驱逐重新分配了国家舞台上的权力。[5]

1885年反华运动向地方暴力的转向，或许掩盖了它与国家政治的持续联系。毋庸置疑的是，对于一些民团成员来说，这场运动只是一次追求当地目的的地方动作。而对于另一些人来讲，恐吓中国人的地方运动则是一次"规模跳跃"的行为：他们在地方的规模下运用身体暴力来维护全国性的政治权力。民团参与运动或许只是为了摆脱隔壁的中国厨师，但在事前或事后，他们时常强调说自己是为了更崇高的群体目标。他们的暴力是在呼吁终止中国移民，阻止华人劳工，结束种族战争。这源于《中国人限制法案》在解决上述问题上一败涂地。由于更为保守的政治形式已经失败了，他们就运用暴力，重申他们作为美国公民的权利和驱逐外籍中国人的需求。[6]

尽管民团经常否认自己存在暴力行为，但这些驱逐本身就意味着种族清洗和政治恐怖主义。"种族清洗（ethnic cleansing）"一词涵盖的行为范围很广：从集体屠杀到大规模迁移再到强制同化。这些彼此各异的暴力形式有一个共同点：以认定的种族为基础，有意清除特定的人口。[7]"政治恐怖主义（political terrorism）"广义来看是指：系统性地使用暴力及其威胁手段，胁迫普通百姓以实现特定的政治目标。[8]在反华民团故意对华人平民实施驱逐时，他们是想借此在华人及其雇主，还有为他们留下来辩护的人中挑起恐慌。民团希望从他们的领地上清除掉所有的中国人，不论阶层，不论移民身份，让人们重新关注他们排华的政治诉求。

"种族清洗"和"政治恐怖主义"虽适用于反华运动，却不够精准。这两个词是从其他时间和地点借用而来的。更有效的做法是充分考虑到反华暴力的特殊性，而不是直接把它放置在模棱两可、颇有争议的分类中。我们可以将反华驱逐理解为一种暴力种族政治的形式，一种以发表全国性的政治声明为目的，惩治当地少数族裔的群体暴力。1885和1886年，民团为推进联邦排华，从西部的社区驱逐了上千名中国人，借此重新改写了反华运动的意涵。

尽管暴力需要被强烈谴责

在尤里卡，引发暴力的是市议员肯德尔的死。在石泉城，

引发暴力的则是一次争取煤矿权益的斗殴。在塔科马，仅仅因
为报纸上的一篇文章，人们就开始对驱逐大谈特谈了。1885
年9月3日星期四，《塔科马日报》（*Tacoma Daily Ledger*）
报道了石泉城的屠杀。

把中国佬赶出小镇

117

　　关于怀俄明石泉城的专题报道：……本日下午，150个
强壮的白人全副武装组织起来，扛着猎枪向中国城进发。他们
一齐朝天空鸣枪，命令中国人离开。中国人迅速服从了他们的
命令，像羊群一般逃到山上，矿工们在后面紧追不舍，朝逃犯
开了致死的数枪。随后，中国人居住的街区被人放了火。[9]

　　最终，至少28名中国矿工死亡，15人受伤，余下的数百
人逃走了。石泉城屠杀是当时美国国内发生的最为致命的反华
暴力，但在许多阅读晨报的塔科马人的记忆中，这次事件却另
有其含义。仅用了一天时间，石泉城的白人矿工就彻底将中国
人从他们的镇上驱逐了出去。

　　大部分保守派和东海岸的报纸将这次暴力贬损成"莫名荒
唐、无缘无故"。但西海岸的媒体，尤其是工人报纸却将这次
事件报道成对中国移民造成的紧迫威胁的一次合理反应。《塔
科马日报》宣称，驱逐"总体来讲是解决中国问题的有效途
径……尽管暴力需要被强烈谴责"。报纸并没有关注当地的
驱逐情况，而是将暴力归咎于普遍存在的不满——"过去12
个月的忧虑和折磨"以及《中国人限制法案》"无能为力的状
况"。该工人报纸呼吁议员们关注这次事件，因为用不了多久，
"石泉城的这场瘟疫就会遍地开花"，从而导致"人们自愿自
发，勠力同心，将中国人逐出这个国家"。[10] 短短几句话，《塔
科马日报》就将石泉城一地的暴力从地方暴乱升级成了种族战

争的公开之战。

石泉城的屠杀证明了草根阶层的暴力行动是终结华工竞争、实现地方种族净化的有效手段，这为华盛顿领地的人民树立了关键性的先例。在斯科克谷，摘啤酒花的白人和印第安工人最需要这样的范例。仅仅是在几天前，民团还为华工的到来愠怒不已，如今却直接用子弹和枪炮赶走了他们。然而，要让暴力蔓延至那些没有受到华人挑衅的社区，反华的宣扬者们所需要的可不光是一个范本。他们需要的是动机。在美国西部，美国白人向来认为，中国人在种族上低人一等，但仅靠这一观念通常不足以诱发暴力。然而，石泉城屠杀过去几个星期之后，当地的反华发言人换了一种说法，将抽象的华人劣等观念，说成是华人很快就会毁掉美国西部的紧急预兆。这样，他们便有力地表达了必须先发制人、诉诸暴力的新理由。

很多直言不讳的反华领导者都有各自支持反华运动的原因。例如丹尼尔·克洛宁（Daniel Cronin）是为了给自己的社团吸纳新成员。他把妻子和五个孩子留在了加利福尼亚，自己则在1885年夏天来到华盛顿领地，计划组建劳工骑士团的新分会。骑士团是一个倡导产业合作所有权的全国性劳工组织。[11] 在19世纪七八十年代美国经济大起大落之时，骑士团支持的观点颇为流行：政府必须打破垄断，以促进自由的市场竞争，防止周期性衰退，并要重新分配财富。名义上，这是一个高度集中的工会，立志与企业资本家和"镀金时代（Gilded Age）"① 的放任无节制作斗争。而实际上，这却是一个松散的地方组织的集合，怀抱诸多冲动和想法。尽管在国家纲领

---

① 大约指1870年代到1900年，是美国财富突飞猛进的时期，数百万移民从欧洲来到美国，重工业、制造业飞速发展，财富聚集到美国的西部和北部，也催生了美国历史上第一批具有国际影响力和竞争力的大型垄断企业，如花旗银行、通用电气、摩根大通、美国钢铁公司、标准石油、福特汽车公司等。这些经济成果与西进运动大量资本流入和自由放任主义思想盛行有关。

中，探讨种族平等时使用的是"普遍的兄弟情义（universal brotherhood）"这种句式，但地方组织实际上需要区域性的信念作为行动指导。在美国西部，这意味着劳工骑士团站在了反华运动的前列。而在华盛顿领地，骑士团从诞生之日起就带有克洛宁的个人印记。[12]

如果说石泉城的屠杀重新燃起了人们对反华运动的兴致，克洛宁则从中看到了骑士团吸纳新成员的良机。他根据个人的经验判断，这股反华热潮足以将白人社区联合起来；而他曾目睹过尤里卡的驱逐。如今，他希望反华骚乱能让华盛顿领地的骑士团好运暴增。他并不羞于谈论自己的实用主义动机。"中国问题只是地方性的事务；对鼓动和教育都有其作用，"他在一次反华集会上这样表示，"劳工骑士团的目标并不［是］赶走中国人；那只是一次助兴表演而已。"劳工骑士团的主要目标，也是克洛宁自身的目标，是"将劳动者从如今承受的桎梏中解放出来"。以此为目的，克洛宁运用反华"助兴表演"这一计策强化了地方的社团组织。[13]

有了克洛宁的助力，骑士团帮助华盛顿领地的反华运动确立了框架结构。尽管骑士团是 1880 年代主张排华的规模最大的群体，但他们并不是孤军奋战。反华运动很快就吸引了美国西部最大的族群——新近抵达的欧洲移民及他们的后代，后者在美国从事非技术性或半技术性的劳动。[14]尽管这些公民和有志成为公民的人主导了运动，小商人也加入了这一行列，他们看中的其实是反垄断的诉求。在塔科马，这意味着大部分白人都在反华运动中各司其职，其中就包括市长、治安官、消防队员，以及商会成员。[15]

塔科马的和克洛宁一样的政治领导者们宣称：中国移民是紧急危机的始作俑者。站在不断增多的人群前，克洛宁将长期存在的反对华工的经济观点与当地经济衰退的现实联系

119

起来。走访西雅图时，他称自己目睹"100 个家庭穷得一无所有，都不知道全家人的下一袋面粉从哪里来"。在纽卡斯尔（Newcastle）的矿业小镇，克洛宁发现了 65 名失业的白人。在布莱克戴尔蒙德矿区（Black Diamond mine）附近，领班告诉他"过去三个月，已经有 25 个人每天沿着公路找工作，结果什么都没找到"。[16] 克洛宁说，问题就在于资本家们利用更卑微和廉价的中国工人削减了白人的工资。他谴责说，眼下"受金钱驱使的权力"只会顾及中国"辫子（pigtail）"的利益。唯一的解决办法就是雇工们"让［他们］中国人走，给我们腾出地方"。[17]

换句话说，克洛宁只是将反华与反垄断结合的旧说辞改头换面了而已。尽管是用经济术语措辞，上述观点主要还是基于种族设定。有一种说法是，恰恰是中国工人天生的顺服和高产让垄断企业得以获得高盈利。[18] 塔科马的一位遗嘱检验法官、地方反华运动的领导者詹姆斯·威克沙姆（James Wickersham）承认，中国人代表着一种形式独特的种族危险。"我一直以来担心的并不是太平洋沿岸的［华人］罪犯和不道德的外族会泛滥成灾，"威克沙姆解释说，"而是担心我们将会面对孔子数百万勤劳肯干的儿女，假如他们被赋予了和我们子民同等的机会，那他们有可能会在生存之战中完胜，占领美国太平洋沿岸。"[19] 即便相信美国白人比中国人更文明、更开化、更先进，威克沙姆还是担心如果公平竞争的话，白人种族可能会一败涂地。

媒体对于异军突起的无证移民的报道，无疑给之前就存在的种族焦虑平添了新的紧迫感。1882 年国会通过《中国人限制法案》时，很多美国公民都认为，联邦政府终于听从了他们关闭美国国门的诉求。但时隔不久，报纸就报道了中国工人仍在源源不断地进入这个国家。在华盛顿领地，类似的警告几乎每日必达。1885 年 9 月,《西雅图每日电讯》(*Seattle Daily Call*)报道称:"中国人正以每月 100 人的速度从不列颠哥伦比亚偷渡到美国,这个趋势仍在增长。"几天后,《塔科马日报》称华人入境的速度更接近于每周 100 人。几家工人报纸都援引加拿大太平洋铁路即将完工一事,认为如今未经授权的移民不断流入,预示着如洪水般涌入的移民大潮日渐逼近。《塔科马日报》预言说,"12000 个黄皮肤的魔鬼"在最后一波高峰过后将越过边境,并呼吁立即采取行动,"阻止野蛮人入侵的浪潮"。[20]

如果政府既不能也不会从这群外族侵略者中拯救西海岸,反华发言人主张,西海岸的白人就必须把法律牢牢攥在自己的手中。反华拥护者詹姆斯·H. 莱维克(James H. Lewik)在西雅图的群众集会上发言,加入了众口一词的讨论:当联邦政策威胁到了国家福祉,人民就有权反抗。在莱维克看来,联邦政府在"中国问题(Chinese Question)"上推卸掉了全部的责任。而反抗只是为了自我防御而已。政府"必须保护你,"莱维克说,"否则你就得保护好你自己。你若可以,我报之以良信;若不得已,我助一臂之力。"[21]

华盛顿领地的反华拥护者们认为,"以冷酷无情、公事公办的态度"驱逐中国人是未尝不可的。在"让中国人走他们就会走"这一前提下,克洛宁提出了一系列组织和宣传反华的办法。他认定,反华运动必须谨慎地规避法律,这样才能获得广泛的支持,同时不用承担法律后果。也只有这样,才能避免出现石泉城屠杀的残暴血腥还有随后的负面报道。这是一场豪赌。任何公开的暴力行为都会对一个新形成的领地产生长期的后果。"将一座城市置于无法无天的骚乱和暴动之中,"《西雅图电讯报》写道,"将会扰乱价值观,收紧困难时期的掌控力度,商业客户减少,让债务方难堪,同时考验着移民和投资,将劳动力再次放逐到就业市场,人口缩减,让整座城市再次倒退到四五年之前。"克洛宁认为，基于强制要挟、最后通牒、骚扰恐吓的反华活动会避免一次公开战争。如果这些间接驱逐的手段不奏效，克洛宁预言："这个冬天将有暴乱和流血降临。"[22]

尽管塔科马的中国人对死亡威胁记忆犹新，也还记得被砸碎的窗子、猛丢过来的石块，但1885年9~10月，当地报纸却说反华骚乱正在"和平进行中"。西雅图的报纸不无骄傲地宣称，反华集会和游行"近乎完美地安静、有秩序"。反华运动甚至变成了家庭聚会。譬如，塔科马的一次火炬游行中，"一支塔科马乐队走在前面；后面跟着五六个男孩，手里拿着烟花爆竹，放着乒乒乓乓的流行乐"；另有"媒体代表"和"塔科马财政主管约翰·默里（John Murray）"带领"上百个荣誉市民的儿子，10~12岁不等"。小镇上的居民和游客都加入了游行的行列，队伍长达半英里。[23]

其他的镇子也加入了这场看似非暴力的反华运动中。在华肯县，上百名居民签名请愿，停止在任何情况下"直接或间接地"给中国人提供工作机会。[24] 不久之后，布莱克戴尔蒙德和纽卡斯尔矿区解雇了所有中国工人，西雅图的中产女性让家里的中国佣工打包走人，塔科马商会采纳了劳工骑士团提出的反华决议。除了剥夺中国人的工作权利之外，反华煽动者只是告诉中国人离开。随后在塔科马，十五人委员会（Committee of Fifteen，即塔科马负责驱逐中国人的委员会）反复向当地华人出示通知，要求他们必须于11月1日前离开城镇。[25]

反华煽动者还通过与执法部门联手，进一步将反华事业合法化。当领地长官命令塔科马治安官增加警力来预防暴乱时，55名骑士劳工团成员主动请缨。在附近的皮阿拉普，美国联邦检察官命45名特派警察宣誓就职以"维护治安"。《西雅图电讯报》报道称："他们团结一致，一心想让中国人离开。"在

122

THE
Chinese Must Go!

Mayor Weisbach

Has called a **MASS MEETING** for
this (Saturday) evening at
7:30 o'clock

AT ALPHA OPERA HOUSE.

To consider the Chinese question.

TURN OUT.

"中国人必须走"（1885）。这张由塔科马市长召集的群众集会告示上印有反华运动无处不在的口号。（Courtesy of the Washington State Historical Society, Edward N. Fuller Ephemera Collection, 1903.1.4.）

西雅图，反华煽动者与警察联合起来，共同加强对中国城的监视。

在一次夜间的突击检查中，骑士团的几个成员协助警察局局长伍莱利（Woolery）和警官范·多伦（Van Doren）查出了陈宜禧店铺街对面"中国城的两个鸦片窝点"。反华煽动者通过和当地的执法人员配合，模糊了国家和非国家的行动，也模糊了法律权力与法外暴力之间的界限。[26]

多数塔科马人都希望，联合抵制、威胁和骚扰就足以让中国人离开。但当 11 月 1 日最后通牒的日期到来又过去，很显然这场战役还远没有取得全面胜利。镇子里还有"黄种人在四处游荡"，《塔科马报》（*Tacoma Ledger*）的一篇文章中称，就在"绝大多数"中国人已经"接受了现状"离开镇子的时候，大约有 50~100 名中国人还留在塔科马。对于煽动者而言，这种中国人口数量骤减的幅度是远远不够的。"如果有人可以留下来，那其他人还是会来的，"《塔科马报》宣布："清扫结束之时，必须干干净净，杀菌剂所到之处，中国人痕迹全无。"报纸暗示了接下来会发生的事："需要找到适当的手段，让人民群众的诉求得到落实。"11 月 3 日上午 9 点 30 分，反华民团成员在塔科马城外的铸造厂集合，手持手枪和棍棒，向镇子进发。他们一定知道中国人住在哪里，而且可能还知道得更多。在事后的证词中，一些民团成员甚至能叫出受害者的名字。这些中国人一直是他们的邻居，直到暴力让他们形同陌路。[27]

后来，塔科马市长 R. J. 韦斯巴赫（R. J. Weisbach）和治安官莱维斯·伯德（Lewis Byrd）被要求对没能阻止"暴乱"作出解释。两人都声称没有什么暴乱可阻止的。治安官伯德记得自己告诉市长"一大批人朝中国人的住所去了，就为了把中国人赶出去"。为了确保社会安定有序，韦斯巴赫市长和治安官一道视察了驱逐的情况。他们眼看着上百个白人从一家冲到下一家，狠狠撞门，命令中国人离开。市长转身面向治安官，问他会不会将这群人看成"暴徒"。"不会，"治安官伯德答，"他们的人守秩序，不会激起任何冲突"。市长默许了，认为这不过是"反华委员会在通知中国人离开"。只要民团为了以防万一携带的手枪不开火，市长并不觉得这次"和平"驱逐有何不妥。28

　　人们有意令这次行动看上去是非暴力的。为了占据道德制高点，民团试图遵守誓言，不使用暴力，不恶意破坏，不引发动乱。更现实一点的原因，是因为反华领导者也希望规避任何法律后果。"如果出现任何差池，或者头脑发热的个别人打破秩序，就会导致华人丧生，"大法官威克沙姆之后解释道，"如果真是这样，十五人委员会就会进瓦拉瓦拉［监狱］① 了。我们整天都会产生这个可怕的念头，所以当然会尽可能地保护好中国人。"29 出于对中国商人地位的尊敬，民团给了他们额外的时间打包家当。此外，在强迫中国人在瓢泼大雨中徒步了 8 英里之后，他们特地给这群流亡者送去了三大车食物。三天后，塔科马中国城燃起熊熊大火，民团否认对此负有任何责任。30

　　塔科马的驱逐既没有秩序可言，也不是非暴力的，当然这只存在于民团成员的记忆中。除却殴打、两名中国人死于严酷天气、火烧中国城之外，反华民团仍坚持认为这次驱逐是在和平中进行的。民粹主义媒体向塔科马的煽动者送去祝贺："没有流血，无人受伤；漫长的痛苦终结了，中国人离开了。"非暴力的话语使得驱逐成为一次再正常不过的日常事件。《塔科马每日新闻》（*Tacoma Daily News*）解释道："我们塔科马协助那些在我们小镇出没的中国害虫，严格遵守历史悠久的习

124

---

① 　瓦拉瓦拉（Walla Walla）的华盛顿州立监狱是该州的第二大监狱。

俗，将他们的家当转移到了城外某地。"[31]

的确，美国有着漫长的治安自治（vigilantism）历史。数十年来，美国人利用民众主权和革命的言论，声言民众有权绕过国家的法律程序，直接对不法分子实施惩戒。在美国西部，自我任命的公民群体往往以新定居地区执法有限制或不作为为由，为公众参与暴力的行为辩护。[32] 在他们看来，这些美国公民并没有罔顾国家利益施行非法行为；而是为了扩大国家利益，在法律之外行事而已。这种行为的意图并不是质疑美国边境管制的司法制度，而是为了对其进行援助。从塔科马驱逐完中国人之后，民团宣称，联邦政府准许美国治安官引渡无证的中国移民，"这意味着他们已经默许了'塔科马方案'"。至于是合法移民还是非法移民，是由联邦引渡还是由民团驱逐，民团并未对此多作区分。[33]

上述对于塔科马驱逐的公开重述，使得这次事件超出了它本身的意涵。报纸报道和集会演讲将一群由受个人利益驱逐的个体组成的暴徒团体，变为一个以惩恶扬善自居的群体改革运动；并且将一个基于当地情况的地方性事件，推演成可供所有人效仿的样板。这些讲述方法将种族暴力转化成了治安自治。

违法者的胜利

对于《洛杉矶时报》（*Los Angeles Times*）的编辑而言，塔科马驱逐让他们不得不重新思考反华暴力的含义。该报此前认定石泉城屠杀是"由特殊的不满情绪引起的一次突发性违法行为"。而观察过塔科马的驱逐之后，它又开始重新思考这种不满情绪究竟有多"特殊"。报纸虽然谴责了武力的使用，似乎却信服了"塔科马方案（Tacoma Method）"背后的逻辑。它注意到，石泉城的"类似情况""在整个沿岸地区同样存在；他们同样不满于《中国人限制法案》的运作方式，同样是'立

"塔科马 27 人团"（1885）。这张纪念照上是因塔科马驱逐被起诉的人，包括市长雅各布·韦斯巴赫（中）、市议会的两位成员、遗嘱检验法官、消防部门的负责人，以及基督教青年会会长。照片中的一位女性是 J. A. 科默福德女士（Mrs. J. A. Comerford），她怀抱自己的孩子代表缺席的丈夫出席，后者是《塔科马日报》的一位编辑。（University of Washington Libraries, Special Collections, William P. Jackson, photographer, UW1528.）

刻解决'这一长期说辞之下累积的摩擦"。编辑部认为，"既然已经有了违法者胜利的先例可供人效仿，我们可以预见，沿岸每个镇子都能找到现成的拥护者"。[34]

1886年春，骚乱和暴力逐渐蔓延，但并没有单一的代言人或机构领导这次运动。有几个人和丹尼尔·克洛宁一样，多次参与了反华驱逐运动。成功将中国人从塔科马驱逐出去之后，克洛宁又去到俄勒冈州的波特兰，在那里，劳工骑士团和"反苦力俱乐部（anti-coolie clubs）"如迎接英雄一般欢迎他的到来。但他的反华宣言在波特兰并未奏效。尽管反华煽动者成功将中国人从周围的市镇赶了出去，他们却在波特兰遭遇滑铁卢，与当地上流社会的强烈抵抗迎面相撞。这次失败标志着克洛宁的劳工组织者和反华煽动者的事业终结了。他加入了俄勒冈的一个乌托邦公社，从公众的视野中消失了。[35] 尽管克洛宁主动提出要组织一群热心的反华鼓动者，也因此在华盛顿领地发挥了至关重要的作用，但驱逐并不是一项仅靠某一个人煽动就能完成的工作。有时像克洛宁这样的人会把反华革命的谣言从一个城镇传播到另一个城镇，但电报线路传播新闻的速度更快。

塔科马驱逐事件之后的几个星期，加利福尼亚的报纸开始大篇幅报道太平洋沿岸的反华活动。举例来说，仅仅一天之内，《上加利福尼亚日报》（*Daily Alta California*）就报道了荷兰公寓一次"激动人心的集会"，怀里卡（Yreka）采纳的正式决议"宣称目前的限制法案［已经］毫无用处"，卡森市（Carson）开启联名抵制，"约700人签名请愿解雇中国人"，俄勒冈州阿尔比纳（Albina）的80个蒙面白人驱逐了180名中国人。报纸每天都在报道反华暴力，反过来助长了反华暴力发生的频率。当地社区受到上述案例的鼓舞，也开始觉得可以对他们的华人邻居为所欲为。虽说民团主要在地方的社区活动，但他们会从更广的维度审视自己的行动。"将亚洲人赶出美利坚的并不是任何一个城镇的力量，"《特拉基共和报》（*Truckee Republican*）认为，"而是'继续实行'的政策，后者必将最后逼迫华人退回到他们故土的海岸线。"反华运动的力量是可以不断积聚的。[36]

非法移民正在飞速增长的传言，也促使社区行动起来。"事态不断发酵，完全不受外力控制，"《萨克拉门托联合日报》（*The Sacramento Daily Union*）写道，"将可恶的华人阶层排斥在外的努力注定失败。"《上加利福尼亚日报》以"异族分子如何规避《中国人限制法案》"为标题，附和了《萨克拉门托联合日报》的观点："《中国人限制法案》似乎是失败的。"[37]《索诺拉联合民主报》（*Sonora Union Democrat*）写道："如果没有法律保护［我们免受华人的侵扰］，人民就必须行使他们天生的权利，并且怀着道德义愤将他们逐出我们的土地。"[38]东海岸的报纸也开始无所顾忌地报道各类非法移民案件，这种新闻在美国西海岸已是稀松平常。《费城新闻》（*The Philadelphia Press*）评论道："限制法案施行了近四年，最终表明，本应是对抗黄种人的坚实堡垒，结果却没比一根散绳好多少。在法案的名义下，骗术横行，诡计多端的中国人利用了法案的漏洞，争相钻它的空子。"就算和西海岸相距甚远，《费城新闻》还是觉察到了危险在逼近，它警告读者："对于上述事实的了解引起了太平洋地区人民的注意，因为此前他们从未关注过这个问题。"[39]

早在 1885 年 2 月，詹姆斯·比思就赞许了尤里卡的驱逐，却对阿克塔效仿尤里卡一事深表怀疑，认为阿克塔并没有"真正的不满"。一年以后，关于非法移民的报道让他的想法开始转变。比思在日记中抱怨"限制法案并没能起到限制作用"。他开始怀疑这次大崩盘不只是政府无能所导致的。"民

127

众得出结论，认为［这项法案的］失误和无效并不是因为政府没能力意识到它的薄弱，"比思评论道，"而是经过仔细考察、精密设计的结果。我们都目睹了联邦当局的无能为力，所以这个想法在与日俱增。"[40] 越来越多的人从最一开始就认为，联邦政府并不想阻止中国移民。劳工骑士团的领导者特伦斯·鲍德利（Terence Powderly）支持这种看法。"最近石泉城发生的袭击中国人事件，不过是由我们立法者的漠不关心引发的情绪所造成的后果，"鲍德利对他的同僚说，"颁布公正的法律，然后充分地、毫无偏袒地执行它，除了这一条之外，没有什么能防止更可怕的流血场面了。"[41]

另外，《中国人限制法案》本身——不只是它的失败之处——为驱逐提供了强有力的正当性。法案清楚地传达给西海岸工人们的信号是，联邦政府支持他们反对华工移民的斗争，认同将驱逐作为一种解决办法。通过将新的法律分类叠加在原有的种族分类之上，该法案对普通美国人如何看待种族差异产生了深远的影响。做中国人就意味着被贴上了异族的标识，而且越来越成为一个非法的标志。当民团将上千名中国人赶出他们的家园时，他们是在回应和强化双方差异的新的法律分界。联邦法律和种族暴力使得中国人在同一个国家之内成了局外人。[42]

尽管反华拥护者在驱逐中国人这件事上目标一致，他们各自还是有不同的驱逐策略。激进的一派，比如加利福尼亚州机械工和劳工反华联盟（Mechanics' and Laborers' Anti-Chinese League in California）力争以白人工人的"起义"实现对"苦力族裔的彻底驱逐"。其他派别则更多遵循"塔科马方案"，以胁迫开始，以暴力告终。为呼应塔科马十五人委员会，加利福尼亚的《东部时报》（East Side Times）称："中国人'必须走'，如自愿就和平离开，不愿意就强制赶他们走。"

报纸对这类武力的使用轻描淡写，一笔带过。即便是这样，他们简短的叙述还是唤起了人们暗藏的恐惧。例如，《萨克拉门托联合报道》（*Sacramento Record Union*）报道了加利福尼亚州罗斯维尔（Roseville）城外的民团在一个暗夜潜入了中国人的营地，从睡梦中"叫醒"中国工人，"押送他们登上了下一趟火车"，然后"告诉他们回来的话就会被杀掉"。讲述完这个简短而令人不安的场景之后，报纸宽慰读者：这次行动"没有使用暴力"。[43]

其他报纸否认一切形式的武力存在，认为联合抵制就是一次非暴力的回应。例如，詹姆斯·比思在他的日记中抄写了一首只主张使用间接策略的诗。这首小诗的风格和经典童谣《小波比》（*Little Bo-Peep*）①一致：

> 小阿义
> 　没了魂儿
> 知道去哪儿找他们
> 　别管他
> 他就回家了
> 　带着他的猪尾巴

这首小诗暗示，间接的策略就是联合抵制。"别管"中国人，意思就是不给他们任何工作的机会，他们最后就"回家"了。[44] 对一些人而言，联合抵制是避免直接冲突或武力的"静态"驱逐手段。而对另一些人来说，和暴力相比，抵制是一种更值得商榷的策略，因为它同时也将矛头指向了和中国工人一起工作的白人。现在回看，驱逐和抵制之间的界限似乎模糊不清，几

129

---

① 《小波比》或《小波比丢了她的羊》是一首英语流行童谣，于 1870 年被童谣搜集者詹姆斯·威廉姆·艾略特（James William Elliott）首次记录在《全美童谣集》中。

乎到了无关紧要的地步。某些观察员当时就注意到了这一点；《洛杉矶时报》将联合抵制形容成呼唤"冲突"和"无政府"，而《圣芭芭拉独立报》(*Santa Barbara Independent*)则担心抵制意味着"无辜的移民会被屠杀"。[45]

伴随着驱逐席卷美国西部，越来越多的美国白人认为，他们除了加入这场运动之外别无他法。《每日报道》(*Daily Transcript*)称，加利福尼亚州的内华达城(Nevada City)并未掀起骚乱，却被要求参与骚乱，否则就会背上"黄种人避难所"的罪名。附近的特拉基民团成功驱逐了上百名中国人，难民们蜂拥进入内华达城。"我们的公民会为这次抗争做些什么呢？"《每日报道》的编辑问道，"还是说他们希望内华达城成为沿岸城镇都忍无可忍的黄种人难民营？"答案就是公众集会、联合抵制和频繁骚乱。暴力像滚雪球一样越滚越大。[46]

英雄、真正的男人

反华暴力越来越普遍，甚至变成了劳工阶层男性气概的重要体现。和现在一样，男性气概所需具备的特质没有一个明确的清单，而是一个男人根据自己的身体特质宣示权力的动态过程。19世纪晚期，美国同时并存着几种相互矛盾的男性气概形象，包括中产阶层理想中的道德感强、值得尊重、儒雅、"克制的(restrained)"男性；以及劳工阶层理想中的粗犷、体壮、性感、"尚武的(martial)"男性。[47]反华煽动者从这两种笼统的定义中抽取了一些，突出了他们的勇猛好战，以及道德优越感和使用克制的手段。他们定义的男性气概，恰好是顺服的中国人和拒绝入伙的傲慢白人精英的对立面。

在警察截获的一封信中，一个叫J. M.蒙哥马利(J. M. Montgomery)的工人提供给了我们一个有趣的案例，说明了性别和武力自治之间的关联。1886年2月9日，蒙哥马利在华盛顿领地的首府奥林匹亚参与了一次有预谋的驱逐行动。行动始于清早嘹亮的火警声，一伙白人并排走在主街上，这不由让人想起几个月前塔科马的那次驱逐。队伍停在每户中国人的住所前，命令他们于下午 2 点之前离开。但在领地的首府，民团的这种做法是徒劳的。治安官带着 100 名警官迅速制止了这次驱逐，并逮捕了几个带头的，包括 L. L. 贝尔斯（L. L. Bales）、J. J. 海泽尔（J. J. Hetzel）、W. 弗雷泽（W. Frazier）和 E. 古丁（E. Gooding）。几个领导者因为交不起 2500 美金的保释金，被押送到了麦克尼尔岛的美国监狱。[48] 两个星期后，蒙哥马利决定给监狱中的几个人写封信。信件最终被执法部门截获，并作为日后的呈堂证据。

即便奥林匹亚的行动失败了，蒙哥马利在信中依然将这次驱逐视作男性气概的象征。他坚信麦克尼尔岛的四位"同志"应该"被当成英雄、真正的男人捧上天"，而"没有'履行职责'的每个劳工骑士团成员，都会被人看不起"。[49] 那些没有加入的人不过是"白种中国佬"。"很多骑士团成员都后悔没加入进来，"蒙哥马利对他的朋友说，"但我也只能臭骂他们一顿，然后明确告诉他们，我们不想再和你们有任何瓜葛了。"首府的精英们抨击了这次暴力事件，但并未能阻止蒙哥马利。"我每天都去趟市中心，城里的一些老古板看我的眼神就好像我是路边打劫的，"他吹嘘道，"我帽子朝后戴，告诉这群娘炮，我是个美国公民。"精英们也许把他视作地位卑微的不法之徒，但蒙哥马利却认为自己这一仗是在为国家而战。

蒙哥马利有些不服地报告说，就连当地的劳工骑士团团体也反过来谴责这次驱逐。他被这种背叛激怒了，宣称该团体是"中国人的圈子"，承诺即便他们"因为我多嘴多舌把我赶出团体"，他也会保持对反华事业的忠诚。对于蒙哥马利而言，任何没参与驱逐的人都是叛徒，是对其性别和种族的背叛。他幼

稚地称自己的对手是亲中国的"狗娘养的［原文如此］"，而领地主管是"给政府跪舔的"。⁵⁰

由于领导驱逐的几个人都被关进了监狱，蒙哥马利认为自己依然是奥林匹亚最男人的男人。他吹嘘说，"现在是你能看到这座小镇最糟糕的状态了，每个人都在自己的身家性命面前畏畏缩缩，"而他自己却是个例外。"一提到中国问题，无论是'上帝、人还是魔鬼'，他都无所畏惧。"别的人都害怕被抓，蒙哥马利却说他不太去管这些。事实上，他写道，"要不是我有家人"，他会有朝一日成为"麦克尼尔岛上'荣誉团体（Honorable Body）'的一员"。蒙哥马利称赞他的朋友被关进去是男子气概的最高境界，同时请他们原谅自己没能好好尽到责任。⁵¹

蒙哥马利在这封私人信件中流露出的对于男子气概的执念，呼应了反华领导者们面对公众的话术。在反华演讲中，男子气概是较为常用的一种说法。"我们要是不像男人一样去解决这个［中国］问题，"一位发言人在对西雅图的一群人宣讲时说，"我们还不如当个奴隶。"他暗指驱逐是一项"男人的"做法。《塔科马报》赞成"秘密社团、共济会或'怪物会社（Odd Fellows）'①的花花公子"都不如反华煽动者为自由白人劳工事业游行更能体现"正直的男子气概"。蒙哥马利于是将反华运动中的性别话语内化成了自己的一部分。而今无论是在公共场合还是私人通信中，他都对民团成员的英雄主义行为赞不绝口，并且"诅咒"亲华的懦夫行径，明目张胆地将这座城市划分为"真正的"男人和（白种）中国人。⁵²

---

① "怪物会社"，是共济会（Masonic，18世纪在英国出现的以互济为目的的秘密结社）旗下的一个特殊分会，起源于犹太人和改宗他教的犹太人的兄弟会，主要分布在美国、欧洲、以色列、英国。这里是想将具有男子气概的反华组织与这些社团区别开来。

在反华运动中，男性充当了主力军，而女性也参与到了煽动反华的队伍中去，尽管后者起到的作用并不大，公共影响力也相对较弱。女性煽动者和男性一样，都从性别的视角看待自身参与反华的行为。在家庭生活以女性为支柱的年代，妇女们装饰着宴会厅，为反华集会下厨做饭。在塔科马的一次群众集会中，H. S. 比克斯勒女士（Mrs. H. S. Bixler）端来了"制作精巧的"蛋糕，上面"用糖果装饰成字母"写了一句"活生生的真理"："中国人必须走。"在西雅图，当反华鼓吹者们联名抵制中国人开办的生意时，白人女性为表支持，发誓自己将承担洗衣服的任务，不会再去中国人开的洗衣房。[53]

玛丽·肯沃西（Mary Kenworthy）被西雅图的报纸称作"肯沃西太太"，是反华运动中涌现的少数几个女性发言人之一。她生于伊利诺伊州，1870 年代和做裁缝的丈夫搬到了西雅图。1880 年丈夫过世后，肯沃西加入了妇女选举协会（Women's Suffrage Association），她的家也成了劳工骑士团的领导者们活动聚会的场所。1885 年 9 月，肯沃西被推选为五位女性委员会的组织者之一，负责走访"西雅图的妇女"，"劝导"她们辞退家里的华人佣工。10 月底，她晋升为克洛宁组织的委员会的副主席，开始为反华事业公开演讲。10 月 24 日，在西雅图 2500 多位反华煽动者的游行队伍中，肯沃西向这支极其庞大的队伍发表了讲话，谴责了华人移民并褒奖了白人工人。她说："我会永远站在工人这一边。亚伯拉罕·林肯说，'紧跟着工人，你将永远正确。'"根据肯沃西的措辞，她在运动中的角色是男性的帮手，而并非自身就是一位独立的拥护者。她遵循当时通行的性别规则，男性工人走到哪里，她就会跟到哪里。[54]

1885 年 11 月，工人们以阴谋罪起诉了她。当时西雅图的一次驱逐以失败告终，随后肯沃西作为两位被捕的女性煽动

132

者之一被大陪审团起诉。她再次发声，这一次是为自己辩护。"今晚，站在你们面前，我感到忐忑不安；同时也为自己这么做而自豪，"她向欢呼的群众宣讲："今晚，我作为一名罪犯站在你们面前（欢呼声），有人指控我犯了罪，大陪审团起诉了我……但我知道，我的心和你们的利益相连，和我的人民、我的国家相连。"她将反华运动类比成是近来为结束奴隶制而进行的斗争。1860 年代，她曾支持北方，反对"可怕的奴隶"，因为作为一名"忠心耿耿的女性"，她想让自己的孩子"生活在一个自由的国度"。既是女性也是母亲的肯沃西相信，将自己的孩子从与奴隶竞争的魔咒中拯救出来是自己义不容辞的责任。如今，她确信自己正和黑人奴隶的"转世之身"——中国苦力迎面对质。55

1886 年 1 月，当西雅图法院以阴谋罪审判肯沃西时，她和14 位反华煽动者很快就被判了无罪。1 月 16 日，民团成员聚会庆祝他们在法律上取得的胜利。在被介绍成"我们的姐妹、殉道者"之后，肯沃西登台发表了演说。她讲到了参与美国独立战争的女性莫莉·皮彻（Molly Pitcher）①这个真实性存疑的故事。据传说，莫莉·皮彻和她丈夫一起上了前线，靠在战争中给士兵送水来支持他们的部队。在她丈夫中弹身亡后，莫莉代替他继续向敌军开炮。肯沃西立誓，身为一名和皮彻一样的寡妇，她会继续"朝敌人猛烈开炮，直到我看见你们高贵的子孙得到了他们应得的土地"。她借用这个比喻，证明她公开对抗华人、反叛传统女性角色的做法是对国家的必要付出。

尽管肯沃西的讲说以对华工的普遍声讨开始，但在演讲的最后，她却以对妇女权利的激进呼吁结尾："女人是一个国家的保障。就算一切都一败涂地，至少还能到母亲这里寻得安

---

① "莫莉·皮彻"是这位女性的绰号，因在战争中拿着水壶（pitcher）为士兵们送水而得名。

慰。让我们为女性的选举权高呼三声吧！"[56] 她宣扬差异化的
女权主义，并利用她作为女性的道德权威，为自己的事业画上
正义的一笔。虽然肯沃西是靠反华运动走上公众舞台的，她的
目标却远不止驱逐中国人这么简单。她将对华人异族的声讨与
对白人女性完整公民权的呼吁联系在了一起。[57]

　　通过参与到反华运动之中，像蒙哥马利、肯沃西这样的煽
动者们为自身的诸多身份摇旗呐喊——白人男性和女性、自由
工人和他们的妻子、父亲和母亲、同志和妇女参政论者——最
重要的，是公民和有志成为公民的人。他们的措辞中隐含着这
样一种假设：华人异族永无可能要求上述地位和归属。

悲痛的呼喊

　　民团或许已经在地方层面采取行动了，但他们期待的是
在全国范围内作出改变。他们在自己的社区建立种族分界线的
同时，也憧憬着在国境线建立种族的边界。数十年来，反华运
动致力于将中国人驱逐出境，而选举政治却好像并没有发挥什
么作用。尽管和他们的中国敌对势力相比，反华煽动者们的政
治、经济和社会权力远胜一筹，但他们对联邦政策的影响仍相
当有限。尤其是对华盛顿领地和怀俄明领地的美国公民而言更
是如此：他们不能在全国选举中投票选出自己的总督，也不能
将自己的代表派到国会去。由于缺乏更为传统的影响途径，他
们发觉，种族暴力虽是偶然为之，在一定程度上却可以是一种
特殊的政治权力。通过恐吓近在咫尺的中国人，民团在向全国
传播他们驱逐中国人的政治诉求。[58] 区域性的集会和请愿活动
更清晰地向所有人表达了民团"规模跳跃"的野心。在多数情
况下，反华运动本身是松散无组织的，但有时也存在反华拥护
者协调和规范活动的小团体。即便这群人没有发起一次联合一
致的运动，他们还是重塑了地方的反华暴力，并将其变成向华

134

盛顿特区发送的明确政治信号。

1886 年 2 月，加利福尼亚州圣何塞的一次反华会议向国会递交了一封由 3000 名公民签署的联名信，敦促国会废除 1868 年的《蒲安臣条约》，并通过新的法案，阻断从今往后所有的中国移民。一个月后，5000 名社会各阶层的反华代表齐聚萨克拉门托，起草了一封更为激进的信件递交给国会。和之前允许已有"归国证明"的华人返美的请愿不同，这次会议要求国会"即刻采取措施，绝对禁止中国人入侵"。[59] 这封信为全数驱逐中国人写下了冗长的理由。在名为"抵抗的必要性（Necessity for Resistance）"的部分，代表们警告称，沿岸中国人的存在让白人工人"时刻处在愤懑、恼怒和不满的状况，濒临暴乱的边缘，因而形成了一种长期的不安、怀疑和忧虑，危害了整个社区的安宁"。请愿者的语言并没有给国会留下多少空间去质疑：这种"愤懑、恼怒和不满"的状况究竟会有什么结果？通过隐晦地道出如今肆虐的驱逐行为，请愿者们提醒国会，这种"不安"会让投资者们感到惊慌，从而减缓美国西部的发展。中国人和他们激起的暴力，同样威胁着白人工人和白人雇主。[60]

这群代表明白，如果不废除美国同中国签署的条约，驱逐是无法实现的，因此他们敦促国会这么做。这封信断言，《蒲安臣条约》犯下一个不幸的错误，那就是"放弃了从前任何自由的人民都不曾放弃过的一项主权"，即决定哪些人能进入这个国家的权力。请愿者们援引 18 世纪著名哲学家、外交家埃默里希·德·瓦特尔（Emmerich de Vattel）的观点，主张国际法赋予了每个国家禁止部分人进入其领土的主权。地方民团或许只能从他们的市镇赶走中国人，但他们敦促联邦政府永久终结来自中国人的威胁。

加利福尼亚州劳工骑士团声援了这次请愿，要求联邦政府或通过立法，或通过签署条约，禁止未来所有的中国移民。为支持他们的请愿，劳工骑士团收集了 50000 人的签名，其中包括加利福尼亚州州长、颇有名望的法官、市长、城市主管和区治安官的签名。骑士团的部分美东分会承接了他们兄弟的事业。印第安纳骑士团（Indiana Knights）就是在民团身后默默支持的一员，为回应"太平洋沿岸我们兄弟们悲痛的呼喊"，他们惩罚了保护华人却没有保护白人工人的会长。他们想要表达的是，真正的罪责在于政府"无视"这群美国公民，"剥夺了［他们的］权利和特权"。为了"挽救不必要的流血冲突"，印第安纳骑士团认为，所有中国移民必须"接受法律的惩戒，被阻止在国门之外"。[61]

一些请愿者认为意图不明的暴力威胁不太明智。在萨克拉门托的会议上，阿拉美达县（Alameda County）的麦克厄尔拉什先生（Mr. McElrath）反对使用联合抵制向国会请愿这种形式。他断言，面对愤怒的群众，宣扬动乱的言论是"不智之举"。"如果这个会议给东部的印象是我们这里乱成一团，"他认为，"这将在国会对我们的事业造成极大的伤害。"然而，持他这种观点的人并不多。

其他人则认为联名抵制和暴力手段都是必要之举，因为"立法者必须敏锐地感知我们的需求"。《上加利福尼亚日报》用细致形象的语言，将这次会议形容成是对国会的一次警告，不应被忽视。"整个国家都因为中国人的存在染上了病，"报纸写道，"会议就是一颗不时疼痛的疖子，抛出警告。"如果说代表们的愤怒是一颗疖子，那么唯一的解药就是"由国会去戳破它，因为整个国家都深受其害，如果不及时行动，待它转移，就会更加痛苦"。国会需要立刻采取行动，"防患暴力于未然"。[62]

民团有意靠地方的行动影响全国，但他们同样知道，这些行动也有可能产生国际上的影响。许多煽动者都知道，驱逐违背了美国与中国签订的条约，但他们还是坚持认为"他们是在服从更高的法律……这是一种自我保全，为的是保持他们国家的制度和福祉，以及种族的纯粹和完整"。[63] 在他们看来，美国白人的需求远比海外扩张的梦想重要得多。

国会听到了这次种族暴力背后传递的政治信号。即便是在 1886 年春全国性的劳工动乱中，国会还是注意到了美国西部井喷式爆发的反华驱逐。[64] 5 月，俄勒冈州的参议员约翰·H. 米切尔（John H. Mitchell）宣称《中国人限制法案》"绝对是法律书中的一纸空文，一次故作高尚的伪装，愚蠢的空想，立法上的错判和骗局"。他引用西海岸报纸上关于传染式暴力的极端报道，敦促议会立刻颁布对中国移民的"绝对禁令"，以此"维护国家稳定"。加利福尼亚州的众议员威廉·莫罗向白宫朗读了民团的请愿，认为"这一强有力的紧急呼吁理应引起国会的注意"。"加利福尼亚州的人民，"他宣布，"已经忍耐多时了。"在隐晦地提及驱逐一事时，莫罗解释说，请愿者们已经"竭尽所能，每种显著有效的表达和声明方式都尝试了个遍"，就是为了"让国会知晓"他们驱逐中国人的请求。纽约众议员塞缪尔·考克斯（Samuel Cox）更直白地说明了情况。他很明确，"对［限制］法案的多次逃避"已经"引发了最近在遥远的西部领土上发生的灾难性冲突和流血事件"。[65]

旧金山的一位总管威拉德·B. 法维尔（Willard B. Farwell）对国会面临的选择做出了严酷的评估。"这些屠杀——尽管看上去如此可怕，对美国人民而言也同样是羞辱和可耻的——这绝对不是这个阶段中国问题最严重的后果，"他在一份长达 200 页的论述中写道，"它们是警告，是遥远地平线上雷雨云不断积聚而发出的危险的轰隆声，很快就会变成狂暴的飓风，摧毁一切。"他预言，"如果美国政府坚持不去终结恶魔，进而结束暴乱和屠杀"，革命浪潮可能再一次席卷美国。[66] 国会要么立法驱逐中国人，终结白人暴力，要么就要迎来一场种族战争了。

5. 忠实信徒

当暴力波及西雅图时，格兰维尔·O.哈勒（Granville O. Haller）第一个想到的就是他的华人厨师 Jin。1886 年 2 月一大清早，哈勒抓起手枪，从他家的窗户向外窥探，准备好反抗任何想"除掉"Jin 的"人民"。几个月前，他宣誓成为副治安官时，曾发誓要保护中国人免于"被烧掉财产或受到迫害"。[1]他并不是说着玩的。然而最后，暴徒也许猜到了他要反抗，直接略过了哈勒的房子和仆人。

时隔不久，哈勒得到消息，市长亨利·耶斯勒（Henry Yesler）就没那么幸运了。然而等到他"扣上左轮手枪的皮扣"，冲到市长家想要帮他时，民团早已离开了。只有市长的妻子莎拉·耶斯勒（Sarah Yesler）还留在那里，"惊魂未定"，哈勒在日记中写道。当时她丈夫没在家，7 个民团成员闯进她家，要求她交出家里的中国佣人。看着眼前这个女人在啜泣，哈勒决定"是时候治一治这种为非作歹的行为了"。他来到儿子的律师事务所，和总督、市长、治安官、地方军队的首长会面。军旅生涯的经验确凿无疑地告诉哈勒上校，"忠实信徒"的人数远超过了暴徒，需要立即召集联邦军队。[2]

就在哈勒决心为了自己的华人厨师向白人工人亮出手枪时，他似乎正在违背自己所属种族的纽带。对他而言，这个决定来得很简单：他是为保护自己、保护华盛顿领地的其他精英，以及美国法律的至尊地位而战。身为一名有意捍卫自己种族特权的成功商人，他不屑于无组织的下层阶级对待中国人的粗暴手段。他抱怨说反华运动吸引了"每一位要么靠走要么偷偷搭便车去西雅图的社会主义者和无政府主义者"。在日记中，哈勒私底下将民团称作"最底层"的"傲慢"的"懒汉"；而在公开场合，他会说劳工联盟可能会导致"最自私的目的"。[3]

哈勒鄙视的不光是民团卑微的出身和激进的政治，还有他们使用的手段。他嘲笑他们把自己的策略说成是"和平的、受到法律允许"，认为在美国法律下并不存在"合法驱逐"这回事。对此他的理解是，既然美国通过多项外交协议，承诺保护美国领土上的中国国民的生命和自由，对哈勒而言，这就使得驱逐必然是非法的，引发暴乱的人必然是不忠的。交出他的华人厨师就意味着"对一群自封的法律破坏者（Law-Breakers）卑躬屈膝"。他拒绝这么做。[4]

*

很多西海岸的精英都反对暴力的反华运动，虽然他们最先考虑的并非中国人的困境。他们更关注的是中国人所代表的利益。在地方层面，中国人代表着西部开发的燃料和驱动力。对于渴望驯服土地和西部民族的美国投资者而言，中国移民是他们理想中的充足、平价、顺服的劳动力。他们可以砍伐森林、种植啤酒花田、捕捞三文鱼、料理家务、铺设通向远方市场的铁轨。华人移民可以说是白人西进梦想的一个有力支持。

在更广的范围内，华人移民标志着美利坚帝国主义在亚洲发展的前景。华盛顿领地许多白人精英在想象他们新生社区的光明前景时，都会跨过太平洋向西眺望。如果西北太平洋能成为通向中国的进路，那么这里也将获得全国性的重要意义和极高威望。进口商可以用中国货填饱美国市场的饥渴，出口商能获得取之不尽用之不竭的中国市场，传教士能找到潜在的信徒。在这个帝国的宏伟梦想中，华人移民，尤其是上层阶级的华人，意味着获得中国财富、接近中国灵魂的机会倍增。

139 对于国际化的白人精英来说，中国人的存在代表着现状的延续。这群男人和女人在政治、经济和社会阶层上都处在金字塔尖，他们还想继续维持这样的地位和待遇。[5] 在某种意义上，他们的成功可以归功于中国工人、教区的中国居民和中国贸易，因此他们担心中国移民的终结会阻碍他们继续崛起。保守的政治和保守的举止主导着他们力争维护的现状。他们痛恨反华运动的民粹主义倾向、激进的反垄断立场，以及队伍里充斥的"粗暴"男女。这群保守的精英在数量上远不如工人多，但他们在阶层上身居高位，这使得他们掌握了巨大的权力。作为领地的领导者，他们是美国西部联邦政府和常备军的坚强后盾。在反华暴力爆发的前夕，这群精英和华人移民休戚与共，尽全力保护着他们。[6]

之后，暴力改写了中国人之于精英的含义。随着驱逐成倍增多，中国人变成了加大阶层分化、利益缩水、有失团结的代名词。哪里有中国人，哪里就一定会有劳工暴动、经济不稳、白人暴力。即便是美国西部力图镇压反华暴力的保守精英一派，也开始重新思考自己在华人问题上的立场了。他们自称为"忠实信徒（the loyal）"，但这个词的含义却愈发不明晰了。他们是忠于中国工人，还是只是忠于他们的工作所创造的利益？华盛顿领地五位白人精英的故事——总督沃森·斯夸尔、第一夫人艾达·斯夸尔、商人亚历山大·S.法夸尔森、W. D.麦克法兰牧师和民兵自卫队成员托马斯·伯克——可以揭示暴力是如何导致个人和集体的转变，并对整个国家造成剧烈影响的。

沃森·C.斯夸尔：
这些让人难堪的事使我明白了

沃森·卡沃斯·斯夸尔（Watson Carvosso Squire）家住东海岸时，他对美国西部的全部认知来源于日报，"觉得对中国人的偏见和潜在的迫害太多了"。[7]这是在他搬去西雅图之前。

1838 年，斯夸尔生于父母祖上位于新英格兰（New

England）① 的富裕之家。南北战争爆发前，他进入卫斯理大学（Wesleyan University），在纽约读法律。亚布拉罕·林肯总统招募志愿者时，沃森·斯夸尔第一个应召入伍，加入第 19 团纽约志愿者 F 连。后来他成为一家独立狙击手公司的队长，担任审讯的军事检察官，监督了数千起案件，并晋升为上校。战争结束后，他光荣退伍。斯夸尔上校接受了雷明顿军火公司（Remington Arms Company）的文秘一职，并一路做到总经理。斯夸尔属于典型的东海岸绅士，受教育程度高，游历经验丰富，关注时尚。1868 年，他娶了老板的女儿艾达·雷明顿（Ida Remington）为妻，1876 年又从他的岳父那里买下西雅图的一大片土地。三年后，他和家人一起搬到西雅图，开始开发他大片的土地资产，并成为华盛顿领地铁路的主要投资者。借助和东部共和党领导人的关系，他于 1884 年被任命为华盛顿领地总督。[8]

斯夸尔正是在西雅图第一次遇到了中国移民。他和中国商人做生意，其中就包括陈宜禧。他发觉他们是"能干又可敬的"生意人。但对中国的劳工阶层他就没那么笃定了。多年浸淫在西海岸对于中国劳工的看法之中，斯夸尔开始相信，大多数中国人都是"另类的"，"对社会最大福祉有害"。他谴责中国人不带上家人，独自一人移民美国，住在"脏乱差"的街区，拿的薪酬低得让人不安，还把挣来的钱寄到外国去。[9]

做过商人的斯夸尔还是看到了中国劳动力的好处。华盛顿领地的经济飞速发展，需要劳动力支撑起蓬勃发展的开采经济。直至 1886 年，斯夸尔还主张"目前我们还是需要大量中国人"，因为没有足够的白人劳工来完成"修建横穿整个美洲大陆的铁路这样巨大的工程"。斯夸尔确信，华盛顿领地需要

---

① 新英格兰，位于美国大陆东北角、濒临大西洋、毗邻加拿大的区域，包括 6 个州：缅因、佛蒙特、新罕布什尔、马萨诸塞、罗德岛和康涅狄格。

中国工人，并且华盛顿特区也需要和中国小心斡旋。几年后，他向历史学家休伯特·班克罗夫特（Hubert Bancroft）解释说，美利坚合众国必须避免冒犯中国，因为"我们需要她的商贸，就是说，她能带来什么好货，我们通通都需要"。因此，联邦政府限制中国移民时必须小心行事，不然就会在打开中国市场的竞赛中一败涂地。斯夸尔不只是担心他负责管辖的国家一角，还为美国"大帝国"的未来担忧。[10]

在反华暴力爆发前夕，总督斯夸尔是支持中国移民的，但他考虑更多的，还是将美国人的"文明"带到这片粗野蛮荒的领地。在总督任期内，斯夸尔为维护社会秩序建立了新的制度，包括瓦拉瓦拉的监狱、斯泰拉库姆（Steilacoom）的精神病院，还有温哥华为"有缺陷的年轻人"建的学校。"在太平洋沿岸，我们必须把男子气概考虑在内，"斯夸尔解释说，"我们应该不遗余力地发展男子气概、能力、性格和智力。"[11]他设想由受教育程度高、有男子气概的精英领导社会，因而扩建了华盛顿大学（University of Washington）并扩大了当地的民兵队伍。

斯夸尔首先追求的就是华盛顿能成为一个州。州的地位可以引来源源不断的美国公民、大拨投资者，也能在联邦选举中享有投票权。[12]为了让国会相信华盛顿已经万事俱备，1885年秋，斯夸尔开始计划编写一份关于领地取得的新进展的报告。斯夸尔自夸道，领地里都是"极度忠诚的公民"，他们"一致渴望加入"联邦。[13]但就在总督斯夸尔撰写这份报告时，白人工人谋杀了斯科克谷的中国人，整个普吉特湾开始了大规模群众抗议。斯夸尔很快意识到，暴力会让领地和他个人的成就蒙上阴影。事实证明，他的这种忧虑不无道理。最终，他在11页的领地报告后面附上了48页的附录，解释骚乱发生的原因，同时为自己的应对辩解。[14]

　　总督料到草根的暴力可能会让领地的声誉蒙羞，但他同样知道，利用州的权力暴力镇压可能会招致更多不必要的关注。召集当地民兵或是联邦军队等于承认控制不住自己辖区的人，因此斯夸尔总督试图在不动用一兵一卒的前提下停止驱逐。早在9月份，格兰维尔·哈勒就告诉过他，"一有暴动的风吹草动"，立刻召集"美国军队或者至少通知国务卿拜亚德先生"，[15]但斯夸尔完全没去理会这个提议。他寄希望于仅靠执法就能防止流血冲突，所以他写信给国王县和皮尔斯县的治安官，讲明了这一点。"我想你们完全意识到了，"他写道，"我决心以官方掌握的权力和影响力执法，同时你们也知道我多么不赞成任何军队干预的必要性。"两位治安官都发誓说会协助他的工作。1885年10月底，斯夸尔和他的母亲汇报说："我一直让每个受暴力干扰的县的治安官组织一支由副治安官率领的强大可靠的队伍，好维持秩序……这个计划到目前为止相当奏效。"他和母亲夸口说，他已经因为"有冲劲，但有礼有节地"处理这种情况受到了嘉奖。[16]

　　太多的迹象表明一切都不太好，但斯夸尔全都忽视了。他给塔科马的市长写信，请求他为"维持秩序，从而维护领地的良好声誉"提供支持，结果没有收到回复。[17]似乎更雪上加霜的是，皮尔斯县的治安官汇报说，塔科马、皮阿拉普最近宣誓入职的所有副治安官都是劳工骑士团的成员。[18]斯夸尔很清楚，骑士团是呼吁驱逐背后的主要推动力量。另外众所周知，11月1日是中国人全数离开塔科马的最后期限。在公开场合，民团并未透露逾期会招致什么后果，但总督斯夸尔的一位朋友在私下里详细解释了塔科马方案。[19]总督的妻子在写给公婆的信中解释说，如果发生任何暴乱，沃森都不能说是意料之外的，因为这群乌合之众"已经通知我们他们打算怎么做了"。"我希望，"斯夸尔夫人在10月中旬写道，"11月1日会平安

过去。" [20]

　　就在总督继续有一搭没一搭地加强执法的同时，他也开始鼓励中国人"悄悄"离开。N. W. Gow 和当地华人社区的其他领导者向他寻求保护时，他建议他们"悄悄撤离"。他向旧金山中国领事重申了这个观点："我真的认为，分散在美国各地对于西海岸的中国居民来讲有益无害，"他解释说，"这样就会稀释［原文如此］他们的人口密度，让他们看上去变得不那么有攻击性了。" [21] 斯夸尔总督在给一位反华煽动者写信时说得更为直接。他解释说自己"同情"美国工人，建议民团"维持法律和秩序"，这样"胜利［才会］最终属于你们"。他的信似乎默认了民团自身对暴力的狭隘定义，为"和平"和"有序"的驱逐理念背书。就这样，斯夸尔对领地内肆虐的频繁的人身攻击和无所畏惧的恐吓视而不见。煽动者们拿到了他的信件，并将其刊登在 11 月 2 日的《西雅图每日电讯》上。 [22]

　　翌日，民团将中国人赶出了塔科马。随着骚乱很快蔓延至西雅图，斯夸尔总督或许已经开始后悔自己对反华运动的策略性支持了。在向内政部部长报告上述情况时，他似乎对收到华人居民近乎乞求的"求保护"电报万分苦恼。 [23] 然而，总督仍对是否召集军队犹豫不决。他最终没有动用军队，而是向"同胞"公开声明，呼吁"和平和良好的秩序"，保护"领地的良好声誉和繁荣稳定"。塔科马民团认为他们实现了非暴力驱逐，而斯夸尔总督却在声明中明确说，在他看来，他们已经超出了煽动和暴力的界限了。如果民团控制不了他们"无法无天的态度"，他警告说，"美国军队会迅速干预。"两天后，哈勒和几个带头的公民再一次请求援军时，斯夸尔总督终于下定决心：那番警示的话是远远不够的。他发电报给内政部部长："倘若没有美国军队参与，要立即保护西雅图的中国人显然是不可能的。" [24] 联邦军队最终进入西

143

雅图，迅速平息了驱逐的威胁，领地暂时恢复了相对平静的状态。[25]

暴力之秋过后，斯夸尔总督丧失了最后一点维护中国移民利益的动力。"之前我不懂，但现在这些让人难堪的事使我明白，只要提及中国人，我们劳动者的伟大的身体之内、内心深处，就会生出一股强烈的敌对冲动"，几年后他这样回忆道。斯夸尔开始相信，为了"国内的安宁"，美国很有必要"采取更强有力的举措……强制实施对中国人的驱逐"。另外，他开始怀疑中国人已经失去他们的用处了。1883 年，北太平洋铁路完工。这意味着中国移民的工作机会变少，而更多的白人移民为了找到工作，开始沿铁路向西部迁移。斯夸尔确信，只要白人工人停止暴力抗议，他们不断膨胀的人数会是发展西部的充足燃料。[26]

1886 年 2 月，暴力毫无征兆地重回西雅图，斯夸尔总督此时发现自己又遭遇了第二次危机，也进而有机会重新证明自己的领导能力。如果说他先前的反应乏善可陈的话，这一次，他迅速行动了起来。当他得到消息称民团将把西雅图变为"恐怖主义"的"现场"时，斯夸尔没吃早饭就冲出了他在西雅图的酒店房间。他迅速召集了民兵，起草了一份谴责暴力的声明，然后给内政部部长发去电报，请求美国军队支援。[27]

斯夸尔一面采取有力的公开行动阻止暴力，一面私下里加快了中国人从西雅图撤退的速度。他招来一群中国人，问他们是想走还是想留，虽然他毫不遮掩地说出了自己的想法。"如果你们想走，"斯夸尔对这群受了惊吓的人解释说，"我们会担负你们去旧金山的行程；事实上我们非常乐意这么做。"相当数量的人接受了他的提议，他回忆说，他"［自己］为其中的8 个人负担了路费"。尽管他认为暴徒强行驱逐是违法的，但他仍将自己的这种行为视作单纯的慈善之举。[28]

144

"中国人引发麻烦的时日"（1886）。华盛顿领地反对反华暴力的领导人包括格兰维尔·O.哈勒（右下）、总督沃森·C.斯夸尔（坐在格兰维尔·O.哈勒旁边）。（University of Washington Libraries, Special Collections, Watson C. Squire Photograph Collection, PH COLL 1230, UW29604z.）

1889 年，在竞选美国参议员时，斯夸尔在中国问题上丝毫不迟疑，还提出了一个强力的反华纲领。"我不相信种族迫害，"他坚称，但他仍害怕无限制的中国移民"会拉低我们提升的标准。""我并不反对中国人本身，"斯夸尔解释说，"但我更在意我们自己人民的利益，并希望美国公民们也应该始终有所偏袒。"²⁹

艾达·R. 斯夸尔：坏事传千里

"我不懂这个国家的人要干吗——就算他们成功将中国人驱逐出去，"第一夫人艾达·雷明顿·斯夸尔（Ida Remington Squire）1885 年 10 月在给婆婆的信中这样写道，"很少有［中国人］在这里就业，他们也不会做白人做的任何一份工作，"她继续写道，"能雇来做家务活和洗衣服的姑娘和女人也很少。"在塔科马和西雅图的驱逐发生之前，艾达·斯夸尔和她的丈夫一样，都认为华盛顿领地需要中国工人。不然别人谁能帮她洗衣服、做饭呢？³⁰

艾达·雷明顿 1842 年出生在一个叫伊利昂（Ilion）的村子，这里位于距离西北太平洋很远的纽约。沃森·斯夸尔成为华盛顿领地的总督时，斯夸尔夫人便晋升为一位富有政治家的妻子。1919 年，她去世后的追思会上，她被形容为一个虔诚的女人，"安静"，"真诚"，"不张扬"。但她可不是一个花瓶。"尽管她端庄、谦逊，却有着很强的个性。"悼词如是说。斯夸尔夫人"很强的个性"从她在华盛顿领地反华暴力事件中写的几封信和简短的日记中就可略窥一二。丈夫忙于政事，婆婆住在俄亥俄州，两个儿子在纽约的一所军事学院上学，她时常写信给婆婆和两个儿子，告诉他们华盛顿领地发生的"激动人心的事件"。艾达·雷明顿自己也对时事了如指掌。在暴乱中，斯夸尔总督的视力急剧衰退，只能靠他妻子为他朗读所有的报道、电报和报纸文章。每天，斯夸尔夫人都读到声音沙哑。[31]

身为一名颇具财富实力的实业家的女儿，艾达·斯夸尔和她丈夫持有的许多信念都类似，也和他一样对现状很满意，但和丈夫比起来，她使用了更情绪化和道德化的词汇来形容眼下的冲突。她所写的内容洋溢着对中国人的同情，充斥着对劳工阶层"恶棍"的恐惧。正是由于她对下层阶级难以抑制的恐惧，以及他们对她的家族声誉、所处地位和安全的损害，最终使得她急于想让中国人离开。她的日记和私人信件表明，民团不只是恐吓中国人，还威胁到了比他们社会地位更高的人。

就中国人来说，斯夸尔夫人明确区分了恐吓和暴力之间的界限；前者她尚且可以宽恕，而后者则不可饶恕。在一封写给婆婆的信中，她解释说："我们希望反华煽动者们就此满足于集会和恐吓——因为这么做的确很有效——坏事传千里。"虽然斯夸尔夫人似乎对这些骚扰手段持包容态度，但面对塔科马彻底驱逐中国人的消息，她依然愤怒难平。她指责下层阶级犯下了"如此暴行"，"真正损害了"领地获得州的地位。[32]

艾达·斯夸尔对于塔科马的驱逐只获得了二手材料，但在西雅图，她却亲身经历了一次驱逐，并且每晚都将这些经历记在了酒店的信纸上。1886年2月7日，星期日一大早，斯夸尔夫人在西方酒店（Occidental Hotel）醒来，这里距离西雅图中国城只有几个街区。她下楼吃早餐的时候，偷听到两个男人说："他们赶走了中国人。"她朝窗外望去，正巧看到一辆快运货车沿街开走，上面装载的中国货堆得老高。她还没来得及叫醒沉睡的丈夫，一声尖锐的火警就将他吵醒，似乎在宣告事情不太对劲。总督没吃早餐就冲出了酒店大门，留下他的妻子担惊受怕，焦急地等候。当天下午，她看到了民团的战利品："300个［中国人］挤在码头上，颤抖着，哭喊着。""可怜的人啊，"她在一本临时日记中写道，"太残忍了。"[33]

她不满于袖手旁观，试着在力所能及的范围内帮助一些人。星期一，斯夸尔夫人的两位熟人 Ching Ing 和 How Ing 找到她和市长妻子，请求她们的帮助。Ching Ing 想在和妻子从西雅图逃走之前，从当地的银行里取走自己的存款，但他不敢走进银行那幢楼。尽管自己也怕，艾达·斯夸尔还是同意帮助这位"受了惊吓的可怜的中国人"。"所以我们走了出去。耶［斯勒］夫人在前，Ching 紧随其后——我断后"，她在日记中这样写。幸运的是，民团忙着看管码头，"没有任何人注意到我们"。"可怜的家伙［拿到了］他的钱，"她写道，"我觉得他会离开的。"34

然而在她的日记中，她对"粗人"的恐惧盖过了对中国人的同情。"我陷入一种骇人的恐惧之中"，斯夸尔夫人听说"树林里组织了一次私刑"的消息之后如此写道。当动荡继续，联邦部队却没能出现时，她的担忧加剧了。第三天，她这样写道："总的来说我的心态快要崩了——我们这里的人太少了——而且他们早已经精疲力尽了。"她很清楚，民团想要恐吓的除了中国人之外还有他们这些精英群体。一个民团成员在和民兵的冲突中被杀死了，她描述了劳工骑士团是如何把"死去的暴乱者变成一出马戏表演"的，他的尸体被放在一辆"涂着白色和红色——模仿血流下来"的货车上示众。这支充斥着愤怒的葬礼队伍在镇上横行，斯夸尔夫人惊恐地观望着一切。事关她家人和白人精英的安全时，恐吓和暴力对她而言并无差别。35

经历了数天的恐惧，艾达·斯夸尔希望中国人赶紧离开，哪怕这意味着她得亲自送他们走。民团在西雅图的驱逐进度减缓了，她在日记中这样记录，所以"如果我们想让［中国人］走，我们必须支付他们的车船票——亲自把他们送走"。斯夸尔夫人和西雅图的白人精英决定就这么做。"我们的人民四处奔走为他们的行程筹集费用"，她回忆说，因为中国人"太过担心"离开西雅图的车马费了。出城的免费车票不总是充足的。大多数中国人都离开了，但斯夸尔夫人不无担忧地注意到，她酒店对面的街上，几个中国商人移走了窗外的板子，又要重新开张了。她写信给公公，"他们不打算走——他们说无论他们走还是留，都同样可能被人弄死，所以留不留下来没多大差别"。斯夸尔夫人抱怨这群"钉子户"太过固执，害怕"留在城里的中国人还是太多了，足以引发麻烦"。她非常清楚真正引起麻烦的不是中国人，但不管怎样，在她看来，他们的存在就是危险的源头。[36]

如斯夸尔夫人所愿，大多数中国人都在3月之前离开了普吉特湾，危机似乎终于解除了。松了一口气之后，她才有空想想现实的问题。她给婆婆写信时抱怨说，所有的中国洗衣工都走了，她不晓得"以后要怎么洗衣服"。[37]

148

亚历山大·S.法夸尔森：我不受人指挥

1877年，亚历山大·S.法夸尔森（Alexander S. Farquharson）在西雅图以南20英里的皮阿拉普开了一家桶装厂。他雇佣了几个有技术的运输工，剩下不需要技术的职位招了未婚的年轻白人做"临时工"。工厂才开到第六周，他就已经对这群"粗暴的"劳工不靠谱的工作心怀不满了。为了查明他们为什么工期总是延后，他特地去了一趟他们的寄宿公寓，答案不言自明。法夸尔森发现，"要是早上下毛毛雨、湿漉漉的，玩纸牌和隔夜的威士忌对劳动生产可不太好"。问了几个宿醉的工人之后，法夸尔森迅速决定要"换一批劳工"。他前往西雅图，雇了60个"中国佬"和一位讲英语的"中国老板"，然后为这群新员工搭建了一片简陋的生活区，又遣散了许多白人工人。根据当时的常识，这群新招来的中国工人会更温顺、更驯服，并且更廉价。的确，法夸尔森发现中国人"动作迅速、高效，不管是下雨还是出太阳，夜间还是白天，他们总是随时待命，随叫随到"。作为一名西方资本家，法夸尔森并没有直接投资中国贸易，但他依然从由此产生的非技术中国移民潮中受了益。他之前付给白人工人的薪资是每天 2 美元，但如今只需要每天付给中国人 1 美元。显然雇佣中国劳工是一笔不错的交易，至少在暴力开始之前的确如此。

1842 年，亚历山大·S.法夸尔森生于马萨诸塞州的波士顿。他的母亲是亚拉巴马（Alabama）蓄奴种植园主的女儿，父亲是英国军队的退役军官。法夸尔森在安多弗学院（Andover College）就读，直到 1861 年加入波士顿轻步兵，为北方美利坚合众国而战。① 他的母亲对南方怀有很深的同情，法夸尔森自己也"认为奴隶没有错"，但他还是出于对北方同学的忠诚，决心加入北方联邦军。战争结束后，他光荣退伍，却发现自己一度陷入迷茫，不知道之后能做点什么。他的哥哥在战场上阵亡，大家庭四分五裂，母亲在他回乡后仅几个月就过世了。他发现自己"不适合做生意，焦躁不安，不满于现状"；他知道自己"渴望着什么"，却不知道渴望的东西到底是什么。他和父亲"谈了一番话"后，决定"到西部来一场新的冒险"。法夸尔森买了一张去内布拉斯加州奥马哈市（Omaha，Nebraska）的票，这里是当时现存铁路线的最西端。在那里，他发现将铁路延伸至印第安领地和由此引发的红云战争（Red Cloud War）② "提供了诸多冒险的机会"。1870 年，法夸尔森在堪萨斯城（Kansa City）学习了制桶贸易。1872 年，他前往加

---

① 南北战争参战双方为北方美利坚合众国（后文简称北方）的北方联邦军（后文简称联邦军）和南方美利坚联盟国（后文简称南方）的南方邦联军（后文简称邦联军）。

② 红云战争，发生于 1866~1868 年间的怀俄明和蒙大拿，起因是拉科塔人和美国政府军对通往蒙大拿州金矿的波兹曼小径附近的博德河区域的争夺。战争持续了两年，最终原住民战胜了政府军。红云是拉科塔领袖的名字。

利福尼亚州；1877 年决定定居在华盛顿领地的"荒地上"。[38]

法夸尔森看准了皮阿拉普山谷的一处林地，这里一面与塔科马小镇接壤，一面毗邻被驱逐的皮阿拉普部落的联邦保留地。他开启了他的木桶制造业，向当地农民支付了清除他们土地上的棉木树的费用，最终雇佣了几百人。1880 年代，他登记成为民主党人，但多年来，他一直与自己的政党格格不入，于是又成了一名共和党人。[39] 1917 年，法夸尔森在一篇未出版的简短回忆录中，写到了他在皮阿拉普的时日，其中就包括 1885和 1886 年的反华驱逐。在他略有些戏剧化的叙述中，他以傲慢无礼、毫无忏悔之意的语气重述了当时的事件。他形容自己"焦躁，爱冒险……有能让朋友宾至如归、敌人闻风丧胆的品质——拥有极强的自豪感——不太讲原则——没有一丝虚伪——在和钱有关的事上不计后果，对人民的看法漫不经心、近乎冷漠"。[40] 具备如此大胆精神的法夸尔森并不是一个自我克制的维多利亚时代的人，但他也不觉得自己是领地上这群不敬粗人中的一员。法夸尔森展现了精英男子气概的西部版本——兼有自以为是的道德主义和傲慢的勇气。[41]

1877 年，法夸尔森用中国工人换掉白种"粗人"时，立刻遭到了抵抗。夜里，白人工人走近"中国棚屋"，用左轮手枪朝天空鸣枪，想用这招吓跑新来的竞争者。法夸尔森听说这件事之后，告诉中国人去购买手枪，如果遭遇袭击就开枪反击，并承诺"法律会保护他们"。"他们照做了，"法夸尔森回忆道，"第二晚，他们又遭到了袭击，结果他们蜂拥而出，开始朝天空鸣枪。这对工厂的人来说实在是太讶异了，他们四散开来，回到自己床上，很庆幸把中国人自己晾在了外面。"接下来的几个月，工厂安静地照常运转，每月将大量的木桶运出塔科马两次。法夸尔森确信，骚乱已经结束了。

实际这只是"短暂休战"而已。他回忆说："一天下午，那个中国老板一脸惊恐地冲进办公室，说我们每天付 5 美元让他负责切割桶板的专家吉姆·艾伦（Jim Allen），拿一根木棍敲了一个［中国］运输工的头，特别可怕地削他，打得他浑身瘀青。"听他说完，法夸尔森就冲到工厂，看见那个中国工人头顶裂了个口子，直淌血，他的同胞聚在附近目睹了这一幕。他命令关闭工厂，然后把工人们叫到一起，说他不能忍受这种"懦夫"行为。要是再有人袭击"中国人"，他就拿枪打死他，就算他从东部招技术工替岗的时候不得不关掉工厂，他也会这么做。根据法夸尔森的说法，警告奏效了，接下来的几年再没有人找中国人的麻烦。[42]

1885 年秋，反华暴力席卷华盛顿领地，劳工骑士团的两个成员来到法夸尔森的办公室，要求他辞退厂里的中国工人，还威胁说如果他不照做，他们会将中国人的居住区烧得一干二净。法夸尔森的回答一如往常的大胆："回你们劳工骑士团告诉他们，烧房子吧，被诅咒吧，我才不受他们指挥，我不受任何人的指挥。"结果，从西雅图和塔科马赶来了骑士团的大批成员，他们突然造访皮阿拉普，将法夸尔森的住处团团围住，开始"大声叫嚣"、"嚎叫"，大喊"把他带出来，吊死他之类的"。这群闹事者胆敢找到他家里来，和哈勒一样，法夸尔森被激怒了，他准备了几杆温彻斯特步枪用于自卫。在回忆录中他这样写道："如果有人想［冲进房子］，我可能会被他们吊死［原文如此］，他们中的几个人就该宣布我已经到了另一个世界。"短暂僵持过后，暴徒们沿着皮阿拉普的街道继续行进，然后回了自己的家。[43]

第二天一早，法夸尔森看见窗外那伙暴徒吊起了他的雕像，30 个骑士团成员守卫在脚手架前。他抓过两把手枪，和妻子说自己要去邮局取信。罗斯·法夸尔森（Rose Farquharson）眼中噙满泪水，央求丈夫别去。但他坚持说每个早上他都会去取信，今天也能不例外。多年以后，他清楚地记得自己走进邮局时的心理状态："我的血液里涌动着一股想杀人的冲动，整个早上这种冲动都紧紧攫住我……我什么都看不见，血管里的血在沸腾，我一句话没说，既没大笑也没冷笑，连一根针掉在地上我都能听见；为此，我数次感谢上帝。在我准备好投完那些信就拔出手枪直接射击时，我根本无暇顾及自己的性命，我那个时候无疑是疯了。"他拿着取来的信往家走，半路遇见一个朋友，他问法夸尔森，经过脚手架的时候民团的人都说了什么。"什么都没说，"法夸尔森答，"吊在那里的雕像都比那群懦夫更有脑子。"但法夸尔森并不鲁莽，接下来的几周他不再夜里出门，因为他不想"从背后挨藏在角落里的某个孬种的枪子儿"。[44]

很快，法夸尔森就听说闹事者强制将中国人赶出了塔科马，"皮尔斯县的小治安官像个小卷毛狗一样跟在后面，没有为中国人提供任何保护"。几天之内，皮阿拉普山谷的暴徒们效仿了此举，由80人组成一面人墙，边走边吹笛打鼓，围住他们能找见的每个华人移民，赶着他们在小镇里穿行。队伍来到皮阿拉普的市中心，闹事者们把中国人移交给那里的守卫，然后继续赶往法夸尔森的木桶厂，想闯进那里的中国人居住区，找到一个就薅出来一个。

他们还没来得及走到居民区，法夸尔森就从围观的队伍中走出来，大步朝带头的民团成员泰勒博士（Dr. Taylor）走去。[45]"我想让你知道，那些房子是我的，"他说，"任何想闯进去的人，后果自负。"邻近小镇的一个老头儿走向他，摇晃着拳头向他咆哮："又是个亲中国的是吧？"法夸尔森回答说："我是谁他妈和你没关系，把你的脏手从我眼前拿走。"泰勒问法夸尔森能不能保证楼里面没有一个中国人，但这个商人拒绝作出这样的承诺。泰勒部署了"小分队"，向每栋楼进军，要求闯进去。闹事者撞门时里面没有任何反应，又因为法夸尔森扬言说要逮捕他们，他们"不敢贸然硬闯"。民团不想去测试法夸尔森到底有多坚定，他们只是隔着紧闭的房门大喊：中国人三天之内必须离开。但民团三天后并没有回来，至少没有明目张胆地回来。在一个漆黑的夜晚，一处华人居民区附近，一颗炸弹爆炸了，几乎没造成什么危害，至少没有导致人身伤害。

法夸尔森对凭一己之力单挑这群恶棍感到由衷自豪，认为自己展现了勇敢正直的男子气概，但他并非对民团的威胁完全免疫。骚乱平息下来之后，他转念一想便决定：中国劳动力不值得"让事情走极端"。他允许中国人在准备好被悄悄送走之前，继续待在他的房子里。在回忆录中，他宣称自己在这件事上取得了胜利：民团"没有心满意足地说，他们彻底把［中国人］从皮阿拉普赶走了"。[46]

尽管法夸尔森坚决反对驱逐，但他这么做，并不是出于对中国工人不寻常的同情心，而是因为他们侵犯了他掌控自己生意的权利。作为军事和商业战争的老手，他将中国人视作在工人和资本家之间斗争的一颗棋子，他决心不惜一切代价赢得这场战争。然而一旦在紧要关头拿下一分，证明完自己的勇气之后，他便意识到，相比廉价的中国劳动力，法律和秩序对他的生意更有好处。面对骚乱、抵制、暴力，法夸尔森和其他资本家发现，雇佣中国工人是难以维持下去的。生产成本只是一个方面，另外还需要考虑社区方面的支持，（白人）工人能否满意，投资者是否有自信，以及自身的声誉。假如驱逐中国人意味着西部世界重回宁静和繁荣，那么像法夸尔森这样的资本家甘愿向民团的要求俯首帖耳。也正因如此，1885年末1886年初的冬季一过，法夸尔森就和好几十个雇主作出了同样的决定——从矿区、农场、工厂和美国西部的铁路线上辞掉了几千名中国工人。[47]

W.D. 麦克法兰：

比起中国人，还有更可怕的恶魔存在

塔科马人人都知道，W. D. 麦克法兰牧师（Rev. W. D. McFarland）希望把中国人变成基督徒。因此当民团挨家挨户宣传联名抵制中国工人时，他们肯定会去造访麦克法兰的家。当时牧师不在，他们向他的妻子转达了如下信息：要求她在 11 月 1 日最后期限之前，解雇家里的华人佣工。[48] 麦克法兰回来了解了发生的事之后，他出奇的愤怒，说下周日会就这个问题做一次宣讲。

当麦克法兰站在人满为患的教堂里就中国问题讲道时，他不过才刚来塔科马。关于麦克法兰的生平，历史记载中只保存了相当基本的信息。麦克法兰生于苏格兰，在巴尔的摩长大，人们形容他是个脾气火爆、瘦削的红头发男人。1884 年 10 月，他在俄勒冈州塞勒姆（Salem）的一所学校教聋哑孩子。一年后，他搬到塔科马，成为第一长老会教堂（First Presbyterian Church）的一名牧师，加入了塔科马的新教牧师联盟（Protestant Ministerial Union），创办了华盛顿领地的第一所聋哑学校。[49]

麦克法兰在教堂讲坛上谴责煽动反华的暴徒，原因不只是因为他们对待中国人的方式不道德，还因为他们粗暴地侵犯了他自由雇人的权利。他说要是自己当时在家的话，"我会一脚把他们踢到大街上"。许多会众从座位上站了起来，直接转身走出了教堂，以此抗议这位"亲中国的狂热分子"。这激怒了牧师："滚吧！滚吧！"麦克法兰喊道，"我会继续讲道，直到全部的长凳都空了！"翌日，工人报纸《塔科马日报》评论说，麦克法兰"被允许继续向空板凳传教，直到他和他的黄种人兄弟平静地离开——关于 11 月 1 日的报道"。面对驱逐和死

153

亡的威胁，麦克法兰在腰间绑了两把"大号的军用左轮手枪"，藏在双排扣的大衣底下，和往常一样"继续执行巡逻任务，到商人家中拜访，和教区的女性居民喝茶"。[50]

麦克法兰在中国问题上的立场一点也不让人意外。由于中国人是第一批抵达美国西部的居民，很多新教传教士都宣扬一种在当时明显不受欢迎的平等主义——中国人应该被纳入美利坚民族和基督教的会众之中。绝大多数西部的教区居民都怀疑，同化和转变中国人的信仰是否可能；而新教牧师和传教士却对美国文明启蒙蛮夷之族信心满满。虽然大多数新教传教士都支持华人移民，但也有一些会反复公开地诽谤华人种族。在中国工作的传教士针对他们在太平洋地区发现的野蛮行为，编写了高度情绪化、传播颇广的宣传册，希望能为传教工作提供些许支持。尽管最初的意图是通过一贯的家长作风为中国人提供支持，但传教士对于中国人的曲解，以及关于他们的不道德和异国情调的书写也助长了反华的论调。[51]

美国的第一个华人布道会于 1853 年在旧金山成立，仅有 4 名成员。19 世纪六七十年代，又有卫理公会、圣公会、公理会和浸信会也加入了这一长老会的传教活动。除了日常的教堂礼拜和主日学校之外，这些华人布道会面向新来的中国移民开设读写、算数的课程，课程期间穿插宗教辅导。卫理公会教堂一位声名远播的牧师奥迪斯·吉普森（Reverend Otis Gibson）在这样的传教工作中找到了崇高的目标。"这是为 19 世纪，为美利坚合众国的共和党政府所保留的，"他宣称，"它见证了世界历史上第一次异教信仰与基督教文明以最好的形式实际接触的伟大实验。"他呼吁美国基督徒迎难而上，展现美国社会改造中国异教徒的力量。但基督教化的努力没能实现这大胆的野心。尽管有些中国移民很欢迎教会提供的教育，但很多中国人一旦掌握了实用的基础英语技能之后就离开了学校。

即便大多数中国人都不太感兴趣或是有抵触情绪，但到 1892 年，中国移民已经加入了 11 个教派，参加过 31 个州 271 所主日学校。除了向在美的华人传教之外，新教传教士还跨过太平洋为中国带去福音，麦克法兰通过个人捐款的形式为他们提供支持。美国新教传教士是从跨太平洋的规模（on a transpacific scale）来想象他们的传教事业的。[52]

面临塔科马不断膨胀的反华暴力，麦克法兰与其他 7 名当地的宗教领袖一起，在一本名为《塔科马牧师联盟对当前反华问题的不满》的宣传册中谴责反华暴力。尽管牧师们承认自己的首要任务是"传播［我们的］福音"，他们还是认为，身为宗教领袖，他们有责任做"上帝的守门人"，加入当下道德问题的讨论。他们的职责就是解读上帝的旨意，尤其是在这个因"偏见、利己主义、政治野心"而使社区作出"错误""邪恶"决定的时刻。牧师麦克法兰和塔科马牧师联盟认为，1885 年10 月酝酿的暴力正是这样一个时刻。"一个社区强行用自己的意愿取代当地的法律，"他们警告说，"让自己蒙羞，也在所有向往自由的朋友心中蒙上了一层恐惧和阴郁。"反华暴力是美国自由的一大威胁。[53]

塔科马驱逐开始前一周，牧师们宣称中国人已经是"恐怖主义统治"的受害者了。呼吁"法律和秩序"的政府官员和带头的民众说，9 月和 10 月的骚乱是在和平中进行的，牧师们却不能用这么肯定的词来描述当时的情形。他们主张，明确针对中国人的恐吓是一种"非个人的暴力"，这种暴力已经迫使他们为了"他们的性命"东奔西逃了。尽管塔科马没有多少中国人受伤，但不可否认牧师们所说的"对中国人有组织的迫害"依然存在。"喊叫声不绝于耳，没日没夜，'中国人必须走！'"牧师们写道，"石头朝他们住的房子掷过去，很多房子的窗户就像被一阵冰雹砸过了一样。每天太阳还没落下去，他们就在窗子

155

上盖上板子、用东西抵着门，惊恐不安、一声不吭地坐在家里。众所周知，中国人夜里走在我们的大街上并不十分安全。"[54]

牧师们提出了一个相当宽泛的暴力定义，却只得到了少数受教育精英的支持。历史学家 B. F. 阿里（B. F. Alley）和 J. P. 门罗-弗雷泽（J. P. Munro-Fraser）当时正好就在领地，刚写完一部华盛顿的历史，他们写道："无需具备多少能力就足以看出，反华运动即暴力。每当发表危害治安的煽动性言论和决议时，人们不是仅仅考虑诉诸武力，而是真正去实施了暴力。"这些公共知识分子坚持认为，塔科马为中国人设定的 11 月 1 日最后期限"并不是导致暴乱的起因，而是暴乱本身……传递懦弱的讯号时所使用的词语或许隐蔽，行为却是公开的"。很少有美国公民敢如此大胆地谴责反华运动。[55]

然而，塔科马的牧师们并没有捍卫中国人在华盛顿领地生活和工作的权利。尽管全国的新教领袖都宣扬改信基督教，却只有麦克法兰和那些同情教区居民的人公开承认：在这座城市，中国人的存在是"不受欢迎的"。由于驱逐似乎已经不可避免，牧师们屈服了，接受了中国人必须离开的事实，但他们依然相信，想要压制暴力还是有可能的。他们利用"基督的和平宗教"的教义，恳请煽动者尊重美国的条约义务，暂时搁置暴力。"比起中国人，还有更可怕的恶魔存在，"牧师写道，"那就是将他们从我们当中赶走的非法武力。"他们建议说："如果社区能通过加强执法或拒绝为这样的人服务来摆脱他们，就不会有投诉的机会了。"牧师主要考虑的不是从驱逐中拯救中国人，而是保护白人的灵魂及他们竭力建设的社会免入地狱。[56]

当然，塔科马的民团并没有听进去这些话，于 1885 年 11 月 3 日清晨举行了群众集会。麦克法兰牧师和他的朋友阿尔伯特·怀特上尉（Captain Albert Whyte）惊恐地目睹了这一场面。"我的天啊,"麦克法兰对怀特说,"这还是美国吗?我们为什么袖手旁观,无所事事?"麦克法兰刚要冲进人群,怀特把他一把拽了回来。"你看啊哥们,"怀特提醒道,"他是市长,记得吧?那个是法官。那个,理事会的。然后那个人,是治安官。剩下的大部分人都是代表……不管你做什么都阻止不了的,插手的话情况只能更糟。""或许你是对的",麦克法兰承认,因此他没去管这群暴徒,任由他们为所欲为。[57]

正如之前许诺的那样,民团将中国人从塔科马驱逐了出去,似乎也将麦克法兰赶了出去。仅在塔科马待了一年之后,他就离开了,搬到华盛顿领地南部温哥华的一个小镇。纵然麦克法兰牧师默许了反华运动,东海岸的众多宗教领袖还是继续在为中国人的待遇抗议。例如在波士顿,卫理公会和新教圣公会教堂于 1886 年 3 月举办了一次会议,会上他们向国会起草了一份决议,谴责西部各州和领地对中国人的"严重暴行"。"不遵守我们条约上的义务,对我们中的这些陌生人进行不人道的迫害和残酷屠杀,"请愿书宣称,"让我们的国家在文明世界的眼中蒙羞,让我们服从来自正义上帝的公正审判。"几十份请愿书在东部的教堂中流传,几百名教区居民签名表示支持。宗教领袖不光担心美国人的灵魂,还对传教士当下在中国的传教工作担忧不已。请愿书提醒国会:"这一系列对在美中国国民的频繁错误行为无人纠正,危害到了我们公民在中国的安全。"自从 1870 年法国传教士在天津被杀,中国的反西方暴力似乎始终是个威胁。宗教领袖害怕身在中国的美国传教士也遭受到与在美华人一样的命运。[58]

虽然东海岸的一些传教士继续支持中国移民,但暴力事件发生后,西部的宗教领袖提出了另一种选择。如果中国人被赶出了美国,那么传教士可以专注于他们在中国的传教事业。1886 年,据《旧金山晚报》(*San Francisco Evening Post*)

157

报道，长老会、圣公会和浸信会的著名领袖都已宣布支持反华运动。"人们［曾经］认为，亲中国的观点必然是基督教的立场，"报纸写道，"然而，长期的经验表明，比起在他们的国土上传教，在这里转变中国人的信仰也并没有更容易。"由于"中国人的存在意味着我们自己的许多种族在贫穷、苦难以及道德、宗教上的阴影"，[59] 越来越多的宗教领袖将他们的关注点转向了国外。当麦克法兰牧师因反华暴力仓皇逃走时，他并不是一个人。[60]

托马斯·伯克：我赞成美国方案

考虑到种族背景和政治倾向，托马斯·伯克（Thomas Burke）似乎是最不可能谴责驱逐的。1849 年，伯克生于纽约州北部的一个农民家庭。如果不是因为童年时期伤到了手臂，不能再做体力活，他毫无疑问会和他的四个兄弟姐妹一样继承家业。做职员挣够学费之后，伯克到伊普西兰蒂神学院（Ypsilanti Seminary）就读，之后又到密歇根州的安阿伯市（Ann Arbor）读法律。通过律师资格考试两年后，25 岁的伯克决定搬到西雅图边境的小镇开始他的事业。他刚来的时候满怀政治野心，成功做上了国王县的遗嘱检验法官，并于 1882 和 1884 年作为民主党候选人两次竞选国会的领地代表，虽然都以失败告终。尽管他和很多民团成员一样，背景都是移民，并且都是民主党的支持者，但伯克对暴力并不怀有同情。1885 年 11 月，他对西雅图的一群民团成员和官员讲述了自己对于塔科马驱逐事件的确切看法："200 个人就这么像狗一样被赶出了塔科马，被迫一整个晚上都头顶强风暴雨，这个过程中两个人因为极端天气死掉了，"他咆哮说，"愚蠢的牲口都比这待遇好！"[61]

伯克虽然出生于地位卑微的移民家庭，却在西雅图成了精英阶层的商人，并且随着财富不断积累，他对于美国的前景有了一种跨太平洋的视野。他将太平洋看成"一条伟大的路径"，认为"没有什么比中美商贸蓬勃发展更自然的事了"。1870 年代，他曾担任律师，代表提供劳动力的铁路公司和中国承包商（包括陈宜禧）。1880 年代，成为铁路开发者之后，他加大了在中国的投资，开始将西雅图视作通往亚洲的门户。[62]

然而，伯克对中国劳工的支持从最初就是不堪一击的。中国人从塔科马被驱逐后的几天里，西雅图市长亨利·耶斯勒召集了一次公开会议，持不同立场的两方各请来了 700 人。哈勒和伯克很熟，经常和他吃饭。那一晚，哈勒就站在这群人当中，并在日记里记录下了当天发生的事。南北战争的陆军上校（赞同地）注意到，许多发言的人都在敦促民众"忠于我们的政府"，"运用合法的手段驱逐中国人"。发言者回顾了"整个中国历史：由于长期对外国人关闭国门，也不允许中国人出国，英国于是强迫其开埠通商。《蒲安臣条约》使得中国对我们的人民敞开大门，我们也允许中国人在我们国家的保护之下来到这里"。[63] 晚会结束时，伯克走上讲台。根据传记记载，伯克并不是那种发号施令的人物，他站在那里，"比中等身材还矮一些"，刚过 5 英尺（约 1.52 米）。伯克在中国劳工和中国贸易上下了血本，但在弗莱歌剧厅（Frye's Opera House）讲话的时候，他已经甘愿接受民团的要求了。虽然伯克谴责了驱逐，但他已经作好准备向听众承认，中国人的离开符合"我们的利益"。"针对中国问题，这座城市的人民不应有太多异议，"他说，"我们都同意，现在是时候与中国签订一项新条约，限制中国移民到这个国家了。"[64]

他依旧反对在反华运动中使用暴力和非法手段。他很敏锐地意识到在美爱尔兰人频繁遭遇的偏见和不公，因此当伯克所在的族裔社群因非法参与反华运动招致批评时，他感到尤为愤怒。他直接和听众里和他一样有着爱尔兰血统的工人对话，主张所有爱尔兰人应该"忠于美国法律和秩序的理念"。想到爱尔兰人在他们的祖国的受压迫史，伯克认为他们理应明白：不要迫害"上帝创造的任何生灵，不管他有多卑微，也不管他肤色如何"。此外，爱尔兰人尤其应该对美国能善待移民心存感激，不敢"忘恩负义"，"动不动就对收养他们的家园的法律施加暴力"。伯克认为，参与本土的反华运动并不会美国化或漂白爱尔兰族群，只会为诋毁者提供素材。"我们是应该成为一个自由、守法、热爱正义的美国人呢？还是成为一团混乱、目无尊法的外国人呢？"对自己提出的这个问题，伯克的回答是明确的："我是个美国人，我向美国人呼吁，"他宣布，"合法和非法两种方案，我赞成美国方案。"

伯克认为"美国方案"已经开始奏效了：单是骚乱和联合抵制就让白人雇主辞退了中国工人，丢了工作的移民接着就逃到了普吉特湾。在伯克看来，在赶走华人的过程中，恐吓属于合法的非暴力方式，但强制驱逐则是需要被惩罚的罪行——暴动、骚乱或是阴谋之罪。他认为民团成员和自己之间横亘着一条泾渭分明的边界，划分这条界限的并不是阶层或政治立场，甚至也不是种族信仰。它存在于尊重美国法律的"真正的人"，以及不守法、"缺德"的"非美国人"民团之间。[65] 伯克希望通过支持法律和秩序，彰显自己的男子气概、白人属性和公民身份，同时也鼓励其他爱尔兰裔美国人照做。出于对反爱尔兰本土主义后续影响的恐惧，伯无意间揭开了自己不太瞧得上的底色。[66]

没有多少爱尔兰人能接受他传达的信息。一个工人公然表示，自己听到"伯克这样有才干的法官蹦出了对爱尔兰人如此强烈的辱骂"时万分震惊。民团称他的言论只是"诽谤、傲慢"而已，他们指责伯克只关心骚动对他的中国客户的影响。[67]的确，在华盛顿领地暴力爆发期间伯克一直代表中国客户，但他主要的工作还是帮助他们逃走。例如，他代表西雅图商人Wan Lee 给海关征税员赫伯特·F. 比彻写信。他在信中解释说"公众的偏见"和"行业的低迷"迫使 Lee 变卖了全部财产，永远离开了美国。伯克请求征税员网开一面，让 Lee 往返维多利亚处理事务。他的主张最终加速了 Lee 离开西雅图。[68]

1886 年 2 月 7 日，西雅图开始驱逐中国人，伯克从"一个吓坏了的华人"那里得知了这个消息。饭吃到一半，他便冲出办公室，将这个消息传达给了法律和秩序的支持者们。很快，总督斯夸尔、哈勒和其他几个社区领导来到他的律所，把这里变为临时的民兵指挥总部。和执法人员不同，领地的民兵主要由华盛顿的国际化精英，包括前军官、律师、商人、小生意者和几个技术劳工组成。伯克本人也是家乡自卫队（Home Guard）的成员，该自卫队是在西雅图组成的几个民兵组织之一。与西雅图和塔科马的警察和治安官不同，民兵对民团发起了武装抵抗，但这收效甚微，也来得太晚了。那天下午，民兵没能成功阻止民团将上百名中国人赶到西雅图的码头。[69]

事实证明，民兵不能阻止驱逐，伯克于是转而向法律求救。他以陈宜禧的名义协助起草了一份人身保护请愿书，将它递交给了大法官罗杰·格林，众所周知，这位共和党人一向对中国人抱有同情，并且不太信任工人。因为担心反华暴力是"社会主义阴谋"的一部分，格林大法官急切地想要停止驱逐，于是他命令所有被驱逐的中国人第二天一早去到他的法庭。在法庭上，他告诉他们，他们可以选择留下来，但大多数的人都说自己打算离开。[70]

对于民兵而言，将这群中国人护送到格林的法庭还算容易，但要在他们等下一班可乘坐的航船时，把他们带回西雅图的家可就难了。一群愤怒的工人在市中心和民兵相遇，久久不愿散开。指挥官约翰·海恩斯上尉（Captain John Haines）

试图讲明当时的情形：民兵只是暂时把中国人送回家，这是预想中有序、自发地遣散中国人的第一步。"中国人会走的，"他对这群人说，他们"必须走"。[71]但民团并不相信他。伯克的传记认为，伯克就那样出现在民兵中间，手里握着双管霰弹手枪随时准备射击，这副架势进一步激怒了暴徒。他去年11月份的演讲让他成为所谓的"白种中国人（white Chinese）"的著名领袖，"伯克、伯克、伯克给我出来"，阵阵呼喊声从人群中传来。

遭到群嘲之后，民兵开枪警告，混乱接踵而至，几个人受了伤。[72]这是一场白人精英和白人工人之间的较量，一旁是手无寸铁的中国人，他们试图躲开这场群殴。多年以后，附近的一家新英格兰酒店（New England Hotel）门上的霰弹印记依然被当作"伯克的痕迹"，但伯克从未承认当天自己开了枪。然而，这并没有阻止民团（在富有同情心的警察的帮助下）下达托马斯·伯克和其他三人的逮捕令，因为他们逝去的战友查尔斯·F. G. 斯图尔特（Charles F. G. Stewart）被杀害了。[73]

身为一名律师和民兵成员，伯克坚信他代表着美国法律的利益，但从他的逮捕令看来，他并不是唯一声称法律站在自己这一边的人。煽动者们在法庭、警察机关和媒体那里找到了自愿的支持者。例如，哈勒就指责《西雅图每日电讯》"傲慢无礼、粗暴不公地叙述了"这次枪击事件。在哈勒的日记中，他指控这家报纸"在法律原本保护中国人的前提下，却起了'和平守法的驱逐措施'这么一个标题，将罪责怪到治安官、违反法律和秩序的激愤的大众身上"。[74]民兵以法律的名义行事，让哈勒感到厌恶的是，煽动者也是如此。

伯克的逮捕令并没有立刻执行，只是因为斯夸尔总督宣布实行军事管制，以平息暴力，保护他的民兵。[75]与此同时，伯克依然是民兵的一分子，他写信给朋友表明自己是无辜的。在

"西雅图的反华暴乱"。1886 年 3 月 6 日，这则由 W. P. 斯奈德（W. P. Snyder）创作的插画刊登在《哈珀周刊》（*Harper's Weekly*）上。图一（右上）描绘了中国移民被迫聚集在西雅图的港口，等待去旧金山的航船。图二（左上）是民兵们依照人身保护令将被驱逐的中国人护送到首席大法官罗杰·格林的法院。篇幅最大的一幅画表现了格林下令将中国人送回他们的住处后爆发的暴力事件。（Digital reproduction courtesy of Harp Week, LLC.）

给路易莎·埃克森夫人（Mrs. Louisa Ackerson）的信中，伯克解释说自从他在弗莱歌剧厅演讲过后，"这里的流氓分子，还有一些虽有善意却被误导的人对我怀恨在心"。他没有提及任何关于开枪的事，只是对民兵的行为作出了辩解。他坦言枪战"让人非常羞愧"，但他认为"比起法律被践踏，整个小镇被暴徒统治，这么做简直好太多了"。[76] 在写给另一位朋友 J. F. 埃利斯牧师（Reverend J. F. Ellis）的信中，伯克就更加直接了。他解释说："开火的命令是由一位正派的军官下达的，民兵采取的每一步举措都在法律界限之内。"

他进一步抨击暴徒是一群不爱国的移民。"被杀死的那个斯图尔特，"伯克写道，"是个外国人，他不怎么重视美国公民身份这个荣誉，所以还没有入籍。"和让他声名狼藉的那次演讲一样，伯克继续谴责煽动者是不忠诚的外国人，进而强化了自身美国公民身份的归属感。[77]

在等候庭审的过程中，伯克和人共同创办了国王县律师协会，从公众的立场上反对"粗人"的行为，支持民兵的反抗。律师协会延续了伯克在歌剧厅演讲的主题，主张暴力"应该受到居住在［西雅图］的每一个诚实、忠诚的人，以及整个国家每个真正的美国人最强烈的谴责"。协会呼吁华盛顿领地的白人在法律和秩序之下团结起来。起草者认为，在这个先锋的组织中，"一个阶层的繁荣与所有阶层的繁荣密切相关"，因此这里"不存在嫉妒、仇恨和冲突"。因为意识到阶级战争最近刚刚血洗西雅图的街道，他们敦促白人社区：立即停战。[78]

1886 年 6 月，**人民诉托马斯·伯克等人谋杀案（People v. Thomas Burke et al.）**审讯终于召集到了大陪审团。对被告使用的主要证据，是 2 月 8 日当天根据查尔斯·斯图尔特临死前说的话匆忙记录下来的：斯图尔特被"什么东西""击中了"手臂，但直到从现场被抬走的时候，他才意识到那是子弹。"我没看见有人朝我开枪",他的证词写道。[79] 虽然陪审团缺少民兵下令开火的相关证据,但他们发现开枪确实是合理的。大陪审团发现,骚乱者们面对民兵时"冷嘲热讽,嘘声不断",拒绝给中国人让路,还试图夺下民兵的枪。考虑到上述情形,以及"在那些混乱的日子,人们的意识处在激愤的状态","等待开火的命令会面临危险",因此开枪也不是没有理由。大陪审团裁定,枪击案是武力行为,不是凶残的袭击行为,以此划定了国家暴力和维持治安之间的法律界限。[80]

案件尘埃落定,伯克可以安心了,自己作为忠诚爱国者的美名已经保存了下来。这对于他而言意义非凡。他与民团的斗争是对他爱国热情的大胆表达。因为华盛顿领地正在准备申请获得州的地位,他又迫切需要争取这个新生的州的新公民身份,所以展现爱国心对他来讲尤为迫切。在西部的人看来,他本可以相安无事地成为精英白人商人,但他也知道,对于很多东海岸的本土主义者而言,他一直都是地位卑微的爱尔兰农民后裔。伯克在一群想象中的东部听众面前,大肆宣扬法律和秩序,其真正目的不是为了结束驱逐,而更多是为了证明自己对美国的忠诚。

暴力确实在公开层面冷却了伯克对中国工人的热情,但这种影响只是暂时的。一旦暴力结束,对中国人的排斥适可而止,伯克就有可能再一次雇佣中国工人并在中国投资。当他的律师事务所在 1889 年的西雅图大火中烧毁时,他向陈宜禧寻求帮助,希望能找华人建筑工人帮忙盖楼。1890 年代,他成为大北方铁路公司(The Great Northern Railway)的投资者之一之后,聘用陈宜禧为劳务承包商,最终陈成了这家公司的票务代理。1916 年,伯克成为西雅图中国俱乐部(Seattle's China Club)的首任主席,该俱乐部由白人金融家、实业家和决策者组成,致力于扩大西雅图在中国贸易中的地位。似乎对于伯克而言，在暴力的热潮面前，赞同排斥中国人并非因为他对此确信无疑，更多只是权宜之计而已。[81]

*

　　反华暴力打击了白人精英所珍视的一切：他们的政府、社会地位、利益、会众，以及他们处在种族序列顶端的地位。中国劳工和移民曾让他们受益，但比起支持中国人来说，白人精英决定：默许才是最佳的行动方针。他们中的一些人在暴力吞噬他们的社区时选择了避而不见，另一些人则利用自己的钱财和专长加速了驱逐的进程。他们说服自己：想要平息白人劳工阶层的暴力威胁，牺牲中国人是唯一的办法。最终证明，比起想要重建社会秩序，以此维护自身的上层地位，他们对于中国邻居的忠诚简直不堪一击。从这些国际化精英的故事中我们可以清楚地看到，他们的决策是出于私人目的，是由个人的信念和结果所驱动。即便如此，在中国问题上，他们依然代表了一种在全国范围内影响持久的集体大转变。

　　哈勒就是其中之一。他不以为然地看着自己的朋友和同事纷纷听命于"反华党"的要求。在哈勒看来，总督在使用武力方面的"失败"，"迫使我们最好的人民以最低的姿态讨价还价，成为他们违反对中条约的帮凶"。私下里，哈勒却仍在抱怨这群"粗人"。（在读过《西雅图每日电讯》一篇观点尤为偏颇的报道之后，他评价说"刊发报纸的人应该被逮捕，报社关停……他应该被丢上轮船驱逐出境——这样他就可以亲口尝尝看中国人获得的待遇是否恰当"。）[82] 然而在公开场合，就连哈勒也站在总督身后表示支持。

　　斯夸尔总督很快就散布了精英在中国移民问题上的新立场。塔科马驱逐之后仅一个月的时间，他要求由当地精英管理

的机构，即华盛顿领地议会向国会请愿，赞成排华。请愿者们
在为自己辩护的时候强调，华盛顿领地的"群众"是"尊重共
和国条约的守法公民，既不鼓励也不相信暴民暴力"。但就中
国问题而言，他们如今和民团站在了一边。那封他们写给国
会、由总督签署的信件宣称，除了少数"意气用事的人"，华
盛顿领地的人民"全体一致"同意，西海岸中国人的存在意味
着"美国劳工的全面退化"以及"基督教文明"的终结。唯一
的解决办法就是——排斥中国人。[83]

第三部分

排　斥

6. 一致排华

1885 年秋天，怀俄明石泉城惨案的消息传到了中国。传言说，尸体堆中只有五具尸体是完整的，剩下的都是烧焦残损的骸骨。暴力肯定不会止步于石泉城，谣言不论真假都不会停息。1886 年初，广东人听说了数千名中国人在旧金山被杀的传闻。[1] 1886 年 2 月 23 日，一家广东报纸把旧金山中国商人拍来的电报上报给了总理衙门（相当于中国的外交部），民间的恐慌似乎得到了印证。这份电报称，"这里的劳工阶层水深火热、走投无路"，并请求总理衙门"立即发布声明，警告不要让国人再前往美国"。听闻关于暴力事件的报告后，民愤最为猛烈的当数广东省，这里是大多数赴美华人移民的出生地。广东的报纸刊登了粤商的演讲词，呼吁实施军事报复。一位商人用流利的英语说："我希望有一天能看到我们的舰队变得强大，把炮舰开到旧金山，要求他们归还从我们这里夺去的权利，并对我们遭受的不公对待做出补偿。"[2]

反华暴力的消息在中国传开，美国的政府官员担心美国在中国的外交人员、商人和传教士会遭到报复。美国的驻华大使查尔斯·登比（Charles Denby）尤其担心广东省的民愤会激化成暴力事件。登比是一位相比不太知名的北方民主党人，曾在南北战争中担任上校，1885 年被格罗弗·克利夫兰（Grover Cleveland）任命为驻华大使。他没有接受过外交关系或中文方面的训练，但他在中国所做的工作却同时得到了民主党和共和党人的赞许。登比在中国工作了 13 个年头，经历了三届政府和部分第四届政权。[3] 西雅图驱逐发生后数周，他紧急写信给中国总理衙门称，"最近美国的暴行"已经在广州造成"针对美国人的群情激愤"。听闻两广总督正煽动针对美国人的暴力后，登比迅速要求总督衙门正式宣布放弃一切形式的报复活动。尽管中国官员答应了他的要求，他仍然担心最坏的事会发生。[4] 中国外海只有一艘美国海军舰艇，因此登比打电报要求加强防控，进一步保障安全。他还拜访了欧洲外交官，要求他们一旦情况需要立即提供军事协助。[5]

到了 1886 年夏，局势日渐明朗，中国不会再有针对美国人的群众起义，但登比还是深感焦虑。他向国务卿托马斯·F. 拜亚德报告称，自从传言开始散播，"我无时无刻不遭逢对美国的敌意——不管是在外交圈子还是在个人生活中"。[6] 中国人的愤怒不只意味着社交时的不适，这种愤怒还威胁着美国与中国的关系，进而限制获得中国的商品、了解中国人的灵魂。在登比努力遏制美国西部反华暴力的余波时，他痛苦地抱怨道，"我们所有在中国的罪恶"似乎都是"从美国的麻烦中生长出来的"。[7]

*

同时关闭美国的大门、敞开中国的国门是有可能的吗？1880 年代中期，反华暴力将这个问题推至国家政治和中美协商的风口浪尖。暴力的种族政治推动了美国针对中国人的排斥活动，而随后在中国激起的愤慨则给美国政客们增添了与之抗衡的压力，这股压力要求他们保护中国国民的权利。的确，白人暴力暴露了西海岸的工人希望建立一个白人共和国的梦想与将目光投向中国的世界性帝国主义者之间一直存在的冲突。美国领导人意识到了地方暴力给国家和国际造成的风险，他们明白是时候了结这种动荡的局面了。然而，联邦领导人并没有在地方和暴力短兵相接，而是跨越了规模。克利夫兰政府只为地方镇压暴力提供了零星帮助，更多则是将注意力转向国际的外交。美国的领导人意识到，这些驱逐活动并不只局限于美国本土，而是一定程度上由跨太平洋以及在美国边境之外的帝国关系所引起的。

1880年代中期，白人暴力使得驱逐中国人变成一种政治上的必需，但驱逐的形式则脱胎于一系列情况各异、不可预料的事件。起初美国领导人抓住机会，希望能像过去一样，通过谈判帮助自己走出困境。外交解决方案失败之后，国会才转向单方面的边防管制。这一策略上的巨大转变为美国移民法树立了新的范例。随着1888年《排华法案》（《斯科特法案》）的颁布，国会通过声称拥有关闭美国国门的唯一权力，极大地扩大了美国的主权，而枉顾条约规定的义务。

与此同时，该法案标志着中美关系的关键性转变。之前的二十年，美国的外交依靠的是直接沟通和与人为善，但如今，国会却在没有得到中国允许的情况下，关闭了美国大门。一旦排华与外交没了关联，关闭的大门似乎就不再可能打开了。到了19世纪末20世纪初，排华和美利坚帝国主义已经携手并进，画下了一条条平行线，在国内将公民和外国人区分开，在国外将西方文明与未开化的东方区分开。[8]

打开国门的美国设想

和外交大使登比一样，1885年反华暴力爆发时，国务卿托马斯·拜亚德发现自己踩在一条狭窄的外交界线上。作为美国首席外交官，拜亚德既以美国在国外的利益之名谴责反华驱逐，同时也和民团一样，对中国移民的存在深感焦虑。在被任命为国务卿之前，拜亚德1869~1885年一直是代表特拉华州（Delaware）的民主党参议员。和他的父亲小詹姆斯·拜亚德（James Bayard Jr.）一样，托马斯·拜亚德是一位傲慢的政治家，同时也是一位毫不掩饰自己白人至上主义信仰的信徒。南北战争期间，他的父亲反对南方解放，儿子则谴责了南方重建。托马斯坚信，黑人的"缺陷"和白人的偏见都是上帝赋予的，因此为这些与生俱来的事争斗是"徒劳的"。[9]他将他的种族观点延伸到了中国问题上，向记者们解释说："我对血统和种族深信不疑……我确信，如果允许有人无视这些事实，那么一个人或者一个国家的崩溃就为期不远了……在这片广袤的土地上，我们应该对朝着黄种人迈出的鬼鬼祟祟的每一步，细心观察，精准打击。"作为一名参议员和国务卿，拜亚德对于中国人的个人观点产生了巨大的政治影响。[10]

他当然不是第一个质疑中国人价值的美国外交官。鸦片战争后，英国和美国的外交官也以中国人是"未开化的"种族这一观点为基础，协商制定了一系列对中国的不平等条约。正如先前西方国家用宗教将世界划分为基督教世界和异教徒领土，19世纪的自由西方思想家用文化将世界划分为"文明的"国家和文明以外的"野蛮"领地。欧洲国家经过一系列的条约之后，开始形成了所谓"文明的标准"，建立了他们认为的仁慈和现代的制度，赋予所有"文明国家"以平等的地位，并通过国际法的准则指导他们的行为。19世纪初，文明的标准还是含混不清的，但到了19世纪末，一系列条约和国际惯例至少暗中给"文明"下了定义。一个被认作文明的国度，必须有能够自卫的现代官僚国家体系，其公民拥有基本人权，有西方的外交和国际法的规范，有对其领土内所有人民的法律权力，无论是本地人还是外国人。不光是当时的中国政府达不到上述标准，中国人民"野蛮""未开化"的习俗，例如一夫多妻制和儒家思想，也让西方国家深信他们不应该被归为"文明"一类。此外，通过将中国定义为"未开化的"国度，西方国家为自己赋予了对类似中国这样的弱国进行间接控制的权力。[11]

这种控制将采取什么形式，在整个西方世界和美国都是一个争论不休的问题。19世纪，美国一直保证会维护中国的领土和政府主权完整，而美国外交官对于开放国门这一政策的看法却屡屡生变。两国之间第一份正式协议，1844年的《望厦条约》被解读成是由美国提出要求，中国妥协退让的结果。但美国在1868年的《蒲安臣条约》和1880年的《安吉尔条约》中给予中国的好处和义务，显示了美国对华政策的一次转变，即通过与中国的合作促成美国在商贸上的统治地位。而要维持这一新的合作开放政策和双方表面上的平等，关键在于保持两国之间的直接沟通与友好关系。[12]

拜亚德虽然同意对中国开放门户，但他质疑这种"互惠性的"开放门户是否明智。1882年在国会讨论《中国人限制法案》期间，时任参议员的拜亚德明确表示支持排华，并谴责了《蒲安臣条约》。他认为美国外交官说中国"和其他国家一样是平等的国家"，这"忽视或者无视了种族上的不同"。"他们只看到了一件事，那就是商业利益，所以他们匆忙达成了一项条约。这项条约将美国人和中国人视为同一个种族，有着同样的习惯和特点，所有人都有资格和权利成为美利坚共和国（The Republic of the United States）的公民。"根据拜亚德的说法，这一仓促草率的条约是1860年代美国人无知的产物，但到了1882年，美国人就更加了解了华人外民永远不可能成为美国公民，因为如果"完全不同"的种族"泛滥"，将会"摧毁我们自己人民的劳动"。[13]

拜亚德虽然对互惠性的开放政策心存顾虑，但他自己成为国务卿后，也积极地推动中美之间的友好关系。"不论我们的政府体制和他们的政策有什么不同，我们都是'人'的政府，"他给华盛顿特区的中国公使郑藻如写信说，"我的好友，对于您和您的国家，我别无隐瞒，唯有善意和友情。"[14]

郑藻如公使经常和美国国家官员不和，拜亚德是特区里唯一一位把他当作"杰出"外交官和"以礼相待的朋友"的美国官员。1882 年以来，郑藻如曾作为大使出使过美国、西班牙和秘鲁，在那之前担任过天津津海关道①。郑藻如是土生土长的广州人，出身平民，而他的儿子在 1883 年获得了美国公民身份，所以郑藻如对中国人在美国的苦难感同身受。[15] 他写信告知拜亚德，中国工人在怀俄明领地的石泉城"被一群暴乱的美国公民袭击"，他很高兴自己的抱怨没有被当作耳旁风。国务卿很快批准了郑藻如的要求，准许中国人对屠杀进行调查。

一个月后，郑藻如写信给拜亚德，警告说华盛顿领地可能会发生驱逐事件，拜亚德联系斯夸尔总督，要求他保护中国人。总督在塔科马的一系列努力失败之后，拜亚德起草了一份总统公告，称如果民众继续这类"非法行为"，联邦应予以干涉。之后的 1885 年 12 月，在总统向国会递交的年度报告中，拜亚德起草了一份明确谴责反华暴力的草案。在怀俄明和华盛顿领地，"政府已经竭尽全力遏制暴力的爆发，"总统补充道，"种族歧视是引发这些骚乱的主要原因……它损害的不仅是我们国内的和平，还有我们一直努力维系的与中国的良好关系。"[16]

维持合作性地敞开国门风险很高。尤其是在南北战争后经济繁荣又衰落的时期，美国人开始担心他们的国内市场不再能消耗所有美国生产的商品。1885 年，《银行家杂志》(*Bankers Magazine*)主张，开辟国外市场有着"刻不容缓的重要性"，而《钢铁时代》(*The Age of Steel*)则认为，美国工业产品的过剩"未来应该通过增加对外贸易加以缓解和制止"。十年来，美国经历了数次经济衰退和劳工暴动，很多美国商人和政客都希望从中国找到解决办法。[17]

拜亚德认识到了暴力带来的严重影响，于是在塔科马驱逐事件后努力平息中国公使的恐惧。不幸的是，太平洋沿岸持续

174

① 晚清中国的海关多由外国人管理，清廷相应地设立了"海关道"的职位，负责海关的对外事务。

不断的反华袭击很快就将拜亚德的努力毁于一旦。1886年2月，中国人被驱逐出西雅图之后的数日，郑公使给拜亚德写了一封长长的投诉信。他不仅要求保护在美中国人的安全，还认为基于"对等正义和礼让"的原则，美国应该赔偿中国的财产和生命损失。拜亚德长达26页的回信"带着感情和愤慨"，谴责了郑藻如的同胞遭受的"血腥暴力和令人震惊的冤屈"。接着这封回信解释称，袭击发生的地点在美国"偏远的"领地，那里的中国劳工可以不顾"草创未就、尚未完善的"法律，自愿迁移到别处去。实施的犯罪都是"在私人之间"，不能代表美国或中国政府。此外拜亚德认为，引导两国关系的并不是互惠原则，而是条约中的条款。根据这些条款，美国没有义务就这些罪行给予中国补偿，但总统会纯粹出于仁慈考虑赔偿事宜。[18]

拜亚德并不是唯一试图平复中国官员情绪的人。就在拜亚德在华盛顿特区和郑公使协商之时，登比正在北京和总理衙门谈判。登比和拜亚德都是北方民主党人，两人私交甚笃，一起服役期间还相互通过官方和私人信件。（登比甚至还曾帮拜亚德的妻子挑选并海运了一套瓷器。）就在郑藻如在华盛顿特区向拜亚德请愿时，北京的中国政府成员拜访了登比大使，提出了类似的请求。和拜亚德一样，登比也向中国官员解释，指导中美关系的从来都不是互惠原则。他指出，美国人在中国只能在少数几个特定的区域活动，而中国人则被允许在整个美国四处游走。因此，在美中国人不能期待得到和在中美国人那种程度的保护。[19]

登比和拜亚德抱怨说，中国官员是不会理解这层道理的。"当然了，"他写道，"假如和我们打交道的是一个完全开化的种族，熟悉一点国际法，了解世界其他国家的历史和情况，那就不用我们费这么大力气指出差异之处了。"然而，他的言下之意是，中国政府既不开化，信息也闭塞。即便如此，他还是认定和过去一样，这件事会找到一种外交上的解决办法。1886年3月，登比建议克利夫兰总统派往中国一个考察团，因为移民问题"只能通过某种明确的条约来解决"。[20]

中国人设想的自我排斥

中国的官员从他们的角度则认为，他们完全理解美国西部的状况。"美商借华工以获利者，不知其几十亿万，"两广总督张之洞上奏清廷，但最近"乃因埃利士党人嫉妒把持，合谋驱逐，残毒焚掠，以夺其资财，勒逼辞用以断其生路。"张总督和其他中国官员为"情形实为危惨"表示遗憾，但他们知道，移民的遭遇只是中国忧虑的一个开端。他们内部一致表示了对白人暴力的关切——影响尚在发展中的中美贸易，广东的排外活动日益猖獗，以及中国在世界上的地位不保。坐镇广东的张之洞身在其位，尤其担心反华运动可能会传染性极强，漫延至大洋彼岸，在世界其他区域扩散。假如离散在美国、加拿大、澳大利亚和东南亚的华人突然大规模返乡，省内可能会人满为患，疲于应付。"何处容之，"他犯了愁，"既属可悯，亦多隐忧。"人数大规模的返乡将意味着"何堪设想"之灾难。[21]

一个显而易见的解决方法，就是通过恳求、劝诱或威胁美国的方式让联邦官员阻止驱逐的发生。在和登比大使见面时，张总督尝试了以下三种策略：恳请美国保护中国国民，承诺以平息中国的反美动乱为回馈，但也警告说如果驱逐华人的活动继续，他不能作出任何保证。他提醒登比："且各国传播，皆谓美权不能禁制匪徒，既于该国声名大损。"美国怎么能允许"匪徒把持工作，勒价生事，亦于该国商利多伤？"张之洞向他的上级汇报称，美国大使表现得"有惭歉之意"，"力陈中美素睦"。然而，暴力仍在继续。[22]

美国似乎没有能力保护中国国民，郑藻如公使对此颇为沮丧。1886年春，他从华盛顿特区写信给总理衙门，提出了一个新的解决途径。在他看来，中国并没有军事实力或政治权势强制执行条约，因此政府必须寻求保护海外华人和中国声誉的解决办法。郑公使提议，中国应针对华人劳工移民美国实施自己的禁令。[23]他解释道，中方自己颁布的禁令可以将无知的中国工人从劳工中介的剥削和美国公民的驱逐的双重压迫中解救出来。如果这些工人不再和美国劳工竞争，郑藻如希望在美国的中国商人不用再面对那么多憎恨和敌意。对于郑藻如而言，中国商人的命运，以及他们推动的国际贸易比农民的生命更尊贵。中国可以为了保护上层社会的前途而牺牲社会底层的流动。郑藻如向法庭保证，工人们不会再去美国，而会去夏威夷、墨西哥或是巴拿马。[24]

郑藻如向总理衙门担保，他提出的自我限制的条约将会安抚克利夫兰政府，同时结束美国西部耻辱的反华暴力。他解释道："今日拟禁，非为美民助虐，实为吾民救灾耳。但此种华民，美国尚未禁其再来，我国乃先禁其再往。"郑认为，自我限制的方案会将罪责归于美国"未能保护之咎"。他预计美国的反应应该是深刻的自我反省，并且最终结束具有歧视性的移民法案，"虑各国议其显背约章，待人太甚，故避恶名而不居也"。这样，自我限制的办法必定会让美国蒙羞，争回中国的颜面。[25]

禁止移民从中国出境并不是没有先例。自1644年清军入关以来，朝廷就曾劝阻、限制和禁止中国人移民国外，以防招来国外政治敌对势力的追随者。但自从19世纪清廷的权力衰弱，禁止移民不过变成了一纸空谈。"过去的禁止法案并没有被废除，"一位中国使节注意到，"但它还是自动失效了。"中国官方没有废除禁止法案，就暗示了对移民的支持，这起始于1868年的

《蒲安臣条约》。事实上，当中国的外交官于 19 世纪七八十年代开始抗议美国的移民限制政策时，他们其实是又一次默许了中国人移民海外。[26]

随着针对海外华人的暴力激增，总理衙门又回到了禁止中国人移民国外的设想上，尽管这一政策几乎不可能实现。朝廷并没有对其臣民的流动实施严格的把控。即便如此，总理衙门还是接受了郑藻如的提议并进奏朝廷，终于在 1886 年 8 月将这份提议递交给了身在北京的登比。[27] 在痛斥美国政府未能阻止"暴行"或惩罚罪犯之后，总理衙门草拟了一份条约。和 1882 年《中国人限制法案》类似，新条约准许了中国商人、学生、外交官的自由移动。然而却"强硬地制止从未去过美国的中国劳工……到美国去"，并禁止"没有家眷、贵重物品或财产"的中国工人返回美国。这种"自我排斥（self-exclusion）"的措施，将会帮助中国工人免于"脚踏危险之源"。[28]

排斥中国人的谈判

当登比大使收到中国提案的消息时，他努力抑制住自己的兴奋（并没有太成功），担心"太过热切"会让美国露了底。"如果中国主动扩大限制条款的范围，"他写信给拜亚德，"那么对美国而言简直是再好不过了。"在中国的护佑之下，这样的一份条约可能将排斥中国工人变为现实。登比意识到，如果这个条约通过，美国的国会议员就不必再被外交协议捆缚手脚了。[29]

登比和拜亚德一样，都认为当务之急是将中国人排斥在外。如果美国没能找到阻止中国人入侵的方法，登比日后在他的回忆录中写道，他确信"太平洋沿岸各州或沦陷，其文明或被损毁。'黄祸'势必袭击我们的制度、我们的文化、我们的习俗，然后彻底将它们吞噬"。他承认中国人"毋庸置疑"有着"优秀的特质"——比如勤奋、诚实、值得称赞的秉性——但这些特点只能加重他们对白人工人的威胁。不仅如此，中国人在保持他们"自己特有的习俗"方面"极度固执"，"不管身在何处，从来都和其他人格格不入，难以被同化"。他还注意到，黑人解放之后的数年间，"我们在管理黑人方面任务极为艰巨"，这"导致我们让黄种人成为公民的承诺停滞了下来"。登比将条约草案提交给拜亚德时，觉得不需要重申禁止中国移民的那些众所周知的理由了。他声明："国务院已经完全掌握了我在中国移民问题上的看法，并认为以适当和合法的方式限制中国移民是可取的。"[30]

1886 年 8 月，登比就条约草案向国务院递交了若干封信和一封电报，但他并未和远在华盛顿特区的拜亚德取得联系。然而直到几个月后，华盛顿的新任中国公使张荫桓重提此事，国务卿才得知了中国人提案一事。上一任中国驻外公使郑藻如因身患瘫痪突然被迫离任。他的继任者是一位富有的广东本地人。张荫桓年轻时参加县试没有考中，花钱买了国子监的学生头衔，之后又捐钱买了知县官衔。他曾在总理各国事务衙门短暂从事过外交与洋务活动，后因专权和纳贿的传闻被弹劾，但仍保住了美国、秘鲁和西班牙三国出使大臣的职位。在华盛顿特区，张荫桓以奢华的聚会、对玩乐的极大热爱，以及完成上一任开创的事业的强烈决心而为人所知。[31]

1887 年 1 月，当张荫桓将中国禁止国人移民美国的提案告知拜亚德时，后者立即开始协商如何将其变为现实。拜亚德制定了对美国而言最为理想的条款，即如果两国都不废除条约，那么将在未来的三十年中禁止所有中国劳工自动续约。拜亚德这个大胆的提议让张荫桓有了新的底气。美国明显急于协商禁止入境的条约，他意识到是时候就赔偿事宜进行施压了。在给拜亚德的回复中，张荫桓声明，赔偿一事还没有尘埃落定

179

就协商新条约"为时过早"。他们再次面谈时，张荫桓向拜亚德重申，美国政府"欲保中美和好之局，宜将洛案早结，否则中国人心积不能平"。让张荫桓颇为懊恼的是，拜亚德一言不发，并未回应。[32]

在这次尴尬的会面之后，张荫桓向总理衙门抱怨："譬之负某人重债，斩不偿还，而别设种种方法，拒绝其人，不准入门。""此种作为，恰是美俗性情，"他写道，"适自形其纤巧耳。"事实上，尽管拜亚德本人保持了沉默，他私下里却开始就赔偿一事奔走游说。他给众议院外交事务委员会（Committee on Foreign Affairs）主席佩里·贝尔蒙特（Perry Belmont）写了一封密函，敦促他推动对中国的赔偿。1887年2月24日，克利夫兰总统签署了一项法案，就石泉城屠杀造成的损失赔偿中国政府147748.74美元。拜亚德亲自前往张荫桓在华盛顿特区的住处，交予他赔偿金，希望协商能更进一步。[33]

连续不断的暴力事件中间的一次赔付，并不能让中国人在赔偿一事上彻底沉默。张荫桓几天后便向拜亚德提出了反对的提议，但只是在他提出了另一次驱逐事件（这次是在阿拉斯加的朱诺）之后。张对此抱怨说，"美西各省"如今都以观望"焚杀驱虐华人为乐"。和美国提出的三十年禁止华人入境的理想条款不同，张荫桓提议中国"酌以年限"自禁劳工出境。他接着坚持在这个业已宽松的提议的基础上，对在美国已有家庭、财产或债务的中国劳工网开一面。在回信中拜亚德称，需要更加具体和限制性的条款：二十年间禁止劳工阶层移民美国，除去那些"在美已有合法妻子、孩子或父母"或持有1000美元及以上的财产者。[34]

张荫桓同意了拜亚德关于华人移民的条款，但持续发生的反华暴力让这场谈判变得愈加复杂。1887年5月，有消息称俄勒冈斯内克河（Snake River）的白人矿工屠杀了几十名中国人。[35] 同月，加利福尼亚圣何塞的中国城被几个不具名的纵火者烧成平地。张荫桓希望美国支付额外的赔偿金，并要求新条约须包含保护在美华人的相关规定。拜亚德解释说，美国联邦政府对于美国边境的民众没有太多的管辖权，所以他也不能保障这一点。恼羞成怒的张荫桓告知拜亚德，美国必须为中国移民提供"和在中国的美国人一样的保护"。往来了几个月的请愿信之后，张荫桓的语气终于变为嘲讽。"如果在〔美国的〕体系之内办不到，"他继续说，"那只能说美国政府没有能力履行其国际义务。"拜亚德并未回复这封言辞激怒的信件。谈判僵持了六个月。[36]

至此，距离加利福尼亚尤里卡的暴力，以及在其影响之下发生的一系列驱逐已经过去了两年多。在这期间，国会并没有袖手旁观。1885~1888 年，国会议员推行了 8 个强化《中国人限制法案》的法案，但没有一个得到广泛的支持。只有少数几位立法者准备放弃外交途径及合作性敞开国门来解决问题。俄勒冈的共和党参议员约翰·H. 米切尔，成为那些不愿为一个长期承诺的条约苦等的国会议员代言人。他声称自己是在为西北太平洋的人民说话，所以才推出了一项法案——"废除所有阻碍美国彻底禁止中国人来美的条约。"

米切尔告知参议院，他很清楚，就算有人建议国会应该违反现有的条约协定，违背两国之间建立起来的微妙的信任，"人们也会在神圣的恐惧之中手牵手"。但和他的同僚不同，米切尔对中国商贸并没有过高期待。他用财政报告作为依据，指出"贸易平衡在各方面都没有向我们倾斜，中国获得了各种好处"。中国生产了好多美国想买的产品，但美国生产的商品在中国却卖得不怎么好。其结果就是贸易和权力的不平衡。而据米切尔观察，美国可以冒险舍弃跨太平洋的贸易，中国却不能。米切尔打赌，不管美国国会如何侮辱冒犯，由于上述赤

182

181

　　加利福尼亚圣何塞中国城大火。1887 年 5 月 4 日，中国城市场街（Market Street）起火，5000 名旁观者前来观望。此次纵火案发生后，中国居民搬迁到城市郊区，建起了毛纺厂中国城（Woolen Mills Chinatown）和哈伦威尔中国城（Heinlenville Chinatown）。（History San Jose Photographic Collection, 1997-300-1683. Courtesy of History San Jose.）

裸裸的现实经济形势，中国绝对不会向美国商人关闭口岸。因此，他敦促国会立即单方面排华，并就此提出了一项法案。西海岸的代表们赞同了他的意见。1887年夏，参议院外交关系小组委员会听取了来自加利福尼亚、内华达和俄勒冈州的5名参议员和7名代表的证词。议员们无一例外地主张：他们选区90%的选民宁肯中断与中国的全部商贸，也不愿接受中国移民。西海岸大部分地区都愿意为了驱逐中国人而放弃向中国敞开合作的大门。[37]

然而，也有很多议员认为，米切尔关于中国贸易的评估目光短浅，他呼吁的取消对中贸易过于鲁莽。参议院将他单方面的《排华法案》提交给外交事务委员会，该法案在那里并未取得进展。尽管白人暴力已经让很多怀疑论者相信，排斥华人是必要的，国会还是坚持诉诸外交途径解决。俄亥俄州的共和党参议员、外交事务委员会的主席约翰·谢尔曼1882年曾经就是反对者之一，他主张有条件地限制华人移民，谨慎地使用外交手段。但尤里卡、石泉城和塔科马的事件让他于1886年变成了一位排华的支持者。"在［外交事务］委员会看来，或者说在国务院和财政部看来，"他宣称，"现在是时候无差别地禁止华人入境了。"不过，谢尔曼和大多数国会议员都认为，这一负担落到了行政部门头上。国会急切地向总统反复请愿，希望能出台新条约，"无差别地从这个国家将中国劳工排斥在外"。[38]

在长达半年的不作为之后，1888年即将到来的总统选举将拜亚德重新带回到谈判桌上。克利夫兰总统正面临着连任的艰苦之战。他是自南北战争以来第一位赢得总统竞选的民主党人，1884年，他在没有任何西部州支持的情况下赢得了选举。这一次克利夫兰认为，自己需要更广泛的支持。1887年12月，他写信给拜亚德，私下里抱怨说非法中国移民持续不断地制造出全国性的新闻。克利夫兰认定，这种"欺诈和逃避行为"必须"由我们，也就是我们党"来禁止。显然，总统不希望由米切尔参议员这样的共和党人通过法案，将中国人排斥在外，以此获得政治上的回报。克利夫兰相信，假如民主党人能够解决"中国问题"，这将会是"在我们的强弓上再添一根劲弦"。在一定程度上，政治导致了克利夫兰的反华立场，但同时也是因为：他始终坚信中国人无法融入美国社会。"我们的移民法是为了鼓励同化而设计的，"在他给拜亚德的信中说，"并不是为无止境的敌对提供条件。"为了终结敌对的局面，赢取政治上的胜利，克利夫兰迫使拜亚德结束与中国的谈判。[39]

1888 年 3 月 12 日，拜亚德与张荫桓终于达成了协议，而距离中国第一次提出自禁移民的想法已经过去了两年多。最终，《拜亚德—张荫桓条约》（《限禁华工条约》）禁止所有华人在未来二十年间移民美国，除了那些有直系家属或在美国有 1000 美元以上财产或债务的商人、学生、外交官和劳工。最后一项条款指出，美国将赔偿中国 276619.75 美元，以弥补包括华盛顿在内的太平洋各州和领地在暴民暴力中造成的损失。拜亚德和张荫桓签署了协议，并将其呈交给各自的政府以获批准。[40]

在拜亚德看来，这一条约有望一次性解决三个问题：白人暴力的威胁、华人异族的危险，以及美国边境控制的缺口。在给总统的公开信中，他将该条约形容成是一剂药方——"解决太平洋沿岸各州的不满"，华工"显见的难于同化问题"，以及《中国人限制法案》"被证实的无效"。在夸赞了这一外交解决办法之后，拜亚德用了几大段说明：条约中许诺的额外赔偿是有道理的。美国人需要承认"中国人作为受害者的非法暴力"是一次"正义的失败"，他这样主张，"这笔赔款在一定程度上将消除犯罪为我们的文明带来的耻辱"。就这样，条约谴责了反华暴力，却也向民团的要求屈服了。[41]

  拜亚德私下里担心国会不会通过这个条约。他认为参议员中占多数的共和党人"对于政府完全没有礼让、礼貌或是共同的正义"。不管"多么有利于国家"，任何可能给民主党总统带去好处的东西，都不可能"在参议院内部成功经得住小的政治手腕的考验"。在参议院处理批准条约等行政事务的秘密会议上，包括米切尔在内的一些共和党参议员为赔偿投了反对票，他们一致认为这个条约并没有完全阻止中国移民入境。然而，米切尔的共和党同僚却提出了不同的要求。共和党参议员们渴望通过禁止中国移民赢得一定信任，他们在批准条约前，坚持要加入几项修正案，类似于措辞上的修饰和稍作澄清。[42]

  "不管提出这些修正案的理由是什么，"克利夫兰总统抱怨道，"他们的目标在很大程度上必然是政治。"他不无焦虑地询问拜亚德，中国人是否同意了修正案，希望借此阻止共和党人放慢谈判进度、获得"政治上的优势"。考虑到1888年的总统选举迫在眉睫，克利夫兰极度迫切地想要解决中国问题。拜亚德认定，这些修正案并没有从善意的角度为条约增色，而只是企图"妨碍我们的谈判"，但他依然希望减少这些"小的政治手腕"带来的危害。事实证明，说服张公使这些修正案并没有从实质上改变条约内容并不难，但这些附加的条款仍将谈判推迟了几个月之久。与此同时，国会显然对中国的回应信心十足，于是正式签署了修正后的条约，并通过立法将这些条款付诸实践。似乎对于所有人而言，克利夫兰政府最终完成了排斥中国人的任务，同时还维持了向中国开放合作。[43]

  就在总统大举庆祝胜利之时，他并不知晓在太平洋彼岸，一场麻烦正在不断发酵。条约的消息传到了中国民众的耳朵里，旧金山、香港、广州的中国商人向朝廷请愿，要求朝廷拒绝该条约。他们主张，自禁移民将意味着中美共同体和他们有利可图的贸易的终结。如果没有中国移民到美国，在未来二十年间，随着华人移民陆续死亡或返回中国，那里的中国人口会减少到零。而商人们的进出口生意靠的恰恰是这群美国企业中的中国工人、中国商品的消费者，以及跨洋邮轮上的乘客。另外，要是其他国家有样学样怎么办？如果上千名劳工都被赶回广东省的话，这无疑将是一场灾难。在抗议中，中国人将靶子对准了公使张荫桓，由于骄奢淫逸的生活方式，他早已变成了不受欢迎的角色。新近从美国回国的中国工人甚至围攻了张荫桓在广东的住处，很显然，中国也未能幸免于暴力骚乱的侵袭。张公使谴责抗议者是诽谤——称他们是"贩鬻人口"，只考虑他们自己的"重利"，"尤为百计阻止"——但这群示威者的确给出了致命的一击。"怨谤沸腾"，朝廷引述张荫桓的说法，于1888 年 7 月回绝了条约。[44]

单方面的解决办法

1888 年 9 月 1 日星期六，《纽约先驱报》（New York Herald）宣布朝廷回绝了拜亚德与张荫桓签署的《限禁华工条约》。尽管中国并未发出任何官方的信函，全国各地的民主党领导人还是担心他们外交的解决方案失败了。在旧金山，民主党州委员会（Democratic State Committee）主席威廉·D. 英格里希（William D. English）惶恐地给克利夫兰的私人秘书发了一封电报。考虑到全国民众对禁止中国人入境的支持，如果国会共和党不立即推动单方面排华，民主党担心，条约失败将意味着克利夫兰竞选连任之路的终结。宾夕法尼亚议员、民主党全国委员会（Democratic National Committee）主席威廉·L. 斯科特（William L. Scott）也从《纽约先驱报》上读到了这篇文章。星期一上午，他与克利夫兰总统商讨了如何遏制条约失败带来的政治影响。没有一个人同国务卿拜亚德商议这件事。[45]

当由民主党操控的众议院于中午开始诉讼时，共和党人斯科特要求发言，他提出了一项彻底排斥中国工人的法案。众议员们抗议称他们最近批准了一项条约，并通过了解决这一问题的立法时，斯科特解释说，有迹象表明中国已经拒绝了该条约。斯科特说，假如推测准确的话，"那么这项法案是必不可少的，这也是能让中国劳工离开美国的唯一办法"。他提出的排斥法案就是日后为人所知的《斯科特法案》（Scott Bill），该法案修正了《中国人限制法案》。和之前禁止新的中国劳工来美不同，《斯科特法案》禁止所有的中国劳工来美，不管他们之前是否曾在美国定居。前六年由美国海关向离境中国人发放的"归国证明"被宣布为无效。[46]

众议院中的大多数人都为这一政策上的突然转向感到震惊。当政客们低声协商法案时，谣言传开了，说该法案是由总统本人提出的。加利福尼亚众议员、共和党代表威廉·W. 莫罗（William W. Morrow）抱怨说自己没有时间评判法案。但莫罗和众议院的其他成员很快就意识到了局势的严重性。鉴于全国范围内从西部工人到西部投资者反华情绪高涨，如果没有严重的政治影响，他们不可能反对该法案。那么，这项法案是他们一劳永逸地结束中国工人移民的最佳机会。几分钟之内，法案全票通过。次日，《纽约时报》高调发声："将中国人关在门外：众议院通过全面《排华法案》。"[47]

要由共和党操纵的参议院通过法案，既不会太快，也不会那么容易。参议院正忙于讨论是否批准华盛顿领地成为美国的一个州，众议院通过《排华法案》的消息就传来了。接下来的一个多月里，参议院发现关于《排华法案》有太多内容需要讨论。他们针对条约失败应该怪谁而争论不休：是应该归咎于参议院共和党人无意义的修正案，还是应该怪民主党政府搞砸了

186

谈判？他们重新回到对于开放国门的讨论：这项法案会不会损害中美关系？他们还争论了立法背后的动机问题：此举是必要的吗？抑或是纯粹出于政治目的？ [48]

而关于是否需要将中国人拒之门外是无需摆上桌面讨论的。一直呼吁国会废除美中条约的参议员米切尔，"急迫果断地"支持《排华法案》，这并不稀奇。他唯一的顾虑就是：这项法案并没有"更进一步"永久阻止所有中国人移民美国。[49]但就算是那些曾经拥护中国移民的人，考虑到政治风向，也没有一个人敢反对排华。共和党参议员约翰·谢尔曼曾于1882年反对排华的诸种举措，如今也表明了参议院的态度："不管过去我们说了什么，毫无疑问如今这个国家的现实情绪是：我们应该禁止与我们在习惯、文明、宗教和个性上如此特异、如此陌生、如此不同的种族来到我们的国家。"谢尔曼委婉提到了"这个国家的现实情绪"，而民主党参议员约翰·泰勒·摩根（John Tyler Morgan）则明确指出了反华暴力的作用。"这一小群暴徒起义了，但他们也不能根除［中国人］，我们阻止不了［暴徒］，"他主张，"我们所能做的一切就是从这个国家清除［中国人］。"排华不光是政治上的权宜之计，也是脱离美国西部白人暴力之险的最优答案。[50]

旁观参议院争论的拜亚德日益心惊，他担心仓促立法会摧毁他努力营造的外交关系。他给远在北京的登比写信，希望得到关于条约命运的任何消息，但回信并不遂人愿。9月5日，登比电告称，他确信条约已经被中国拒绝了。就在他寻找"能够证实"这一传闻的"消息"时，参议院于1888年9月17日通过了《排华法案》，并将法案摆到了总统的桌上请他签字。登比联系了总理衙门，要求批准《拜亚德—张荫桓条约》。最终，他收到了明确的答复。中国政府声明，他们有意就条约重新进行谈判，比如缩短禁止移民的期限，并将在美拥有资产的中国劳工排除在外。对于登比而言，这些新要求就意味着"拒绝了条约"。这一次，针对中国移民问题，再也没有外交上的解决办法了。[51]

登比意识到批准新的条约希望渺茫，于是他立即向国务院拍了封电报和一封信。他将中国的行为描述为"尤其不公正且站不住脚"，并支持克利夫兰总统签署《排华法案》。他赞成法案是因为："如果我们允许自己被如此傲慢无礼地对待，那我们的自尊将严重受损。"登比明白，《排华法案》会违背与中国现有的条约条款，但他认为既然中国违背了"自己发誓遵守的信念"，这么做就完全说得通了。他将尚未开化的中国比作不服管的孩子，"国家荣誉要求我们必须给中国上一课，告诉她，要像踢皮球一样对待外交政策是不可能全身而退的"。岌岌可危的不仅仅是国家尊严，还有美国社会和政府的未来。他认为，美利坚共和国是建立在同质公民的基础上的，它无法继续同"一大批对我们的政府制度永远不了解的异族人"共存。最终，登比将国家荣誉和排华置于对未来开放合作的恐惧之上。[52]

尽管拜亚德通常都支持登比的观点，但在这个问题上，他投了反对票。就算中国拒绝了条约，拜亚德仍不赞成国会这一仓促的举动。他认为，1888 年的《排华法案》"明显违背了与中国的现有公约"，并担心会对外交和商业关系产生负面影响。他意识到，包括克利夫兰总统在内的很多民主党人都认为，在 11 月大选之前通过这项法案是至关重要的。而在拜亚德看来，民主党的反华事实"非常清楚，无需像《斯科特法案》这样不计后果"。他向克利夫兰总统写信，言辞明确地乞求他驳回法案，以"国际性的礼节、善意和自尊"的名义。[53]

《排华法案》

1888 年 10 月 1 日，克利夫兰总统将《排华法案》写入法律。接着，他做出了一个不寻常的举动：向国会发了一篇特别咨文，向全国人民，也是间接向中国解释他的这个决定。克利夫兰清楚，美国曾一度鼓励中国人移民美国，他说，如今显然"这项社会习惯与种族特质的融合实验""在诸多意义上是不明智的、失策的，对两国都有害"。他承认《中国人限制法案》在减缓中国移民方面失败了，并以语义模糊的策略性用词将近期的反华暴力归咎于这一失败。他写道："条约和法律的不作为、低效率，在美国人民尤其是太平洋沿岸的居民心中埋下了根深蒂固、日益增加的不满。"要结束这种"不满"，克利夫兰明确指出，将意味着"危机解除，生命存续"。他对"民众绝对排斥中国劳工的真诚要求"感同身受，因为这些移民"和我们自己人有着不一样的目的，并且与美国公民身份格格不入"。他对《中国人限制法案》未能有效平息白人的不安，以及《拜亚德—张荫桓条约》未能提供外交上的解决方案深表痛惜。他指出，中国出人意料地拒绝条约让人"措手不及"，主张美国政府必须"通过行使立法权进行自卫"。他的这番话呼应了美国西部反华工人，后者向来认定针对中国移民的自卫比条约条款重要得多。或许这也是他的本意。[54]

尽管美国在与其他国家协商移民政策方面有着漫长的历史，克利夫兰如今坚持认为移民管制属于美国的主权。在给国会的官方消息中，他主张"将因任何原因阻碍其繁荣的所有外国人口排斥在边境之外"是"每个政府公认的和最为重要的权利和义务"，是一项"必须被当作国际法与国际交往通行准则"的权利。在 17 世纪的国际法中有过这样的先例，但在美国，正是克利夫兰将排斥移民的主权写入律法。有了他的签字和支持的讯号，总统削弱了行政部门就固守国门进行谈判的权力，并将移民法牢牢掌握在国会的手中。为了让法案更合中国的心意，同时承认反华暴力的错误，克利夫兰敦促国会尽快签署之前中国外交官提出的赔偿要求。国会听从了他的建议，就反华暴力及华盛顿领地的驱逐事件造成的损失赔偿了中国276619.75 美元。[55]

克利夫兰向国会发出的信息属于对中国的谨慎外交，但在别处，他对美国选民的讲话语气就不太一样了。据《洛杉矶时报》报道，总统对太平洋沿岸的人民"深表同情"。"我不得不说句公道话，中国人就是不受欢迎的。我们的港口对所有地区的所有能被同化的人民开放，"克利夫兰对媒体说，"我们同化不了中国人，因此我们不欢迎他们。"距离总统大选只剩下不到一个月，克利夫兰所说的话完全就是太平洋沿岸的选民们想要听到的。[56]

西海岸的庆祝活动开始了。在加利福尼亚州，民主党州中央委员会（Democratic State Central Committee）订了一架100 响的礼炮。一位加利福尼亚州的美国助理律师欢欣鼓舞，"到目前为止，我们制定的每项法律都屈服于奴隶贩子和他们的律师。有了《斯科特法案》，我们终于拥有了一部无懈可击的法律"。全国的报纸都宣布，"全面排华"终于实现了。"东海岸终于良心发现，西海岸有好多人正饱受折磨，"西雅图的一家报纸宣布，"国会终于听取了太平洋沿岸反对这一诅咒的呼声。"民主党人将该法案视作他们执政的胜利，而共和党人则宣称他们在参议院中的掌控权起了关键作用。[57]

尽管大多数美国白人都在庆祝《排华法案》的通过，但并非每个人都赞成国会最终叫停华工移民的做法。有共和党倾向的《哈珀周刊》为国会这一"仓促、败坏名声的"举措深表痛心。它的编辑写道，这种公然废除条约条款的做法，放在任何比中国国力更强的国家身上，"都可能会导致战争"。《纽约时报》斥责了国会"不当而轻率地"通过了法案，并且认识到美国有着"排斥任何阶层或种族……的毋庸置疑的权利"，只要

190

是为了美国人民和国家的"福祉"。这些有保守主义倾向的报纸并不认同国会的手段，却认可了最后的结果。尽管几乎全民都支持排华，但法律还不足以对克利夫兰的总统竞选有利。11月，他失去了连任资格，也没能成功得到西部各州的选票。[58]

关闭国门与敞开国门

当国会违背中美条约通过了 1888 年《排华法案》时，涌上张荫桓心头的是震惊和心灰意冷。"臣群查美国立例之故，聚讼经年，几于牢不可破，"他写信给拜亚德，"不愿旧约，不候再商，悍然立例禁绝，此美绅心计也。"诚然，美国曾经也违反过外交协议的精神，但从来不曾通过联邦立法如此明目张胆地违背与中国签订的条约。其他西方大国目睹了这一不可思议的事态发展，公开怀疑美国是否有意发动对中国的战争，以推进美国在商业上的野心。不过，中国的外交官将这种轻视归咎于美国的国内政治。在一封内部信函中，张荫桓将《排华法案》称作"总统举代之际"的一个"心计"，克利夫兰希望借此"俯合众情"。[59]

就在中国外交官徒劳地抱怨《排华法案》时，广东省的百姓发动了抗议活动。登比向美国汇报称，广州的中文报纸上尽是对法案的讨论。例如，《广报》就敦促中国政府：禁止美国人来华，并从美国召回中国国民。[60] 其他报纸则呼吁中国以牙还牙，在未来十年中暂停两国商贸。在一篇犀利的批评文章中，两广总督张之洞建议，中国应该禁止进口利润丰富的美国产品——煤油。他将美国的煤油比作中国劳工，两者都可能不小心让整个社会燃起大火。如果美国有权禁止华工移民只是因为他们对国家"有害"，那么中国也有同等的权利不再进口煤油，因其是中华帝国的一大"危险"。一些中国商人呼吁将联合抵制变为现实，拒绝买卖美国生产的石油、印花棉布、手

表、枪炮、面粉和人参。然而联合抵制在商人阶层内部追随者
寥寥。尽管《排华法案》相当激进，但它仍然针对的是中国工
人，而让中国的精英阶层毫发无损，因此精英们大多对此无动
于衷。美国官员曾一度担心，社会底层由于无法发动自己的抵
制活动，有可能会在中国通过暴力进行打击报复。登比甚至备
好了五艘美国军舰，准备一遇到紧急情况就立刻出动，但暴力
并未发生。最终，美国突然废除条约的行为并没有让其遭受太
多的地缘政治的后果。[61]

美国公然破坏条约条款、转向单方面排华的举动，最终导
致了中美在权力上的不平等。中国已经通过《拜亚德—张荫桓
条约》亮出了底牌，第一次表露愿意接受禁止中国工人入美的
信号。而就在政治态势紧迫、中国态度动摇的时刻，美国的政
客打赌：他们不必为废除条约中的义务遭受任何惩罚。结果他
们赌赢了。

尽管两国在1894年实现了关系正常化，但他们始终没有
回归到互相敞开合作大门的那个节点。美国领导人不再认为中
国一方的"合作"是在中国进行商贸扩张的前提条件。我们所
知的是，几年以后，当美国国务卿海约翰（John Hay）发布
历史上著名的公文《门户开放政策》（Open Door Notes）时，
甚至连文件都没给中国看一眼。曾经美国门户开放的愿景还需
要直接的外交手段，现如今似乎也不是必需的了。尽管美国依
然要求其他殖民国家尊重中国的领土完整，它自己却加入到侵
吞中国主权的行列中去。[62]

美国转向更具强制性的外交形式，直接导致了国内采取
更严厉的移民政策。针对排华的宣传仍打着这样的旗号：法案
会削弱美利坚帝国的宏图壮志。但这样的论述几乎丧失了说服
力。政策上不再合作性地开放国门，又和中国维持了平面上的
平等，这让美国放开手脚，得以自由选择。该法案仅存的外交

让步并不否定：美国新制定的排华政策与开放门户之间殊途同归。从此，美国的排华政策与它的帝国雄心彼此成全、相得益彰：中国地缘政治的软弱使得将中国人挡在国门之外成为可能，而后者又反过来证实了中国的卑微地位。[63]

《排华法案》本身就表明了美国对中国移民的边境管制大幅缩紧。和《中国人限制法案》类似，《排华法案》宣布新的中国劳工不得移民美国。但相比之前的法案，《排华法案》更为严苛，它禁止先前定居美国的中国劳工返回美国，宣布自 1882 年签发给中国劳工的约 30000 份 "归国证明" 无效，并认定上千名临时离开美国的中国人不得返回。法案即刻生效，这意味着 600 名尚在前往美国途中的中国人走了背运。这其中就包括了一位叫迟成平（Chae Chan Ping）的华工，他从 1875~1887 年一直住在美国，直至 1887 年他临时前往中国。1888 年 10 月 7 日，他抵达旧金山，此时正是《排华法案》生效几天之后，虽然手里攥着 "归国证明"，他仍然没有被批准入境。六大会馆筹集了十多万美元，以他的名义向法案提出挑战。结果法律并没有站在他的一边：1889 年，美国最高法院一致裁定《排华法案》符合宪法，并否认了请愿人入境的权利。[64]

这一决定意味着美国司法体系的重大转变，在先前的法律体系中，移民是固有的主权问题。由于宪法在移民问题上保持了沉默，法院往往认定移民法属于商业条款的范围。然而在 1889 年**迟成平诉美国案**（Chae Chan Ping v. United States）中，最高法院认为，"禁止外国人入境的权力" 是 "属于美国政府的主权事件"。这种观点认为，这一权利 "不可剥夺或以任何人的名义受到限制"。为将这一论断合理化，法院依据的是大众对国际法的理解，而不是美国宪法中任何的具体规定。这一裁决体现了 "全权原则（plenary power doctrine）"，确保了政府的各级行政部门在国家安全问题上的完全权力。[65]

在当时种族信仰的影响下，法院认为"成群结队"的中国移民是事关国家安全的急迫问题，并坚持任何主权国家都有权利"保护……不受进犯和国内暴力的侵犯"。全权原则承认了行政部门驱逐外国人的绝对权力，认为他们有能力基于种族这样做，并且免除了移民事务的司法审查。在未来的几十年中，只要条件允许，美国动辄便试图通过外交手段实现边境管制，但大多数情况下这种管制都是由国会单方面实施的。诚然，1888 年联邦政府为排斥中国人被授予的权力，很快就被用于在美国的大门口筛查、拣选或禁止所有的外国人。[66]

几十年间，美国人曾激烈地讨论过，美国应不应该在家门口竖起严格的种族界限，却又在国外追求无节制的扩张。1888 年的《排华法案》及其后的最高法院裁定都为这一直存在的问题给出了答案。有了这样的答案，美国就可以持续向新土地扩张，而不必为那些既定的种族局外人提供公民特权了。在以全权原则削减了中国人的权利之后，法院又利用这一原则，通过美西战争从印第安原住民手中夺走了他们的权力，否认了美国国民的诸多宪法保障。[67] 因此，全权原则推动了 20 世纪以种族为基础的移民政策的扩张，同时也成为美利坚帝国主义理想的奠基石。美国人曾经一度忧心，国内外的商业和领土扩张可能会导致公民的种族污染。但全权原则却为美国境内的外来者提供了额外的法律保护，不管他们是外来的，土生土长在美国本土，还是来自殖民地。有了这一系列新的保障措施，种族焦虑就不再是美国扩张的绊脚石了。

7. 排华之下的余生

1904 年 2 月，约翰·瑞德尔船长（Captain John Rinder）正在为蒙古号（Mongolia）的首航作准备时，接到了太平洋邮船公司副主席和总经理 R. P. 谢尔温（R. P. Scherwin）的最后指令。指令似乎简单明了：他将驾驶美国最大的邮轮从弗吉尼亚州的诺福克（Norfolk）出发，途经合恩角（Cape Horn），前往旧金山，他会在那里准备横跨太平洋前往中国和日本。在密封的信函中，瑞德尔发现了一个额外指令——谢尔温警告说"在海上航行至少 24 小时之后才能打开"。他服从了命令，航行了两天后才打开那封信，[1] 这才得知自己要将中国移民走私到美国去。

谢尔温措辞严谨的命令并没有明确说是走私。相反，信中要求瑞德尔中途在墨西哥曼萨尼约（Manzanillo）沿岸停留，和从香港来的 Chin Wo 号邮轮会合，接到 189 名中国人，"塞满你船上的甲板、引擎、仓库、厨房"。瑞德尔一抵达"远离墨西哥政府司法管制的水域"，便和中国的"船员们"签了雇佣合同，以他们离开香港的日期作为一年雇佣期的起始时间。谢尔温解释说，中国船员"在船上不用干任何活儿"。瑞德尔应该先告诉美国官员船上的中国人是他的船员，然后再告诉墨西哥官员这些人只是"中转"去往中国。此外，谢尔温还叮嘱瑞德尔，运送的时候尽可能不要声张，"以免船员中多事的人闹事"。[2]

1904 年 4 月 19 日，蒙古号巨轮大张旗鼓地抵达旧金山港。新闻报道夸耀称这是美国最大的轮船，长 615 英尺 8 英寸（约 187.65 米），最高时速 16 海里，能装载 15000 吨货物，相当于"一辆 5 英里长货运火车"的装载量。这艘船还受到了更多媒体的报道，因为船上乘坐着美国第三助理国务卿赫伯特·皮尔斯（Herbert Pierce），他将乘船赴亚洲进行外交访问。旧金山的海关官员让轮船靠了岸，并未过问中国"船员"的事。因为几十年的时间里，在由政府补贴的太平洋邮船公司上看见受雇佣的中国人再正常不过了。至于未经授权的移民是如何没有引起追查成功上岸，并没有相关记载，但很有可能是在船停靠码头之后，他们和想回中国的华人移民调了包。[3]

美国海关又花费了 11 年时间，才最终将蒙古号巨轮上非法入境的中国人逮捕。1915 年 10 月，这艘轮船最后一次跨太平洋航行返航后，海关接到了一张用中文写的匿名便条，称蒙古号"船上有偷渡者"，每个偷渡者为了进入美国都用黄金支付了 100 美元。美国官员对这艘船进行了搜查，发现了 86 名非法移民。一些人穿着船员的制服，另一些被发现的时候"藏在巨大的钢制水桶里，水桶被埋在煤仓的煤堆底下"。上述引人注目的细节构成了迄今为止最大的一桩走私丑闻。这一广为人知的案件的最终结果是：80 名中国移民被驱逐出境，美国官员和蒙古号负责人遭到起诉，但并未定罪。旧金山的报纸质疑"蒙古号事件（Mongolia Affair）"是不是有组织且持续有效逃离边境管制阴谋的一部分，而美国官员认为这种猜测"几乎不可信"。[4]

*

排华政策并没有禁绝中国移民，尽管美国官员当时并不愿承认这一点。美国的邮轮公司为了竞相追逐利益，继续将上千名中国移民运送过太平洋。美国的官员极少会发现这些贩运阴谋，即便是发现了，他们也只追究船上船员的责任，并不牵涉他们有点名头的雇主。瑞德尔船长接到的指令被他保存了下来，传给了他的子孙，这为我们了解商人们厚颜无耻的走私计

196 划提供了不寻常的视角。他是在排华政策最为轰轰烈烈的时日抵达旧金山湾的，当时的政策最为严苛，驱逐率达到历史新高。然而，边境管控的国家组织遍布范围越广，走私者和移民为逃避这些管控制订的计划就越煞费苦心。

华人社区通过大大小小的行动抗议美国的排华政策。为抗议排华、帝国主义和暴力行径，他们通过非暴力反抗和联合抵制等协同行动，发起了国内和跨国运动。与此同时，未经授权的移民继续通过划定边界、制定合法路线，绕过移民管制进入美国。表面上看，公开抗议和暗中入境似乎是截然不同的两种反抗策略，它们分别在不同规模下发生，指向各自不同的结果。但实际上，这些策略有太多相似之处。非法移民和群众抗议一样，都是集体行动的一种形式，两者都依赖跨太平洋枝蔓丛生的人与信息网络。公开示威常常达不到他们原计划的目标，但当中最大规模的抗议活动——几十万中国人陆续抵达——则深刻地削弱了法律。

即便如此，19、20 世纪之交，排华和将排华变为现实的暴力极大地转变了美国把守国门的态度。无论是在边境地区、帝国内部，还是在地方社区，法律和暴力都重新定义了这个国家的种族版图与华人移民的生活经验。大多数学者都将注意力集中在：排华对于法律及治理美国领土边境的官僚机构的重大影响。[5] 然而排斥和驱逐的过程同样重塑了美国在太平洋地区的帝国计划，改写了身处美国西部的华人移民的命运。

在限制阶段，边境管制还仅限于美国太平洋沿岸的几处离散的地区，但在排华时期，联邦立法与最高法院的规定将其向外扩充到海外殖民地，向内则深入到国内腹地。结果就是，中国移民永远被烙上了异族的身份符号，而联邦机构则拥有在任何地区部署边境的合法权力。想要理解边境不断变动的属性，我们不可能不去打开视野，将太平洋世界囊括其中，也不可能不聚焦于个体移民的生命境遇。美国边境的规模在这一阶段发生了变化，历史也一样。

领土边境排华

没有太多人怀疑，《排华法案》为美国的边境线带来了变化。1888 年法案将华工入境美国的所有合法渠道都堵死了，最终产生了一个运作良好的官僚机构，用以防范非法赴美的路径。这个机构每年有 50000 美元的资金支持，是《中国人限制法案》每年所得拨款的 10 倍，这个数目在接下来的几年中成倍增长。此外，《排华法案》使得"举证责任落在了中国申请人身上"，用司法部部长威廉·米勒（William Miller）的话说，就是"排斥是规则，接纳是特例"。[6] 法案将美国的移民管控变成了我们今天了解的样子，启发了集中管理、身份识别和驱逐出境的新体系的形成，也正是该体系为现代边境管控奠定了基础。然而，我们仍不清楚，这种转变是否足以维持某种程度的边境控制。新法案会阻止中国移民，平息反华运动吗？

1890 年，国会委派代表新成立的华盛顿州的美国参议员沃森·C.斯夸尔和两名美国众议员调查此事。特派团一路行至他们想象中最遥远的西部边境——太平洋各州——走访了斯波坎福斯（Spokane Falls）、塔科马、西雅图、波特兰、旧金山、洛杉矶、圣迭戈，采访了海关官员、警官、美国律师、工会成员、报社记者、白人雇主以及中国商人。写下 589 页的证词后，斯夸尔和特派团的其他成员递交了 3 页纸的概述。在这份概述中，他们重申在美华人依然给美国公民造成了极其严重的威胁。他们宣称，如果没有持续的排华政策，"整个太平洋沿岸的中国人将泛滥成灾"，"严重的劳工问题肯定会出现"。这些结论和十年前的联邦报告大同小异，但这一次国会议员增加了两项新发现：新的《排华法案》奏效了，当地白人对此很满意。特派团预言："如果严格执行法案，用不了几年时间，华人种族很有可能从这个国家绝迹。"他们还认为法案很成功，直接建议国会扩大法案，"永久性地将苦力排斥在国家之外"。[7]

然而，由特派团搜集的上百页证词却证明：上述简单且乐观的概述并不属实。合法的入境渠道变窄之后，中国移民开始转向非法渠道，秘密穿越美国与加拿大及墨西哥的边境。[8]尽管新到的拨款意味着如今有四名"中国人巡视员"被安排在美加边境的西段，他们的任务仍然异常艰巨。例如，中国人巡视员弗雷德·H.奥利弗（Fred H. Oliver）需要巡视长达150英里的美加边境，这个距离实在太过遥远，在任的头五个月，他仅仅来回巡视过8次。在这漫长的巡视中，他遇到过不到20个中国人，并由此推断有三四百人未经发现偷偷溜了过来。他的同事 T. L. 萨维奇（T. L. Savage）评价说，有几个中国男人和印第安原住民女人结了婚，住在边境线附近的保留地，专门帮助工人偷渡过境，所以这么巡视下去当然没什么用。中国人巡视员要求，华盛顿州东部至少需要3个以上的人员才能加强执法，在特派团的追问下，他们才承认要把中国人完全排斥在外需要"一支非常庞大的队伍"。[9]

在华盛顿州西部，联邦官员将新拨款投入到从外部控制美国边境上。一位巡视员被永久性地派到不列颠哥伦比亚，密切监视开往美国的载有中国乘客的船只。这一新策略取得的胜利相当有限。巡视员经常在夜间看见可疑船只离岸，让他尤为懊恼的是，由于国家那边的官员还在睡觉，他的急电最终没有被读到。尽管细节仍有待加强，美国移民法的远程执法依然影响深远。为了将中国人拒之门外，美国将边境管制系统从国家的领土边界分离出来，并将其传到了国外。[10]

海关官员们依然在努力执行着法案。在斯夸尔特派团关于华盛顿州《排华法案》的影响长达几百页的证词中，数据说明了一切。1889 年全年，华盛顿州 30 位海关官员仅仅逮捕到 36 名非法移民。官员们知道，这只是从加拿大跨境进入美国的总移民人数的冰山一角。而根据加拿大统计的抵达那里的中国人及人口数据，当地官员估计每年有 600 到"几千名"非法移民过境。[11] 华盛顿州的海关官员知道本部门的限制，要求另配 24 名中国人巡视员，并称一艘价值 12000 美元的新邮轮是"绝对有必要的"。[12]

在北部边境，侦查手段一直是一项无法克服的挑战，而实施驱逐出境就显得更加有效了。《排华法案》得到了一笔慷慨的拨款，因此要将中国人遣送回国是完全有可能的。之前将中国人送回到"他们来的国家"的政策，最后证实在北部和南部边境都遇到了尤为严重的问题。在政策转变之前，圣迭戈的美国副治安官 A. W. 马什（A. W. Marsh）回忆说，他曾经在 24 小时内 5 次逮捕并遣返同一个移民。他写道，这场"闹剧"一直这么持续下去，直到"［这名中国移民］最终偷渡成功"。1891 年，司法部部长米勒对跨太平洋遣返予以认可，宣布将经由加拿大或墨西哥来美的中国人直接遣返回中国是合法的。[13]

事实上，跨太平洋遣返始于前一年的一项特别政策——为了解决被无限期关押在华盛顿麦克尼尔岛监狱的 19 名中国人。1890 年 5 月，距离他们第一次被关过去两年半之后，19 名中国人中的 6 个以总计 240 美元的价格被送上了巴达维亚号（Batavia）邮轮。当地官员汇报称遣返完成时，财政部质问：其他 13 名被非法关押的中国人经历了什么？就算当地官员寄出了他们的解释，这封信件已然遗失，一同丢失的还有得知这些人命运的最后一点希望。[14] 我们知道的是，无限期监禁连同驱逐出境的经历，在 20 世纪的美国边境管制中无处不见。[15]

当特派团抵达旧金山时，新上任的海关征税员提摩西·菲尔普斯（Timothy Phelps）夸耀称《排华法案》的实施带来

199

了重大变化。法案废除了"归国证明",封死了限制阶段上万名中国工人来美的漏洞。除此之外,新的资源意味着人力的增加:菲尔普斯又招来了中国人巡视员、翻译和首席检察官助理,以便在法庭上代表海关部门。海关官员用伤疤等特征简要描述区分中国移民的时日已一去不复返。现如今,海关要求所有抵达美国的商人、学生、外交官,必须在所有证明文件上粘贴照片。海关稽查员 S. J. 鲁道尔 (S. J. Ruddell) 吹嘘道:"我这么说吧,中国人不让我们知道就进入这个港口几乎是不可能的。"毫无疑问,这是一句自以为是的夸张表述,尤其是十年后,189 名中国人在瑞德尔船长的邮轮上悄无声息地抵达了美国。[16]

此外,侦查只是诸多执法挑战中首当其冲的一个。征税员菲尔普斯汇报称,自从实施了《排华法案》,抵达旧金山的 6656 名中国人中,仅有 5% 被驱逐出境遭遣返回国。海关官员曾试图将另外的 20% 拒之门外,但他们的案件被上诉到了法院。剩下的 75% 抵达美国的中国人被批准入境:26% 作为赦免人员或美国公民(要么是自己生于美国,要么是通过身为公民的父亲获得身份)获批,49% 是邻国在此地中转的乘客。即便官员们信心满满,只需瞥一眼上述数据就会明了:法案仍为非法入境留下了相当宽泛的路径。通过跨太平洋的关系网络,移民和走私者中间发展出了针对法案漏洞的相当成功的花式策略。站在移民官面前的中国移民学会了如何乔装打扮成被豁免的学生、外交官或商人,如何靠谨慎地串通假称与某人有亲缘关系,如何找到美国边境管制的空间局限。[17]

美国官员亲眼所见的每个迹象都表明:欺骗行为还在继续。稽查员鲁道尔尤其被这一现象困扰:"95% 抵达美国海关、没有正规入境文件的中国人"声称自己是土生土长的美国公民。19 世纪六七十年代,居住在美国的华人女性总数不超过

5000人，稽查员发现，声称自己拥有与生俱来公民身份的申请人却远超这个数目，难以计数。而当中国人巡视员试图将假冒的商人或公民驱逐出境时，中国移民通过提交人身保护令，时常可以赢得出庭的权利。旧金山官员要求特派团修订法律，在这些案件得到裁决期间拒绝保释，或者最好是拒绝司法审查。同时，当地官员试验了两种做法，但这些临时措施依然缺乏联邦的支持。[18]

官员们还发现，声称是"此地中转"的移民人数比例高得惊人，因为他们怀疑中国工人嘴上说要前往加拿大、墨西哥以及加勒比海，后来都用各自的办法回到了美国。1890年4月，中国人巡视员乔治·派特森（George Pattison）接到消息称，50名中转美国前往墨西哥的华工计划从南部边境非法入境。为了阻止这一计划，他登上了华工们所在的轮船，卧底前往墨西哥。据派特森观察，15名华工在墨西哥西北部的恩塞纳达港（Ensenada）上岸，这里距离美国南部边境不到75英里。他发了封急电，快速从圣迭戈官方那里得到了答复，最终海关部门成功将他们抓获。余下的华工一直待在船上，行至瓜伊马斯①，他们赶上了开往美墨边境的火车。派特森电告亚利桑那州的特派员，此人曾在诺加利斯②、墓碑镇③和图森④成功抓捕过非法劳工。尽管这次精心策划的卧底之行成功了，却只会让官员们更加担心：南部边境将会是下一个巨大的挑战。[19]

早在1880年代，由于交通不便，工作环境恶劣，只有几百个中国人选择住在墨西哥北部。按照一位美国军官的说法，也正是因为这个原因，《中国人限制法案》"从来不曾在南部边

①　Guaymas，墨西哥西北部索诺拉州港市。
②　Nogales，亚利桑那州南部城市，位于美墨边境，墨西哥为索诺拉州诺加莱斯。
③　Tombstone，又称杜姆斯通镇，毗邻美墨边境，位于亚利桑那州图森市南部。
④　Tucson，位于美国亚利桑那州南部皮马县，是该州第二大城市。

201

境施行"。排华促成了第一次美墨边境的联邦巡逻，直到 1890 年，两位中国人巡视员被派驻到了圣迭戈。他们抱怨道，无穷尽的边境线上有 150 多条马路"可供中国人穿越"。即便如此，他们还是汇报说他们的努力"可圈可点，相当奏效"，这很大程度上是因为"整个墨西哥只有四五百个中国人"。当时的中国人口接近 1000，但不会长期保持这么少的数量。随着排华政策缩小了进入美国港口的范围，而人头税又让加拿大成了昂贵的备选项，墨西哥于是就成了最受欢迎的美国后门。[20]

沿着太平洋沿岸长长的国境线巡游，参议员斯夸尔和他的特派团发现有太多值得他们骄傲的地方。自限制阶段开始的两年间，美国海关极大地拓展了对北部和南部边境的监视，在加拿大发起了远程边控，发展了新的身份识别系统，将遣送非法华人移民回国变成一种规范，并且额外聘用了稽查员、翻译和律师。有了这一系列的转变，《排华法案》显著减缓了有合法记录的中国移民入境美国的趋势。

在限制阶段，被批准进入美国的中国人年平均人数骤减了 16%。1888~1893 年，首个《排华法案》生效后，年平均入境的人数相比 1882 年之前降低了 75%。[21]另外，据人口统计，在美华人的总数从 1890 年的峰值 107488 人，降低到 1900 年的 89863 人，以及 1910 年的 71531 人。然而，这些数据并没有将穿过美加边境、美墨边境的非法移民计算进来。由于这部分未经授权的移民往往没有官方认证，也没被统计在内，任何关于法案产生效果的评估都只是猜测。《排华法案》有很大可能减缓了中国移民的入境趋势，但我们可以肯定的是，该法案已迫使移民活动转入地下。[22]

非法移民一直都存在的一个强有力的迹象就是：留在美国的中国人口始终相当年轻。假如《排华法案》成功制止了中国移民，那么我们会从美国的人口统计中看到中国人口在变老。

相反，学者们发现，华人社区仍然主要由处于最佳工作年龄的男性组成。中国移民来去美国的过程很可能类似于一扇"旋转门"，通过这扇门，老一点的华人移民回了中国，新的非法移民再填满美国的劳动力市场。[23]

即便如此，1890年，表面上的边境控制似乎足以让公众满足了。太平洋沿岸的当地人友好地向特派团致意，他们对美国边控的印象都还不错。即使是最声名狼藉的排外主义者丹尼斯·科尔尼（Dennis Kearney）也承认，自1888年起，"法案执行得更严格了"，他已经看得到"中国移民在减少"。[24]排华政策并没有终止中国移民，只是暂时平息了反华民团的活动。只要联邦政府看上去对边境保持警惕，人民就无需干涉。

然而并非所有人都满意。1892年5月，法案准备延长期限的前夕，加利福尼亚州民主党人、众议员托马斯·J.吉尔里（Thomas J. Geary）认为可以进一步加强排华的力度。他提出了一项法案，除了对中国的外交官网开一面之外，绝对禁止中国移民前往美国，明确"废除、驳回、撤销"所有与他提出的法案不相符的条款。任何未经授权过境的移民都将会被判处5年的监禁，外加驱逐出境。另外，法案还要求，所有目前居住在美国的中国人必须登记并随身携带国内护照，以此证明他们留在美国国内的权利。任何未登记的中国人将会被立刻遣返回国。[25]该法案将会在特派团近期考察过的边境领土实施，然后再深入到国家内陆地区。

虽然国会一致支持排斥的概念，很多人还是对是否支持这些激进措施犹豫不决。参议员约翰·谢尔曼认为，吉尔里提出的法案"严苛而残酷，有违我们文明的精神，在严格程度上远超过任何之前的法案"。众议员查尔斯·胡克（Charles Hooker）则抱怨称，"该法案提议废除之前与中华帝国签署的每一项条约"。作为回应，吉尔里赞许了这项法案的严格程度，并驳回了所有的外交顾虑。"四年前国会通过的法案本身就是一次废约，"他坚称，当时最高法院肯定了国会的完全权力。吉尔里认为没有理由让外交牵着美国移民法的鼻子走。[26]

该法案于 1892 年 5 月 5 日由本杰明·哈里森总统写入法律。此前，在法案尚未在国会内部获得广泛支持时，抨击者们曾设法稍微削弱其严苛程度。[27]《吉尔里法案》（Geary Act）仍然不对中国商人、学生、外交官实施排斥政策，但要求这些阶层的华人在入境时出示"确认证明"。法案拒绝保释寻求上诉的人，判处非法移民一年监禁和苦役，要求所有定居华人持有"居住证明"，并赋予财政部部长相当宽泛的权力，以"制定有效执行这一法案所需的规则和条例"。[28] 该法案将 1888 年官员们试验过的诸多政策正式写入法条，其中就包括监禁和登记。前者在 1896 年**王温诉美国案**（Wong Wing v. United States）中被宣布违宪，而后者则被证明是具有变革性的。地方和联邦官员可以在任何时间、任何地点要求中国移民出示证件。正如当时的人所评价的那样，这个新的登记系统以长期居民为目标，有效地将《排华法案》变为驱逐华人法案。[29]

美国的华人社区对 1892 年法案进行了空前的抵抗。[30] 早在护照或任何形式的政府身份认证普及之前，华人社区就认为内部登记制度是不人道的。旧金山的六大会馆敦促所有在美华人拒绝登记。"该法案贬低了中国人，如果遵从，会让他们比那些最无耻的人还低一等，"六大会馆宣布，"我们众志成城……就有可能也终将会打破这个臭名昭著的法案。"有了公众的非暴力不合作，还有为了展示对中国领导者的忠诚，上万华工拒绝登记。1893 年 5 月 5 日，登记的截止日期一到，这群男人和女人们立刻就被统一驱逐出境了。[31]

六大会馆筹集了 10 万美元来对抗该法案，他们将自己的意图告知联邦政府，并安排立即验证其是否违宪。就在最高法院考虑将 1893 年**冯越亭诉美国案**（Fong Yue Ting v. U.S.）作为判例时，司法部部长通知当地官员不许实施抓捕，国务卿敦促西部各地区"提高警惕，维护和平，防止针对华人的诉讼肆虐"。[32] 不久，法院回复了。两周之内，最高法院以 6：3 的多数票数继续维持该法案。法院裁决，国会不仅有"禁止和阻止"移民进入这个国家的"绝对、无条件的"权利，而且有"驱逐或遣返任何没有美国国籍的外国人"的权利。（正如法院充分了解的那样，中国人没有资格入籍。）另外大多数人裁定，中国人在面临驱逐出境时不能要求走法定诉讼程序，因为移民诉讼"本来就不是审判"，驱逐出境也"不能算作一种惩罚"。1889 年，**迟成平诉美国案**已经让国会确立了将外国人排斥在美国边境之外的绝对权力。如今，冯越亭案又让国会有了驱逐在美定居的外国人的权力。从此以后，边境管制不再只局限于国家边境，而是延伸进了内陆地区。[33]

这一裁定让华人社区震惊，也让第二任期的克利夫兰政府感到沮丧。只有 13243 名华人在规定时间之内完成了登记，而其余 10 万在美华人则需要立刻被驱逐出境。[34] 这是美国有史以来第一次通过移民法实现大规模的种族清洗。然而，联邦政府并没准备好走到这一步。

1893 年 9 月，财政部部长 J. G. 卡莱尔（J. G. Carlisle）向参议院报告，法案已经造成了财政危机。他估计至少有 85000 名华人"在现有法案下应该被遣返"，而"将中国人从旧金山运送到香港的最低费用是每人 35 美元"。美国助理律师威利斯·威特（Willis Witter）认为实际花销远不止这个数目。他抱怨道："当初我说从这个国家遣返中国人大约需要 1000 万美元，还有人笑话我，而现如今我还是觉得自己并没有高估所需的总数。"他这笔账是这样计算的：从旧金山到中国的行程花销是每人 35 美元，警察 3 美元，律师费 10 美

205

元，至少两个星期监禁7美元，在旧金山之外抓捕到的中国人还需要一笔运送到港口的费用。1893年秋，美国财政部仅有25502.13美元可供实施该法案使用。除此之外，海关并没有足够的资源每年逮捕并运送一万多名华人，这意味着遣返所有未登记的移民可能要花费十年以上的时间。排华扩大了美国的边境管制，却让联邦政府资金不足。由于大量的华人居民不遵守内部登记的要求，《吉尔里法案》最终无法执行。[35]

财力和人力并不是大规模驱逐出境的唯一阻碍。由于中国人的抗议活动，国会对该法案的支持也开始动摇。大多数国会议员支持将华人驱逐出境，认为这只是一种严格的排华形式，但许多人对大规模驱逐的前景仍持怀疑态度。克利夫兰总统也有这种日益增长的矛盾心理，因为中国外交官威胁要将美国人驱逐出中国并撤回他们在美国的代表团。当反美情绪在中国酝酿并且可能威胁到美国贸易利益的传言浮出水面时，克利夫兰的担忧变成了恐慌。《纽约时报》评论称，"任何一等一的欧洲大国"面对这种无礼的移民政策，都会找到"发动战争的充分原因"。克利夫兰也作了类似的打算，匆忙命令两艘炮艇加入太平洋舰队。[36]

伴随经济衰退再一次席卷全国，加上联邦政府仍拒绝实施《吉尔里法案》，本土暴力成为更加显见的威胁。洛杉矶的美国律师乔治·丹尼斯（George Denis）报告说："雇佣劳动者和农民无疑受到了当时财政紧缺的煽动，在能力所及的范围内，他们用尽一切办法将中国人赶出这个国家。"由于"这些人已经越过了公共讨论和集会的界限，"他写道，地方和国家执法部门严阵以待，为"即将到来的骚乱和流血暴力的威胁"作好准备。[37]

暴力起始于1893年的8月和9月，在加利福尼亚州的四座城市——默塞德（Merced）、斯托克顿（Stockton）、雷德兰兹（Redlands）和塞尔玛（Selma），当地警察和州民兵与反华民团发生冲突。在夫勒斯诺市（Fresno）附近，纵火者点燃了雇佣华工的公司，激进主义者炸毁了中国人的商铺，犯罪团伙迫使华工离开酒庄和果园。暴力不仅局限于加利福尼亚州；在偏远的煤矿城镇科罗拉多的科莫（Como），白人纵火者焚烧了中国人居住的小屋，而在俄勒冈的巴特维尔（Butteville），一伙白人暴徒炸毁了两栋中国人的房屋，然后把采啤酒花的中国人拖出了城。就在民团大肆袭击他们的中国邻居时，《旧金山电讯报》（*San Francisco Call*）宣布了"一场公开的战争——加利福尼亚人民反抗政府"。尽管暴力中暗含着针对华盛顿特区的政治信号，然而在这场战争中首当其冲的似乎又一次是中国人，而不是政府。[38]

当有些反华的激进分子诉诸暴力时，另一些人却认为暴力行动可能会让驱逐中国人的努力付诸东流。相反，后者主张利用司法系统强迫政府实施《吉尔里法案》。旧金山劳工委员会（Labor Council of San Francisco）敦促全体工会成员："查明所有在你附近居住或工作的未登记的中国人的姓名和地址。"有了这份名单和工会律师的帮助，公民们可以径直走进联邦地区法院，投诉特定没有美国公民身份的华人。通过精密、有组织的公民监督系统，劳工委员会希望能让联邦政府将未作登记的中国人驱逐出境。事实证明，法律之外的举报制度既耗时费力又花销不菲，但县法官尽到自己的职责，开始签发逮捕令。很快，64 名中国人被监禁在了旧金山监狱，等候被驱逐出境。驱逐和限制一样，都已成为私人势力和公共权力之间的合谋。[39]

地方的危机亟须联邦政府干预，然而运用什么形式介入仍是个悬而未决的问题。其中，国会议员吉尔里就主张，不断增多的反华暴力就是强化法案的理由之一。"我们知道，"他告诉国会，"［中国人］在任何时候都可能被暴徒利用，财产被人摧毁，可能命也被夺了去。"吉尔里认为，这个血淋淋的现实使得遣返回国成了经济上的权宜之计，因为政府"有责任保护我们国境线以内的每个中国佬［原文如此］"。他提醒国会，为赔偿石泉城屠杀和西海岸的暴力事件，美国政府已经付给中国人十几万美元了，暗含的意思是：将他们驱逐出境比继续为在美华人丧的命付钱更划算。[40] 这一冷血无情的算计并没有说服太多人。

207　　1893 年 11 月，国会修正了法案，给予中国移民六个月的时间进行登记，以免发生大规模的驱逐。为安抚激进的排外主义者，《麦克里里修正案》（McCreary Amendment）还采取了几项新措施来收紧法案。修正案要求，至少需要两名非华裔证人来证明华裔商人的身份，要求"居住证明"上附有照片，不得保释等候被驱逐出境的人，要求由美国治安官执行遣送的全部命令，并命令立即驱逐所有被判犯有重罪的中国人。延长后的登记期限成功缓解了当前的情况。在中国人挑战法律失败并被关押在旧金山之后，面对反华暴力的不断蔓延，中国工人和外交官放弃了抗议。1894 年，根据财政部的报告，106811名中国人已经完成登记。[41] 同年，中国追认了《葛逊阳条约》（Gresham-Yang Treaty，即《中美续订华工禁约》）中的《吉尔里法案》。美国显然有足够的权力单方面驱逐中国人，并且迫使中国外交官言听计从。[42]

　　尽管美国法官、官员和外交官成功镇压了"反登记运动（anti-registration movenment）"，中国人还是暗中赢得了一次让步。他们拒绝屈从于联邦法律，挑战了国家作出的驱逐出境政策的承诺，并且发现了美国领导人并没有驱逐全体中国人的能力和意愿。再者，中国移民很快学会了如何利用登记系统达成自己的目的。登记能帮助美国官员识别尚未登记的移民，但也让已登记的华工得以手持新护照离开或再次进入美国。首先，护照增加了来美华人的人数，和之前的"归国证明"一样，都为欺骗行为提供了由头。[43] 这再次证明了中国人在抵抗的策略方面极为机敏。面对新的管制手段，中国移民总能发现新的破解方式。

除了实行登记制度之外，《吉尔里法案》最具变革意义的部分其实是赋予了联邦执政者自由裁决的权力。1898 年，威廉·麦金利总统（President William McKinley）任命劳工骑士团前领导者特伦斯·V. 鲍德利为美国移民事务委员会总干事。鲍德利及其继任者弗兰克·萨金特（Frank Sargent）全身心地投入到了排华的执行工作中，他们试图利用行政上的自由裁决权，禁止除外交官以外的所有中国移民来美。司法部部长约翰·W. 戈里格斯（John W. Griggs）为达成这一目的，缩小了豁免阶层的范围。他规定，《排华法案》中禁止入境的人虽然不包括"商人"，却包括了商贩、售货员、买家和店员。同样，财政部认定学生可以入境，但老师不行，并要求所有中国学生申报遣返意向。为解决"中转"移民问题，鲍德利于 1900 年制定了一项新规，要求从美国中转的移民提供全程的通票、500 美元的押金、4 张照片，并需要对海关征税员说明他们此次行程的真实意图，以确保他们不会在美国永久定居。[44]

"正确的办法并不是说，所有不被禁止的人都可以进入这个国家，"戈里格斯于 1898 年解释说，"而是只有那些被明确允许的人才有权进入这个国家。"从旧金山到芝加哥再到波士顿，当地的移民突袭行动将边境管制带到了美国内陆。1902年，《排华法案》的时限再次延长，两年后则被延长到无限期。法院的裁定进一步扩大了法案的权限。在 1905 年**美国诉朱台案**（United States v. Ju Toy）中，最高法院裁定：即便是中国人声称的美国公民身份也在全权原则的范畴之内，无需司法审查。自这项裁定之后，中国人被认定为异族，并被剥夺了在法庭上就该裁定提出异议的权利。[45]

208

表 7.1 1894~1924 年美国港口抵达与被拒入关的华人人数

年份	抵达人数	被拒入关人数	被拒比例
1894	6840	1241	18.1%
1895	2732	657	24.0%
1896	4031	415	10.3%
1897	6919	402	5.8%
1898	7475	280	3.7%
1899	6668	950	14.2%
1900	6859	1065	15.5%
1901	4982	918	18.4%
1902	3768	335	8.9%
1903	3549	567	16.0%
1904	4409	1295	29.4%
1905	3086	481	15.6%
1906	2937	205	7.0%
1907	3514	259	7.4%
1908	4988	364	7.3%
1909	8072	564	7.0%
1910	7860	969	12.3%
1911	5972	692	11.6%
1912	6023	400	6.6%
1913	6532	386	5.9%
1914	6908	410	5.9%
1915	6723	268	4.0%
1916	6448	437	6.8%
1917	6000	321	5.4%
1918	3805	308	8.1%
1919	3851	151	3.9%
1920	5658	125	2.2%
1921	10686	296	2.8%
1922	12832	515	4.0%
1923	13663	706	5.2%
1924	13583	751	5.5%

资料来源：亚当·麦可恩（Adam McKeown），《规定的仪式化：中美排华的实施》（Ritualization of Regulation: The Enforcement of Chinese Exclusion in the United States and China），载 2003 年 4 月的《美国历史评论》（American Historical Review）108，no.2，第 390 页。总人数包括移民、外籍和有美国公民身份的华人。

尽管有了新规，移民局也从未成功将大部分抵达美国的中国移民驱逐出去。1894~1905 年，中国移民的平均接收率为 85%，1904 年，接收率跌至谷底，当时海关破纪录地将29.4% 抵达美国的中国人拒之门外。[46] 但即便是如此高的驱逐率，非法移民还是继续偷偷溜进这个国家，要么从北部和南部边境涌入，要么就是乘坐像瑞德尔船长的蒙古号一样的邮轮偷渡到旧金山的港口。虽然排斥肯定没有达到它之前宣称的目的，但强大的边境管制制度的确给这个国家留下了持久的印记。短期来看，这种制度阻止了无数想移民的人，让他们打消了踏上冒险之旅的念头，也使得前民团成员不再继续施暴。长远来看，它确立了法律和程序上的先例，剥夺了外国人的诸多权利，并扩大了国家对他们的监视。从这一刻起，无论是这个国家的领土边缘，还是深入内陆的广大区域，外国人都与"边境"迎头相遇。

海外帝国的排华

19、20 世纪之交，美国的帝国主义与排华政策齐头并进。就在移民局致力于封锁美国的领土边界时，美国的武装部队则推动了将这些边界扩展到海外。1898 年，为期 10 个星期的美西战争之后，美国军队控制了波多黎各的前西班牙殖民地关岛和古巴，在与当地军队进行了为期三年的战争后，又控制了菲律宾。这场战争也让美国在 1898 年吞并了夏威夷，使之成为通往亚洲的中转站。在经历了通过战争和拓荒者殖民主义进行大陆扩张的漫长历史之后，美国在 19、20 世纪之交的冲突中崛起成为一个地跨诸海的新帝国。[47]

在所有这些领土中，古巴、夏威夷和菲律宾已经有相当数量的中国人口了。资本主义和帝国的全球性力量不仅驱使着中国移民前往美国西部，也裹挟着他们来到那些受资本主义和

210

帝国压榨的经济体中。古巴约有 15000 名中国人，夏威夷有 20000 人，菲律宾的华人数量多达 10 万。在过去的几十年中，西班牙的两个殖民地和夏威夷王国曾尝试过引进华工，随后又对其进行限制与监管。1883 年，夏威夷每年只准许 2400 名中国人入境，却在 1890 年对从事农业工作的外籍工人开放。西班牙王室长期以来一直对中国人征收高额的税金，菲律宾地方政府也时常驱逐当地的华人，或是直接将他们拒之门外。[48] 伴随美国军队和官员的到来，所有这些跨海殖民地都打上了严格的系统性排华的新烙印。[49]

民团暴力在排华形成的过程中扮演了至关重要的角色，如今国家暴力又伸长了它权力的触角。国会在 1898 年 7 月关于吞并夏威夷群岛的联合决议中写入了排华的条款。[50] 在菲律宾，美国正式从西班牙夺取控制权的前两周，美国军方宣布了一项排华政策。一年多的时间里，美国占领下的菲律宾实施的排华政策比以往任何时候都更为激进，截至 1899 年 12 月 5 日，菲律宾不分阶层地禁止所有中国人入境。美国通过军事裁定，于 1899 年将排华政策延伸到了波多黎各，以及 1902 年美国占领前夕的古巴。那一年，国会将排华政策延长了十年之久，并将该政策载入所有海外领土的史册。[51]

伴随美利坚帝国向太平洋扩张，如何处置美国新殖民地国民的种族身份，引发了各路争议。国会和公众就菲律宾人、波多黎各人和夏威夷人在本国的地位展开了辩论，但依然对中国人的地位问题置之不理。美国领导人坚信，将排华政策扩大到这些领土事关重大：该政策可以保障"本地"人口免于同"异族"劳工竞争，阻止"本地人"和低等的"黄种人"通婚，并且杜绝华人借道殖民地潜入美国本土。美国的执政者将帝国主义说成是一种善举，排华则是针对新殖民地国民的一项保护政策。尽管美国的商人们纷纷抗议，威廉·霍华德·塔夫脱

（William Howard Taft）还是主张排华政策的重要性，此人在成为美国总统之前的十年里，曾担任过第一任菲律宾总督。他声称，如果美国允许华工进入这个国家，那将会"激起菲律宾人的愤怒"，"并且会诱使他们相信美国政府可能会压榨菲律宾岛"。正如一家报纸认为的那样，在菲律宾实施排华政策有助于促成菲律宾人的"自治"，同时维护了美国"仁慈同化"的帝国理想。[52]

中国外交官显然是很痛苦地看着排华政策笼罩在美国的岛屿领土之上。排华政策延伸到夏威夷时，中国公使伍廷芳向当时的美国国务卿海约翰发出知会表示了抗议："在夏威夷岛只排斥华人，是在全世界人心目中贬低整个中华民族。在没有针对任何其他亚洲民族的歧视性立法的情况下，尤其如此。"当排华蔓延至菲律宾时，伍廷芳担心的就不只是排华之于民族的象征意义了。他认为在菲律宾实行排华政策"影响恶劣"，原因是"数世纪以来"中国与菲律宾岛的"亲密及重要关系"。很多在菲律宾的中国人都是"当地出生"或"与菲律宾种族联姻结合"，这些海外华人和中国保持了"广泛的社会和工商关系"。伍廷芳对于美国竟将其边境线拓展到了中国的家门口尤为忧虑。[53]

尽管中国外交官勉强同意了1894年《葛逊阳条约》的排华条款，他们还是对这一明目张胆的扩张政策忍无可忍。1904年1月，清廷宣布决定终止条约，希望协商出一个新的协定。结果却与1888年的危机有着诡异的相似之处。就在美国外交官争相制定新条约时，国会决定单方面解决问题。在众议院一致投票，参议院强烈支持之下，国会通过了一项简要的法案，废除了条约并无限期地延长了排华政策。1904年4月27日，西奥多·罗斯福总统（President Theodore Roosevelt）签署了最终的《排华法案》，并将其写入法律。[54]

212

　　中国外交官严正谴责了该法案，但最为声势浩大的抗议来自中国民间。美国进口贸易的枢纽上海成为跨国抗议运动的核心中枢。1905 年 5 月 10 日，上海商会（Shanghai Chamber of Commerce）宣布联合抵制美国，自 8 月 1 日起，敦促在全国 21 个城市通过电告商会联合行动。商人希望通过本土机构，组织针对美国的全面抵制行动，包括：码头工人拒绝装载美国货物，学生离开美国学校，雇员从美国公司辞职，商人不再从美国进口商品，顾客抵制美货。海外华人的政治改良组织保皇会为在美华商争取经济上的支持，并将消息散布到了日本、夏威夷、菲律宾和处于殖民统治中的香港。在中国人横跨太平洋世界的交通、亲属、贸易、移民组建的网络之上，一场跨国运动开始了。[55]

　　在中国，知识分子们发起了教育民众的活动，号召他们团结一致，写反美社论、演讲，发布宣传册、小说和歌曲。尽管联合抵制者的诉求是结束排华政策，但运动围绕的议题却不仅仅是移民权利。他们所写的内容一如往常，都将反华暴力的历史、排华与美帝国主义联系在一起。联合抵制者向朝廷施压，避免清廷再签署不平等条约，主张一再忍让可能会置中国移民于危险之中，巩固排华政策，进而降低中国在世界上的地位。一首写在中秋节的抗议歌曲《倡说不用美面月饼歌》，号召人们在为节日准备月饼时抵制美国面粉："倘用美面，饼自不洁，"歌曲警告道，"花旗之面，中国之血。"为了说服商人和顾客团结一致，抵制者唤起了人们对于美国反华暴力的历史记忆。[56]

　　西奥多·罗斯福总统密切关注着联合抵制运动的进展，他明白，抗议不只是针对排华。在给财政部部长的信函中，他认为，联合抵制在很大程度上是"由我们自己的失误和愚蠢"造成的。他意识到"我们过分针对这个国家的中国人了"。"暴徒的暴行已经造成了中国人的死亡，这件事比中国人自己发动的义和团运动还要糟糕。"[57] 为修复与中国外交官的关系，罗斯福公开要求进行移民政策改革。他知会财政部终结一切"和中国商人、游客或学生有关的无礼或严苛对待"，敦促国会修正法案，进一步保护精英阶层免受骚扰。虽然国会并不乐意作出让步，海关部门还是缩减了特伦斯·V. 鲍德利领导下的极端全权原则。该举动产生了实质性的结果：1894~1905 年，年平均拒绝华人移民入关的比例是 15%，1906~1924 年却降低到 6.3%。联合抵制之后的几年里，实际执法更好地与法律条文保持了一致。[58]

然而，罗斯福的反应并不是简单的退让。他一边使用防御策略安抚抗议者，一边采用进攻策略撬开中国的大门。由于抵制行动只有少数几个口岸"损失惨重"，美国驻华大使威廉·罗克希尔（William Rockhill）主要担心的是，抵制行动就算"不破例"，也树立了一个"危险的先例"。在罗斯福的敦促下，罗克希尔警告清廷，中国违反了 1858 年签署的《天津条约》，该条约允许美国进入特定的港口。虽然中国发布了禁止抵制的公告，抵制运动进行了六个月后似乎也已经偃旗息鼓，罗斯福仍开始筹备他的军事行动。他将埃尔卡洪号（El Cano）炮舰派到长江"巡航"，命令大型战舰俄勒冈号（Oregon）在广州外海"按兵不动"，并在"距离中国 50 小时的行程之内"派 20000 部队前往菲律宾。罗斯福警告国务卿，"中国军队比五年前要强大得多……我们不应该冒险。我们承受不起一场灾难。"几十年间，美国领导人就关闭国门与开放门户的优与劣争论不休，而如今，他们已经下定决心——同时采取两套行动策略。如需武力，那就用起来。[59]

最终，联合抵制行动静悄悄地结束了，危机解除。上海的商人原本是发动这场跨国运动的提议者，但当他们开始赔钱，就渐渐丧失了斗志。中国的批发商最不配合，一直不停地购买和分销美货。中国顾客则发现很难分辨出哪些商品是由美国制

214 造的，这对于抵制运动当然于事无补。迫于美国外交官和本国国民的双重压力，1905年底，朝廷在诸多城市叫停了抵制运动。已然奄奄一息的运动最终又遭受了预料不到的一击：1906年4月18日，一场大地震和大火将旧金山中国城和大半城市夷为平地。华人社区最终得以重建，但联合抵制运动却突然釜底抽薪，失去了主力军，草率结束。[60]

经受住了跨国抵制考验的，除了排华政策以外，还有美国在中国更为强势的新的门户开放政策。即便抵制者们赢得了若干外交上的让步，他们仍没能撼动美国把守国门和帝国主义扩张的根基。出于本土主义的心理，美国的帝国计划曾经一度被扼制，而随着世纪之交中国国力衰微，游戏规则变了。如今，美国领导人宣布，排华政策与美利坚帝国的扩张要齐头并进。19、20世纪之交，在美华人所面临的，是一场全方位、遍及所有层面的排华，他们被当作种族的他者，不被官方认可的异族，被征服民族的一员。

美国内陆的排华情况

排斥和驱逐最为直接的结果，是留下了可供历史学家考证的文件档案。在整个美国西部，新闻记者和当地的官员描绘了反华暴力的一幕幕场景：民团威胁、殴打、杀戮、驱赶中国人。在国家边境和海外帝国，美国官员记录下了执行排华政策的全过程：他们将中国人逮捕、审判、驱逐出境。然而，驱逐和排斥同样对中国人的流动、地位和主体意识有着更为日常和持久的影响。19、20世纪之交，在美华人依然能够感受到反华运动带来的法律和社会后果。承认因美国西部的反华暴力而死去的人至关重要，但我们也应记住那些反华运动过后日复一日亲历危险与不安的幸存者。[61]法律及法律之外对于中国人生命的贬损，造成了这个族群深刻而特殊的脆弱性：大规模迁

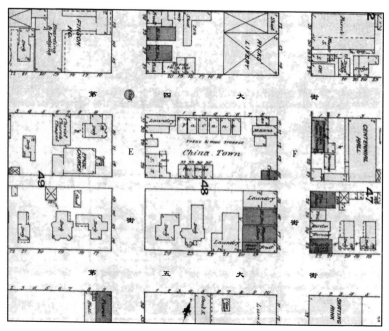

"空无一人的中国城",加利福尼亚尤里卡(1886)。这张桑伯恩保险地图的细节展示了从前有中国人居住的房屋。驱逐发生一年后,尤里卡的中国城依然无人居住。(Sanborn Map Company, May 1886. Library of Congress Geography and Map Division, Washington, D. C.)

216

西雅图有中国人居住的房屋（1884）。这张桑伯恩保险地图的复原图展示了西雅图驱逐开始前中国居民生活和工作的房屋位置。

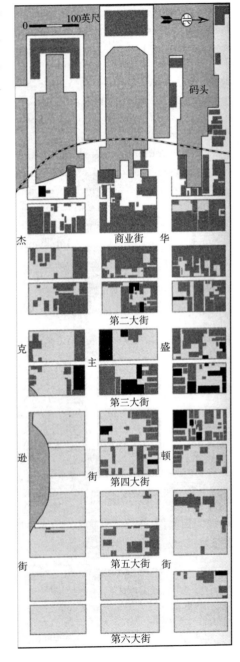

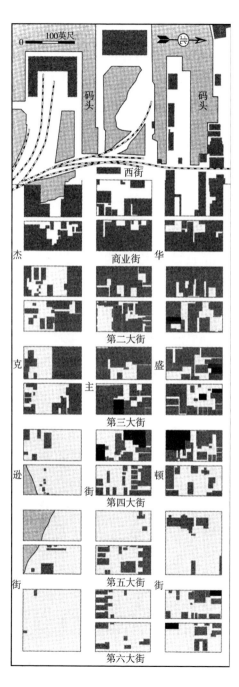

217

西雅图中国人居住的房屋（1888）。这张桑伯恩保险地图的复原图展示了驱逐发生之后中国人居住的房屋位置。西雅图中国城已经在收缩和合并，剩下少数的中国居民住得更加紧凑了。

218

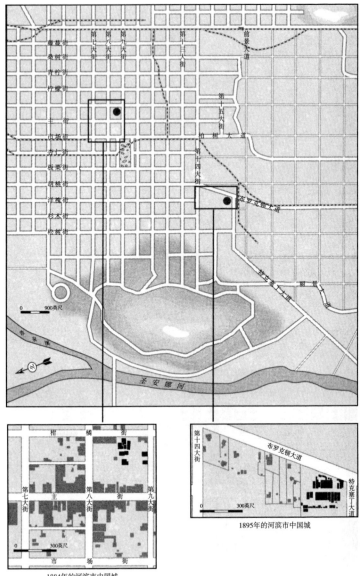

加利福尼亚州河滨市中国城。1885 年，当地的反华条例和骚扰强制将河滨市中心的中国居民重新安置到了郊区。该地图基于 1884 与 1895 年的桑伯恩地图绘制。

移、永久性的异化、心理上的创伤。不幸的是，历史档案仅仅提供了关于这些影响的只言片语。[62]

中国人的大规模迁移似乎是以驱逐为前提的反华运动最为明显的后果。然而不可靠的消息来源和问题重重的学术假设，使得这次被迫迁移很难被人察觉。历史学家经常观察到，中国人永远都在流动之中，但多数人将这一结果归因于周期性的迁移和季节性的就业，并没有归咎于非自愿的流离失所。反华暴力的盛行要求我们重新审视在 19 世纪末华人流动的性质。民团是否成功将中国人赶出了西海岸的市镇？假如是的话，这群无家可归的人又去了哪里？即便是这些简单的问题，答案仍旧众说纷纭。

民团在某些市镇获得了更大的成功。日常负责调查和绘制市镇地图的桑伯恩消防保险公司（Sanborn Fire Insurance Company）让我们得以一瞥个别华人社区受到的影响。桑伯恩的代理人在他们的保险地图上标出了所有中国人居住的建筑物，这或许是因为他们推测中国人集中居住的地区火灾风险更高。

在一些地区，调查者碰巧绘制了驱逐发生前后的市镇地图。虽然这些地图并不能直接反映华人社区的规模，却揭示了指示人口变动的居住环境的变化。根据地图显示，在加利福尼亚的某些市镇，例如马里斯维尔、内华达城，在 1885 和 1886 年驱逐华人的高峰期间，中国人的公司和住宅区域没有明显的变化。而在另外一些市镇，驱逐直接将中国人从地图上抹去了。在 1885 年的塔科马，中国人居住的房屋遍布整个镇子，而在 1888 年却消失得无影无踪。在尤里卡，中国人曾经居住过的建筑在 1886 年被标记为"无人使用"。在加利福尼亚的克洛弗代尔（Cloverdale），他们消失了。像河滨市和圣何塞这样的城市，驱逐明显将曾经的华人飞地从市中心迁移到了城郊。西雅

215

219

220

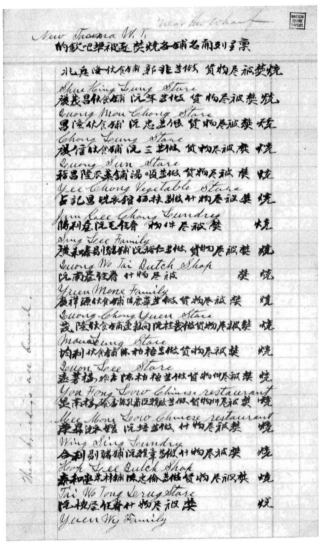

"被逐焚烧各铺"（1886）。塔科马驱逐发生后，为寻求赔偿，中国商人汇总了所有被毁坏的公司。原列表是双面手写，共包含35家公司。（University of Washington Libraries, Special Collections, Pacific Northwest Historical Documents, Watson C. Squire Papers, Accession No.4004-001, Box 2124, UW29605z.）

图呈现的模式则是收缩和合并；时至 1888 年，这座城市的中国人占用的房屋在数量上更少了，而区域则更集中了。[63]

　　桑伯恩地图上被移除的中国人居住的建筑物，暗示了驱逐带来的经济损失。对于中国商人和劳务承包商而言，生意被破坏意味着房地产、买卖、租金、劳工合同费用等方面的损失。这种破坏不只影响到了商人精英，因为当时的中国工人通常将存款和未来的汇款委托给当地的中国商人。换句话说，当塔科马的中国人列出 35 家"被火灾烧毁"的公司时，他们是在讲述整个华人社区的经济崩溃。而当太平洋沿岸各州和领地的中国商人要求 42436849 美元的赔偿时，他们是在讲述上万名中国工人的经济崩溃。收入损失意味着太平洋各地的工人失去了继续留在美国的时间，而他们的家人则失去了得以生存的汇款。虽然美国就某些驱逐赔偿了中国政府，但并没有迹象表明这些华人移民拿到了其中的部分补偿。[64]

　　和桑伯恩地图类似，人口普查数据也为了解中国人的迁移情况提供了不甚确凿的依据。虽然联邦人口普查每十年才记录一次，华盛顿领地恰巧在 1885 和 1887 年开展过人口调查。这些调查及时采集了反华暴力前后中国人的人口数据，记录下了中国移民大规模迁移的状况。在国王县（包括西雅图在内），据 1885 年记载，共有 967 名中国人，而到了 1887 年，仅剩 142 人。在皮尔斯县（包括塔科马在内），1885 年有 959 名中国人，而到了 1887 年仅剩 1 人。换句话说，在驱逐活动的巅峰时期，至少有 1781 名中国人从华盛顿领地人口最多的两个县离开。[65]在西华盛顿人口不太多的县，包括路易斯（Lewis）、圣胡安（San Juan）、克拉克（Clarke）、凯特萨普（Kitsap）、帕西菲卡（Pacific）和斯卡马尼亚（Skamania），中国人口也急剧缩减。政府报告显示，流离失所的中国人中有些去了加利福尼亚、俄勒冈、不列颠哥伦比亚和中国，有些在华盛顿领

221

地内找到了新的工作。人口普查显示，中国人从反华运动尤为激烈的西部市镇逃出来，涌入了在农业、矿产、牧业有更多机遇的东部各市。[66]

这股大趋势中当然也有例外。在皮尔斯县，一位留下来的中国男人成了当地的传奇。驱逐开始时，他是为当地白人农家打工的一名劳工。两年后，他买下了 6 英亩的浆果园，娶了白人女性，最终收养了一个白人孩子。"中国周（China Joe）"能熟练说英语，加入了基督教，1916 年去世之前一直定居在皮阿拉普山谷。在他的讣告中，人们记忆中的他是一个诚实、可靠、直言不讳的人，在受洗时都敢说水"太他妈冷了"。社区并不认为他跨越文化界限是一种威胁，而是愿意包容这个"变成白人"的孤独的中国人。在这个几十年中都庆祝排华纪念日的小镇，这个男人通过宗教、语言、婚姻和父亲身份成功融入了白人社区。他为众人所接受的这段独一无二的经历，与上百名流离失所的中国人所遭受的残忍拒绝形成了鲜明对比。[67]

华盛顿领地的人口普查更频繁，因而使得暴力峰值前后的对比更为直观，这种精确度是十年一次的联邦人口普查无法做到的。1880 和 1890 年两次联邦人口普查期间，西海岸经历了一次中国移民人数的激增，一年有 39579 名移民；至少有 168 个社区发起了驱逐中国人的统一运动。前者的现象掩盖了后者的事实。由于缺乏中国人口峰值的人口统计数据，我们很容易低估被迫迁移的中国人的人数。此外，现有的人口数据也有相当大的问题。人口调查员随意音译中国人的姓名，使得在普查年份之间追踪个体的轨迹几乎是不可能的。有些调查者甚至因为怕麻烦，根本没有记下中国人的名字，而只是记下了每个区域内中国人的估算人数。让这件事变得更加复杂的是，所有1890 年人口普查的详细记录都在 1921 年的大火中损坏，随后被毁，这进一步限制了当年可供查阅的数据。[68]

即便如此，仔细检视人口普查数据还是足以说明问题，尤其是在暴力最为猖獗的加利福尼亚州。1880~1890 年，有少数几个县的中国人口急剧下降。最引人注目的案例是北加利福尼亚沿岸的洪堡县（Humboldt County）——尤里卡和其他 7 个参与驱逐的城镇所在地。在那里，县记录的总人数翻了一倍，中国人口却从 241 人下降到了 10 人。反华狂热在大部分北加利福尼亚势头高涨，包括阿尔派（Alpine）、阿马多（Amador）、巴特（Butte）、卡拉凡拉斯（Calaveras）、德尔诺顿（Del Norto）、马里泊萨（Mariposa）和沙斯塔（Shasta）——十年间中国人口总共减少了超过 60%。历史学家将上述结果归因于这些地区伐木业和矿业的消亡。就算这些北部县的人口在下降，中国人口下降的速度在大体上却是整体速度的两倍。变动的经济情况和扩大的暴力活动共同作用，减少了北加利福尼亚的中国人口。显然，反华驱逐在那些受限于经济情况、不需要中国劳工的地区更为成功。[69]

在农业飞速发展的加利福尼亚州中部和南部，这一趋势恰好相反。像圣贝纳迪诺（San Bernardino）、蒙特雷（Monterey）、文图拉（Ventura）、图莱里（Tulare）、洛杉矶（Los Angeles）和圣芭芭拉（Santa Barbara）都迫切需要农场劳工，在这些县市中国人口的增长率比 1880~1890 年总人口的增长率还快。历史学家认为，造成这个结果的原因是经济刺激，但这些地区对农场劳工的需求也可能意味着反华暴力更少。[70] 中国人发现南加利福尼亚的农田相对安全之后，成群结队地涌向了那里的农业区。劳动力严重短缺（尤其是在 1887 年夏天）促使当地的白人农场主更悉心地保护起了他们的中国工人和租种土地的租户。考虑到所有的可能性，驱逐加速了中国人的迁移——从北到南，从衰落的矿区到繁荣的农业区，从反华暴力的核心区域到边缘地带。中国人的迁移改写了加利福尼亚的种族版图。[71]

很多遭驱逐的中国人逃到了农业区，而另一些则到城区里的中国城寻求庇护。联邦人口调查显示，旧金山和洛杉矶的县分别于 1880 和 1890 年增加了 4088 名和 3264 名中国人。据当时的观察，旧金山的中国人口可能出现过短暂的激增，远远超过人口调查的这个测算结果。当地的报纸称，截至 1886 年初，驱逐将七八千"赤贫的"中国人送到了城市里。据 1885 年的城市报告统计，旧金山中国城约有 30360 名中国人，据一位替中国人打官司的著名律师莱曼·R. 莫里（Lyman R. Mowry）估计，1886 年春，中国城的人口增长到了 50000 人。这些数字或许有些夸张，但所有估算都指向了同一种可能：成千上万的中国人在这块城市中的飞地寻求安全感。几十年后，中国商人 J. S. 卢克（J. S. Look）仍记得那一年"美国人开始憎恨华人种族"，然后"难民们都来到了旧金山"。随着中国城的人口达到创纪录的人数，旧金山的华人也经历了新的隔离高峰。[72]

总之，越来越多的中国移民逃离了加利福尼亚。1880~1900年，加利福尼亚的人口净减少了超过 30000 华人。这其中的一些人在 1885 和 1886 年由旧金山码头向外迁移的高峰中离开了这个国家。此前的十年中所记录的年度离境人数平均是 7668 名移民，但在 1885 年有 15185 人从旧金山离开，1886 年离境的中国人为 16915 人。这种差距显示，反华暴力至少是暂时性地从美国赶走了 15000 多个中国人。从全国范围来看，中国人的人口急剧减少，从 1882 年的峰值 132300 人降低到 1890 年的 107488 人，再到 1900 年的 89863 人。[73] 几年以后，Law Yow 回忆起生活在俄勒冈州波特兰的暴力之中的经历，当时他听传闻说"全国上下到处都在暴乱"。他对记者解释说："如果手头的钱够，我觉得我会回中国去。"但就算是有钱买到回国票的移民，也依然面临着艰难的抉择。他们该不该放弃美国比

表 7.2　1860~1920 年的在美中国人口

年份	美国大陆的人数	西部各州和领地的人数 * （占总人口的百分比）
1860	34933	34933（100%）
1870	63190	62831（99%）
1880	105465	102102（99%）
1890	107488	96844（90%）
1900	89863	67729（75%）
1910	71531	51934（73%）
1920	61639	38604（63%）

　　* 包括亚利桑那、加利福尼亚、科罗拉多、蒙大拿、新墨西哥、内华达、俄勒冈、犹他、华盛顿和怀俄明。

　　数据来源：《美国第 14 次人口普查》（Fourteenth Census of the United States）第二卷《1920 年人口：综合报告与分析表》（Population 1920: General Report and Analytical Tables），华盛顿特区：政府印刷局，1922，第 29，31，37 页。

较高的薪酬回国避难呢？由于广东当时也不定期地遭受民族间的冲突、饥荒、动乱的侵扰，似乎他们不可能在任何一地找到安全的容身之所。[74]

　　简言之，多年的驱逐和排斥造成了种族隔离和人口迁移。南方的《吉姆·克劳法》（Jim Crow Laws）[①]和针对黑人的暴力一面将成群的非裔美国人赶到了彼此隔绝的城市地带，一面造成了黑人向北部的"大迁徙"。反华运动也是一样，同样在美国内部形成了两种截然不同的迁移模式。

　　19 世纪末 20 世纪初，一部分中国人住在高度隔离的城市飞地，而另一些则散布在整个加利福尼亚的农业区和美国东部。1880 年，美国 99% 的中国人都住在西部，而到了 1900 年，

---

　　①　泛指 1876~1965 年美国南部各州以及边境各州对有色人种（主要针对非裔美国人，但同时也包含其他族群）实行种族隔离制度的法律。

这一数字跌到 75%。[75] 虽然俄勒冈和华盛顿的中国人口有小幅度的上升，截至 1900 年，西部的加利福尼亚、科罗拉多、爱达荷、蒙大拿、内华达和犹他各州的中国人口都急剧减少。有些中国移民离开了美国，另一些则去了东部。1890 年代，纽约、伊利诺伊、马萨诸塞、宾夕法尼亚和新泽西州的中国人口大幅度增长。[76] 对于中国人而言，大批出现或是近乎孤立的状态反而更安全，这就解释了为什么美国 19 世纪以来中国人的境况比之前都要更孤立、更隔绝。[77]

所有被迫离开家园的中国人都是幸存者，但并非所有人经受的都是同一种苦难。反华驱逐要么是突发性的流血事件，要么是漫长无际的运动。有时会用到武力，其他时候则仅仅是威胁而已，并且有时这种威胁的方式也极不明显。的确，不同个体的经历差异巨大，更遑论是由他们各自所诠释的经历。这些诠释在历史记载中几乎无迹可寻；少数幸存者有机会讲述他们驱逐的经历，但他们的话却极少流传下来。[78] 就算中国移民曾以口述的方式讲述过这段暴力的民间史，它们如今也已无处可寻。那么，从仅存的一点点资料中，我们能捡拾起什么呢？

毋庸置疑的是，驱逐意味着中国人生命中的断裂时刻。这种断裂对于这群移民而言并不陌生——它们从独自跨过大洋、在全新的世界重启生命的那一刻起，就早已将自己连根拔起——然而在暴力波及之时，他们再一次被迫远离生存的土壤，这一次却是违背意愿的一次。就在他们逃离新发现的家园时，中国人一路遭受着真实可见的损失：同胞死去、工作终结、财产被毁。他们重建的过程中同样被更难描述的丧失感填满：安全感、熟知的规则，以及社群带来的自信。简言之，他们经受了生命、自由和快乐的骤然流逝。[79]

虽然民团暴力所及不分性别，但还是产生了性别上的影响。男性在驱逐事件中首当其冲，毕竟他们构成了美国西部华人的绝大部分，女性则承受了暴力带来的连带反应。丈夫被迫丢了工作，身在美国和中国的妻子暂时就没了支柱。丈夫过世，妻子便失去了人生伴侣、孩子的父亲，也时常失去了维持生计的主要途径。在西雅图，陈宜禧的妻子流产了。无论是对于男性还是女性，驱逐的摧毁性力量并非转瞬即逝；过往的恐惧给了他们的身体和灵魂以持久的影响。在美国，幸存者们每日穿行于白人社会之中，带着暴力在身体和心理上留下的伤疤。

在最日常的层面，成为幸存者意味着思考死亡。美国西部的反华暴力让中国人同他们自己的必死命运建立起可怖的亲密关系。远离祖先故土的中国人面临的是：无人凭吊孤独而死，以及无人纪念的不安来世。根据广东的传统，去世的人要想成为祖先，必须埋葬在自己的故土，辅之以适当的丧葬仪式。如果不遵照这些习俗，逝者就会变成孤魂野鬼四处游荡，衣食堪忧，不能福泽后代。因为担心这让人恐惧的中间境地和对后世的影响，身在美国的中国移民成立了互助团体，许诺在对方死后将其送回国，再在他们的故乡替他们操办葬礼。1880年代中期的反华屠杀激起了对于遗骨损毁或无人认领、遭人遗忘的恐惧。即便是短暂爆发的暴力时刻，也依然将中国人置于永久漂泊的可能之中。无论是死后还是活着，中国人都面临着危险与不安的生存境地。[80]

如果了解中国移民日常对于无根之感的熟稔，就知道他们太容易去想象无所归依的来世了。1911年，旧金山的一位中国书商出版了一本罕见的粤语民谣选集《金山歌集》，核心主题就是不停漂泊流浪。在一首诗中，佚名作者形容自己是："烈士运逢逆，终朝忘寝食。万里奔驰愁戚戚，时刻劳心兼劳力。"另一首则抱怨了自己身为羁旅之客的悲惨生活："廿年悲做客，犹未返故宅；遍历东南有西北，所为掣阻常蹙额；愁默

226

默，自惭志不得。"移居他国的选择并不是导致中国人无家可归的原因，因为移民的过程中还可能找到新的家园。是驱逐和排斥的遭遇使得他们漂泊不定，夺去了他们找到容身之所或是回归故国的决定权。[81]

尽管他们的困境是由他们不可控的力量造成的，但还是很少有中国人能够摆脱个人的失败感。对于被放逐的中国人而言，由驱逐、排斥和帝国主义造成的创伤是不可分离的，于是屈辱感渐渐积聚。旧金山1882~1885年的中国总领事黄遵宪在一首名为《逐客篇》的长诗中，描述了中国人身上背负的复杂而纠结的耻辱感。

> 有国不养民，譬为丛驱雀，
> 四夷投不受，流散更安着？
> ……
> 堂堂龙节来，叩关亦足躩，
> 倒倾四海水，此耻难洗濯！ [82]

短短几行诗，黄遵宪影射了一个衰落的中国、被放逐的华人和边境控制的威胁（甚至对他这样的外交官亦然）。所有这些屈辱意味着颜面尽失，不管是对于个人、国家，还是民族。"岂谓人非人，竟作异类虐。"黄遵宪在另一首诗中写道，"茫茫六合内，何处足可托？"[83]

中国人对于这段创伤的反应，无论是在证词还是在诗歌里，都很少流露出生气、愤怒或是报复的想法。Lum May的妻子属于个例。May是塔科马的一位商人，他在华盛顿领地的总督斯夸尔面前作证，说自己的妻子承受了不可估量的精神损失。"正因为暴动过程中我们遭受的兴奋、惊吓和损失，［我妻子］才会失去理智。"他陈述道："她疯得无药可救，如果没人看管就用小斧头或者其他武器攻击别人……暴动前她完全没有精神问题。"另一位商人 Kwok Sue 也为这位女性之前的清醒和如今的"杀人狂热"作了证。当地一位白人医生证实了几位商人的证词，给出了他的专业观点，认为她"当下的疯狂是缘于被赶出塔科马的经历"。[84] 这位女性本人从未被提及姓名，也没有出来作证。或许她之所以被说成是疯子，是因为她表达了一种危险的非女性情感：想要杀死那些从她身边把家带走的人。抑或是她可能真的丧失了所有理智。不管怎样，她是华盛顿领地的中国人的证词中所能找到的唯一愤怒的声音，尽管这声音也只是从他人的讲述中挑拣出来的。商人们站在美国官员面前，认为最好不要去表达他们可能感受到的愤怒。毫无疑问，有很多东西并没有被表达出来。

19 世纪末，被迫进行大规模迁移的中国人还必须应对法律和社会层面的排斥——无论是在这个国家的边境，还是排斥正变本加厉的内陆。长期以来中国人都被打上种族异类的标签；如今又被烙上了不法分子（illegality）的符号。这种排斥并非让所有人都面临同样的危险，而是根据阶层、性别、法律地位和入境日期不同，结果不一而足。实际情况是，排华和相关政策的执行产生了五种全然不同的针对外国人的社会分类。[85]

其中三种是非法的。一种是偷偷潜入美国而没有被发现的"无证移民（undocumented）"。他们付钱给走私者，让他们把自己运过边境线，到了美国之后，他们生活在随时可能被发现的危险之中。一种是"欺骗性的有证移民（fraudulently documented）"，这群人通过合法渠道入境，所凭借的却是造假的移民证件。这些移民谎称自己属于"被豁免"的身份，譬如商人或归国居民。还有一种是"欺骗性公民（fraudulent citizens）"，入境时假称自己是美国公民。尽管中国人因为种

228

族原因没有入籍资格，但他们仍然可以通过出生地或父母的身份成为美国公民。"欺骗性公民"也叫"纸上的子女"，他们花钱买来一份假的家谱，随后便获得了美国公民的特权，其中就包括不受限制入境的权利。所有这三类非法移民中，只有无证移民是确定处于法律和社会的合法性之外的。但这三者分类下的移民都有被发现的风险。[86]

余下的中国人在美国国内则分属另外两种身份，这两种身份都合法，但生存依然艰难。第一种是拿不到公民资格的"合法华人居民（legal Chinese residents）"。他们合法进入这个国家，但由于入籍的种族前提，无限期地处于"无资格成为公民的外国人"的身份中。大多数这类"永久外国人"要么资格比较老，大多是在 1882 年之前来到美国，要么就是精英阶层，即被豁免的商人、学生、外交官，以及这些阶层的人的妻子。所有中国合法居民都被剥夺了公民的权利和特权，主要有：投票权，继续留在这个国家的权利，以及在西部的一些州拥有自己土地的权利。尽管这些持永久身份的外国人具有法律地位，但他们也可能因为被指控卖淫、刑事犯罪，或证件不一致而被驱逐出境。[87] 最后一种分类是人数虽少但增长很快的"华裔美国人（Chinese Americans）"，这群人是土生土长的美国公民，由《宪法第十四修正案》承认、1898 年最高法院裁定的**美国诉黄金德案**（United States v. Wong Kim Ark）确定。尽管这些公民在法律上被国家承认，但仅仅由于种族原因，他们就被认定是"异族公民"。在数年的限制、排斥和遭遇入籍门槛之后，做中国人就意味着——成为被疏离的异族。在大多数美国白人，包括一些国家官员看来，"华裔美国人"就算生在美国，也永远都是异族。[88]

无论是在美国边境还是在内陆，所有华人和华裔美国人都时刻担心自己被当成是非法移民。这就使得他们极易受到骗子、雇佣他们的人和国家官员的剥削利用。任何一个身份可疑的中国人都可能被敲诈（白人和中国人都有），被迫从事不人道的劳动（少有获得赔偿的希望），以及随时随地被突击检查（似乎是随机的），并且这些风险并不限于边境地区。[89]

排斥最不容易被注意到的一个危害就是走私泛滥。随着国家官员加紧对边境的控制，越来越多的中国移民铤而走险，选择了聘雇走私者。美国海关官员非常担心走私者会"完全枉顾原则"。1887年，特派员赫伯特·F.比彻报告说，他担心"有那么几次，缉私船追得紧，这些人就故意杀害了船上的人，然后把人扔下甲板，沉到海里去"。在中国公使张荫桓1889年给朝廷的信中，他表示了认同：走私让中国工人更容易遭受暴力。"每有无赖洋人，纠合华人在香港设立行店，"他这样解释说，"每年至少以五千人计之，岁得五十万金，与金山华人会党串通分闰。"根据张荫桓的说法，移民们不太能理解美国的排华政策，人贩子自然也不会费力教育他们。"所包华人抵岸后，有工与否，焚毁驱逐与否，"他抱怨说，"愁急自尽与否，皆不及计也。"[90]尽管非法华人移民的历史常以个人的反抗行为被记载下来，但人口贩运的增加对这种说法提出了挑战。[91]排华政策进一步剥夺了中国工人筹划自己行程的权利，使得他们极易遭到走私者不人道的待遇。然而在其他情形之下，排斥和暴力依旧携手并进。[92]

由于所处的环境和身份都缺乏安全感，很多中国移民会与他们的新住所保持距离就并不令人意外了。尽管中国人继续来美国并且生活在了那里，他们还是出于本能的自我保护，在中国城展开民族共存的团结策略，在独自一人时则自力更生。为了找回安全和尊严，美国的中国移民在社区、交流、商业、医疗和法律方面自成一体。虽然他们也参与主流的经济和社会活动，他们却用自己的方式存钱、汇款，印刷、散布信息，生

加利福尼亚州旧金山的罗斯巷（Ross Alley, 1898），摄影：阿诺德·盖斯。为了寻找安全感和归属感，一些中国移民会在类似于旧金山中国城这样的地方找到他们的族群飞地。（Arnold Genthe Collection Library of Congress Prints and Photographs Division, Washington, D.C., LC-USZC4-3890.）

产、使用药物，开办、维持生意，以及惩罚罪犯。

搬离华人飞地的移民不会直接参与到主流的工作市场中，而是往往选择加入一些小众产业，例如手洗洗衣店、中餐馆。[93]这种生存策略对于离散在东南亚、澳大利亚和南美的海外华人族群（diaspora）而言并不陌生，而排斥和驱逐则帮我们解释了该策略为什么尤其在美国持续存在。[94]

仍有很多中国人发掘出能够包容他们种族的狭小空间，并从中获得了饱受暴力蹂躏之后的复原力。[95] 1924 年，有学者问起受访的中国人：如何看待美国的种族关系？他们讲述了某种混杂不清的种族分界线。Woo Gen 于 1886 年暴力发生之前在西雅图开了一家烟草厂，他作证时说自己凭枪和斧子成功抵挡了一波驱逐。而骚乱终结，尘埃落定之后，他却发现自己的烟草卖不动了。他还记得，从事小规模商品蔬菜生产的华工也"不太容易卖货给白人"。暴力改写了经商的种族规则，这要求 Woo Gen 必须通过反复试错掌握新的行为规范。最终，他发现在西雅图开一家洗衣店是可行的。比起他之前的生意，这无疑是在走下坡路，但好歹也算是通往经济独立的一条生路。[96]

另一位在暴力发生后抵达西雅图的中国商人 Chin Cheung 也描述了某种极为微妙的种族分界线。当被记者问到商场和饭店中是否存在歧视时，Chin 否认了，他认为和白人做生意并不难。他对记者说，"我知道有的地方对中国人还行，然后我就过去那里，然后远离其他地方。"一些公司、空间和市镇依然对中国人开放，而另一些则大门紧闭。这些人对地方十分了解，自信能分辨两者的区别。而学者在一个多世纪之后远远回望这些地方性的种族交锋，就不可能看得这么清楚了。[97]

废除与致歉

美国进入 20 世纪之后，排斥政策在缩紧之前就已经扩大了。首先，美国逐渐将排华政策转变成了排斥亚裔政策。1907年末1908年初，美国通过一系列机密的外交照会与日本协商出了一个限制法案——《君子协定》（Gentlemen's Agreement）。在单方面排日的威胁之下，日本政府同意禁止日本和韩国工人移民美国，除去那些直系亲属是美国公民的劳动力。[98] 1917年，美国单方面禁止所有"亚洲禁区（Asiatic barred zone）"的移民来美，包括印度、缅甸、泰国、俄罗斯亚洲地区、马来联邦、东印度群岛、波利尼西亚群岛和阿拉伯、阿富汗的部分地区。在1921年被紧急叫停之后，国会于1924年通过了国内第一部全面移民法《国家起源法案》[National Origins Act，又称《约翰逊—里德法案》（Johnson-Reed Act）]，规定了所有欧洲移民的配额，并将绝大多数亚洲人视作"无资格获得公民身份的外国人"。1934年，国会不顾菲律宾人作为美国国民的正式身份，通过《泰丁斯—麦克杜菲法案》（Tydings-McDuffie Act）禁止菲律宾人移民美国。[99]

20世纪中期，第二次世界大战和冷战改变了太平洋地区的地缘政治，美国于是开始废除排斥亚裔法案。中国在二战中是美国对抗日本的重要盟友。为了瓦解这一军事同盟，日本在太平洋开始了政治宣传活动，强调排华是美国种族主义和虚情假意的证据。因为担心日本人的计策会挫伤中国人的士气，富兰克林·D.罗斯福总统敦促国会，为"赢得战争，建立安稳和平之大业"废除排华政策。作为回应，国会通过了《1943年麦诺森法案》（Magnuson Act of 1943），废除了排华政策，允许中国每年有105名的移民限额，合法的华人居民可加入美国国籍。[100]

地缘政治的压力与国内的激进主义合力，共同导致剩余排斥亚裔法案的消亡。1946年，《陆席—塞勒法案》（Luce-

Celler Act）扩大了印度人和菲律宾人入籍的特权，还给了每个国家每年 100 名移民的限额。1952 年，《移民与国籍法案》［Immigration and Nationality Act，又称《麦卡伦—沃尔特法案》（McCarran-Walter Act）］开启了全面移民改革，终结了加入国籍的种族前提，并将每年的配额扩展至所有国家，包括亚洲各国。然而，该法案还保留着排斥亚裔的残余。欧洲移民的配额是根据他们的原籍国家而定的，但亚洲移民的限额却由他们的种族血统来决定。无论一个人是生于中国还是生于加拿大，在该法案的规定下，华人永远都是华人。1965 年，《移民与国籍法修正案》［又称《哈特—塞勒法案》（Hart-Celler Act）］最终结束了这种以种族为基础的配额制度。新法案优先考虑家庭重聚和技术移民的情况，但也为每个输出国发放了同样数量的签证，同时按照半球限制移民总数。该法案同"战时新娘（war bride）"①和难民的立法一道，极大地增加了美国亚裔移民和亚裔美国人的人口数量。根据近期的移民率统计，亚裔美国人在 21 世纪是增速最快的族群。101

排华政策结束了，余波却难平息。诸多的歧视性法律改变了华裔美国人的社群，哪怕美国曾经多次作出消除影响的尝试，但其影响依然不可磨灭。1956~1965 年，对于那些肯坦白自己的非法身份，并上报家人和朋友类似情况的华人移民，联邦政府临时为他们调整了身份。旨在根除共产主义者的《自首计划》（Confession Program）将 30530 名中国人带离了非法移民的阴影。而其他众多非法华人移民因为担心政府的意图，并没有选择身份合法化这条路。时至今日，美国仍有华人生活在限制阶段非法跨境的负担之中。102

不过，在今天的美国华裔中，很少人和排华政策的受害者

233

---

① 指士兵在战时因军事调动而结识的新娘，尤指外籍女性。

有直接的亲属关系。如今，能往前追溯三代美国华裔祖先的，只占华裔总人口的不到10%。这同样也是美国固守国门的一个遗留问题。美国移民法通过排斥、驱逐和威慑，使得华人家庭分离逾六十年，造成后代的家系分裂，亲族纽带缺失。[103]

2011年与2012年，在华裔美国人社区团体的敦促之下，国会两院一致通过了向排华政策致歉的决议。这仅仅是美国迄今为止第四个表示道歉的决议，之前的三次包括：关于奴役和隔离非裔美国人、扣押日裔美国人、占领夏威夷群岛的致歉。参议院宣布，对以下几点深表歉意：

《排华法案》与相关歧视性法案的实施：
　　①迫害并在政治上排斥华人后代；
　　②不公平地限制了他们的公民权利；
　　③将种族歧视合法化；
　　④在华人群体内引起了持久性的创伤。

国会的致歉决议所表露的认错之举意义深远。至少有过这么一个时刻，美国的政策制定者相聚一处，共同面对支撑这个国家排斥政策的种族主义，纵然日后证明这一刻转瞬即逝。[104]

回想参议院作出决议的过程，参议员帕特里克·莱希（Patrick Leahy，佛蒙特州民主党人）表达了他的希望：这将"标志着参议院朝更重大的承诺又迈出了一步——保护全美国人的公民与宪法权利，不分种族或民族"。[105] 国会的许多成员都有着同样的平等主义情怀。然而，他的措辞却掩盖了某种事实，那就是：大多数在排华时期备受歧视的中国人并不是"美国人"。他们是异族。国会的道歉重申其想要一视同仁地保护所有美国公民的许诺，却绕过了一个关键性的问题，而这个问题恰恰是排斥外族的历史所提出的：在现代美国，一个外国人究竟可以拥有何种权利？

19世纪，"异族中国佬（heathen Chinaman）"构成了现代美国排斥外国人的社会和法律基础，但这个分类和它产生的深远影响比这个词本身延续得更久。时至今日，最高法院依然没有把宪法承诺的平等保护和正当程序原则拓展到移民案件中的外国人身上。全权原则使得联邦政府有权力常态性地依据移民的国籍和阶层决定移民的限制条件，并且也有权以他们的宗教信仰和种族为由禁止他们入籍。在20世纪，很多外国人会不经庭审而草率地遭受驱逐，那些上法庭申辩的外国人也不一定能得到政府指派的法律顾问。[106] 外国移民在法律上的不利地位不可避免地渗透进了社会领域。尤其是那些被当成是不受欢迎的或是非法的移民，在美国的邻里街坊、工作场所和想象的社群中间，占据着极易受到伤害的一方空间。如果说排华的历史教会了我们种族歧视的危害，那么这段历史同样应该让我们警惕：由异族排斥产生的不平等是多么危险。

后记　现代美国的异族

"或许，包容外国人的面容、装束、口音是纽约公民与生俱来的权利，"《纽约时报》的编辑在 1890 年曾这样表示。在这座"多人种构成的城市"，美国人、德国人、荷兰人、英国人、爱尔兰人如今每天和来自斯堪的纳维亚、波西米亚、亚美尼亚、日本、俄罗斯和中国的人混居在一起。可即便是生活在一群外国人周围，根据报纸的说法，"我们国门之内的中国人"似乎"依然比其他国家的人更像异族"。中国人不只在移民中间与众不同。"黑种人和红种人 ① 更为相似，"编辑评论道，"适当地看顾和教育他们，把他们当作公民平等对待，红种人和黑种人就可以被同化，并且可以照我们想的那样成为我们中的一员。""中国人就不是这样，"《纽约时报》总结说，"中国人不可能被同化。"[1]

回望历史，从 19 世纪末美国的大背景下来看，对华人异族的塑造过程看上去尤为独特。毕竟南北战争结束之后，美国公民身份急剧扩大到了传统白人之外的人群。1866 年的《民权法案》和《宪法第十四修正案》使美国此前的奴隶得以凭借出生在美国的土地上而成为公民。尽管这些举措仍将"不交税的印第安人"排除在外，但在随后的几十年里，国会开始逐批分次、零零散散地将公民身份延展至越来越多的印第安原住民身上。在一定程度上，南北战争之后正式公民身份的重新调整是基于现实层面的考量。在南方，非裔美国人的公民身份有助于瓦解之前的邦联，而在西部，印第安原住民的公民身份则加速了对部落土地的强制占用。而崇高的"种族归化（racial inclusion）"理想同样起到了至关重要的作用。激进的共和党

---

① 红种人，指北美印第安人。

人设想出了一种国家领导下的同化与合并的过程，用以将"黑种人"和"红种人"纳入这个国家和政体之中。通过重建南方和西部，联邦政府可以将这些"未开化的"族群塑造成更有价值的公民。联邦旷日持久的入籍计划或许是强制性的，有时甚至充斥着暴力，但其本意是建设一个更加兼容并包的美国。[2]

那么，为什么排华与现代美国的异族偏偏在这个时候出现呢？现在回看这段转向种族自由主义的过程，此种对待中国人的方式似乎有些反常。但实际上，严苛的种族排斥历史和种族归化历史是一枚硬币的两面。南北战争之后的时期同时产生了现代美国公民和现代美国的异族，这并非巧合。在美国法律和社会中，没有合理的公民身份概念，就不可能有实质性的外国人身份的概念。而只有在南北战争之后，国家公民才得以产生。

*

当然，在南北战争之前，公民和外国人的概念就已经存在了，但在这一时期，公民和外国人的身份在决定一个人在社会中享有的权利和地位方面，起到的作用较小。这部分是由于19世纪初期公民身份的定义尚不完整，更多是因为当时有太多可供选择、彼此冲突的"社会成员身份（social membership）"。因为宪法没有建立起一个单一、正式、无差别的国家公民身份概念，各州仍保留了赋予公民身份、列举公民特权的权利。这就导致公民权利是多样而分散的，在州的边界之外，很多公民权利就不复存在了。除此之外，地方和国家的管辖权认可许多其他的社会成员身份，个体可以从中获得他们的权利、特权和责任义务。个体的身份地位建立在性别、种族、自由、财产、婚姻状况、所属教区、居住状态等基础之上。根据身份形式的不同，所用的排斥手段也彼此各异。没有一个国门将美国人同外国人区分开来，而是在国门之内用多种身份的藩篱对人加以区分：主人与奴隶、男人与女人、家长与子女、财产拥有者与无土地者、纽约人与罗德岛人。[3]

237　　这种错综复杂的社会成员体系并没有阻止所有固守国门的尝试。从国家成立的那一刻起，本土主义运动和移民法就对欧洲人和非洲人的小群体进行排斥和驱逐。19 世纪初，这类针对移民的管控权主要留给了各州。作为殖民地时期贫困法的产物，各州开始建立起排斥、清除穷人及其他"不受欢迎的人"的制度。通常来说，这类州层面的管控针对的是外国人，但它们同样也清除了其他州出生的公民。另外，为了维系奴隶制，南部各州通常会限制自由黑人进入（不管他们是不是生在美国）。这就产生了一个分裂的严守国门的制度，一方面监控外国人的流动，另一方面又限制了公民、自由黑人和奴隶。[4]

除了管控奴隶贸易之外，1882 年以前，唯一限制移民的联邦法律就是 1798 年的《外国敌人法》（Alien Enemies Act）与《外国友人法》（Alien Friends Act）。前者仅仅在战时影响到了敌方的外国人，后者则容许联邦政府基于对危险的怀疑而驱逐任何外国人。颇具争议的《外国友人法》明显是《排华法案》的先驱，但它其实从未被实施，很快就失效了，之后也没有留下什么司法痕迹。[5] 南方各州的政客又阻挠了将边境控制权划归到联邦的企图。为了维护他们管理奴隶和自由黑人迁移的能力，南方人在移民问题上一直和联邦的干预抗争。因此，直到南北战争前夕，美国还没有统一的公民身份、外国人身份和保守国门的观念。

*

南北战争结束后的改革促使美国管理外国人和本国公民的

制度发生了巨大变化。伴随 1865 年《宪法第十三修正案》规
定了奴隶解放，南方对联邦边境控制权的抵抗也宣告终结。南
方各州亦不再有强烈的动力宣称自己具有管理人口流动的权
力。1868 年，《宪法第十四修正案》许诺的平等法律保护加强
了对州法规的司法审查。随后几年的司法判例显示，州在监管
公民与外国人的流动方面权限很小。这些司法和行政的变动为
联邦政府掌控国门铺平了道路。

南北战争之后的时期同样标志着美国公民身份的变革。国
会不仅将公民身份拓展到了更多人身上，还为这个概念赋予
了新的内涵。国会有史以来第一次规定了国家公民身份的单一
形式，赋予了公民特定的权利和豁免权，并且要求联邦承诺保
护公民权利。无论在法律层面还是在现实中，宪法修正案并没
有带来实质上的平等，性别、种族、阶级和能力依然能影响一
个人的法律与社会地位；但至少提供了现代公民身份的理论框
架。为了保护美国人永不为奴，且不受州权力滥用的侵扰，国
会将赋有权利的公民载入宪法直至今日。[6]

一旦联邦政府的国家公民概念开始成形，界定哪些人不在
其中就只是时间问题了。公民这个定义如果成立，就需要有外
国人的概念——两者是彼此依存而生的。[7]尽管国家公民身份
从 1860 年代末就开始成形，现代美国并没有马上弄清楚外国
人的法律地位应该包含什么。哪些人可以被认定是外国人？时
间是多久？哪些外国人可以进入这个国家？为了排斥和驱逐不
受欢迎的外国人，政府手中应该掌握什么权力？外国人能拥有
何种权利？非法的外国人也可以享有同样的权利吗？中国人并
不是美国的第一批外国人，但美国却是第一次为这一系列的紧
迫问题草拟答案，为的就是将中国人从这个国家清除出去。伴
随着国家和公众将中国移民塑造成为异族的缩影，他们同样制
造了现代美国的外国人这一概念，并开始在法律和现实层面勾

238

画其意涵。

现代美国异族的形成和南北战争之后公民身份的调整密切相关。《宪法第十四修正案》打开了一种可能性——祖籍在中国的华人有朝一日也可以生而成为美国公民——正是这种希望刺激了排华时期的人口迁移。中国移民抵达美国之前，美国领导人担心社会的异质性可能会毁掉他们的共和主义实验。南北战争以前，他们寄希望于社会分层和内部排斥能够削弱不受欢迎的少数群体的权力；而随着南北战争结束，公民身份和选举权的范围进一步扩展，他们对美国社会中文化多样性的破坏性力量的恐惧达到顶点。8 作为回应，公众和国家都以前所未有的热情投入到非裔美国人和印第安人的同化中去；同时尤其执念于中国人"无法被同化"的现实。

公民出生地原则① 刚刚对中国人开放时，反华煽动者们试图缩紧其他两种成为公民的渠道——归化和移民。从 1790 年起，归化的特权仅限于"自由白人男性"。1868 年，美国外交官就《蒲安臣条约》谈判时，重申了中国人没有成为归化公民的资格。② 1870 年，国会在讨论如何给予新释放的外国出生的奴隶以公民身份时，重新回到了"归化"这一问题。有人认为，是时候从美国的入籍条例中划掉"白人"这个词，并允许中国人和所有移民一样享有同等权利。但包括内华达州的参议员威廉·斯图尔特（William Stewart）在内的国会议员都主张，近期公民身份的拓展已经足够了。"就因为我们解放了奴隶，给了他们公民和政治权利，难道就意味着我们必须

① 指凡在美国领土和领地出生的人都能自动成为美国公民。

② 出生在美国的人以及虽然生在海外但因父母是美国人而在出生时即获得公民身份的人，都被视为"自然出生（natural born）"的美国公民。除了"自然出生"的公民外，美国还有"归化（naturalized）"公民。外国人移民美国，符合一定要求，获得批准并宣誓入籍后，便成为归化公民。他们拥有和自然出生的美国公民一样的权利和义务，但是不能担任总统和副总统。

将这些政治权利延展到全球所有人的身上吗？"斯图尔特质问道。对他来说，答案很显然是"不行的"，因为这样会"致使美国人的公民身份变成一场闹剧"。[9] 斯图尔特坚信，既然南北战争之后南北方的藩篱倾倒，那么国家边境的围墙就需要高高竖起了。最终，国会同意了，归化成为公民的权利仅延展至"生于非洲的外国人和非洲人后裔"。然而，不是所有国会议员都对这个结果满意。"如果你拒绝了一大阶层的公民身份，那么你就会有某种危险，"堪萨斯州参议员塞缪尔·波默罗伊（Samuel Pomeroy）提醒道："你就会有被奴役的危险；你就会有在一个社群中被剥夺权利的危险。"他认为，永久性的外国人这一社会底层将会面临着极大的被虐待危险。没有太多人留心他的警告。[10]

在将中国移民划为永久性的外籍人口，并且截断他们获得公民权利的渠道之后，联邦政府就开始限制他们入境、剥夺他们的权利。反华煽动者们以暴力的方式宣称他们生来就享有权利的公民地位时，国会用一系列的排华计划作为呼应。最先是 1875 年的《佩奇法案》减缓了华人女性移民美国的趋势，进而减少了华裔美国人的出生。紧接着是 1880 年的《安吉尔条约》和 1882 年的《中国人限制法案》临时限制了华人劳工移民。1880 年代中期爆发的史无前例的反华暴力迫使国会于 1888 年转向单方面排华政策，随后暴力增多，国会又在 1892 年实施驱逐政策。

如我们所见，边境管制的不断加强和华人移民对抗管制的不懈努力，引发了一系列关于外国人权利的关键性司法裁决。之前，最高法院原本已经为管控移民找到了宪法的法律基础，但在 1889 年，法院宣布移民属于宪法之外的主权问题。在全权原则的指导下，法院赋予国会界定、排斥、驱逐外国人的绝对权力，实际上是放弃了在该领域监督行政部门的权力。19 世

240

纪的种族恐惧和偏见渗透到了司法裁决当中。最高法院宣称中国移民是"一次东方的侵略"，是"对我们文明的威胁"，继而在移民和同化问题上，拒绝承认宪法赋予外国人的程序公正和平等保护的权利。一个所谓的华人异族可以被无限期关押，仓促排斥，得不到政府任命的辩护律师，在行政听证之后任遭驱逐。通过这些法令，法院稳固了外国人在公民权方面的劣势地位，同时强加了公民身份的特权。[11]

然而，作为原告的中国人也代表外国人在法律上取得了一些意义非凡的胜利。例如 1886 年的**益和诉霍布金斯案**（Yick Wo v. Hopkins）①和 1896 年的**王温诉美国案**（Wong Wing v. United States）确立了外国人作为在美国领土上的独立个人，应保有特定的基本权利。1898 年的**美国诉黄金德案**裁定，所有在美国领土范围内出生的孩子，无论其父母的移民身份如何，都可以获得公民身份。在这一案件中，最高法院的裁决与代表威廉·麦金利政府的美国司法部副部长的意见相悖，后者认定，中国人甚至连出生公民权都应该被剥夺。在上述每一个里程碑式的裁定中，中国人的权利都成为在美外国人权利的判例。[12]

这并不是说，排华一手搭建起了现代美国坚守国门的基本框架。《中国人限制法案》通过仅几个月后，国会凭借 1882 年《联邦移民法案》将限制穷人、罪犯、"不适宜"个人的权力交给联邦。1880 年代，国会又将限制中国人和一般移民管控的权力交予联邦，但自身却在 1909 年之前保留了两套独立的执法制度，并于 1924 年制定了单独的移民法。几十年来，将全体华工排斥在国门之外和限制不受欢迎的特定移民群体入

---

① 华人益和在旧金山经营洗衣店已有 22 年，却以不允许在木制建筑中经营洗衣店为由，被旧金山监事会逮捕。益和将逮捕他的警长霍布金斯告上法庭。最终，因《宪法第十四修正案》的平等保护原则不仅适用于美国公民，同样也适用于非美国公民，法官下令立即予以释放，益和的诉讼取得了最后的胜利。

境——两种政策兼而有之，并行不悖。尽管有了法律和行政上的划分，执行《一般移民法》的官员借用了排华政策的执行策略，反之亦然。[13]

虽然排华不是固守国门的唯一源头，但它的确从形式和实质上建立了现代外国人身份的含义。1891 年《一般移民法》生效后，国会利用排华这一先例在所有移民庭审中拒绝对法院进行司法审查，而最高法院不久便证实：全权原则适用于所有外国人。这就使得移民案件脱离了司法系统——原本外国人可以借助司法获得平等保护和正当程序的宪法保障；这些案件被放置在了另一种简易的行政诉讼体系中，在这一体系中，联邦官员具有广泛的自由裁量权。即便如此，外籍白人也从未像中国人一样，能如此直接地感知到全权原则带来的影响。对于外籍白人而言，加入美国国籍，哪怕只是宣称有意愿入籍，都为他们身为外侨的诸多不利提供了保护伞。[14]

1890 年代，亚洲其他国家的移民开始大批抵美，他们和中国人的经历颇为类似。法院的裁决逐渐确立：日本人、韩国人、南亚人和中国人一样，在法律上都不属于白人，并且都不能入籍。《排华法案》已经在以出生地限制移民的实践方面首开先例，20 世纪初，联邦政府又将这一政策延伸至亚洲其他国家的移民。1924 年全面的移民法案继续沿袭上述思路，建立了三级移民计划。《约翰逊—里德法案》将所有亚洲移民排斥在外，豁免了西半球所有移民，并按等级为欧洲移民分配限额（尤其倾向于那些更容易被同化的民族）。为实施全面移民法，联邦官员运用了首次在中国人身上试用过的监视、拘禁、审讯、移除的手段。[15] 在更根本的层面上，他们依靠的是排华所产生的关于外国人身份的制度化概念。

把守国门当然对建立现代外国人的概念有所帮助，但地方暴力和国际外交也起到了一定作用。现代美国的外国人是 19

241

世纪末的产物，在这一时期，种族主义和帝国主义以某种奇特的力量交会一处。外国人身份的轮廓是在多种权力形态的交会处产生的——种族界限、国家边界、帝国关系——也是在多重规模的交会处产生的——地方、国家和国际。

通过审视反华暴力带来的一连串影响，我们已然了解：这些盘根错节的权力关系是如何将中国人推至美国社会与美国人的记忆边缘的。暴力的种族政治和本土的边境管制给联邦法律注入了地方偏见。而随着中国人在美国政府眼中成为异族，他们的地位就落在了地方的等级制度和国家舞台上。反过来，美国在亚洲日益增长的野心也有助于证明：在国内使用全权原则是合理的。地方暴力、国家法律、国际外交三者合力，现代美国的外国人从此诞生了，同样诞生的不出意外还有"非法的"外国人。

*

南北战争之后，国门的守卫愈发森严，这在公民和外国人之间划定了持久且极具变革性的法律界线。美国公众和国家政府越来越把这个国家想象成"对外强硬，对内软弱"。[16] 国家内部的包容似乎就需要在边界拒斥外族。这个至今在许多圈子中神圣不可侵犯的流行观点，其实是源于对中国人的排斥。[17]

但 19 世纪末的现实情况没那么容易和这个理想相匹配。国家的边界愈发强势，但现实中这个国家的内里却并没有变得柔软。在南北战争后期，女性仍无法享有平等的权利、义务与特权。尽管形式公民权已经延伸到了非裔美国人、印第安人和墨裔美国男性，但这些人从未充分体会过包容与平等。中国人变成了异族，其余人则成了二等公民。

1845 年美国吞并得克萨斯以及 1848 年美墨战争结束时

签订的《瓜达卢佩—伊达尔戈条约》（Treaty of Guadalupe Hidalgo）使得墨裔美国人获得了美国公民身份。有了正式的公民身份，就有了作为合法白人的墨裔美国人，这一事实在1897年得到了法院方面的证实。尽管联邦政府支持墨裔美国人申请公民身份，但当地的做法却时常否认墨裔美国人全部的社会和政治成员身份。墨裔美国人在种族上被认为是身份模糊的，因而普遍面临着公民选举权被剥夺、事实上的种族隔离和日常歧视的窘境。[18]

对于印第安原住民而言，联邦政府仅仅将公民身份给了南北战争之后易于同化、积极合作的人。鉴于大批印第安人在搬迁、疾病、战争、饥饿和清洗中被杀害，并没有太多印第安原住民最终成为美国公民。而那些获得正式公民身份的印第安人发现，他们不可能和白人公民一样享有同等的法律权利。即便是锐意的改革者和支持同化政策的联邦官员，到了20世纪初也开始认为印第安人从种族上就不适合充分享有公民权。1909年，最高法院认定，印第安原住民的公民身份属于一种不完全的形式，并宣称联邦政府必须继续以监护的形式持有他们的公民身份。[19]

在同一时期，非裔美国人的合法权利被极大地削减了。激进重建时期（Radical Reconstruction），种族自由主义方兴未艾，联邦政府很快就放弃了保护黑人公民的权利。值得注意的是，白人暴力推动了南方种族政策的退缩。1890年代，白人民团发动了一场致命的种族恐怖运动。民团运动和反华运动一样，都是暴力种族政治的一种形式。通过攻击黑人社区，南方白人至上主义者力图让非裔美国公民处于从属地位，并以此维护自身的政治权力。联邦政府受困于暴力的种族政治，寻求平息白人民团的办法。对于西部的中国人而言，联邦对于白人暴力的默许意味着排斥，也意味着联邦权力的扩张。对于南方

243

的非裔美国人来说，平息暴乱必然引起联邦种族政策的退缩，也意味着联邦默许了《吉姆·克劳法》。南北战争一结束，联邦政府就证明了自己镇压白人暴力的能力，但短短几年之后他们就丧失了决心。相反，国会开始默许地方对于黑人需身居低位和排华的要求。[20]

从 1890 年代起，南方各州利用繁复的登记要求、人头税和识字测试，系统性地立法禁止黑人获得投票权。这些手段同样被用在了剥夺印第安原住民和墨裔美国人的投票权上，尽管这两者都具有正式的公民身份和合法的白人地位。对非裔美国人来说，前邦联的地方政府和州政府更进一步，在法律层面禁止他们进入公共场所。虽然非裔美国人拥有正式的公民身份，最高法院还是通过《吉姆·克劳法》无视了对他们选举权的剥夺和种族隔离等行为，将他们归入进了二等公民的身份。[21] 中国人主要在边境地区遭遇了排斥制度，而其他少数族裔则在日常生活中被迫面对身处低位的权力结构。[22]

244 　　20 世纪伊始，外国人身份与公民身份的全部意涵仍不甚明确。每种分类内部的深刻裂痕依然让不同分类之间的鸿沟晦涩不清。在国家的内部，联邦政府已经勾勒出一个具有普遍权利的公民的法律轮廓。但这种平等主义的观点虽有力，却完全因缺乏执行力度而被削弱。在国家的边界，州层面上的制度提供了法律和行政的基础，让国门变得更为厚重了。但这种排他愿景的力量依然受到动力不足、执法不平衡的制约。国家的内部并没有它应有的那般柔软；外部也没有它该有的那般坚硬。尽管美国公民身份的概念代表了尚未实现的平等梦想，外国人身份的合法结构却暗藏着长期的暴政威胁。

承前启后的 19 世纪纵然情势跌宕起伏，其中的诸多原则依然定义着今天的美国。

致　谢

我要由衷感谢张少书（Gordon H. Chang）向我介绍了亚裔美国人的历史。我记得自己问过他，假如有一天我从研究生院毕业，我是不是真的要离开老窝了。他笑着说："我们这辈子都会注定相随。"我何其幸运能追随这样的导师。

我要感谢斯坦福大学历史系提供给我的研究生教育，以及乔治舒尔茨加拿大研究基金（George Shultz Fund in Canadian Studies）、安德鲁梅隆基金会（Andrew Mellon Foundation）和美国学术团体协会（American Council of Learned Societors，ACLS），是它们让这一切变为可能。我尤其要感谢我的老师和导师理查德·怀特（Richard White）、埃斯泰尔·弗里德曼（Estelle Freedman）和阿尔伯特·卡马里奥（Albert Camarillo），他们多年来始终如一地给予我支持。我还要感谢我优秀的研究生同学洛莉·A. 佛洛里斯（Lori A. Flores）、约书亚·霍伊（Joshua Howe）、凯文·金（Kevin Kim）、杰弗里·米内尔（Jeffery Miner）、朱莉·普列托（Julie Prieto）、提摩西·汤姆林森（Timothy Tomlinson）、德里克·范德普尔（Derek Vanderpool）和克里斯托夫·威尔金斯（Christopher Wilkins），以及让我坚持不懈并收获安全感的斯坦福大学的工作人员阿特·帕尔蒙（Art Palmon）、琳达·黄（Linda Huynh）和朗达·芬顿（Ronda Fenton）。当生命里的缘分将我送到威斯康星大学麦迪逊分校（University of Wisconsin-Madison）时，苏珊·弗里德曼（Susan Friedman）和人文科学研究所在我的家乡之外给了我一片智识的故土。

我在布朗大学的新生指导老师卡尔·雅各比（Karl Jacoby）教会我热爱历史。我的毕业论文指导老师胡其瑜（Evelyn Hu-Dehart）让我得以沐浴在学术研究的乐趣中。艾伦·泰勒（Alan

Taylor）向我解释了缩微胶片与缩影胶片、历史与历史学之间的区别。罗达·弗拉克斯曼（Rhoda Flaxman）让我参加了写作奖学金计划，给了我追求学术事业的信心。

西北大学的美国学术团体协会新教员奖学金计划资助了我，也是在这里，彼得·海耶斯（Peter Hayes）和卡洛琳·陈（Carolyn Chen）欢迎我加入历史系与亚裔美国人研究项目。我从我的同僚那里学到很多，包括吕智妍（Ji-Yeon Yuh）、凯瑟琳·贝柳（Kathleen Belew）、凯文·波伊尔（Kevin Boyle）、格里·卡达瓦（Gerry Cadava）、凯特琳·菲茨（Caitlin Fitz）、丹尼尔·伊莫瓦尔（Daniel Immerwahr）、谢丽尔·朱（Cheryl Jue）、金珍我（Jinah Kim）、西蒙·曼（Simeon Man）、凯特·马苏尔（Kate Masur）、沙里尼·珊卡（Shalini Shankar）和尼塔沙·沙尔玛（Nitasha Sharma）。温蒂·L. 沃尔（Wendy L. Wall）则带领我进入了卡普兰人文研究中心。

在普林斯顿大学的过去几年里，我欠下的债比自己想象的还要多。我想感谢系主任威廉·切斯特·乔丹（William Chester Jordan）友善地两度为我提供职位，也感谢历史系的老师们让这本书更上一层楼，以及那些不吝赐教向我提出评价与批评的人，包括杰里米·阿德尔曼（Jeremy Adelman）、玛戈特·卡纳迪（Margot Canaday）、珍妮特·陈（Janet Chen）、安吉拉·克里杰（Angela Creager）、谢尔顿·卡隆（Sheldon Garon）、亨德里克·哈托格（Hendrik Hartog）、艾莉森·伊森伯格（Alison Isenberg）、雷吉纳·孔泽尔（Regina Kunzel）、迈克尔·拉芬（Michael Laffan）、乔纳森·列维（Jonathan Levy）、埃里卡·米拉姆（Erika Milam）、雅伊尔·明斯克（Yair Mintzker）、菲利普·诺德（Philip Nord）、丹尼尔·罗杰斯（Daniel Rodgers）、玛莎·桑德维斯（Martha Sandweiss）、艾米丽·汤普森（Emily Thompson）、

莫莉·维达斯（Moulie Vidas）、基斯·维卢（Keith
Wailoo），以及西恩·韦伦茨（Sean Wilentz）。感谢亨德里
克·哈托格和程艾兰（Anne Cheng）邀请我进入美国研究项
目。同样感谢朱迪·汉森（Judy Hanson）和"历史与美国
研究"的全体同仁。由罗西纳·洛萨诺（Rosina Lozano）牵
头的写作小组让我获益良多，其中还包括詹姆斯·亚历山大·
邓恩（James Alexander Dun）、约瑟夫·弗朗扎克（Joseph
Fronczak）、卡莉·霍兰（Caley Horan）、罗伯特·卡尔
（Robert Karl）、马修·卡尔普（Matthew Karp）、罗尼·雷
格夫（Ronny Regev）以及丽贝卡·里克斯（Rebecca Rix）。
温迪·沃伦（Wendy Warren）比她自己所言更值得赞美。

　　在多年的学术会议及研讨会上，很多学者都向我提出过他
们敏锐的评价与切中要害的问题。尤其要感谢比尔·德弗雷尔
（Bill Deverell）、约翰·迈克·法拉格（John Mack Faragher）、
谢利·费舍·费什金（Shelley Fisher Fishkin）、多纳·戈巴西
亚（Donna Gabaccia）、弘田英孝（Hidetaka Hirota）、徐元音
（Madeline Hsu）、艾米·S. 格林伯格（Amy S. Greenberg）、
卡尔·雅各比、郑文浩（Moon-Ho Jung）、史蒂芬·坎特洛维
茨（Stephen Kantrowitz）、罗伯特·李（Robert Lee）、凯特·
马苏尔、穆素洁（Sucheta Mazumdar）、艾明如（Mae Ngai）、
迈克尔·费弗（Michael Pfeifer）、艾伦·泰勒、陈杰克（Jack
Tchen）、黄玉智（K. Scott Wong）、艾略特·杨（Elliott
Young）、余全毅（Henry Yu）以及吕智妍付出他们的时间，提
供了各自的专业意见。普林斯顿大学及哈里弗兰克古根海姆基
金会（Harry Frank Guggenheim Foundation）让我得以在高级
研究所休假一年。迪迪埃·法辛（Didier Fassin）欢迎我加入社
会科学院的边境与边界研讨班，研讨班还包括琼·斯科特（Joan
Scott）、迈克尔·沃尔泽（Michael Walzer）、琳达·博斯尼亚

克（Linda Bosniak）、理查·帕利娜斯（Rhacel Parreñas）、顾德曼（Bryna Goodman）、图格巴·巴萨兰（Tugba Basaran）、托德·汉密尔顿（Tod Hamilton）、菲茹泽赫·卡沙尼—沙贝特（Firoozeh Kashani-Sabet）、莫妮卡·金（Monica Kim），以及其他诸多给予我启迪的学者。回到普林斯顿大学后，桑德拉·波曼（Sandra Bermann）和普林斯顿国际与区域研究所（PIIRS）的移民小组为我提供了另一个关键性的跨学科社团。

早在成书之前，哈佛大学出版社就一直支持这个项目。感谢第一次将我介绍到出版社的布莱恩·迪斯泰尔伯格（Brian Distelberg），以及全程掌舵让这本书得以完成的托马斯·列宾（Thomas LeBien）。他们的指导尤其重要，同样重要的还有那些匿名读者的尖锐评论。感谢伊莎贝拉·路易斯（Isabelle Lewis）、茨仁夏加（Tsering W. Shawa）和艾娃·弗拉基斯（Eva Fourakis）为本书绘制了地图与图表。感谢约翰·帕尔曼（John Parman）与特雷沃·洛根（Trevon Logan）在居住隔离的问题上分享了他们的数据及专业知识。在成书的最后阶段，多亏了朱迪·杨（Judy Yang）、尼克·金·塞克斯顿（Nick Kim Sexton）、弗里德里克·卡伊·奥洛夫·本特松（Frederick Kaj Olof Bengtsson）、丹妮拉·布莱（Daniela Blei）和卡罗尔·诺布尔（Carol Noble）帮忙翻译、调研及审阅校对。第二章对首次在下文中讨论到的观点作了延伸：《在限制转为排斥之前：美国在外交移民管制方面的实验》["Before Restriction became Exclusion: America's Experiment in Diplomatic Immigration Control", *Pacific Historical Review* 83, no. 1（February 2014）: 24–56]。感谢《太平洋历史评论》（*PHR*）的编辑及几位不具名的审稿人。

我要感谢十几位档案馆的工作人员，尤其是美国国家档案馆太平洋阿拉斯加分馆的凯瑟琳·克罗斯曼（Kathleen Crosman）、华盛顿州档案馆普吉特湾地区分馆的格雷格·

兰格（Greg Lange），以及美国国家档案馆的罗德尼·罗斯（Rodney Ross）。感谢华莱士·哈格曼（Wallace Hagaman）、卡伦·马尔瓦尼（Karen Mulvany）和温斯顿·陈（Wingston Chan）慷慨地分享了他们的个人回忆及私人收藏。

感谢阅读了全部文稿的我勇敢的家人和朋友，包括马里恩·弗兰克（Marion Franck）、罗纳德·弗兰克（Ronald Franck）、丹尼尔·廖（Daniel Lew）、凯西·廖—威廉姆斯（Casey Lew-Williams）、西蒙·曼和格雷戈里·米勒（Gregory Miller）。同样感恩陪我经历了颈部受伤、生下两个孩子，以及写作这本书的贾斯丁·考克斯（Justin Cox）、凯瑟琳·德隆迦（Kathryn DeLonga）、凯特琳·福斯（Caitlin Fausey）、珍妮·格林伯格（Jenny Greenburg）、丹·克鲁格（Dan Krueger）、拉腊·米勒（Lara Miller）、卡蒂娜·米内尔（Katina Miner）、克里斯汀·奥马利（Christine O'Malley）、娜塔莎·萨汀（Natasha Sattin）、维纳·夏玛逊达（Vinay Shamasundara）、克莉丝汀·舒特（Kristin Shutts）和阿里尔·范德普尔（Ariel Vanderpool）。经历了所有这一切（长久以来也是如此），我都承蒙我的双亲马里恩·弗兰克（Marion Franck）和鲍勃·廖（Bob Lew），以及我的家人丹尼尔·廖（Daniel Lew）、琳赛·克瓦斯（Lindsay Quass）、罗纳德·弗兰克、克里斯蒂·吴（Kristi Ng）、珍·廖（Jean Lew）、苏·威廉姆斯（Sue Williams）、基斯·威廉姆斯（Keith Williams）、赛斯·威廉姆斯（Seth Williams）与艾伦·吉勒（Allen Gillers）的支持。我希望他们知道，在我的生活和工作中，他们意义非凡。

谢谢你，凯西·廖—威廉姆斯，感谢你和我一同踏上这趟家姓相连的旅程。

最后，谨以此书纪念我的祖父廖进荣（Lew din Wing，1922~2002）。爷爷，当你年仅9岁就身陷天使岛（Angel

Island）的移民拘留所时，你无法想到是什么让你沦落至此。在你过世前我们的最后一次交谈中，我们聊到了你在被拘留期间远离亲友的 34 天。相比那时，我现在更加了解了你独自一人背负的屈辱是由怎样的集体历史造成的。我多么希望能和你一起分享这段历史，也多么希望你现在能看到你的家人，还有不断壮大的家族，这其中就包括我的孩子卡尔森·温（Carson Wing）和戴恩·斯图尔特（Dane Stewart），大的那个也刚巧正是 9 岁。

附录一

1885~1887 年反华驱逐及驱逐未遂发生地

州 / 领地	镇 / 市	县	死亡人数
Alaska	Douglas Island Mines (Juneau)	Juneau	2
California	Alameda	Alameda	
California	Anderson	Shasta	
California	Aptos	Santa Cruz	
California	Arbuckle	Colusa	
California	Arcata	Humboldt	
California	Arroyo Grande	San Luis Obispo	
California	Auburn	Placer	
California	Bald Hill (near Orick)	Humboldt	
California	Bangor	Butte	
California	Bloomfield	Sonoma	
California	Boulder Creek	Santa Cruz	
California	Brentwood	Contra Costa	
California	Bully Choop (near Igo)	Shasta	
California	Calistoga	Napa	
California	Castroville	Monterey	
California	Cherokee	Butte	
California	Chico	Butte	
California	Churn Creek (near Redding)	Shasta	
California	Cloverdale	Sonoma	
California	Coloma	El Dorado	
California	Colusa	Colusa	
California	Corning	Tehama	
California	Crescent City	Del Norte	
California	Cutting (near Ferndale)	Humboldt	
California	Daggett	San Bernardino	
California	Dixon	Solano	
California	Duncans Mills	Sonoma	
California	Dutch Flat	Placer	

州 / 领地	镇 / 市	县	死亡人数
California	Elk Grove	Sacramento	
California	Emigrant Gap	Placer	
California	Eureka	Humboldt	
California	Ferndale	Humboldt	
California	Florin	Sacramento	
California	Folsom	Sacramento	
California	Forest Hill (Foresthill)	Placer	
California	Forestville	Sonoma	
California	Fort Bragg	Mendocino	
California	Fresno	Fresno	
California	Garberville	Humboldt	
California	Georgetown	El Dorado	
California	Germantown (Artois)	Glenn	
California	Gold Gulch (Coarsegold)	Madera	
California	Gold Run	Placer	
California	Grass Valley	Nevada	
California	Gridley	Butte	
California	Half Moon Bay	San Mateo	
California	Healdsburg	Sonoma	
California	Hollister	San Benito	
California	Knights Landing	Yolo	
California	Lincoln	Placer	
California	Livermore	Alameda	
California	Lockeford	San Joaquin	
California	Lodi	San Joaquin	
California	Los Angeles	Los Angeles	
California	Magalia	Butte	
California	Martinez	Contra Costa	
California	Marysville	Yuba	
California	Merced	Merced	
California	Michigan Bluff	Placer	
California	Millville (near Redding)	Shasta	
California	Modesto	Stanislaus	
California	Mount Pleasant (near La Porte)	Plumas	
California	Mountain View	Santa Clara	
California	Napa	Napa	
California	Nevada City	Nevada	
California	Nicolaus	Sutter	
California	North San Juan	Nevada	
California	Oakland	Alameda	
California	Orland	Glenn	
California	Pasadena	Los Angeles	
California	Pennington	Sutter	

（续表）

州 / 领地	镇 / 市	县	死亡人数
California	Penryn	Placer	
California	Pentz	Butte	
California	Petaluma	Sonoma	
California	Placerville	El Dorado	
California	Pleasanton	Alameda	
California	Quincy	Plumas	
California	Red Bluff	Tehama	
California	Redding	Shasta	
California	Rio Dell	Humboldt	
California	Rocklin	Placer	
California	Rohnerville (near Fortuna)	Humboldt	
California	Sacramento	Sacramento	
California	San Andreas	Calaveras	
California	San Buenaventura (Ventura)	Ventura	
California	San Francisco	San Francisco	
California	San Jose	Santa Clara	
California	San Leandro	Alameda	
California	San Lorenzo	Alameda	
California	San Pablo	Contra Costa	
California	San Rafael	Marin	
California	Santa Barbara	Santa Barbara	
California	Santa Clara	Santa Clara	
California	Santa Cruz	Santa Cruz	
California	Santa Rosa	Sonoma	
California	Sawyer's Bar	Siskiyou	
California	Sheridan	Placer	
California	Shingle Springs	El Dorado	
California	Sierraville	Nevada	
California	Sonoma	Sonoma	
California	Sonora	Tuolumne	
California	Spanishtown (Yankee Hill)	Butte	
California	Springville	Tulare	
California	St. Helena	Napa	
California	Stockton	San Joaquin	
California	Susanville	Lassen	
California	Tehama	Tehama	
California	Temescal (near Corona)	Riverside	
California	Tiburon	Marin	
California	Todd's Valley (Todd Valley)	Placer	
California	Traner	[unknown]	
California	Truckee	Nevada	
California	Tulare	Tulare	
California	Ukiah	Mendocino	

（续表）

州 / 领地	镇 / 市	县	死亡人数
California	Vallejo	Solano	
California	Visalia	San Joaquin	
California	Walnut Creek	Contra Costa	
California	Westport	Mendocino	
California	Wheatland	Yuba	
California	Woodland	Yolo	
California	Yankee Jims	Placer	
California	Yreka	Siskiyou	5
California	Yuba	Sutter	
Hawai'i*	Honolulu	n/a	
Idaho	Boise City	Ada	
Idaho	Broadford (Bellevue)	Blaine	
Idaho	Hailey	Blaine	
Idaho	Pierce	Clearwater	5
Idaho	Snake River Canyon	Twin Falls	
Montana	Anaconda	Deer Lodge	5
Montana	Butte	Butte	
Nevada	Carson (City)	Ormsby	
New Mexico	Raton	Colfax	
New Mexico	Silver City	Grant	
Oregon	Albina (near Portland)	Multnomah	
Oregon	Aurora	Marion	
Oregon	Canyon City	Grant	
Oregon	Enterprise	Wallowa	
Oregon	Hells Canyon Snake River	Wallowa	34
Oregon	Jacksonville	Jackson	
Oregon	LaGrand (La Grande)	Union	
Oregon	Mt. Tabor (near Portland)	Multnomah	
Oregon	Newberg	Yamhill	
Oregon	Oregon City	Clackamas	
Oregon	Portland	Multnomah	
Washington	Anacortes	Skagit	
Washington	Black Diamond	King	
Washington	Carbonado	Pierce	
Washington	Coal Creek Mines (Newcastle)	King	
Washington	Everett	Snohomish	
Washington	Franklin Mines (Black Diamond)	King	
Washington	New Castle Mines (Newcastle)	King	
Washington	Olympia	Thurston	
Washington	Port Townsend	Jefferson	1
Washington	Puyallup	Pierce	
Washington	Renton	King	

（续表）

州 / 领地	镇 / 市	县	死亡人数
Washington	Seattle	King	
Washington	Sehome (Bellingham)	Whatcom	
Washington	Snohomish	Snohomish	
Washington	Squak Valley (Issaquah)	King	3
Washington	Tacoma	Pierce	2
Washington	Vancouver	Clark	
Wyoming	Almy	Uinta	
Wyoming	Carbon (near Rawlins)	Carbon	
Wyoming	Cheyenne	Laramie	
Wyoming	Evanston	Uinta	
Wyoming	Green River	Sweetwater	
Wyoming	Rock Springs	Sweetwater	28

　＊夏威夷直到 1898 年才成为美国的领地。

　这张列表包含了反华驱逐和驱逐未遂的发生地。正如正文中所提及的，驱逐的策略有很多，比如骚扰、威胁、炸弹、袭击、纵火、攻击、围捕、谋杀及死刑处死。我在这里并没有特别标注出驱逐采用的形式，因为驱逐的策略往往混合使用，资料的性质也使得作简单分类颇有问题。由于很多地点在 1885~1887 年经历了不止一次的驱逐事件，因此我并没有写明驱逐发生的具体日期。这份列表并不能穷尽全部，仅代表了部分华人死亡的人数及驱逐发生的地点。

　　笔 者 根 据 以 下 资 料 整 理 ： Liping Zhu, *A Chinaman's Chance: The Chinese on the Rocky Mountain Mining Frontier* (Boulder: University of Colorado Press, 1997), 171; Jean Pfaelzer, *Driven Out: The Forgotten War Against Chinese Americans* (New York: Random House, 2007), 256–290; Sucheng Chan, *Asian Americans: An Interpretive History* (Boston: Twayne, 1991), 51; *NYT,* March 1, 1886; John Wunder, "Anti-Chinese Violence in the American West, 1850–1910," in *Law for the Elephant, Law for the Beaver: Essays in the Legal History of the North American West,* ed. John McLaren, Hamar Foster, and Chet Orloff (Pasadena, CA: Canadian Plains Research Center, 1992), 214–231; Patrick Joseph Healy, Poon Chew Ng, *A Statement for Non-Exclusion* (San Francisco, 1905), 224–244: Bennet Bronson and Chuimei Ho, *Coming Home in Gold Brocade: Chinese in Early Northwest America* (Seattle: Chinese in Northwest America Research Committee, 2015); Mary Gaylord, *Eastern Washington's Past: Chinese and Other Pioneers 1860–1910* ([Portland, QR]: U.S. Department of Agriculture, 1993), 66, 84–85; R. Gregory Nokes, *Massacred for Gold: The Chinese in Hells Canyon* (Corvallis: Oregon State University Press, 2009); *NYT,* September 23, 1885, February 12, March 1, 2, April 12, September 19, 1886; *Daily Miner,* April 17, 1885; *Chicago Tribune,* March 6, 1886; *SFCH,* July 25, 1886; "Newspaper Clippings," box 7 and 8, SCP.

附录二

1850~1904 年移民美国的华人统计数据

年 份	被豁免 阶层人数	赴旧金山的 归国劳工人数	入境外国人 总人数
1850	n/a	n/a	450
1851	n/a	n/a	2716
1852	n/a	n/a	20026
1853	n/a	n/a	4270
1854	n/a	n/a	16084
1855	n/a	n/a	3329
1856	n/a	n/a	4807
1857	n/a	n/a	5924
1858	n/a	n/a	5427
1859	n/a	n/a	3175
1860	n/a	n/a	7343
1861	n/a	n/a	8434
1862	n/a	n/a	8188
1863	n/a	n/a	6435
1864	n/a	n/a	2696
1865	n/a	n/a	3097
1866	n/a	n/a	2242
1867	n/a	n/a	4794
1868	n/a	n/a	11085
1869	n/a	n/a	14994
1870	n/a	n/a	10869
1871	n/a	n/a	5542
1872	n/a	n/a	9773
1873	n/a	n/a	20291
1874	n/a	n/a	13776
1875	n/a	n/a	16437
1876	n/a	n/a	22781
1877	n/a	n/a	10594
1878	n/a	n/a	8992
1879	n/a	n/a	9604

（续表）

年　份	被豁免阶层人数	赴旧金山的归国劳工人数	入境外国人总人数
1880	n/a	n/a	5802
1881	n/a	n/a	11890
1882	n/a	n/a	39579
1883	8031	644	8675
1884	279	4900	5179
1885	22	6410	6432
1886	40	7704	7744
1887	10	11162	11172
1888	26	12816	12842
1889	118	9062	9180
1890	1716	0	1716
1891	2836	0	2836
1892	2728	0	2728
1893	2828	0	2828
1894	5599	0	5599
1895	2075	0	2075
1896	3510	106	3616
1897	5478	1039	6517
1898	5698	1497	7195
1899	3925	1793	5718
1900	3802	1997	5799
1901	1784	2280	4064
1902	1237	2495	3768
1903	1523	1459	2982
1904	1284	1392	2676

在限制阶段，人口总数仅包括从所有港口入境的华人"移民"，以及从旧金山"归国"的移民，因此以上均为不完全统计数据。而在所有阶段，入境人数包含多次进入美国的华人，其中不包括未经发现从美加边境和美墨边境入境，以及经由其他地区"中转"进入美国的人口。在所有年份中，如联邦数据与州数据不符，我均采用了记录的最高数据。1850 年以前中国人也曾移居美国，但人数较少。全年总人数于每年 6 月计算，仅 1882 年因《中国人限制法案》生效而在 8 月 4 日统计。1889 年亦被算作限制阶段，因为该年绝大多数移民都在 1888 年《排华法案》（《斯科特法案》）生效之前抵达美国。而 1883~1904 年间，总人数并不包括"中转"的华人。

笔者根据以下资料整理：　　　For the years from 1851 to 1882, see Mary Roberts Coolidge, *Chinese Immigration* (New York: Henry Holt, 1909), 498. For the years from 1883 to 1891, see Treasury Department, "Letter from the Secretary of the Treasury . . . statement of arrivals of Chinese at the port of San Francisco," 51st Cong., 1st sess., Ex. Doc. 97 (April 12, 1890) and Commissioner-General of Immigration, *Annual Report of the Commissioner-General of Immigration for the Fiscal Year Ended June 30, 1903* (Washington, DC: Government Printing Office, 1903), 34–37, 110–111. For 1892, see Bureau of Statistics, *Annual Report and Statements of the Chief of the Bureau of Statistics on the Foreign Commerce, Navigation, Immigration and Tonnage of the U.S. for the year ending June 30, 1892*, 52d Cong., 2d Sess., 3102 Ex. Doc. 6 (November 29, 1892). For 1893, see Treasury Department, *Immigration and Passenger Movement at Ports of the United States during the year ending June 30, 1894*, 53rd Cong., 3rd Sess., 3317 H.R. Ex. Doc. 6 (January 2, 1895). For the years from 1894 to 1904, see William Williams, *Annual Report of the Commissioner-General of Immigration*, 58th Cong., 3rd sess., H.R. Doc. No. 404 (1904), Chart 2.。

缩略语

报　纸

DAC	*Daily Alta California*
LAH	*Los Angeles Herald*
LAT	*Los Angeles Times*
MDA	*Marysville Daily Appeal*
NYT	*New York Times*
SDC	*Seattle Daily Call*
SDRU	*Sacramento Daily Record-Union*
SFCA	*San Francisco Daily Call*
SFCH	*San Francisco Chronicle*
SPI	*Seattle Post-Intelligencer*
TDL	*Tacoma Daily Ledger*
TR	*Truckee Republican*

政府记录

ARCGI	*Annual Report of the Commissioner General of Immigration,* 58th Cong., 2d Sess., Doc. No. 758 (1903)
RGWT	Watson C. Squire, "Report of the Governor of Washington Territory, made to the Secretary of the Interior" (Washington, DC: Government Printing Office, 1886)
RJSCCI	*Report of the Joint Special Committee to Investigate Chinese Immigration. February 28, 1877* (New York: Arno, 1978)
USC/CA	United States Census, California
USC/WA	United States Census, Washington State

USC/WT	United States Census, Washington Territory
USCS/ALB	A. L. Blake Diaries, Records of the U.S. Customs Service, RG36, National Archives and Records Administration, Pacific Alaska Region, Seattle, WA
USCS/CM	Re: Chinese Matters, Records of the U.S. Customs Service, RG36, National Archives and Records Administration, Pacific Alaska Region, Seattle, WA
USCS/IE	Immigration Entry 134 transferred from the U.S. Customs Service, RG85, National Archives and Records Administration, Washington, DC
USCS/RDC	Reports of Deputy Collectors and Inspectors, Osooyos, Fort Colville, Sehome and Seattle, 1882–1885, Records of the U.S. Customs Service, RG36, National Archives and Records Administration, Pacific Alaska Region, Seattle, WA
USCS/SJS	San Juan Islands Subport, Records of the U.S. Customs Service, RG36, National Archives and Records Administration, Pacific Alaska Region, Seattle, WA
USDS/DCO	Despatches from U.S. Consular Offices, Canton, China, 1790–1906, M101, General Records of the Department of State, RG59, National Archives and Records Administration, Washington, DC
USDS/DDO	Despatches from Diplomatic Offices, China, 1789–1906, M92, General Records of the Department of State, RG59, National Archives and Records Administration, Washington, DC
USDS/ML	Miscellaneous Letters of the Department of State, 1789–1906, M179, roll 707, General Records of the Department of State, RG59, National Archives and Records Administration, Washington, DC
WSA/TDC	Territorial District Court, Washington State Archives, Puget Sound Regional Branch, Bellevue, WA

机构及个人文件

SCP	Sucheng Chan Papers, Immigration History Research Center Archives, University of Minnesota, Twin Cities

SRR	Survey of Race Relations, Hoover Institute, Stanford University, CA
TB	Thomas Burke Papers, Special Collections, University of Washington, Seattle
WCS	Watson C. Squire Papers, Special Collections, University of Washington, Seattle
WJ/CGH	Willard Jue Papers, Chin Gee Hee Subgroup, Special Collections, University of Washington Libraries, Seattle
ZS	Zhu Shijia, *Meiguo pohai hua gong shiliao* [Historical Materials Concerning America's Persecution of Chinese Laborers] (Beijing: Zhonghua shuju, 1958) / 朱士嘉:《美国迫害华工史料》, 北京：中华书局，1958。

注 释

引言 暴力排斥

全书的中文姓名我均采用原始资料中的罗马拼音。由于 19 世纪的罗马拼音书写较为随意，当时拼写同一个姓名的方式差异较大。在这种情况下，我均选择最普遍的版本。通常来说，中国人的姓在名之前。如果难以区分哪个字是中国人的姓，我在全文都使用全名来称呼。在这一普遍原则下仅有一例除外——在写到比较有名的人名或地名时，我采用新近的标准化罗马拼音法（Pinyin romanization system），并在文中第一次出现时标注了 19 世纪时的罗马拼音。

1. Tak [Tuck] Nam, "Affidavit in the Matter of the Expulsion of the Chinese from Tacoma," Watson Squire to Thomas Bayard and Secretary of the Interior (and enclosed documents), July 17, 1886, USDS / ML. ［为使表述更为清晰，作者加入了逗点。］

2. 这一数字指的是反华暴力发生地的数量，而非独立事件发生的数量。大多数地点都经历了多次暴力事件。该数据是不完全统计，基于以下资料整理："Newspaper Clippings," box 7 and 8, SCP; Liping Zhu, *A Chinaman's Chance: The Chinese on the Rocky Mountain Mining Frontier* (Boulder: University of Colorado Press, 1997), 171; Jean Pfaelzer, *Driven Out: The Forgotten War Against Chinese Americans* (New York: Random House, 2007), 256-290; Sucheng Chan, *Asian Americans: An Interpretive History* (Boston: Twayne, 1991), 51; *NYT*, March 1, 1886; John Wunder, "Anti-Chinese Violence in the American West, 1850-1910," in *Law for the Elephant, Law for the Beaver: Essays in the Legal History of the North American West,* ed. John McLaren, Hamar Foster, and Chet Orloff (Pasadena, CA: Canadian Plains Research Center, 1992), 214-231; Patrick Joseph Healy and Poon Chew Ng, *A Statement for Non-Exclusion* (San Francisco, 1905), 224-244: Bennet Bronson and Chuimei Ho, *Coming Home in Gold Brocade: Chinese in Early Northwest America* (Seattle, WA: Chinese in Northwest America Research Committee, 2015); 数字版搜索自：*New York Times, Los Angeles Times, Los Angeles Herald, Marysville Daily Appeal, Daily Alta California, San Francisco Chronicle,* and *San Francisco Call*。

3. Jonathon Glassman, *War of Words, War of Stones: Racial Thought and Violence in Colonial Zanzibar* (Bloomington: University of Indiana Press, 2011); Andrew Bell-Fialkoff, *Ethnic Cleansing* (New York: St. Martin's, 1996); Donald L. Horowitz, *The Deadly Ethnic Riot* (Berkeley: University of California Press, 2003).

4. Richard Maxwell Brown, *Strain of Violence: Historical Studies of American Violence and Vigilantism* (New York: Oxford University Press, 1975); Christopher Waldrep, *The Many Faces of Judge Lynch: Extralegal Violence and Punishment in America* (New York: Palgrave MacMillan, 2002); Michael J. Pfeifer, *Rough Justice: Lynching and American Society, 1874-1947* (Urbana: University of Illinois Press, 2004); Benjamin Madley, *An American Genocide: The United States and the California Indian Catastrophe* (New Haven, CT: Yale University Press, 2016); Karl Jacoby, *Shadows at Dawn: An Apache Massacre and the Violence of History* (New York: Penguin Books, 2008).

5. 关于美国教材中亚裔美国人历史的论述，详见：Okiyoshi Takeda, "A Forgotten Minority? A Content Analysis of Asian Pacific Americans in Introductory American Government Textbooks," *Ps·Political Science & Politics* 48, no. 3 (2015): 430-439。关于

"被遗忘的"反华暴力，详见：Pfaelzer, *Driven Out*, xxiv-xxix。在美国，反墨西哥与反摩门教的暴力历史同样被忽视了，详见：William D. Carrigan and Clive Webb, *Forgotten Dead: Mob Violence against Mexicans in the United States, 1848-1928* (Oxford: Oxford University Press, 2013) and Patrick Q. Mason, *The Mormon Menace: Violence and Anti-Mormonism in the Postbellum South* (Oxford: Oxford University Press, 2011)。

6. 关于华人人口，详见：Mary Roberts Coolidge, *Chinese Immigration* (New York: Henry Holt, 1909), 498-504. Mary Gaylord, *Eastern Washington's Past: Chinese and Other Pioneers 1860-1910* ([Washington, D.C.]: U.S. Department of Agriculture, 1993), 66, 84-85; R. Gregory Nokes, *Massacred for Gold: The Chinese in Hells Canyon* (Corvallis: Oregon State University Press, 2009); *NYT*, September 23, 1885; *Daily Miner*, April 17, 1885; *Chicago Tribune*, March 6, 1886; Stewart E. Tolnay and E. M. Beck, *A Festival of Violence: An Analysis of Southern Lynchings, 1882-1930* (Urbana: University of Illinois Press, 1995), 48-50, 269; Madley, *An American Genocide*, 375-480; John Mack Faragher, *Eternity Street: Violence and Justice in Frontier Los Angeles* (New York: W. W. Norton, 2016), 463-480; *LAT*, July 12, 1887; Richard Steven Street, *Beasts of the Field: A Narrative History of California Farmworkers, 1769-1913* (Stanford, CA: Stanford University Press, 2004), 358。

7. Coolidge, *Chinese Immigration*, 500; USC / WT 1885, 1887; *DAC*, February 13, 1886; Larry Hosley, 与作者的访谈，February 22, 2009, Tacoma, WA。

8. 1875 年以前唯一限制移民的联邦法律就是 1798 年的《外国敌人法》与《外国友人法》；1803 年的一项法案禁止了下列人员进入特定的州："任何黑人、黑白混血或其他有色人种，不是美国本地人、美国公民或注册海员，抑或好望角以外国家的海员及本地人。"该法案同样禁止了有关奴隶贸易的多种规定。"An Act respecting alien enemies," (Alien Enemies Act) chap. 66, 1 Stat. 570 (July 6, 1798); "An Act concerning aliens," (Alien Friends Act), chap. 58, 1 Stat. 577 (June 25, 1798); "An Act to prevent the importation of certain persons into certain states, where, by the laws thereof, their admission is prohibited," chap. 10, 2 Stat. 205 (February 28, 1803); "An Act to prohibit the importation of slaves," chap. 22, 2 Stat. 426 (March 2, 1807). Hidetaka Hirota, *Expelling the Poor: Atlantic Seaboard States and the 19th-Century Origins of American Immigration Policy* (New York: Oxford University Press, 2017); Brendan P. O' Malley, "Protecting the Stranger: The Origins of U.S. Immigration Regulation in Nineteenth-Century New York" (Ph.D. diss., City University of New York, 2015); Kunal M. Parker, *Making Foreigners: Immigration and Citizenship Law in America, 1600-2000* (New York: Cambridge University Press, 2015); David Scott FitzGerald and David Cook-Martin, *Culling the Masses: The Demo- cratic Origins of Racist Immigration Policy in the Americas* (Cambridge, MA: Harvard University Press, 2014); Aristide R. Zolberg, *A Nation by Design: Immigration Policy in the Fashioning of America* (Cambridge, MA: Harvard University Press, 2008), 168-175.

9. James Wickersham to Herbert Hunt, April 21, 1916, folder 6, Wickersham Collection, Washington State Historical Society, Tacoma.

10. Elliott West, "Reconstructing Race," *Western Historical Quarterly* 34, no. 1 (Spring 2003): 7-26; Najia Aarim-Heriot, *Chinese Immigrants, African Americans, and Racial Anxiety in the United States, 1848-82* (Urbana: University of Illinois Press, 2006); Evelyn Nakano Glenn, *Unequal Freedom: How Race and Gender Shaped American Citizenship and Labor* (Cambridge, MA: Harvard University Press, 2004); Richard White, "Race Relations in the American West," *American Quarterly* 38, no. 3 (1986): 396-416; Desmond S. King and Rogers M. Smith, "Racial Orders in American Political Development," *American Political Science Review* 99, no. 1 (February 2005): 75-92; D.

Michael Bottoms, *An Aristocracy of Color: Race and Reconstruction in California and the West, 1850-1890* (Norman: University of Oklahoma Press, 2013); Joshua Paddison, *American Heathens: Religion, Race and Reconstruction in California* (Berkeley: University of California Press, 2012); Edlie L. Wong, *Racial Reconstruction: Black Inclusion, Chinese Exclusion, and the Fictions of Citizenship* (New York: New York University Press, 2015); Natalia Molina, *How Race Is Made in America: Immigration, Citizenship, and the Historical Power of Racial Scripts* (Berkeley: University of California Press, 2014).

11. Gordon H. Chang, "China and the Pursuit of America's Destiny: Nineteenth-Century Imaginings and Why Immigration Restriction Took So Long," *Journal of Asian American Studies* 15, no. 2 (June 2012): 145-169.

12. 以此为目的，美国西部包括加利福尼亚州、俄勒冈州、华盛顿领地、爱达荷领地、内华达州、犹他领地、亚利桑那领地、新墨西哥领地、科罗拉多州、怀俄明领地和蒙大拿领地。其中加利福尼亚州、俄勒冈州和华盛顿领地的华人人口最多，全美华人人口的 83% 都集中在这三地。Coolidge, *Chinese Immigration,* 501.

13. Tak [Tuck] Nam, "Affidavit," in Watson Squire to Thomas Bayard (and enclosed documents), July 17, 1886, USDS / ML.

14. 关于政治暴力，详见：Steven Hahn, *A Nation under Our Feet: Black Political Struggles in the Rural South from Slavery to the Great Migration* (Cambridge, MA: Belknap Press of Harvard University Press, 2003), 266; Gregory P. Downs and Kate Masur, eds. *The World the Civil War Made* (Chapel Hill: University of North Carolina Press, 2015), 1-17。关于领土现状，详见：Jack Ericson Eblen, *The First and Second United States Empires, 1784-1912* (Pittsburgh: University of Pittsburgh Press, 1968); Earl S. Pomeroy, *The Territories and the United States, 1861-1890: Studies in Colonial Administration* (Philadelphia: University of Pennsylvania Press, 1947)。

15. "Alien, *adj.* and *n.*" 在线牛津英语词典, accessed March 2017, http://www.oed.com/view/Entry/4988?rskey=hGViDP&result=1&isAdvanced=false。相较于非公民，历史学家对公民的正式与社会地位更为关注。关于美国公民，详见：James H. Kettner, *The Development of American Citizenship, 1608-1870* (Chapel Hill: University of North Carolina Press, 1978); Rogers M. Smith, *Civil Ideals: Conflicting Visions of Citizenship in American History* (New Haven, CT: Yale University Press, 1997); William J. Novak, "The Legal Transformation of Citizenship in Nineteenth-Century America," in *The Democratic Experiment: New Directions in American Political History*, ed. Meg Jacobs, William J. Novak, and Julian E. Zelizer (Princeton, NJ: Princeton University Press, 2003), 85-119; Barbara Young Welke, *Law and the Borders of Belonging in the Long Nineteenth Century United States* (New York: Cambridge University Press, 2010); Margot Canaday, *The Straight State: Sexuality and Citizenship in Twentieth-Century America* (Princeton, NJ: Princeton University Press, 2009)。关于外国人和非公民，详见：Linda Bosniak, *The Citizen and the Alien: Dilemmas of Contemporary Membership* (Princeton, NJ: Princeton University Press, 2006); Sarah H. Cleveland, "Powers Inherent in Sovereignty: Indians, Aliens, Territories and the Nineteenth Century Origins of Plenary Power over Foreign Affairs," *Texas Law Review* 81, no. 1 (2002): 1-284; Parker, *Making Foreigners*; Mae Ngai, *Impossible Subjects: Illegal Aliens and the Making of Modern America* (Princeton, NJ: Princeton University Press, 2005), xix-xx。

16. 针对华人外国人身份的文化研究，详见：Lisa Lowe, *Immigrant Acts: On Asian American Cultural Politics* (Durham, NC: Duke University Press, 1996); Robert G. Lee, *Orientals: Asian Americans in Popular Culture* (Philadelphia: Temple University Press, 1999); Edlie L. Wong, *Racial Reconstruction: Black Inclusion, Chinese Exclusion and*

the Fictions of Citizenship (New York: New York University Press, 2015)。

17. 这是有关从旧金山离开的移民数量、国王县和皮尔斯县的减少人口，以及抵达旧金山的流离失所的中国人的估算人数，是对流离失所人口的保守估计。Coolidge, *Chinese Immigration*, 500;USC / WT 1885, 1887; *DAC*, February 13, 1886. 居住在各县的中国人估算人数基于 1880 年的联邦人口普查数据。1880 U.S. Census, Steven Ruggles, Katie Genadek, Ronald Goeken, Josiah Grover, and Matthew Sobek, *Integrated Public Use Microdata Series: Version 6.0* [machine-readable database] (Minneapolis: University of Minnesota, 2015).

18. 如今我们将 1882 年法案记成是《排华法案》，但其实这种叫法在时间上是错乱的。时人将该立法称作《中国人限制法案》，而更为强烈的"排斥（exclusion）"一词留给了之后 1888、1892、1902 和 1904 年的一系列法案。关于 19 世纪时"限制（restriction）"一词的用法，详见：C. S. Fairchild to Acting Collector of Customs, January 30, 1889, file 3, box 14, Letters Received from the Department of Treasury Customs Service, Puget Sound Collection District Letters, U.S. Customs Service, RG 36, NA; Cong. Rec., 50th Cong., 2d Sess. 56 (1888) at 412。关于目前"排斥"一词的用法，主要见于亚裔美国人的教科书：Ronald T. Takaki, *Strangers from a Diferent Shore: A History of Asian Americans* (Boston: Little, Brown, 1998), 111; Chan, Asian Americans, 54; Erika Lee, *The Making of Asian America: A History* (New York: Simon and Schuster, 2015), 94。实际上该立法的全称为 "An Act to execute certain treaty stipulations relating to the Chinese," ch. 126, 22 Stat. 58 (May 6, 1882)。一些历史学家注意到，当时的人在措辞上区分了"限制"和"排斥"。Paul A. Kramer, "Imperial Openings: Civilization, Exemption, and the Geopolitics of Mobility in the History of Chinese Exclusion, 1868-1910," *Journal of the Gilded Age and Progressive Era* 14, no. 3 (July 2015): 322; Elmer Clarence Sandmeyer, *The Anti-Chinese Movement in California* (Urbana: University of Illinois Press, 1939), 96-108. 在 Charles McClain 关于《排华法案》执行情况的研究中，他使用了一种类似的时间分类方法。他将联邦《排华法案》的诉讼分为两个阶段：1882~1885 年和 1888~1894 年。Charles J. McClain, *In Search of Equality: The Chinese Struggle against Discrimination in Nineteenth-Century America* (Berkeley: University of California Press, 1994), 147-172, 191-219. 更多相关研究，详见：Beth Lew-Williams, "Before Restriction Became Exclusion: America's Experiment in Diplomatic Immigration Control," *Pacific Historical Review* 83, no. 1 (February 2014): 24-56。

19. Bill Ong Hing, *Making and Remaking Asian America through Immigration Policy, 1850-1990* (Stanford, CA: Stanford University Press, 1993), 17-42.

20. Pew Research Center: Social and Demographic Trends, Pew Research Center, accessed December 2012, http://www.pewsocialtrends.org/2012/06/19/the-rise-of-asian-americans/.

21. 例如：Erika Lee, *At America's Gates: Chinese Immigration during the Exclusion Era, 1882-1943* (Chapel Hill: University of North Carolina Press, 2003), 9-12; Adam M. McKeown, *Melancholy Order: Asian Migration and the Globalization of Borders* (New York: Columbia University Press, 2008). 抵达人数包括同一人多次往返的情况。

22. 关于南北战争之后美国公民身份的转变，详见：Eric Foner, *The Story of American Freedom* (New York: W. W. Norton, 1998), 107; Eric Foner, *Reconstruction: America's Unfinished Revolution, 1863-1877* (New York: Harper and Row, 1988), 237, 582; Novak, "The Legal Transformation of Citizenship," 93, 106; Cathleen D. Cahill, *Federal Fathers and Mothers: A Social History of the United States Indian Service, 1869-1933* (Chapel Hill: University of North Carolina Press, 2011), 18-20, 26-29; Downs and Masur, *The World the Civil War Made*, 8. 墨裔美国人基于 1848 年《瓜达卢佩—伊达尔戈条约》，已被赋予了公民身份。

23. 关于驱逐的地方历史，详见：Scott Zesch, *The Chinatown War: Chinese Los Angeles*

and the Massacre of 1871 (Oxford: Oxford University Press, 2012); Craig Storti, *Incident at Bitter Creek: The Story of the Rock Springs Chinese Massacre* (Ames: Iowa State University Press, 1991); Jeffrey Alan Dettmann, "Anti-Chinese Violence in the American Northwest: From Community Politics to International Diplomacy" (Ph.D. diss., University of Texas, 2002); Jules Alexander Karlin, "The Anti-Chinese Outbreaks in Seattle, 1885-1886," *Pacific Northwest Quarterly* 39, no. 2 (1948): 103-130; Jules Alexander Karlin, "The Anti-Chinese Outbreak in Tacoma, 1885," *Pacific Historical Review* 23, no. 3 (1954): 271-283; Lynwood Carranco, "Chinese Expulsion from Humboldt County," *Pacific Historical Review* 30, no. 4 (1961): 329-340; Larry D. Quinn, " 'Chink Chink Chinaman' : The Beginning of Nativism in Montana," *Pacific Northwest Quarterly* 58, no. 2 (1967): 82-89。关于驱逐的国家历史, 详见: Lee, At America's Gates; Hing, *Making and Remaking Asian America; Lucy E. Salyer, Laws as Harsh as Tigers: Chinese Immigrants and the Shaping of Modern Immigration Law* (Chapel Hill: University of North Carolina Press, 1995)。关于帝国主义的国际历史, 详见: Michael H. Hunt, *The Making of a Special Relationship: The United States and China to 1914* (New York: Columbia University Press, 1983); William Appleman Williams, *The Tragedy of American Diplomacy*, 2nd rev. and enl. ed. (New York: W. W. Norton, 1972); Walter LaFeber, *The New Empire: An Interpretation of American Expansion, 1860-1898*,35th anniversary ed. (Ithaca, NY: Cornell University Press, 1998)。有些历史打破了这一模式, 详见: Kornel Chang, *Pacific Connections: The Making of the U.S.-Canadian Borderlands* (Berkeley: University of California Press, 2012); Kramer, "Imperial Openings" ; Delber L. McKee, *Chinese Exclusion versus the Open Door Policy 1900-1906: Clashes over China Policy in the Roosevelt Era* (Detroit: Wayne State University Press, 1977)。

24. 这种方法与更大的全球历史领域有诸多共同点, 详见: Sebastian Conrad, *What Is Global History?* (Princeton, NJ: Princeton University Press, 2016)。

25. 关于历史学术研究中的规模问题, 详见: Richard White, "The Naturalization of Nature," *Journal of American History* 86, no. 3 (1999): 973-986; Sebouth David Aslanian, Joyce E. Chaplin, Ann McGrath, and Kristin Mann, "AHR *Conversation*; How Size Matters: The Question of Scale in History," *American Historical Review* 118, no. 5 (December 2013), 1431-1472; Bernhard Struck, Kate Ferris, and Jacques Revel, "Introduction: Space and Scale in Transnational History," *International History Review* 33, no. 4 (December 2011), 573-584; Patrick Manning, *Navigating World History: Historians Create a Global Past* (London: Palgrave Macmillan, 2003), 265-273; David Christian, "Scales," in *Palgrave Advances in World Histories*, ed. M. Hughes-Warrington (Houndmills, UK: Palgrave Macmillan, 2005), 64-89。See also Hayden White, "The Question of Narrative in Contemporary Historical Theory," *History and Theory* 23, no. 1 (1984): 1-33.

26. Didier Fassin, "Scenes from Urban Life: A Modest Proposal for a Critical Perspectivist Approach," *Social Anthropology* 21, no. 3 (2013): 371-377; Walter Johnson, *Soul by Soul: Life Inside the Antebellum Slave Market* (Cambridge, MA: Harvard University Press, 1999), 15-16; Jacoby, *Shadows at Dawn*, 4-7; Rashomon, directed by Akira Kurosawa (1950; Criterion Collection, 2012), DVD.

27. Philip A. Kuhn, *Chinese among Others: Emigration in Modern Times*(Lanham, MD: Rowman and Littlefield, 2008), 28-52.

28. *LAT,* November 8, 14, 1885. See also *The Daily Gazette* (Kalamazoo, MI) September 6, 1885; *Congressional Record*, 49 Cong. 1 Sess. February 26, 1886, 1814; *SDC*, November 23, 1885; *Riverside Press and Horticulturist*, December 15, 1885.

29. 尽管加利福尼亚的驱逐次数更多，但华盛顿领地的驱逐记录在历史档案中保存得更为完好。这是由于联邦在 1886 年针对塔科马的暴力事件进行了调查，以及 1924 年社会学的种族关系调研（Survey of Race Relations，SRR）；这两项调查均搜集了华盛顿领地的华人关于暴力的证词。Watson Squire to Thomas Bayard (and enclosed documents), July 17, 1886, USDS / ML; SRR.

30. "Chinese Reconciliation Project Foundation," http://www.tacomachinesepark.org/.

31. Cecil Cavanaugh, "The Hatch Mill, Pacific Avenue, as It Used to Be," [Photograph and Caption] (1876), 1979.1.101, Washington State Historical Society, Tacoma.

32. Carol Brash, "Classical Chinese Gardens in Twenty-first Century America: Cultivating the Past," *ASIA Network Exchange: A Journal for Asian Studies in the Liberal Arts* 19, no. 1 (Fall 2011): 17-29.

1. 中国人问题

1. Frank A. Leach, *Recollections of a Newspaperman; A Record of Life and Events in California* (San Francisco: Samuel Levinson, 1917), 35, doi: http://hdl.loc.gov/loc. gdc/calbk.128; Sim Moak, *The Last of the Mill Creeks, and Early Life in Northern California* (Chico, CA, 1923), 29, doi: http://hdl. loc.gov/loc.gdc/calbk.173; Scott Zesch, *The Chinatown War: Chinese Los Angeles and the Massacre of 1871* (Oxford: Oxford University Press, 2012).

2. SPI, December 18, 19, 25, 1877.

3. Ibid., December 18, 19, 1877.

4. Ibid., December 25, 1877.

5. Huie Kin, *Reminiscences* (Peiping, China: San Yu Press, 1932), 28; Andrew Kan, interview by C. H. Burnett, August 22, 1924, box 27, no. 178, SRR; Law Yow, interview by C. H. Burnett, August 12, 1924, box 27, no. 191, SRR; Chin Chueng, interview by C. H. Burnett, August 21, 1924, box 27, no. 187, SRR; J. S. Look, interview by C. H. Burnett, August 13, 1924, box 27, no. 182, SRR. See also Long Dong, interview by C. H. Burnett, July 28, 1924, box 27, no. 171, SRR; Woo Gen, interview by C. H. Burnett, July 29, 1924, box 27, no. 183, SRR.

6. 关于"中国人问题"，详见：Alexander Saxton, *The Indispensable Enemy: Labor and the Anti-Chinese Movement in California*, 2nd ed. (Berkeley: University of California Press, 1995); Andrew Gyory, *Closing the Gate: Race, Politics, and the Chinese Exclusion Act* (Chapel Hill: University of North Carolina Press, 1998); Stamford M. Lyman, "The 'Chinese Question' and American Labor History," *New Politics* 7, no. 4 (winter 2000): 113-148; Mary Roberts Coolidge, *Chinese Immigration* (New York: Henry Holt, 1909), 127-144; Robert Ernest Cowan and Boutwell Dunlap, *Bibliography of the Chinese Question in the United States* (San Francisco: A. M. Robertson, 1909)。

7. 美国的帝国主义是存在于中国的众多形式的殖民主义之一，这种多样性是 19 世纪的西方列强和日本在中国的殖民扩张带来的。Bryna Goodman and David S. G. Goodman, eds. *Twentieth-Century Colonialism and China: Localities, the Everyday, and the World* (London: Routledge, 2012); Kornel Chang, *Pacific Connections: The Making of the U.S.-Canadian Borderlands* (Berkeley: University of California Press, 2012), 6-11; Michael H. Hunt, *The Making of a Special Relationship: The United States and China to 1914* (New York: Columbia University Press, 1983); Pa " r Kristoffer Cassel, *Grounds of Judgment: Extraterritoriality and Imperial Power in Nineteenth-Century China and Japan* (New York: Oxford University Press, 2012); Teemu Ruskola, *Legal Orientalism: China, the United States, and Modern Law* (Cambridge, MA: Harvard University Press, 2013), 127-

128, 136, 144。

8. Coolidge, *Chinese Immigration*, 498.

9. Kin, *Reminiscences*, 3-22. See also Judy Yung, Gordon H. Chang, and Him Mark Lai, *Chinese American Voices: From the Gold Rush to the Present* (Berkeley: University of California Press, 2006), 57-67.

10. 更多关于 "寄居者（sojourner）" 一词的讨论，详见：Franklin Ng, ed., *The History and Immigration of Asian Americans* (New York: Garland, 1998), 87-126。关于欧洲寄居者，详见：John Bodnar, *The Transplanted: A History of Immigrants in Urban America* (Bloomington: Indiana University Press, 1987)。关于华人移民东南亚、澳大利亚和美洲的模式比较，详见：Philip A. Kuhn, *Chinese Among Others: Emigration in Modern Times* (Lanham, MD: Rowman and Littlefield, 2008), 7-54。

11. Mae M. Ngai, "Chinese Gold Miners and the 'Chinese Question' in Nineteenth-Century California and Victoria," *Journal of American History* 101, no. 4 (March 2015): 1082-1105; Yong Chen, *Chinese in San Francisco, 1850-1943: A Transpacific Community* (Stanford, CA: Stanford University Press, 2000), 2-44; Kil Young Zo, *Chinese Emigration into the United States, 1850-1880* (New York: Arno Press, 1978), 198-200; Shih-Shah Henry Tsai, *The Chinese Experience in America* (Indianapolis: Indiana University Press, 1986), 34-35; Gunther Paul Barth, *Bitter Strength: A History of the Chinese in the United States, 1850-1870* (Cambridge, MA: Harvard University Press, 1964), 66-69.

12. Kin, *Reminiscences*, 21-23; Mae M. Ngai, *The Lucky Ones: One Family and the Extraordinary Invention of Chinese America*, adv. ed. (Boston: Houghton Mifflin Harcourt, 2010), 5-6.

13. Kin, *Reminiscences*, 24.

14. Ibid., 24. 人口估算，详见：Coolidge, *Chinese Immigration*, 498。

15. Kin, *Reminiscences*, 25.

16. June Mei, "Socioeconomic Origins of Emigration: Guangdong to California, 1850-1882," *Modern China* 5, no. 4 (October 1979): 487-489; Henry Yu, "Mountains of Gold: Canada, North America, and the Cantonese Pacific," in *Routledge Handbook of the Chinese Diaspora,* ed. Chee-Beng Tan (London: Routledge, 2012).

17. 关于太平洋世界，详见：Matt K. Matsuda, "AHR Forum: Oceans of History: The Pacific," *American Historical Review* 111, no. 3 (2006): 758-780; Arif Dirlik, "The Asia-Pacific Idea: Reality and Representation in the Invention of a Regional Structure" in Arif Dirlik, ed., *What Is in a Rim? Critical Perspectives on the Pacific Region Idea,* 2nd ed. (Lanham, MD: Rowman and Littlefield, 1998), 15-36; Chang, Pacific Connections, 1-16, 19-43; Madeline Yuan-yin Hsu, *Dreaming of Gold, Dreaming of Home: Transnationalism and Migration between the United States and South China, 1882-1943* (Stanford, CA: Stanford University Press, 2000).

18. William H. Seward, *The Works of William H. Seward*, vol. 1, ed. George E. Baker (New York: Redfield, 1853), 248.

19. Gordon H. Chang, *Fateful Ties: A History of America's Preoccupation with China* (Cambridge, MA: Harvard University Press, 2015), 16-20; Chen, *Chinese in San Francisco,* 11-44.

20. 1844 年《望厦条约》与 1858 年《天津条约》。

21. Chang, Fateful Ties, 29-40; Michael Schaller, *The United States and China into the Twentieth Century*, 3rd ed. (Oxford: Oxford University Press, 2001), 9-13; Sucheng Chan, *Asian Americans: An Interpretive History* (New York: Twayne, 1991), 7-8; Warren I. Cohen, *American Response to China: A History of Sino-American Relations,*

5th ed. (New York: Columbia University Press, 2010), 2-31.

22. Hsu, Dreaming of Gold; Chen, *Chinese in San Francisco,* 11-44; Mei, "Socioeconomic Origins," 463-501.

23. Lon Kurashige, *Two Faces of Exclusion: The Untold History of Anti-Asian Racism in the United States (*Chapel Hill: University of North Carolina Press, 2016), 25.

24. Chan, Asian Americans, 5-8, 28-32.

25. Sue Fawn Chung, *In Pursuit of Gold: Chinese American Miners and Merchants in the American West* (Urbana: University of Illinois Press, 2011), xviii-xix; Sucheng Chan, *This Bitter-Sweet Soil: The Chinese in California Agriculture, 1860-1910* (Berkeley: University of California Press, 1989); William F. Chew, *Nameless Builders of the Transcontinental Railroad: The Chinese Workers of the Central Pacific Railroad* (Victoria, BC: Trafford, 2004).

26. Coolidge, *Chinese Immigration,* 498.

27. "Hon. William H. Seward: His Departure from Hong-kong—Reception and Speech at the American Consulate," *NYT,* February 25, 1871.

28. 也有例外，例如 Charles Sumner。Edward L. Pierce, *Memoir and Letters of Charles Sumner, 1860-1874,* vol. 4 (Boston: Roberts Brothers, 1893), 424.

29. Oliver Perry Morton, "Views of the Late Oliver P. Morton on the Character, Extent, and Effect of Chinese Immigration to the United States," [45th Cong. 2d Sess. (1878) Senate Misc. Doc. No. 20], Chinese Immigration Pamphlets, vol. 6, Stanford University Special Collections, Stanford, CA, 9.；类似的观点，详见：RJSCCI, 667-668; Wallis Nash, *Two Years in Oregon* (New York: D. Appleton and Company, 1882), 202-205; Augustus Layres, *The Other Side of the Chinese Question in California: or, a Reply to the Charges against the Chinese: As embodied in the Resolutions Adopted by the Anti-Chinese Mass Meeting held April 5th, 1876, in San Francisco* (San Francisco, 1876)。

30. Mr. Seward to Mr. Fish, March 23, 1876, *American Diplomatic and Public Papers: The United States and China,* series 2, *The United States, China, and Imperial Rivalries, 1861-1893,* vol. 13, ed. Jules Davids (Wilmington, DE: Scholarly Resources, 1979), 38.

31. Frederick W. Seward, *Seward at Washington as Secretary of State: A Memoir of His Life, with Selections from His Letters* (New York: Derby and Miller, 1891), 504. 关于扩张主义者与帝国主义者对中国看法的讨论，详见：Gordon H. Chang, "China and the Pursuit of America's Destiny: Nineteenth-Century Imagining and Why Immigration Restriction Took So Long," *Journal of Asian American Studies* 15, no. 2 (June 2012): 145-169; Kurashige, *Two Faces of Exclusion,* 14-35; Chang, *Pacific Connections,* 1-16, 19-43; Paul A. Kramer, "Imperial Openings: Civilization, Exemption, and the Geopolitics of Mobility in the History of Chinese Exclusion, 1868- 1910," *Journal of the Gilded Age and Progressive Era* 14, no. 3 (2015): 317-347; Andrew T. Urban, "The Advantages of Empire: Chinese Servants and Conflicts over Settler Domesticity in the 'White Pacific,' 1870-1900" in *Making The Empire Work: Labor and United States Imperialism,* ed.Daniel E. Bender and Jana K. Lipman (New York: New York University Press, 2015), 185-207.

32. Kin, *Reminiscences,* 33-36.

33. Walter LaFeber, *The New Empire: An Interpretation of American Expansion, 1860-1898,* 35th anniversary ed. (Ithaca, NY: Cornell University Press, 1998), 24-32.

34. Chang, *Fateful Ties,* 92-96.

35. Anson Burlingame to George F. Seward, June 15, 1864, *American Diplomatic and Public Papers,* 32-35.

36. *Text of the treaty between China & the United States, generally known as the*

"*Burlingame treaty of 1868*" (San Francisco, 1879); Cohen, *American Response to China*, 31-33; Gyory, *Closing the Gate*, 26-28; Shirley Hune, "Politics of Chinese Exclusion: Legislative-Executive Conflict 1876-1882," *Amerasia Journal* 9, no. 1 (Spring 1982): 8-9; John Schrecker, " 'For the Equality of Men—For the Equality of Nations' : Anson Burlingame and China's First Embassy to the United States, 1868," *Journal of American-East Asian Relations* 17, no. 1 (2010): 9-34. 19 世纪上半叶，美国人习惯将移民比作进口货，认为管理移民属于外交问题。按照美国与欧洲各国签署的条约惯例，人和商品在不同国家之间都享有自由流动的权利。这类条约在美国具备法律上的效力。Donna R. Gabaccia, *Foreign Relations: American Immigration in Global Perspective* (Princeton, NJ: Princeton University Press, 2012), 53-57.

37. Hunt, *The Making of a Special Relationship,* x; Chang, Fateful Ties, 90-129.

38. P. W. Dooner, *Last Days of the Republic* (1880; repr., New York: Arno Press, 1978), 15, 27, 202.

39. Ibid., 32, 40.

40. 在现实中，联邦法律自 1790 年便将中国人在身份上降为永久性外国人。"An Act to establish an uniform rule of naturalization," (the Naturalization Act of 1790) chap. 3, 1 Stat. 103 (March 26, 1790).

41. Dooner, *Last Days of the Republic,* 127, 47, 172, 145, 256-258.

42. 类似关于华人移民的描述，详见：Henry Josiah West, *The Chinese Invasion: Revealing the Habits, Manners and Customs of the Chinese* (San Francisco: Bacon, 1873); Samuel Gompers and Herman Gutstadt, *Meat vs. Rice, American Manhood against Asiatic Coolieism: Which Shall Survive?* (San Francisco: American Federation of Labor, 1908); Charles Frederick Holder, "Chinese Slavery in America," *North American Review* 165, no. 490 (1897): 288-294; John Kuo Wei Tchen and Dylan Yeats, *Yellow Peril! An Archive of Anti-Asian Fear* (London: Verso, 2014), 227-272.

43. RJSCCI, 31, 34.

44. 关于美国西部的重建，详见：Elliott West, "Reconstructing Race," *The Western Historical Quarterly* 34 no. 1 (Spring 2003), 7-26; Elliott West, *The Last Indian War: The Nez Perce Story* (Oxford: Oxford University Press, 2009), xx-xxii; Gregory P. Downs and Kate Masur ed., *The World the Civil War Made* (Chapel Hill: University of North Carolina Press, 2015); Heather Cox Richardson, *West from Appomattox: The Reconstruction of America after the Civil War* (New Haven, CT.: Yale University Press, 2008); Joshua Paddison, *American Heathens: Religion, Race and Reconstruction in California* (Berkeley: University of California Press, 2012)。

45. Hidetaka Hirota, *Expelling the Poor: Atlantic Seaboard States and the 19th-Century Origins of American Immigration Policy* (New York: Oxford University Press, 2017); William J. Novak, "The Legal Transformation of Citizenship in Nineteenth-Century America," in *The Democratic Experiment: New Directs in in American Political History,* ed. Meg Jacobs, William J. Novak, and Julian E. Zelizer (Princeton, NJ: Princeton University Press, 2003), 85-119.

46. West, "Reconstructing Race," 7-26; Najia Aarim-Heriot, *Chinese Immigrants, African Americans, and Racial Anxiety in the United States, 1848-82* (Urbana: University of Illinois Press, 2006), 194-95; Paddison, *American Heathens,* 114-117; Cathleen D. Cahill, *Federal Fathers and Mothers: A Social History of the United States Indian Service, 1869-1933* (Chapel Hill: University of North Carolina Press, 2011), 18-20, 26-29; Sarah H. Cleveland, "Powers Inherent in Sovereignty: Indians, Aliens, Territories and the Nineteenth Century Origins of Plenary Power Over Foreign Affairs," *Texas Law Review* 81, no. 1 (2002): 1-284.

47. Rosanne Currarino, *The Labor Question in America: Economic Democracy in the Gilded Age* (Urbana: University of Illinois Press, 2011).

48. Paddison, *American Heathens*, 1.

49. 这里我绕开了关于反华运动的基础研究，这类研究弱化了种族主义思想起到的作用，并强化了经济与政治上的解释。Elmer Clarence Sandmeyer, *The Anti-Chinese Movement in California* (Urbana: University of Illinois Press, 1939), 38; Robert Wynne, *Reaction to the Chinese in the Pacific Northwest and British Columbia, 1850-1910* (New York: Arno, 1978), 477; Gyory, *Closing the Gate*, 13; Saxton, *Indispensable Enemy*, 2, 258. 关于不同时间和地点种族的具体特征，详见：Barbara Fields "Ideology and Race in American History," *Region, Race, and Reconstruction: Essays in Honor of C. Vann Woodward*, ed. J. Morgan Kousser and James M. McPherson (New York: Oxford University Press, 1982), 143-177。关于种族边界及其形成，详见：Michael Omi and Howard Winant, *Racial Formation in the United States: From the 1960s to the 1990s*, 2nd edition (New York: Routledge, 1994); Ian F. Haney López, "The Social Construction of Race: Some Observations on Illusion, Fabrication, and Choice," *Harvard Civil Rights—Civil Liberties Law Review* 29 (1994): 1-62; Andreas Wimmer, "The Making and Unmaking of Ethnic Boundaries: A Multilevel Process Theory," *American Journal of Sociology* 113, no. 4 (January 2008): 970-1022; Andreas Wimmer, *Ethnic Boundary Making: Institutions, Power and Networks* (New York: Oxford University Press, 2013), 1-15。

50. Dooner, *Last Days of the Republic*, 50-51. 关于"苦力"这一指代的相关讨论见：Moon-Hu Jung, *Coolies and Cane: Race, Labor, and Sugar in the Age of Emancipation* (Baltimore: Johns Hopkins University Press, 2006), 4-38; Ngai, "Chinese Gold Miners and the 'Chinese Question,'" 1082-1105; Stacy L. Smith, *Freedom's Frontier: California and the Struggle over Unfree Labor, Emancipation and Reconstruction* (Chapel Hill: The University of North Carolina Press, 2013), 95-112; Robert Lee, *Orientals: Asian Americans in Popular Culture* (Philadelphia: Temple Press, 1999), 51-82; Lisa Lowe, *The Intimacies of Four Continents* (Durham, NC: Duke University Press, 2015), 25-28; Elliott Young, *Alien Nation: Chinese Migration in the Americas from the Coolie Era through World War II* (Chapel Hill: The University of North Carolina Press, 2014), 68-73; Kornel Chang, "Coolie," *Key Words for Asian American Studies*, ed. Cathy J. Schlund-Vials, Linda Trinh Vo, and K. Scott Wong (New York: New York University Press, 2015), 37-38。关于古巴的华人移民与契约劳工，详见：Evelyn Hu-DeHart and Kathleen López, "Asian Diasporas in Latin America and the Caribbean: An Historical Overview," *Afro-Hispanic Review* 27, no. 1 (Spring 2008): 9-21; Kathleen López, *Chinese Cubans: A Transnational History* (Chapel Hill: University of North Carolina Press, 2013); Lisa Yun, *The Coolie Speaks: Chinese Indentured Laborers and African Slaves in Cuba* (Philadelphia: Temple University Press, 2009).

51. Amy Dru Stanley, *From Bondage to Contract: Wage Labor, Marriage, and the Market in the Age of Slave Emancipation* (Cambridge: Cambridge University Press, 1998), ix-xi, 1-3; Eric Foner, *The Story of American Freedom* (New York: W. W. Norton, 1998).

52. Saxton, *The Indispensable Enemy*, 5-9, 100-101; Tamara Venit Shelton, *Squatter's Republic: Land and the Politics of Monopoly in California, 1850-1900* (Berkeley and Los Angeles: University of California Press and Huntington Library Press, 2013), 83-87; Lee, *Orientals*, 45, 56-61; Richard White, *"It's Your Misfortune and None of My Own": A New History of the American West* (Norman: University of Oklahoma Press, 1993), 320-22, 340-342.

53. 关于中国人不可同化的最佳讨论，详见：Lee, *Orientals*, 8-10, 28-31, 47; Stuart

Creighton Miller, *Unwelcome Immigrant: American Image of the Chinese, 1785-1882* (Berkeley: University of California Press, 1969), 140-141, 145-147, 158-59。关于同质化的讨论，详见：David J. Tichenor, *Dividing Lines: The Politics of Immigration Control in America* (Princeton, NJ: Princeton University Press, 2002), 88。

54. Lorenzo Veracini, *Settler Colonialism: A Theoretical Overview* (London: Palgrave Macmillan, 2010); Walter L. Hixson, *American Settler Colonialism: A History* (New York: Palgrave MacMillan, 2012).

55. 关于白人理解中的区域上的区隔，详见：Linda Gordon, *The Great Arizona Orphan Abduction* (Cambridge, MA: Harvard University Press, 2001)。

56. *SDC*, September 25, 1885; Ibid., October 16, 1885; *SDC*, October 27, 1885.

57. *SDC*, October 2, 1885, September 26, 1885, October 3, 1885. John Bodnar, *The Transplanted: A History of Immigrants in Urban America* (Indiana: Indiana University Press, 1987); Ronald T. Takaki, *Strangers from a Diferent Shore: A History of Asian Americans* (Boston: Little, Brown, 1998). 1880 年代中期之所以发生针对华人的集体性种族暴力，一个可能的解释因素是美国人为了让劳工阶层呈现为一个统一的白人阶层而付出了极大的努力，不过研究白人历史的学者常常提示说，白种人这一类别之下涵盖了其他不同的类别。关于白人研究，详见：David R. Roediger, *The Wages of Whiteness: Race and the Making of the American Working Class* (London: Verso, 1991); Matthew Frye Jacobson, *Whiteness of a Diferent Color: European Immigrants and the Alchemy of Race* (Cambridge, MA: Harvard University Press, 1999); Peter Kolchin, "Whiteness Studies: The New History of Race in America," *The Journal of American History* 89, no. 1 (June 2002). Roediger, The Wages of Whiteness, 59-60。

58. 关于之前对该问题的批评，详见：Jung, *Coolies and Cane*, 4.

59. 案例详见：*SPI*, September 4, 1880。绝大多数的男性移民属自愿，并且很多都来自中等收入阶层。Mei, "Socioeconomic Origins of Migration," 479-484。关于华人女性，详见：Judy Yung, *Unbound Feet: A Social History of Chinese Women in San Francisco* (Berkeley: University of California Press, 1995); George Peffer, *If They Don't Bring their Women Here: Chinese Female Migration before Exclusion* (Champaign: University of Illinois Press, 1999)。

60. Ngai, "Chinese Gold Miners and the 'Chinese Question' in Nineteenth-Century California and Victoria," 1082-1105; Lee, *The Making of Asian America*, 35, 64; Patricia Cloud and David W. Galenson, "Chinese Immigration and Contract Labor in the Late Nineteenth Century," *National Bureau of Economic Research* (July 27, 2004): 22-42. 关于与欧洲工人的比较，详见：Gunther Peck, *Reinventing Free Labor: Padrones and Immigrant Workers in the North American West, 1880-1930* (Cambridge: Cambridge University Press, 2000)。

61. Saxton, *Indispensable Enemy*, 7, 63-66.

62. Ibid., 71; D. Michael Bottoms, *An Aristocracy of Color: Race and Reconstruction in California and the West, 1850-1890* (Norman: University of Oklahoma Press, 2013), 137.

63. "Trades Assembly on Chinese Competition," *Examiner*, January 8, 1882.

64. Ira B. Cross, *A History of the Labor Movement in California* (Berkeley, 1935), 84-85; White, *"It's Your Misfortune and None of My Own,"* 321.

65. Dooner, *Last Days of the Republic,* 15, 29, 30-31, 63-64, 132.

66. West, "Reconstructing Race," 8-9.

67. 关于一项着重于跨种族互动的优秀研究：Anna Naruta, "Creating Whiteness in California: Racialization Processes, Land, and Policy in the Context of California's Chinese Exclusion Movements, 1850 to 1910" (Ph.D. diss., University of California,

Berkeley, 2006). See also Cecilia Tsu, *Garden of the World: Asian Immigrants and the Making of Agriculture in California's Santa Clara Valley* (New York: Oxford University Press, 2013), 40-46; Sylvia Sun Minnick, *Samflow: The San Joaquin Chinese Legacy* (Fresno, CA: Panorama, 1988); Adrian Praetzellis, *Uncovering Sacramento's Chinese Pioneers* (Washington, DC: U.S. General Services Administration, 1999); Zhengde Wen, "Breaking Racial Barriers: Wo Kee Company: A Collaboration between a Chinese Immigrant and White American in Nineteenth-Century America," *Chinese America: History and Perspectives 2005,* ed. Laurene Wu McClain (San Francisco: Chinese Historical Society of America, 2005), 13-17。关于华人洗衣房，详见：Bottoms, *The Aristocracy of Color,* 140; 关于蔬菜摊贩，详见：Chan, *This Bittersweet Soil*, 87-89; 关于华人佣工，详见：Andrew Urban, "An Intimate World: Race, Migration, and Chinese and Irish Domestic Servants in the United States, 1850-1920" (Ph.D. diss. University of Minnesota, 2009); 关于向印第安人卖酒，详见：*SPI*, September 30, 1878; *SPI*, May, 1879; 关于与印第安人通婚，详见：*SPI*, February 1, 1880; Daniel Liestman, "Inter-Ethnic Relations: Chinese and American Indians in the Nineteenth Century West," *Western Historical Quarterly* 30, no. 3 (Autumn 1999): 327-349; 关于白人会众中的华人，详见：*SPI*, August 28, 1879; *SPI*, November, 22, 1879; 关于"想象的共同体"，详见：Benedict Anderson, *Imagined Communities: Reflections on the Origins and Spread of Nationalism* (New York and London: Verso, 1991)。

68. 关于跨种族亲密关系的案例，详见：Beth Lew-Williams, " 'Chinamen' and 'Delinquent Girls' : Intimacy, Exclusion and a Search for California's Color Line," *Journal of American History* 104, no. 3 (December 2017): 632-655; Mary Ting Lui, *The Chinatown Trunk Mystery: Miscegenation, and Other Dangerous Encounters in Turn-of-the-Century New York City* (Princeton, NJ: Princeton University Press, 2007); Mae Ngai, *The Lucky Ones: One Family and the Extraordinary Invention of Chinese America* (Boston: Houghton Mifflin Harcourt, 2010); Peggy Pascoe, *Relations of Rescue: The Search for Female Moral Authority in the American West, 1874-1939* (New York: Oxford University Press, 1993); Nayan Shah, *Stranger Intimacy: Contesting Race, Sexuality and the Law in the North American West* (Berkeley: University of California, 2012); SPI, June 19, 1881; *SPI*, April 16, 1882。

69. USC / WT, 1880.

70. 由 Trevon Logan 与 John Parman 及 作 者 Steven Ruggles, Katie Genadek, Ronald Goeken, Josiah Grover 和 Matthew Sobek 合作计算。*Integrated Public Use Microdata Series: Version 6.0* [Machine-readable database], Minneapolis: University of Minnesota, 2015. 关于按户主进行的隔离测量，详见：Trevon D. Logan and John M. Parman, "The National Rise in Residential Segregation," *The Journal of Economic History 77* no. 1 (March 2017): 127-170。

71. "Principal Chinese Business Firms: San Francisco, Sacramento, Stockton, Marysville, Oakland, San Jose, Los Angeles, Portland, Virginia City, Nev., Victoria, B.C." (Wells Fargo and Company, 1882). 比较纽约的华人，详见：Lui, *The Chinatown Trunk Mystery*, 58。

72. Dooner, *Last Days of the Republic*, 127, 171 180-181.

73. "Investigation by a Select Committee of the House of Representatives relative to the Causes of General Depression in Labor and Business; and as to Chinese Immigration" 46th Congress 2d. Sess. Misc. Doc. No. 5 (Washington, DC: Government Printing Office, December 10, 1879), 283.

74. White, *"It's Your Misfortune and None of My Own,"* 102, 320-323; 关于地方的例子，

详见：*SDC*, October 27, 1885; *SDC*, October 24, 1885。

75. *SDC*, October 27, 1885; see also *Tacoma Daily News*, January 5, 1886.

76. Gwendolyn Mink, *Old Labor and New Immigrants in American Political Development: Union, Party, and State, 1875-1920* (Ithaca, NY: Cornell University Press, 1986), 86.

77. *SFCH*, November 10, 1877.

78. *Daily Morning Call*, November 26, 1877; *SFCH*, November 30, 1877; *Speeches of Dennis Kearney, Labor Champion* (New York: Jesse Haney & Co., 1878).

79. Gyory, *Closing the Gate*, 183; 关于美国以外的反华运动，详见：Marilyn Lake and Henry Reynolds, *Drawing the Global Colour Line: White Men's Countries and the International Challenge of Racial Equality* (Cambridge: Cambridge University Press, 2008), 15-48; Chang, "Circulating Race and Empire," 678-701; Peter W. Ward, *White Canada Forever: Popular Attitudes and Public Policy toward Orientals in British Columbia*, 3rd edition (Montreal and London: McGill-Queen's University Press, 2002); John Fitzgerald, *Big White Lie: Chinese Australians in White Australia* (Sydney: University of New South Wales Press, 2007)。

80. *Speeches of Dennis Kearney*, 13.

81. *Pacific Appeal*, November 24, 1877, January 19, 1878; *SFCA*, November 10, 1877; *Daily Morning Call*, July 22, 1877.

82. Wynne, *Reaction to the Chinese in the Pacific Northwest*, 76, 83, 492.

83. *SPI*, October 2, 9, 10, 1876; SPI, January 24, 1877; *SPI*, March 19, 1877, July 26, 1877; *SPI*, December 1, 15, 24, 1877; *SPI*, January 12, 31 1878; *SPI*, June 7, 1878; *SPI*, May 1, 1880; *SPI*, May 29, 1882. 不幸的是，关于19世纪华人与印第安原住民关系的学术研究并不多。很显然，不同的印第安人个人及部落都参与过反华暴力，但并没有成体系的研究来解释这一模式。详见：Daniel Liestman, "Inter-Ethnic Relations: Chinese and American Indians in the Nineteenth Century West," *Western Historical Quarterly* 30, no. 3 (Autumn 1999): 327-349; Jordan Hua, " 'They Looked Askance' : American Indians and Chinese in the Nineteenth Century U.S. West" (honors thesis, Rutgers University, 2012); Cari M. Carpenter and K. Hyoejin Yoon, "Rethinking Alternative Contact in Native American and Chinese Encounters: Juxtaposition in Nineteenth-Century U.S. Newspapers," *College Literature* 41, no. 1 (Winter 2014): 7-42。关于加拿大，详见：Renisa Mawani, *Colonial Proximities: Crossracial Encounters and Juridical Truths in British Columbia, 1871-1921* (Vancouver and Toronto: University of British Columbia Press, 20019)。关于这一初期研究的理论方法，详见：Jody A. Byrd, "Arriving on a Different Shore: U.S. Empire at Its Horizons," *College Literature* 41, no. 1 (Winter 2014): 174-181。

84. Wynne, *Reaction to the Chinese in the Pacific Northwest*, 47-53.

85. 关于加利福尼亚法规在司法上的失效，详见：Hirota, *Expelling the Poor*, 88-91; Kurashige, *Two Faces of Exclusion*, 22。

86. Miller, *Unwelcome Immigrant,* 71-74. 关于俄勒冈，详见：Margaret Holden, "The Rise and Fall of Oregon Populism: legal theory, political culture and public policy, 1868-1895" (Ph.D. diss., University of Virginia, 1993), 202-218。

87. 关于不同的"加利福尼亚观点"，详见：Gary Y. Okihiro, *Columbia Guide to Asian American History* (New York: Columbia University Press, 2001), 73-99。

88. 41st Cong. 2nd sess. Congressional Globe 5125 (1870). See also 41st Cong. 2nd Sess. Congressional Globe, 5156 (1870).

89. 43rd Cong. 2nd sess. Congressional Record, appendix 44 (1875).

90. Gyory, *Closing the Gate*, 71; Hing, *Making and Remaking Asian America Through Immigration Policy,* 23; "An Act supplementary to the acts in relation to immigration,"

(The Page Act) chap. 141, 18 Stat. 477 (March 3, 1875); Sucheng Chan, "The Exclusion of Chinese Women, 1870-1924," *Entry Denied: Exclusion and the Chinese Community in America, 1882-1943*, ed. Sucheng Chan (Philadelphia: Temple University Press, 1991), 94-146.

91. 关于《佩奇法案》的运作方式，详见：Elizabeth Sinn, *Pacific Crossing: California Gold, Chinese Migration, and the Making of Hong Kong* (Hong Kong: Hong Kong University Press, 2013), 248-249.

92. Gyory, *Closing the Gate*, 90.

93. RJSCCI, 309, 364; *Chinese Immigration. The social, moral, and political efect of Chinese immigration. Testimony taken before a committee of the Senate of the state of California, appointed April 3d, 1876* (Sacramento: State Printing Office, 1876), 8; Coolidge, Chinese Immigration, 48, 109.

94. Gyory, *Closing the Gate*, 138-141.

95. Ibid., 141; 46th Cong. 2d Sess. Misc. Doc. No. 5 *Investigation by a Select Committee of the House of Representatives relative to the Causes of General Depression in Labor and Business; and as to Chinese Immigration. Dec 10, 1879* (Washington, DC: Government Printing Office, 1879), 257; *DAC*, February 14, 1879.

96. Gyory, *Closing the Gate*, 140, 156, 161.

97. 这一分歧很大程度上是区域性的：代表对中贸易深度投资地区的东北部及大西洋沿岸的政客往往反对限制政策。Kurashige, *Two Faces of Exclusion*, 48-51.

98. Rutherford B. Hayes, *Hayes: The Diary of a President, 1875-1881, Covering the Disputed Election, the End of Reconstruction, and the Beginning of Civil Service*, ed. T. Harry Williams (New York: D. McKay, 1964), 187-189.

99. Gyory, *Closing the Gate*, 244-245; Hune, "The Politics of Exclusion," 14-15.

100. Haiming Liu, "Chinese Exclusion Laws and the U.S.-China Relationship," *Cal Poly Pomona Journal of Interdisciplinary Studies* 16 (Fall 2003): 153.

101. *The Statutes at Large of the United States of America, from December, 1881, to March, 1883, and Recent Treaties, Postal Conventions, and Executive Proclamations* (Washington, DC, 1883), 22: 826-827.

102. Miller, *Unwelcome Immigrant*, 92.

103. 13 Cong. Rec., 1974 (1882). See also 13 Cong. Rec., 1672, 1674, 1985 (1882).

104. Nathaniel Deering (R-Iowa) as cited by Gyory, *Closing the Gate*, 236.

105. Gyory, *Closing the Gate*, 223-225; Louis A. Coolidge, *An Old-fashioned Senator: Orville H. Platt of Connecticut* (New York: Putnam, 1910), 154-156; Martin B. Gold, *Forbidden Citizens: Chinese Exclusion and the U.S. Congress: A Legislative History* (Alexandria, VA: TheCapitol.Net, 2012), 85-216.

106. 13 Cong. Rec., 1517, 1640, 1670, 1702, 1705, 1707, 1739, 2041, 2171 (1882).

107. Kurashige, *Two Faces of Exclusion*, 48-51.

108. 13 Cong. Rec., 2551-2552 (1882); Gyory, *Closing the Gate*, 242-243.

109. 13 Cong. Rec., appendix 127, 2608 (1882).

110. Ibid.; 13 Cong. Rec., 2551-2552 (1882);《牛津英语词典》将"限制（restriction）"定义为"行动上的制约"或"有限的条件或规定"，这一词义可追溯至 15 世纪。从 16 世纪起，"排斥（exclusion）"就被理解为"隔绝在某地或某个社会之外"。"restriction, n." 在线牛津英语词典, Oxford University Press, accessed September 2012, http://www.oed.com/view/Entry/164022?redirectedFrom=restriction "exclusion, n." 在线牛津英语词典, Oxford University Press, accessed September 2012, http://www.oed.com/view/Entry/65828?redirectedFrom=exclusion. 19 世纪的美国人在讨论有关酒精的法律时，也会用到差异较大的词汇"限制"和"排斥"。例如，康涅狄格州

的公理会澄清说："所谓禁止，即全数限制，或是限制到排斥的地步。" *Minutes of the General Conference of the Congregational Churches of Connecticut at the* . . . *Annual Meeting* (Hartford, CT, 1886), 4:773-774.

111. Gyory, *Closing the Gate*, 245; *New York Tribune*, April 5, 1882.
112. 13 Cong. Rec., 2606 (1882).
113. Ibid., 2609.
114. 历史学家忽略了这两个法案之间的巨大差别，说它们"几乎一模一样"。Gyory, *Closing the Gate*, 250; *The Statutes at Large of the United States of America, from December, 1881 to March, 1883, and Recent Treaties, Postal Conventions, and Executive Proclamations* (Washington, DC, 1883), 22, 58-61. 关于针对学生作出的外交让步，详见：Madeline Y. Hsu, *The Good Immigrants: How the Yellow Peril became the Model Minority* (Princeton, NJ: Princeton University Press, 2015), 23-54。
115. 在众议院中，90 名共和党人支持该法案，34 位反对。在参议院中，11 名共和党人支持，15 名反对。Gyory, *Closing the Gate,* 251, 253; "An Act to execute certain treaty stipulations relating to Chinese," (the Chinese Restriction Act) chap. 126, 22 Stat. 58 (May 6, 1882).
116. 13 Cong. Rec., 1517-1516, 1640, 1670, 1702, 1705, 1707, 1739, 2041, 2171 (1882).
117. Beth Lew-Williams, "Before Restriction Became Exclusion: America's Experiment in Diplomatic Immigration Control," *Pacific Historical Review* 83, no. 1 (February 2014): 24-56. 1882 年，在全国范围内并没有达成支持排华的共识，这就是为什么学者之前一直试图解释：这样的共识最初是如何出现的。详见：Okihiro, *Columbia Guide to Asian American History,* 73-99; Gyory, Closing the Gate, 6-16。
118. 13 Cong. Rec., 2968 (1882); Chinese Immigration to accompany bill H.R. 5804, 47th Cong., H.R. Rep. No. 1017, pt. 2 (1882).

2. 限制华人的实验

1. 1882 年之后的几年里，在不列颠哥伦比亚省边境对面的温哥华岛，记录显示有大批中国移民涌入。Kornel Chang, *Pacific Connections: The Making of the U.S.-Canadian Borderland* (Berkeley: University of California Press, 2012), 39. 更多关于这一阶段更受限制的墨西哥移民，详见：Patrick Ettinger, *Imaginary Lines: Border Enforcement and the Origins of Undocumented Immigration, 1882-1930* (Austin: University of Texas Press, 2009), 55. 关于之后的阶段，详见：Elliott Young, *Alien Nation: Chinese Migration in the Americas from the Coolie Era through World War II* (Chapel Hill: University of North Carolina Press, 2014), 176-179; Julia Maria Schiavone Camocho, *Chinese Mexicans: Transpacific Migration and the Search for a Homeland, 1910-1960* (Chapel Hill: University of North Carolina Press, 2012); Grace Pena Delgado, *Making the Chinese Mexican: Global Migration, Localism, and Exclusion in the U.S.-Mexico Borderlands* (Stanford, CA: Stanford University Press, 2012). A. L. Blake to A. W. Bash, September 24, 1884, box 110, folder 2, USCS / RDC。
2. 关于这些联邦数据的用途，详见：Erika Lee, *At America's Gates: Chinese Immigration during the Exclusion Era, 1882-1943* (Chapel Hill: University of North Carolina Press, 2003), 44; Bill Ong Hing, *Making and Remaking Asian America through Immigration Policy, 1850-1990* (Stanford, CA: Stanford University Press, 1993), 24, 47。关于"排斥"之下联邦权力的扩张，详见：Daniel J. Tichenor, *Dividing Lines: The Politics of Immigration Control in America* (Princeton, NJ: Princeton University Press, 2002), 87-113。
3. Paul Kramer, "Imperial Openings: Civilization, Exemption, and the Geopolitics of

Mobility in the History of Chinese Exclusion, 1868-1910," *Journal of the Gilded Age and Progressive Era* 14, no. 3 (2015): 317-347. Chang, *Pacific Connections*.

4. 有关处于边缘的边境确定，详见：Peter Sahlins, "The Nation in the Village: State-Building and Communal Struggles in the Catalan Borderland during the Eighteenth and Nineteenth Centuries," *Journal of Modern History* 60, no. 2 (June 1988): 234-263。

5. Nicholas R. Parrillo, *Against the Profit Motive: The Salary Revolution in American Government, 1780-1940* (New Haven, CT: Yale University Press, 2013), 360-362; William J. Novak, "The Myth of the 'Weak' American State," *American Historical Review* 113, no. 3 (June 2008): 752-772.

6. Desmond King and Robert C. Lieberman, "Ironies of State Building: A Comparative Perspective on the American State," *World Politics* 61, no. 3 (July 2009): 561-562. 近期在美墨边境执行的 "民兵计划（Minuteman Project）" 反映了这一移民管制的现象。Leo R. Chavez, *The Latino Threat: Constructing Immigrants, Citizens, and the Nation* (Stanford, CA: Stanford University Press, 2008), 1-2.

7. Andrew Wender Cohen, "Smuggling, Globalization, and America's Outward State, 1870-1909," *Journal of American History* 97, no. 2 (September 2010): 371-398; *Annual Report of the Register of the Trea- sury to the Secretary of the Treasury in the Fiscal Year Ending June 30, 1885* (Washington, DC: Government Printing Office, 1885), 88.

8. Kitty Calavita, "The Paradoxes of Race, Class, Identity, and 'Passing': Enforcing the Chinese Exclusion Acts, 1882-1910," *Law and Social Inquiry* 25, no. 1 (Winter 2000): 1-40.

9. 1884 年，国会为解决已经出现的几项执法问题，修订了该法案。新的立法明确定义了被豁免的群体（包括华人学生、外交官和商人），从官方上确立了业已使用的 "归国证明" 制度，并将移民限制拓展至华人血统，而不管其出生地在哪里。"An act to amend an act entitled 'An act to execute certain treaty stipulations relating to Chinese,' " chap. 220, 23 Stat. 115 (July 5, 1884).

10. O. L. Spaulding to Charles Folger, December 3, 1883, box 9, USCS/ IE; J. B Houston to W. T Trisdel, November 14, 1883, box 3, no. 5, USCS / IE. 这一做法和《佩奇法案》时期管制华人女性使用了类似的制度，详见：Elizabeth Sinn, *Pacific Crossing: California Gold, Chinese Migration, and the Making of Hong Kong* (Hong Kong: Hong Kong University Press, 2013), 248-261。

11. 美国之前曾为管理自由非裔美国人的内部流动以及白人进入印第安领地，为他们签发 "护照" 或 "通行证"。1882 年之前，一些欧洲移民也需要向美国海关官员出示旅行护照，但这些文件在入关时并不是强制的。详见：Craig Robertson, *The Passport in America: The History of a Document* (New York: Oxford University Press, 2010), 14-16, 142, 171-178。

12. O. L. Spaulding to Charles Folger, December 3, 1883, box 9, USCS / IE.

13. H. N. Morse to Col. J. T. Evans, February 19, 1883, box 3 file 4, USCS / IE; Simon A. Cole, *Suspect Identities: A History of Fingerprinting and Criminal Identification* (Cambridge, MA: Harvard University Press, 2002), 152.

14. O. L. Spaulding to Charles Folger, December 3, 1883, box 9, USCS / IE.

15. William Morrow, "Representative Morrow's Letter to the Senate Committee Showing the Inefficiency of President Cleveland's Treaty" in *The Republican Campaign Text-Book for 1888 by George Francis Dawson* (New York, 1888), 149-150.

16. Mary Roberts Coolidge, *Chinese Immigration* (New York: Henry Holt, 1909), 500; Ettinger, Imaginary Lines, 49.

17. 之前已有历史学家基于入境事务处 1883~1888 年批准入境美国的 "移民" 数量作出相应的估算。*Annual Report of the Commissioner General of Immigration for the Fiscal*

Year Ended June 30, 1903 (Washington [DC]: Government Printing Office, 1903), 34-37, 110-111. For example, see Hing, *Making and Remaking Asian America,* 47; Lee, *At America's Gates,* 43-44; Shih-Shah Henry Tsai, *The Chinese Experience in America* (Indianapolis: Indiana University Press, 1986), 194. 虽然历史学家已经将 1890 年代的归国移民纳入华人移民总人数的估算之中，他们依然忽视了限制阶段手持"归国证明"被批准入境的华人。相反，我计算被批准入境美国的华人总数时，特将旧金山口岸（其他口岸信息缺失）有"归国证明"的华人计算在内。详见：Treasury Department, "Letter from the Secretary of the Treasury . . . statement of arrivals of Chinese at the Port of San Francisco," 51st Cong, 1st Sess., S. Doc. No. 97 (April 12, 1890)。为了确定《中国人限制法案》的有效性，这些返回的移民必须计人每年抵达美国的华人总数。因为绝大多数学者都将返回的移民计人了限制阶段前后全年华人移民的总数，很显然他们也应被算人 1883~1889 年的移民总数。在计算任一外国人群体的移民人数时，19 世纪的官员与 20 世纪的学者通常都会将新到的移民与返回的移民混为一谈。另外，包含新到的移民与返回的移民人数的数据更准确地反映了实际进入美国的华人人数。关于包含其他阶段返美华人的相关研究，详见：Hing, *Making and Remaking Asian America,* 48; Lee, *At America's Gates,* 260n29。关于包含返回的非华裔外国人的相关研究，详见：Commissioner General of Immigration, *Annual Report of the Commissioner General of Immigration for the Fiscal Year Ended June 30, 1903。*归国的公民和少量"游客"、"临时的"外国人没有被计入联邦数据，否则官员就注意不到欧洲移民是否之前就在美国。

18. Coolidge, *Chinese Immigration,* 498; Treasury Department, "Letter from the Secretary of the Treasury . . . Statement of Arrivals of Chinese at the Port of San Francisco," 51st Cong., S. Doc. 97 (April 12, 1890) and Commissioner General of Immigration, *Annual Report of the Commissioner General of Immigration for the Fiscal Year Ended June 30, 1903,* 34-37, 110-111; Bureau of Statistics, "Annual Report and Statements of the Chief of the Bureau of Statistics on the Foreign Commerce, Navigation, Immigration and Tonnage of the U.S. for the Year Ending June 30, 1892," 52nd Cong., 3102 H.R. Doc. 6 (November 29, 1892); Treasury Department, "Immigration and Passenger Movement at Ports of the United States during the Year Ending June 30, 1894," 53rd Cong., 3317 H.R. Doc. 6 (January 2, 1895). 当时有人主张，自由移民阶段的年平均华人移民总数不应计算在 1880~1882 年这段非正常时期之内，由于这一时期有 45952 名中国人在《中国人限制法案》生效前夕涌入美国。这些人认为，这批移民更多是限制政策的产物，而非自由移民的代表。Morrow, "Representative Morrow's Letter to the Senate," 150.

19. Charles J. Folger, "Letter from the Secretary of the Treasury, transmitting in compliance with Senate resolution of the 7th instant, copies of all papers relating to the subject of the extension of the Act of May 6, 1882, to execute certain treaty stipulations relating to Chinese," 48th Cong., S. Doc. No. 62 (1883) at 8.

20. Ibid., at 38.

21. Coolidge, *Chinese Immigration,* 498-500. 关于假称在美国中转入境的华人，详见：Adam McKeown, *Melancholy Order: Asian Migration and the Globalization of Borders* (New York: Columbia University Press, 2008), 143; William Morrow to Daniel Manning, March 18, 1886, box 4, USCS / IE。

22. The Chinese Merchant's Case, 7 Sawy. 546, 13 F. 605, 1882 U.S. App. LEXIS 2042 (C.C.D. Cal. 1882).

23. 引自：Margaret Kolb Holden, "The Rise and Fall of Oregon Populism: Legal Theory, Political Culture and Public Policy 1868-1895" (Ph.D. diss., University of Virginia, 1993), 350-352. 在最后的引用中，戴迪引用了法官奥格登·霍夫曼（Ogden Hoffman）在 Low Yam Chow 案（1882）中的观点。但因为霍夫曼对法案表示支持，戴迪从文本中删掉了霍夫曼的原话，并用自己的方式重新解释了霍夫曼的话。The Chinese

Merchant's Case, 7 Sawy. 546, 13 F. 605, 1882 U.S. App. LEXIS 2042 (C.C.D. Cal. 1882).

24. 很可能美国西部的多位法官都和戴迪的观点一致。历史学家查尔斯·麦克莱恩（Charles McClain）重点研究了旧金山和联邦的法院，认为 1882~1885 年，法院给了这项立法一个"合理，甚至是相对自由的解释"，这削弱了"《排华法案》中那些尖锐的部分"。麦克莱恩将这些富有同理心的裁定归结于——法官"在某种程度上"认为，他们需要保护少数群体免受大多数人的过剩权力。但法官们不只是关注对华人移民的保护；他们同样希望美国能够维系在中国的利益。Charles J. McClain, *In Search of Equality: The Chinese Struggle against Discrimination in Nineteenth-Century America* (Berkeley: University of California Press, 1994), 171-172; Lucy E. Salyer, *Laws Harsh as Tigers: Chinese Immigrants and the Shaping of Modern Immigration Law* (Chapel Hill: University of North Carolina Press, 1995).

25. 关于 1853、1855、1864、1866、1867、1880，详见：Coolidge, *Chinese Immigration*, 498。

26. "Chinese Immigration," 51st Cong., H.R. Rep. No. 4048 (March 2, 1891) at 494.

27. *SDC*, September 25, 1885; *TDL*, October 3, 1885; "Chinese Immigration," at 67. 关于学术性的估算，详见：Ettinger, *Imaginary Lines,* 49; Young, *Alien Nation,* 160-161; Lee, *At America's Gates*, 135。

28. Sheila McManus, *The Line Which Separates: Race, Gender and the Making of the Alberta-Montana Borderlands* (Lincoln: University of Nebraska Press, 2005), xii-xvi; Michiel Baud and Willem Van Schendel, "Toward a Comparative History of Borderlands," *Journal of World History* 8 no. 2 (Fall 1997): 215-218.

29. A. W. Bash to Secretary of Treasury, August 23, 1882, box 3, file 7, USCS / IE.

30. Special Agent J. C. Horr to Secretary of the Treasury Charles Folger, November 4, 1882, box 3, file 6, USCS / IE; J. C. Horr to Col. J F. Evans, May 6, 1883, box 3, file 3, USCS / IE.

31. J. C. Horr to Col. J F. Evans, May 6, 1883, box 3, file 3, USCS / IE.

32. Ibid.; Robert J. Stevens to James D. Porter, April 28, 1885, box 2, file 5, USCS / IE.

33. J. C. Horr to Folger, November 4, 1882, USCS / IE.

34. Ira B. Myers to A. W. Bash, July 24, 1883, box 109, file 4, USCS / SJS. A. W. Bash to Secretary of Treasury, July 11, 1883, box 9, USCS / IE.

35. C. L. Hooper to Watson Squire, October 15, 1884, box 2, Watson C. Squire Administration, Territorial Governors, Washington State Archives, Olympia, Washington.

36. A. W. Bash to Secretary of Treasury, July 11, 1883, USCS / IE.

37. A. W. Bash to William Windom, August 6, 1881, A. L. Blake file, Civilian Personnel Records, National Personal Records Center, St. Louis, Missouri.

38. A. L. Blake, August 11, 1881, vol. 1, USCS / ALB.

39. A. L. Blake to A. W. Bash, May 5, 1883, box 109, file 3, USCS / SJS.

40. A. L. Blake to A. W. Bash, December 13, 1883, box 109, file 5, USCS / SJS.

41. A. W. Bash to Secretary of the Treasury, October 8, 1883, USCS / CM; A. L. Blake to A. W. Bash, November 27, 1883, box 109, file 5, USCS / SJS (emphasis in the original).

42. A. L. Blake, 25 November 1883, vol. 2, USCS/ ALB; A. L. Blake to A. W. Bash, November 27, 1883, box 109, file 5, USCS / SJS.

43. J. Melzett to A. W. Bash, October 9, 1883, box 109, file 4, USCS / SJS.

44. Blake, June 4, 1883, vol. 1, USCS / ALB.

45. Ibid; A. L. Blake to A. W. Bash, September 28, 1884, box 110, file 2, USCS/ RDC.

46. J. H. Price to A. W. Bash, July 2, 1883, box 109, file 4, USCS / SJS.

47. A. L. Blake to A. W. Bash, January 4, 1883, box 111, file 3, USCS / SJS.

48. 关于华人与本土美国人的私人及商贸关系，详见：Daniel Liestman, "Horizontal Inter-Ethnic Relations: Chinese and American Indians in the Nineteenth-Century West," *Western Historical Quarterly* 30, no. 3 (Autumn 1999): 343-348; Jordan Hua, "'They Looked Askance': American Indians and Chinese in the Nineteenth Century U.S. West" (honors thesis, Rutgers University, 2012), 33-37, 44-45。

49. 案例详见：A. L. Blake to A. W. Bash, May 5, 1883, box 109, file 3, USCS / SJS。

50. 也拼作 Wah Chung 或 Wa Chung。

51. 汉语拼音为 "Chen Yixi"。

52. "Guide to the Willard Jue Papers," WJ / CGH; Kornel Chang, "Transpacific Borderlands and Boundaries: Race, Migration and State Formation in the North American Pacific Rim, 1882-1917" (Ph.D. diss., University of Chicago, 2007), 110.

53. A. L. Blake to A. W. Bash, July 11, 1883, box 109, file 4, USCS/ SJS.

54. Ibid.

55. A. L. Blake to A. W. Bash, September 1, 1882, box 111, file 2, USCS / SJS.

56. A. L. Blake, September 20, 1884, vol. 4, USCS / ALB.

57. A. L. Blake to A. W. Bash, November 13, 1883, USCS / SJS.

58. A. W. Bash to A. L. Blake, December, 1883, vol. 1, USCS / CM.

59. A. L. Blake to A. W. Bash, December 4, 1883, box 109, file 9, USCS / SJS.

60. A. L. Blake to A. W. Bash, February 13, 1884, box 110, file 1, USCS / RDC; A. L. Blake, April 24, 1884, vol. 4, USCS / ALB; A. A. Rodgers, Journals, Fees and Cashbooks, Chinese Bills, series 43, vol. 51, Bureau of Customs, Puget Sound Collection District, RG36, National Archives Pacific Alaska Region, Seattle, WA.

61. A. L. Blake, April 16, 1884, vol. 4, USCS / ALB; A. L. Blake to A. W. Bash, November 28, 1883, box 109, file 5, USCS / SJS; Robert E. Ficken and Charles P. LeWarne, *Washington: A Centennial History* (Seattle: University of Washington Press, 1988), 191. 在华盛顿州，一直到20世纪初都有类似的社区参与边境管制的形式存在。Chang, "Transpacific Borderlands and Boundaries," 125, 201.

62. 美国人有时会将中国称为 "天朝大国（Celestial Empire）"，将中国人称为 "天朝人（Celestials）"。J. C. Horr to Chas. J. Folger, November 24, 1883, box 3, file 1, USCS / IE; A. W. Bash to Charles J. Folger, January 11, 1884, Letters Sent to the Department of Treasury, box 37, file 2, Customs Service, Puget Sound Collection District Letters, RG36, National Archives Pacific Alaska Region, Seattle, WA; C. B. Bash to A. W. Bash, August 9, 1883, box 109, file 4, USCS / SJS; A. W. Bash to Charles J. Folger, January 11, 1884, Letters Sent to the Department of Treasury, box 37, file 2, Customs Service, Puget Sound Collection District Letters, RG36, National Archives Pacific Alaska Region, Seattle, WA.

63. J. H. Price to A. W. Bash, August 1, 1883, box 109, file 4, USCS / SJS; A. L. Blake to A. W. Bash, 7 May 1884, box 110, file 2, USCS / RDC.

64. 正如大卫·古铁雷斯（David Gutiérrez）研究20世纪墨裔美国人社区时发现的那样，合法居民会将新来的人看作他们生计的威胁，这群人也同样威胁到了他们试图被白人社区接受的不堪一击的努力。David Gutiérrez, *Walls and Mirrors: Mexican Americans, Mexican Immigrants, and the Politics of Ethnicity* (Berkeley: University of California Press, 1995), 4, 151, 154.

65. "More about the Chinese," July 9, 1883, *Olympia Courier,* box 4, file 9 (unnumbered), USCS / IE; A. W. Bash to C. F. Clapp, July 7, 1883, vol. 1, USCS / CM.

66. U.S. v. The Steamer Eliza Anderson, case file no. 4691 (King County, 1885), WSA / TDC.

67. Ibid.

68. Ibid.

69. Ibid.

70. Chang, *Pacific Connections*, 3, 148; Lee, *At America's Gates*, 175. 大卫·C. 阿特金森 （David C. Atkinson）检视了之后的一个阶段，发现这种表述夸大了合作的成分，详见：David C. Atkinson, *The Burden of White Supremacy: Containing Asian Migration in the British Empire and the United States* (Chapel Hill: University of North Carolina Press, 2016), 2。

71. Patricia E. Roy, *A White Man's Province: British Columbia Politicians and Chinese and Japanese Immigrants, 1858-1914* (British Columbia: University of British Columbia Press, 1990), 3, 4-8, 48. 关于加拿大的华人移民历史，详见：Lisa Rose Mar, *Brokering Belonging: Chinese in Canada's Exclusion Era, 1885-1945* (Oxford: Oxford University Press, 2010); Harry Con and Edgar Wickberg, *From China to Canada: A History of the Chinese Communities in Canada* (Toronto: McClelland and Stewart, 1982); Henry Yu, "Global Migrants and the New Pacific Canada," *International Journal* 64, no. 4 (Autumn 2009): 1011-1026; Henry Yu, "The Intermittent Rhythms of the Cantonese Pacific," in *Connecting Seas and Connected Ocean Rims: Indian, Atlantic, and Pacific Oceans and China Seas Migrations from the 1830s to the 1930s,* ed. Donna R. Gabaccia and Dirk Hoerder (Leiden: Brill, 2011), 393-414; Robert Edward Wynne, *Reaction to the Chinese in the Pacific Northwest and British Columbia, 1850-1910* (New York: Arno Press, 1978); David Dyzenhaus and Mayo Moran, *Calling Power to Account: Law, Reparations, and the Chinese Canadian Head Tax* (Toronto: University of Toronto Press, 2005); Peter S. Li, *The Chinese in Canada* (Toronto: Oxford University Press, 1998)。

72. Roy, *A White Man's Province,* 38.

73. Ibid., 55. 按照习俗，中国人会将他们的遗体运回故乡再次下葬。

74. "An Act to execute certain treaty stipulations relating to the Chinese," (Chinese Restriction Act), chap. 126, 22 Stat. 58 (May 6, 1882); Governor General's Office, April 22, 1885, T-842, Library and Archives of Canada, Ottawa; William Egerton Hodgins Correspondence, Reports of the Ministers of Justice and Orders in Council upon the Subject of Provincial Legislation, Canada Dept. of Justice, Published by MacLean, Roger, 1888 (original from Harvard University, digitized May 21, 2008), 288.

75. Draft letter, August 22, 1885, Governor General's Office, Microfilm T842, Library and Archives of Canada, Ottawa.

76. U.S. v. The Steamer Eliza Anderson, case file no. 4691 (King County, 1885), WSA / TDC.

77. H. F. Beecher to Secretary of the Treasury, telegram, August 30, 1885, box 1, file 5, USCS / IE; H. F. Beecher to the Secretary of the Treasury, tele- gram, September 1885, box 1, file 5, USCS / IE; Treasury Department to Collector of Port Townsend, draft telegram, n.d., box 1, file 5, USCS / IE.

78. H. F. Beecher to D. Manning, September 1, 1885, A. L. Blake file, Civilian Personnel Records, National Personal Records Center, St. Louis, Missouri.

79. H. F. Beecher to D. Manning, June 30, 1885, Letters Sent to the Department of Treasury, box 37, file 2, Customs Service, Puget Sound Collection District Letters, RG36, National Archives Pacific Alaska Region, Seattle, WA.

80. H. F. Beecher to D. Manning, September 23, 1885, box 4, USCS / IE.

81. Secretary of the Treasury to the Attorney General, draft letter, October 1883, box 9, USCS / IE; Attorney General to the Secretary of the Treasury, October 10, 1885, box 4, USCS / IE.

82. Secretary of the Treasury to the Collector of Customs at Port Townsend, draft letter,

October 1885, box 4, USCS/ IE.

83. H. F. Beecher to C. S. Fairchild, July 7, 1887, box 9, USCS / IE.

84. H. F. Beecher to D. Manning, September 23, 1885, box 4, USCS / IE.

85. "Chinese Immigration," at 20, 28; C. H. Hanford to President Benjamin Harrison, June 18, 1889, enclosure in W. Hamley to W. G. Parmelee Esq., October 25, 1889, Privy Council Minutes December 17 to 28, 1889, RG2, Privy Council Office, series A-1-a. 关于枢密令，详见：vol. 552, reel C-3405。

86. Coolidge, *Chinese Immigration,* 210; L. J. Sargeant to C. S. Fairchild, October 11, 1888, box 6, file 8, USCS / IE.

87. 最高法院于 2001 年裁定，无限期拘留移民属于违宪。Zadvydas v. Davis, 533 U.S. 678 (2001); Daniel Wilsher, *Immigration Detention: Law, History, Politics* (Cambridge: Cambridge University Press, 2012); "Indefinite Detention of Immigrant Parolees: An Unconstitutional Condition?" *Harvard Law Review* 116, no. 6 (2003): 1868-1888.

88. H. F. Beecher to C. S. Fairchild, July 7, 1887, box 9, USCS / IE; Records of Prisoners Received at U.S. Penitentiary on McNeil Island, 1875-1892, vol. 1-3, RG 129, National Archives Pacific Branch, Seattle, WA. 这些数字仅为估算，因为监狱记录的准确性每年差别很大。

89. C. H. Hanford to President Benjamin Harrison, June 18, 1889, enclosure in W. Hamley to W. G. Parmelee Esq., October 25, 1889, Privy Council Minutes, December 17 to 28, 1889, RG2, Privy Council Office, series A-1-a. 他指的是 1888 年的《排华法案》。For Order in Council see vol. 552, Reel C-3405.

90. Ibid.; Letter to Stanley of Preston, September 10, 1889, RG7 G6, vol. 28, Library and Archive of Canada, Ottawa, Ontario.

91. Mae Ngai, *Impossible Subjects: Illegal Aliens and the Making of Modern America* (Princeton, NJ: Princeton University Press, 2005), 2-3, 8; Kate Masur, " 'A Rare Phenomenon of Philological Vegetation' : The Word 'Contraband' and the Meanings of Emancipation in the United States," *Journal of American History* 93, no. 4 (March 2007): 1050-1084.

92. 关于排华是国家权力集中的瞩目时刻，详见：Aristide R. Zolberg, *A Nation by Design: Immigration Policy in the Fashioning of America* (Cambridge, MA: Harvard University Press, 2008), 88, 113; Lee, *At America's Gates,* 10; Stacy L. Smith, "Emancipating Peons, Excluding Coolies: Reconstructing Coercion in the American West," in *The World the Civil War Made,* ed. Gregory P. Downs and Kate Masur (Chapel Hill: University of North Carolina Press, 2015), 71.

93. Baud and Schendel, "Toward a Comparative History of Borderlands," 217-218; McManus, *The Line Which Separates,* xviii.

94. Hidetaka Hirota, *Expelling the Poor: Atlantic Seaboard States and the 19th-Century Origins of American Immigration Policy* (New York: Oxford University Press, 2017), 180-204.

95. *SDC,* September 26, 1885.

3. 被驱逐的人

1. Territory vs. Wesley Dodson et al., case file no. 4635 (King County, 1886), WSA / TDC; Territory vs. Perry Bayne et al., case file no. 4600 (King County, 1886), WSA / TDC; Watson C. Squire, "Report of the Governor of Washington Territory, Made to the Secretary of the Interior" (Washington, DC: Government Printing Office, 1886), 42-54; Watson Squire to Thomas Bayard (and enclosed documents), July 17, 1886, USDS / ML.

2. Territory vs. Wesley Dodson et al.; Territory vs. Perry Bayne et al.

3. 之前关于西北太平洋反华暴力的历史着重于反华民团或民兵。Carlos A. Schwantes, "From Anti-Chinese Agitation to Reform Politics: The Legacy of the Knights of Labor in Washington and the Pacific Northwest," *Pacific Northwest Quarterly* 88, no. 4 (Fall 1997): 174-184; Jules Alexander Karlin, "The Anti-Chinese Outbreak in Tacoma, 1885," *Pacific Historical Review* 23, no. 3 (1954): 271-283; Robert Edward Wynne, *Reaction to the Chinese in the Pacific Northwest and British Columbia, 1850-1910* (New York: Arno, 1978); James A. Halseth and Bruce A. Glasrud, *The Northwest Mosaic: Minority Conflicts in Pacific Northwest History* (Boulder, CO: Pruett, 1977); Jeffrey Alan Dettmann, "Anti-Chinese Violence in the American Northwest: From Community Politics to International Diplomacy" (Ph.D. diss., University of Texas, 2002); George Kinnear, *Anti-Chinese Riots at Seatttle [sic], Wn. February 8th, 1886* (Seattle, n.p., 1911); Clayton D. Laurie, " 'The Chinese Must Go:' The United States Army and the Anti-Chinese Riots in Washington Territory, 1885-1886," *Pacific Northwest Quarterly* 81, no. 1 (January 1990): 22-29; Rob Weir, "Blind in One Eye Only: Western and Eastern Knights of Labor View the Chinese Question," *Labor History* 41, no. 4 (2000), 421-436; Roger Daniels, *Anti-Chinese Violence in North America* (New York: Arno, 1978); Robert Eugene Mack, "Seattle and Tacoma Anti-Chinese Riots of 1885 and 1886" (bachelor's thesis, Harvard University, 1972); Howard H. Shuman, "The Rise of Seattle's Newspapers in the Anti-Chinese Agitation of 1885-1886" (master's thesis, University of Washington, 1968). 之前有关中国人对暴力的反应的论文，详见：Jean Pfaelzer, *Driven Out: The Forgotten War against Chinese Americans* (New York: Random House, 2007); Charles J. McClain, *In Search of Equality: The Chinese Struggle against Discrimination in Nineteenth-Century America* (Berkeley: University of California Press, 1994), 172-190; Liping Zhu, *A Chinaman's Chance: The Chinese on the Rocky Mountain Mining Frontier* (Boulder: University of Colorado Press, 1997), 129-158; Xiaoyan Zhou, "Qing Perceptions of Anti-Chinese Violence in the United States: Case Studies from the American West" (master's thesis, University of Wyoming, 2008)。

4. 罗杰·戈特利布（Roger Gottlieb）将"反抗（resistance）"定义为"由压迫群体针对被压迫者发出的阻挠、限制或终止权力的实施所引发的行为"。Roger S. Gottlieb, "The Concept of Resistance: Jewish Resistance during the Holocaust," *Social Theory and Practice* 9, no. 1 (1983): 37; Michael R. Marrus, "Jewish Resistance to the Holocaust," *Journal of Contemporary History*, 30, no. 1 (January 1995): 90.

5. 关于华人商人兼承包商，详见：Mae M. Ngai, *The Lucky Ones: One Family and the Extraordinary Invention of Chinese America* (Boston: Houghton Mifflin Harcourt, 2010); Lisa Rose Mar, *Brokering Belonging: Chinese in Canada's Exclusion Era, 1885-1945* (Oxford: Oxford University Press, 2010); Kornel Chang, *Pacific Connections: The Making of the U.S.- Canadian Borderland* (Berkeley: University of California Press, 2012), 17-53。

6. 这里我在尼尔·史密斯（Neil Smith）概述的"规模跳跃"概念的基础上论述。Neil Smith, "Contours of a Spatialized Politics: Homeless Vehicles and the Production of Geographic Scale," *Social Text* 33 (1992): 54-81; Neil Brenner, "Beyond State-Centrism? Space, Territoriality, and Geographical Scale in Globalization Studies," *Theory and Society* 28, no. 1 (1999): 39-78; Willem van Schendel, "Geographies of Knowing, Geographies of Ignorance: Jumping Scale in Southeast Asia," *Environmental and Planning D: Society and Space* 20, no. 6 (2002): 647-668.

7. Walter Johnson, "On Agency," *Journal of Social History* 37, no. 1 (Autumn 2003): 113-124; James C. Scott, *Weapons of the Weak: Everyday Forms of Peasant Resistance* (New

Haven, CT: Yale University Press, 1987).

8. 案例详见: Mary Roberts Coolidge, *Chinese Immigration* (New York: Henry Holt, 1909)。

9. 关于中国工人与商人兼承包商之间的关系, 详见: Todd Stevens, "Brokers between Worlds: Chinese Merchants and Legal Culture in the Pacific Northwest, 1852-1925" (Ph.D. diss., Princeton University, 2003), 145-147; Adam McKeown, *Chinese Migrant Networks and Cultural Change: Peru, Chicago, Hawaii, 1900-1936* (Chicago: University of Chicago Press, 2001), 67-70, 78-80; Mar, *Brokering Belonging,* 55-57。

10. Edward Wood, "In the Matter of Chinese Quarters at Coal Creek," Watson Squire to Thomas Bayard (and enclosed documents), July 17, 1886, USDS / ML.

11. Wynne, *Reaction to the Chinese in the Pacific Northwest,* 493-494; Herbert Hunt, *Tacoma: Its History and Its Builders A Half Century of Activity* (Chicago: S. J. Clarke, 1916), 1:229-230; Robert E. Ficken, *Washington Territory* (Pullman: Washington State University Press, 2002), 94, 105.

12. Kwok Sue, "Affidavit in the Matter of the Expulsion of the Chinese from Tacoma," in Watson Squire to Thomas Bayard (and enclosed documents), July 17, 1886, USDS / ML.

13. Ibid.

14. F. A. Bee to Watson Squire, October 15, 1885, in *Report of the Governor of Washington Territory to the Secretary of the Interior, 1885,* by Watson C. Squire (Washington, DC: Government Printing Office, 1885), app. 15-16; Edward W. Taylor, "Affidavit in the Matter of the Expulsion of the Chinese from Tacoma," in Watson Squire to Thomas Bayard (and enclosed documents), July 17, 1886, USDS / ML.

15. Taylor, "Affidavit"; Squire, *Report of the Governor,* app. 16.

16. Tacoma (1885), Sanborn Map Collection, Library of Congress, Washington, DC.

17. Barnabas McLafferty, "Affidavit in the Matter of the Expulsion of the Chinese from Tacoma," Watson Squire to Thomas Bayard (and enclosed documents), July 17, 1886, USDS / ML.

18. N. W. Gow, "Affidavit in the Matter of the Expulsion of Chinese from Tacoma," Watson Squire to Thomas Bayard (and enclosed documents), July 17, 1886, USDS / ML.

19. Sue, "Affidavit."

20. Watson Squire to Goon Gau, November 3, 1885, in Squire, *Report of the Governor,* app. 20.

21. Lum May, "Affidavit in the Matter of the Expulsion of the Chinese from Tacoma," in Watson Squire to Thomas Bayard (and enclosed documents), July 17, 1886, USDS / ML.

22. Gow, "Affidavit."

23. Tak Nam, "Affidavit in the Matter of the Expulsion of the Chinese from Tacoma," in Watson Squire to Thomas Bayard (and enclosed documents), July 17, 1886, USDS / ML; Ouyang Ming, "Report to San Francisco Consul General by Board of Portland Chinese Consolidated Benevolent Association," November 28, 1885, part 2, item 13, in ZS, 84-85.

24. Gow, "Affidavit."

25. Ming, "Report to San Francisco Consul General," 84-85; Watson Squire to Thomas Bayard and Secretary of the Interior (and enclosed documents), July 17, 1886, USDS / ML; M. M. Kider, "Affidavit in the Matter of the Expulsion of Chinese from Tacoma," in Watson Squire to Thomas Bayard (and enclosed documents), July 17, 1886, USDS / ML; Squire, *Report of the Governor,* app. 12-33; Cheng Tsao Ju to the Department of State, April 5, 1886, *Notes from the Chinese Legation in the United States to the Department of State, 1863-1906* (microfilm), vol. 2, no. 98, RG39 M98, Pacific Regional Branch of the National Archives, San Bruno, CA.

26. 虽然美国政府最终赔偿了中国, 但我们仍不清楚中国商人是否收到了这笔赔款。

Herbert Hunt to the Secretary of the Treasury, May 20, 1916, "Chinese in Tacoma," box 1, file 3d, Washington Historical Society, Tacoma, WA; Gow, "Affidavit"; Sue, "Affidavit."

27. Willard G. Jue, "Chin Gee-Hee: Chinese Pioneer Entrepreneur in Seattle and Toishan," *Annals of the Chinese Historical Society of the Northwest* (1983): 31-38; Willard G. Jue, "Chin Gee-Hee," WJ / CGH; Madeline Yuan-yin Hsu, *Dreaming of Gold, Dreaming of Home: Transnationalism and Migration Between the United States and South China, 1882-1943* (Stanford, CA: Stanford University Press, 2000), 156-175; Judy Yung, Gordon H. Chang, and H. Mark Lai, *Chinese American Voices: From the Gold Rush to the Present* (Berkeley: University of California Press, 2006), 125-128; Chang, *Pacific Connections*, 35-43; Stevens, "Brokers between Worlds," 16-58; Beth Lew-Williams, "The Remarkable Life of a Sometimes Railroad Worker: Chin Gee Hee, 1844-1929," in *The Chinese Railroad Workers in North America Project at Stanford,* ed. Gordon Chang and Shelley Fisher Fishkin (Stanford, CA: Stanford University Press, forthcoming).

28. Doug Chin, "How and Why the Chinese Associations Developed," *International Examiner,* January 20, 1982; USC / WT 1880, 1885; Seattle 1885, Sanborn Map Collection, Library of Congress, Washington, DC, accessed October 2014, https://www. loc.gov/collections/sanborn-maps/; Coll-Peter Thrush, *Native Seattle: Histories from the Crossing-Over Place* (Seattle: University of Washington, 2007), 66-78.

29. Owyang Ming to Cheng Tsao Ju, November 5, 1885, *Notes from the Chinese Legation in the United States to the Department of State, 1863-1906* (microfilm), vol. 2, no. 98, RG39 M98, Pacific Regional Branch of the National Archives, San Bruno, CA.

30. Territory v. Chin Gee Hee, case file no. 4694 (King County Court, 1885), WSA / TDC.

31. *SDC,* November 5, 1885; Wynne, *Reaction to the Chinese in the Pacific Northwest,* 220, 237; Karlin, "The Anti-Chinese Outbreak in Tacoma," 112; Granville O. Haller, "Diary," November 5, 1885, box 4, vol. 2, University of Washington Special Collections, Seattle, WA.

32. Karlin, "The Anti-Chinese Outbreak in Tacoma," 113; SDC, November 10, 1885; Chin Gee Hee, Account Book 1880-1901, WJ / CGH.

33. Wood, "In the Matter of Chinese Quarters at Coal Creek"; Ouyang Ming to Chinese Consul at San Francisco, October 20, 1885, part 2, item 9, in ZS, 80-81.

34. U.S. v. Daniel Cronin et al., case file no. 4702 (King County, 1885), WSA / TDC.

35. Zheng Zaoru to Imperial Court, February 16, 1886, part 3, item 6, ZS, 111-112.

36. Chang Yen Hoon to Thomas Bayard, Washington, March 3, 1888, doc. 254, *Papers Relating to the Foreign Relations of the United States, Part I,* ed. Jules Davids (Wilmington, DE: Scholarly Resources, 1979), 389-390; Zhang Yinhaun (Cheng Yen Hoon), *Sanzhou riji* [Diary of the Three Continents] 张荫桓《三洲日记》1896, entry for March 3, 1888。

37. Chang Yen Hoon to the Chinese Legation, May 4, 1886, *Notes from the Chinese Legation in the United States to the Department of State, 1863-1906* (microfilm), vol. 2, no. 98, RG39 M98, Pacific Regional Branch of the National Archives, San Bruno, CA. 关于来自旧金山的类似的保护请求，详见：Zhang Zhidong to Imperial Court, June 16, 1886, part 3, item 14, ZS, 115-119。

38. Chang Yen Hoon to the Chinese Legation, February 7, 1887, *Notes from the Chinese Legation in the United States to the Department of State, 1863-1906* (microfilm), vol. 2, no. 98, RG39 M98, Pacific Regional Branch of the National Archives, San Bruno, CA.

39. Henry Yu, "The Intermittent Rhythms of the Cantonese Pacific," in *Connecting Seas and Connected Ocean Rims: Indian, Atlantic, and Pacific Oceans and China Seas Migrations from the 1830s to the 1930s,* ed. Donna Gabaccia and Dirk Hoerder (Leiden:

Brill, 2011), 393-414; Gunther Peck, *Reinventing Free Labor: Padrones and Immigrant Workers in the North American West, 1880-1930* (Cambridge: Cambridge University Press, 2000), 50-57; Stevens, "Brokers between Worlds," 145-146; Hudson N. Janisch, "The Chinese, the Courts, and the Constitution: A Study of the Legal Issues Raised by Chinese Immigration to the United States, 1850-1902" (doctoral diss., University of Chicago Law School, 1971), 529, 353.

40. Kee Low, interview by C. H. Burnett, August 4, 1924, box 27, no. 179, SRR.

41. Ibid.; Jules Alexander Karlin, "The Anti-Chinese Outbreaks in Seattle, 1885-1886," *Pacific Northwest Quarterly* 39, no. 2 (April 1948): 103-130; Wynne, *Reaction to the Chinese in the Pacific Northwest*, 260; SDC, February 8, 1886; Thomas Burke to Hon. H. F. Beecher, Collector, February 15, 1886, box 22, file 17, TB; Wan Lee, "*Writ of Habeas Corpus*," case file no. 4819 (King County Court, 1886), WSA / TDC. Wan Lee 最终决定离开领地。Thomas Burke to H. F. Beecher, February 15, 1886, box 22, file 17, TB.

42. Kee Low, interview by C. H. Burnett; Arthur S. Beardsley, "Lawyers and Anti-Chinese Riots," in *The Bench and Bar of Washington, The First Fifty Years, 1849-1900* (unpublished manuscript), box 1, file 37, Arthur S. Beardsley Collection, Washington State Historical Society, Olympia, WA; Karlin, "The Anti-Chinese Outbreaks in Seattle," 119-121; Wynne, *Reaction to the Chinese in the Pacific Northwest*, 262.

43. Kee Low, interview by C. H. Burnett.

44. Ibid. "John" 或 "John Chinaman" 是华人移民的常见绰号。

45. Wynne, *Reaction to the Chinese in the Pacific Northwest*.

46. Chin Cheung, interview by C. H. Burnett, August 21, 1924, box 27, no. 187, SRR. 关于工人反抗驱逐, 详见: Jeffrey Alan Dettmann, "Anti-Chinese Violence in the American Northwest: From Community Politics to International Diplomacy" (Ph.D. diss., University of Texas, 2002), 56-57, 128-129, 169。

47. Kee Low, interview by C. H. Burnett. See also J. S. Look, interview by C. H. Burnett, August 13, 1924, box 27, no. 182, SRR.

48. *MDA*, February 2, 1886.

49. Cheng Tsao Ju to Mr. Bayard, February 15, 1886, doc. 33, in Jules Davis, ed., *American Diplomatic and Public Papers: The United States and China*, Series 2, *The United States, China, and Imperial Rivalries, 1861-1893* (Wilmington, DE: Scholarly Resources, 1979), 12:174.

50. Zhang Yinhuan (Chang Yin-haun) to Imperial Court, August 14, 1886, part 2, item 21, ZS, 94-96; Zhang Yinhuan to American Foreign Ministry, August 14, 1886, item 22, ZS, 96-98; "Regulations of Chinese Labor," 1886, part 2, item 23, ZS, 98-99; Zhang Yinhuan to Imperial Court, memorial, May 18, 1888, part 3, item 22, ZS, 123-124.

4. 人 民

1. Lynwood Carranco, "Chinese Expulsion from Humboldt County," *Pacific Historical Review* 30, no. 4 (November 1961): 329-340; Jean Pfaelzer, *Driven Out: The Forgotten War against Chinese Americans* (New York: Random House, 2007), 121-166; James Beith, "Diary," February 8, 1885, vol. 7 (Banc film 3088), Bancroft Library, Berkeley, CA.

2. As quoted by *SDRU*, February 13, 1885; James Beith, "Diary," vol. 7 (Banc film 3088) February 8, 1885.

3. James Beith, "Diary," vol. 7 (Banc film 3088), February 8, 1885, September 11, 1886.

4. Jonathon Glassman, *War of Words, War of Stones: Racial Thought and Violence in*

Colonial Zanzibar (Bloomington: Indiana University Press, 2011), 20, 233-240; Paul R. Brass, ed., *Riots and Pogroms* (London: MacMillan, 1996), 42-44; Lisa Arellano, *Vigilantes and Lynch Mobs: Narratives of Community and Nation* (Philadelphia: Temple University Press, 2012).

5. Eiko Maruko Siniawer, *Ruffians, Yakuza, Nationalists: The Violent Politics of Modern Japan, 1860-1960* (Ithaca, NY: Cornell University Press, 2008), 5-6; Charles Tilly, *The Politics of Collective Violence* (Cambridge: Cambridge University Press, 2003), 204; Sudhir Kakar, *The Colors of Violence: Cultural Identities, Religion, and Conflict* (Chicago: University of Chicago Press, 1996), 46; Veena Das, *Mirrors of Violence: Communities, Riots and Survivors in South Asia* (Oxford: Oxford University Press, 1990) 21-22; Charles Tilly, *The Contentious French: Four Centuries of Popular Struggle* (Cambridge, MA: Belknap Press of Harvard University Press, 1986), 360; James C. Scott, *Weapons of the Weak: Everyday Forms of Peasant Resistance* (New Haven, CT: Yale University Press, 1987).

6. Glassman, *War of Words, War of Stones,* 233; Neil Smith, "Contours of a Spatialized Politics: Homeless Vehicles and the Production of Geographic Scale," *Social Text* 33 (1992): 54-81; Neil Brenner, "Beyond State- Centrism? Space, Territoriality, and Geographical Scale in Globalization Studies," *Theory and Society* 28, no. 1 (1999): 39-78; Willem van Schendel, "Geographies of Knowing, Geographies of Ignorance: Jumping Scale in Southeast Asia," *Environmental and Planning D: Society and Space* 20, no. 6 (2002): 647-668.

7. 关于种族清洗，详见：Andrew Bell-Flalkoff, *Ethnic Cleansing* (New York: St. Martin's, 1996), 1-3; Michael Mann, *The Dark Side of Democracy: Explaining Ethnic Cleansing* (Cambridge: Cambridge University Press, 2005), 11。有关驱逐的本质，详见：Matthew F. Fitzpatrick, *Purging the Empire: Mass Expulsions in Germany, 1871-1914* (Oxford: Oxford University Press, 2015), 3-5。

8. Jeff Goodwin, "A Theory of Categorical Terrorism," *Social Forces* 84, no. 4 (2006): 2029; Grant Wardlaw, *Political Terrorism: Theory, Tactics, and Counter-Measures* (Cambridge: Cambridge University Press, 1982), 9-16.

9. *TDL*, September 3, 1885.

10. *TDL*, September 5, 1885; *Harper's Weekly*, October 17, 1885; *NYT*, September 26, 1885.

11. Margaret Kolb Holden, "The Rise and Fall of Oregon Populism: Legal Theory, Political Culture and Public Policy, 1868-1895" (Ph.D. diss., University of Virginia, 1993), 378.

12. Kim Voss, *The Making of American Exceptionalism: The Knights of Labor and Class Formation in the Nineteenth Century* (Ithaca, NY: Cornell University Press, 1993), 3; Tamara Venit Shelton, *A Squatter's Republic: Land and the Politics of Monopoly in California, 1850-1900* (Berkeley: University of California Press, 2013); Charles Postel, *The Populist Vision* (Oxford: Oxford University Press, 2007), 133; Hans Birger Thorelli, *The Federal Antitrust Policy: Origination of an American Tradition* (Stockholm: P. A. Norstedt och so ¨ ner, 1954), 147-148; Leon Fink, *Workingmen's Democracy: The Knights of Labor and American Politics* (Urbana: University of Illinois Press, 1983); Robert E. Weir, *Beyond Labor's Veil: The Culture of the Knights of Labor* (University Park: Pennsylvania State University Press, 1996); Robert E. Weir, "Blind in One Eye Only: Western and Eastern Knights of Labor View the Chinese Question," *Labor History* 41, no. 4 (2000): 421-436; Richard White, *Railroaded: The Transcontinentals and the Making of Modern America* (New York: W. W. Norton, 2011), 293-305; Alexander Saxton, *The Indispensable Enemy: Labor and the Anti-Chinese Movement in California*, 2nd ed. (Berkeley: University of California Press, 1995), 40; Robert Eugene Mack, "The

Seattle and Tacoma Anti-Chinese Riots of 1885 and 1886" (bachelor's thesis, Harvard University, 1972), 10. 有关劳工骑士团参与反华运动的案例，详见：*SDC,* September 21 and 22, 1885。卡洛斯·施瓦蒂斯（Carlos Schwantes）主张，克洛宁的官方身份是劳工骑士团的组织者，但其实他也受雇于旧金山一个秘密的激进工人组织——国际工人协会（International Workers Association, IWA）；详见：Carlos A. Schwantes, "From Anti-Chinese Agitation to Reform Politics: The Legacy of the Knights of Labor in Washington and the Pacific Northwest," *Pacific Northwest Quarterly* 88, no. 4 (1997): 174-184。

13. *SDC,* December 1, 1885; SPI, January 17, 1886; Robert Edward Wynne, *Reaction to the Chinese in the Pacific Northwest and British Columbia, 1850-1910* (New York: Arno, 1978), 243; Schwantes, "From Anti-Chinese Agitation to Reform Politics," 175.

14. A. E. Handford, "Affidavit in the matter of Coal Creek," in Watson Squire to Thomas Bayard (and enclosed documents), July 17, 1886, USDS / ML; Carlos A. Schwantes, *The Pacific Northwest: An Interpretive History* (Lincoln: University of Nebraska Press, 1989), 251-257.

15. George W. France, *Struggles for Life and Home in the North-West: By a Pioneer Homebuilder, Life 1866-1889* (New York, 1890), 529.

16. *SDC,* December 1, 1885.

17. *SDC,* November 20, 1885; October 2, 1885; see also SDC, September 25, 26, 1885; Amy Dru Stanley, *From Bondage to Contract: Wage Labor, Marriage, and the Market in the Age of Slave Emancipation* (Cambridge: Cambridge University Press, 1998), ix-xi, 1-3. SDC, October 2, September 25, 26, 1885; Moon-Ho Jung, *Coolies and Cane: Race, Labor and Sugar in the Age of Emancipation* (Baltimore: Johns Hopkins University Press, 2006), 6-9.

18. *SDC,* September 21, October 10, 27, 1885.

19. James Wickersham to Herbert Hunt, April 21, 1916, folder 6, Wickersham Collection, Washington State Historical Society, Tacoma.

20. *SDC,* September 25, 1885; *TDL,* October 3, 1885; *TDL,* August 26, 1885; *SDC,* November 16, 1885.

21. *SDC,* October 26, September 26, 1885.

22. *TDL,* September 22, 1885; *SDC,* November 3, September 22, 1885.

23. *SDC,* October 19, November 2, 1885. 新闻媒体并没有仅是观望游行，还参与到了游行当中也就不足为怪了。领地内亲劳工阶层的报纸（包括《西雅图每日电讯》、《塔科马日报》和《塔科马每日新闻》）都是工人阶级和反华运动的主要代言人。

24. *SDC,* October 10, 1885; Edward W. Taylor, "Affidavit in the Matter of the Expulsion of the Chinese from Tacoma," in Watson Squire to Thomas Bayard (and enclosed documents), July 17, 1886, USDS / ML.

25. "To the Citizens of Tacoma," October 8, 1885, in Edward N. Fuller Ephemera Collection, Washington State Historical Society, Tacoma; *SDC,* October 17, 1885; Taylor, "Affidavit."

26. *SDC,* October 21, October 17, 1885.

27. *TDL,* November 3, 1885; Taylor, "Affidavit."

28. Jacob Weisbach, "Affidavit in the Matter of the Expulsion at Tacoma," in Watson Squire to Thomas Bayard (and enclosed documents), July 17, 1886, USDS / ML. See also George Ackinson, "Affidavit in the Matter of the Expulsion at Tacoma," in Watson Squire to Thomas Bayard (and enclosed documents), July 17, 1886, USDS / ML; Lewis Byrd, "Affidavit in the Matter of the Expulsion at Tacoma," in Watson Squire to Thomas Bayard (and enclosed documents), July 17, 1886, USDS / ML.

29. James Wickersham to Herbert Hunt, April 21, 1916. 威克沙姆似乎记错了监狱。1885 年

瓦拉瓦拉监狱尚在筹备阶段，当时领地的监狱其实位于麦克尼尔岛。

30. B. R. Everetts, "Affidavit in the Matter of the Expulsion at Tacoma," in Watson Squire to Thomas Bayard (and enclosed documents), July 17, 1886, USDS / ML.

31. *TDL*, November 4, 1885; Tacoma Daily News, January 18, 1886. See also *SDC*, November 4, 1885.

32. Linda Gordon, *The Great Arizona Orphan Abduction* (Cambridge, MA: Harvard University Press, 2001), 254-276; Arellano, *Vigilantes and Lynch Mobs*, 23; Richard Maxwell Brown, *Strain of Violence: Historical Studies of American Violence and Vigilantism* (New York: Oxford University Press, 1975), 93; Christopher Waldrep, *The Many Faces of Judge Lynch: Extralegal Violence and Punishment in America* (New York: Palgrave MacMillan, 2002); Michael J. Pfeifer, *Rough Justice: Lynching and American Society 1874-1947* (Urbana: University of Illinois Press, 2004).

33. *Tacoma Daily News*, January 18, 1886.

34. *LAT*, November 8, 14, 1885. See also *The Daily Gazette* (Kalamazoo, MI) September 6, 1885; 17 Cong. Rec., 1814 (1886); *SDC*, November 23, 1885; *Riverside Press and Horticulturist*, December 15, 1885.

35. Schwantes, "From Anti-Chinese Agitation to Reform Politics," 179-182.

36. *DAC*, February 21, 1886; *TR*, January 27, 1886.《特拉基共和报》也明确表态，认为特拉基应该被当成反华运动的典范。"How It Was Done," *TR*, January 1, 1886. "John Chinaman" 或简称 "John" 通常在口语上指代中国人。

37. *SDRU*, October 29, 1883; *DAC*, July 31, 1885. See also *LAT*, December 6, 1885; "How the Restriction Act Is Evaded," *LAT*, October 20, 1885; "How Chinamen Get Around the Restriction Act," *DAC*, November 13, 1886; *LAH*, November 24, 1883.

38. Pfaelzer, *Driven Out*, 253; *SDC*, September 26, 1885. 其他关于反华作者及发言人利用《中国人限制法案》为组织反华运动辩护的例子，详见：*Portland Oregonian*, October 7, 1885; *Portland Daily News*, October 5, 1885; *Salt Lake Tribune*, February 12, 1886; *San Francisco Examiner*, March 5, 1886; A. A. Sargent, "Wyoming Anti-Chinese Riot," *Overland Monthly and Out West Magazine* 6 (November 1885): 128-129; *TDL*, September 5, 1885。有关报纸针对暴力的报道的精彩讨论，详见：Jeffrey Dettmann, "Chinese American Violence in the American Northwest: From Community Politics to International Diplomacy" (Ph.D. diss., University of Texas at Austin, 2002), 56-57, 128-129, 169。

39. As quoted in 17 Cong. Rec., 1814 (1886); See also *SDRU*, May 10, 1886; *TR*, February 20, 1886; "Report of the Special Committee on the Condition of the Chinese Quarters" in *The Chinese in San Francisco*, ed. Willard B. Farwell (San Francisco: Board of Supervisors, 1885), 208.

40. Beith, "Diary," vol. 7, September 12, 1886. See also *SDC*, October 7, 1885; *TR*, February 20, 1886; *SDRU*, February 10, March 11, 1886.

41. Terence V. Powderly, *Thirty Years of Labor: 1859-1889* (Columbus, OH: Excelsior, 1889), 442.

42. Erika Lee, *At America's Gate: Chinese Immigration during the Exclusion Era, 1882-1943* (Chapel Hill: University of North Carolina Press, 2005), 13, 147.

43. *SDRU*, January 30, 1886; *TR*, February 20, 1886. 在加利福亚的特拉基，一场反华运动起始于联合的抵制，最终以纵火结束，三名华人男性在大火中死去。Wallace R. Hagaman with Steve F. Cottrell, *The Chinese Must Go!: The Anti-Chinese Boycott, Truckee, California* (Nevada City: Cowboy Press, 2004), 47-50; Daily Transcript, June 18, 1886. 关于时人对特拉基暴力相互矛盾的讲述，详见：*Daily Transcript*, January 1, 1886。

44. Beith, "Diary," vol. 7, June 4, 1886; *SDRU,* February 2, 1886.

45. *SDRU,* March 13, 16, 1886. See also *MDA,* July 20, 1886; *San Jose Mercury,* February 2, 9, 1886. 有关运用抵制的不同方式，详见：Hagaman and Cottrell, *The Chinese Must Go!,* 15-20。

46. *Daily Transcript,* January 26, 1886. See also *Daily Transcript,* February 25, 1886, March 2, 30, 1886.

47. Amy S. Greenberg, *Manifest Manhood and the Antebellum American Empire* (Cambridge: Cambridge University Press, 2005), 11-26; Gail Bederman, *Manliness and Civilization: A Cultural History of Gender and Race in the United States, 1880-1917* (Chicago: University of Chicago Press, 1996), 7, 17; Matthew Basso, Laura McCall, and Dee Garceau-Hagen, eds., *Across the Great Divide: Cultures of Manhood in the American West* (New York: Routledge, 2001), 2-5; Karen J. Leong, " 'A Distinct and Antagonistic Race' : Constructions of Chinese Manhood in the Exclusion Debates, 1869-1878," in *Across the Great Divide,* 134.

48. J. M. Montgomery, letter to E. Gooding, J. J. Hetzel, L L. Bales, and W. Frazier, February 25, 1886, in U.S. v. McMillan et al., case file no. 4901 (King County, 1885), WSA / TDC; *TDL,* February 11, 1886; SDC, February 15, 1886.

49. Montgomery, letter to Gooding, February 25, 1886.

50. Ibid. See also *TDL,* October 25, 1885.

51. Montgomery, letter to Gooding, February 25, 1886.

52. *SDC,* September 28, 1885; *SDC,* February 4, 1886; *TDL,* October 4, 1885.

53. *SDC,* November 21, 1885. See also *SDRU,* February 20, 1886.

54. *SDC,* October 5, 26, 1885; *TDL,* October 26, 1885.

55. *TDL,* November 24, 1885.

56. *SPI,* January 17, 1886.

57. 关于这一时期差异化的女权主义的讨论，详见：Eric Foner, *The Story of American Freedom* (New York: W. W. Norton, 1998), 112; Peggy Pascoe, *Relations of Rescue: The Search for Female Moral Authority in the American West, 1874-1939* (Oxford: Oxford University Press, 1990), xviii-xix。

58. 有关领地的地位，详见：Jack Ericson Eblen, *The First and Second United States Empires, 1784-1912* (Pittsburgh: University of Pittsburgh Press, 1968); Earl S. Pomeroy, *The Territories and the United States, 1861-1890: Studies in Colonial Administration* (Philadelphia: University of Pennsylvania Press, 1947)。有关国家边境的种族暴力在地方上的影响，详见：Katherine Benton-Cohen, *Borderline Americans: Racial Division and Labor War in the Arizona Borderlands* (Cambridge, MA: Harvard University Press, 2011)。

59. TR, January 23, 1886; *SDRU,* January, 27, 1886. 这些会议有助于组织筹款。*MDA,* March 28, 1886. 17 Cong. Rec., 6222 (1886).

60. 17 Cong. Rec., 6222-6224 (1886).

61. Ibid.; "Petition of the Knights of Labor of Curtisville, Madison Township, Tiplon County Counties, Indiana," March 6, 1886, HR9A-H9.1, box 125, National Archives, Washington, DC. See also "Knights of Labor Assembly of Aspen, Colorado," February 19, 1886, HR9A-H9.1, box 125, National Archives, Washington, DC. 更多反华请愿，详见：HR48A-H9.3, box 140; HR9A-H9.1, February 15-19, box 125; HR50A-F15.8, box 94, no. 172, National Archives, Washington, DC。有关劳工骑士团一位领导者的类似主张，详见：Powderly, *Thirty Years of Labor,* 421-422。

62. *DAC,* March 14, 1886.

63. *Tacoma Daily News,* January 18, 1886. See also *Marysville Daily Appeal,* February 3,

1886.

64. 反华暴力的高峰过去之后，1886 年 5 月 4 日发生了"干草市场暴乱（Haymarket Riot）"以及"大动乱（Great Upheaval）"（针对 11562 项贸易发起了 1400 次罢工）。White, *Railroaded*, 341-342.

65. 20 Cong. Rec., 406 (1888); 18 Cong. Rec., 6222, 6226 (1886); SDRU, February 17, March 12, 1886; TR, February 20, 1886; DAC as quoted by SDRU, March 15, 1886.

66. Willard B. Farwell, *The Chinese at Home and Abroad* (San Francisco: A. L. Bancroft, 1885), 111-116; G. W. Sullivan, *Early Days of California: The Growth of the Commonwealth under American Rule, with Biographical Sketches of Pioneers* (San Francisco: Enterprise, 1888), 1:120-121.

5. 忠实信徒

1. Granville O. Haller, "Diary," October 3, 1885, box 4, vol. 1, University of Washington Special Collections, Seattle.

2. Haller, "Diary," February 7, 1885, box 4, vol. 2.

3. Haller, "Diary," October 3, 1885, box 4, vol. 1; Ibid., February 7, 18, 1886, box 4, vol. 2.

4. Haller, "Diary," September 23, 1885, box 4, vol. 1.

5. 有关"亲中国"一派，详见：Rodger Daniels, *Asian America: Chinese and Japanese in the United States since 1850* (Seattle: University of Washington Press, 1988), 51-52; Elmer Clarence Sandmeyer, *The Anti-Chinese Movement in California* (Urbana: University of Illinois Press, 1973), 87; Paul A. Kramer, "Imperial Openings: Civilization, Exemption, and the Geopolitics of Mobility in the History of Chinese Exclusion, 1868-1910," *Journal of the Gilded Age and Progressive Era* 14, no. 3 (2015): 317-347; Gordon H. Chang, "China and the Pursuit of America's Destiny: Nineteenth-Century Imagining and Why Immigration Restriction Took So Long," *Journal of Asian American Studies* 15, no. 2 (June 2012): 145-169; Lon Kurashige, *Two Faces of Exclusion: The Untold History of Anti-Asian Racism in the United States* (Chapel Hill: University of North Carolina Press, 2016)。

6. Robert Eugene Mack, "The Seattle and Tacoma Anti-Chinese Riots of 1885 and 1886" (bachelor's thesis, Harvard University, 1972), 24-42; Robert E. Ficken, *Washington Territory* (Pullman: Washington State University Press, 2002), 190-196.

7. Watson Squire, "Speech of the Honorable Watson C. Squire," box 1, file 9, *Chinese in Tacoma*, Washington State Historical Society, Tacoma.

8. Scott Shapiro, "Watson C. Squire: Senator from Washington, 1889-97" (undergraduate thesis, Wesleyan University, 1992), 39-40; Clinton A. Snowden, *History of Washington: The Rise and Progress of an American State*, vol. 5 (New York: Century History, 1911), 87.

9. Squire, "Speech."

10. Ibid.; Watson C. Squire, *Report of the Governor of Washington Territory* (Washington, DC: Government Printing Office, 1886), 3-4; Carlos A. Schwantes, *The Pacific Northwest: An Interpretive History* (Lincoln: University of Nebraska Press, 1989), 184; Watson C. Squire, "Squire, Watson Carvosso, 1838-1926 Dictation and Biographical Material prepared for *Chronicle of the Builders*," 43, Hubert Howe Bancroft Collection (BANC MSS P-B 75-81, FILM), University of California, Berkeley.

11. Schwantes, *The Pacific Northwest*, 220; Richard White, *"It's Your Misfortune and None of My Own": A New History of the American West* (Norman: University of Oklahoma Press, 1991), 307; Squire, "Squire, Watson Carvosso, 1838-1926," 32.

12. Herbert Hunt, *Washington West of the Cascades: Historical and Descriptive: The Explorers, the Indians, the Pioneers, the Modern* vol. 2 (Chicago: S. J. Clarke, 1917), 80-100; Dorothy O. Johansen, *Empire of the Columbia: A History of the Pacific Northwest,* 2nd ed. (New York: Harper and Row, 1967), 334-337; Williams Farrand Prosser, *A History of the Puget Sound Country, Its Resources, Its Commerce and Its People* (New York: Lewis, 1903), 479-483.

13. Watson C. Squire, "Admission to Statehood," 1884, box 1, file 1, WCS.

14. Squire, *Report of the Governor.*

15. Haller, "Diary," September 22, 1885, box 4, vol. 1.

16. Watson Squire to F. W. de Lorimer [Sheriff of Whatcom], October 24, 1885, in *Report of the Governor,* app. 19-20; Watson C. Squire to Erretta W. Squire, October 26, 1885, box 17, file 21, WCS.

17. Watson Squire to Hon. R. J. Wiesbach, October 20, 1885, WCS.

18. Sheriff Lewis Byrd to Governor Watson Squire, October 23, 1885, WCS.

19. 中国人被赶走后的第二天，斯夸尔总督收到了一封来自塔科马约翰·阿瑟（John Arthur）的信，信里问他是否"记得我和你说的那个会在最后几天实施的方案？"阿瑟报告说，他们"严格遵守"了方案，"除了火车不是特制之外"。John Arthur to Governor Watson Squire, November 4, 1885, in Squire, *Report of the Governor,* app. 20-21.

20. Ida Remington Squire to Erretta Squire, October 14, 1885, box 17, file 15-17, WCS.

21. Governor Watson Squire to F. A. Bee, October 21, 1885, in Squire, *Report of the Governor,* app. 16.

22. SDC, November 2, 1885. See also M. Kaufman to Watson Squire, October 29, 1885, in Squire, *Report of the Governor,* app. 21.

23. Watson Squire to Secretary of the Interior W. C. Lamar, November 4, 1885, in Squire, *Report of the Governor,* app. 24.

24. Squire, "Proclamation of the governor," *Report of the Governor,* app. 25; Watson Squire to Secretary of the Interior W. C. Lamar, November 6, 1885, in Squire, *Report of the Governor,* app. 27.

25. 指挥官将军吉本（General Gibbon）是法律与秩序的支持者，但联邦军队较同情反华的民众。.

26. Squire, "Speech"; Terry Boswell, Cliff Brown, John Brueggemann, and T. Ralph Peters, *Racial Competition and Class Solidarity* (Albany: State University of New York, 2006), 82; Johansen, *Empire of the Columbia,* 301-332.

27. Ida Remington Squire to Erretta Squire, November 23, 1885, box 16, file 7, WCS; Caroline A. Remington to Ida Remington Squire, April 1886, box 16, file 2, WCS.

28. Squire, "Squire, Watson Carvosso, 1838-1926," 20. See also Hubert Howe Bancroft, *History of Washington, Idaho, and Montana, 1845-1889* (San Francisco: History Company, 1890), 293-298.

29. Squire, "Squire, Watson Carvosso, 1838-1926," 43, 45; Squire, *Report of the Governor,* app., 3.

30. Ida Remington Squire to Erretta Squire, October 4, 1885, box 17, file 15-17, WCS. See also Ida Remington Squire to Erretta Squire, September 28, 1885, box 17, file 15-17, WCS.

31. Dr. H. W. Bennett, "Tribute to a Worthy Life: Dr. H. W. Bennett Expresses Beautiful Appreciation of Mrs. Ida R. Squire," box 15, file 8, Squire Papers, UWSC; "Obituaries," *Proceedings of the New York State Historical Association,* vol. 20 (1922), 262; Ida Remington Squire to Erretta Squire, February 14, 1886, box 17, file 15-17, WCS; Ida

Remington Squire to Erretta Squire, February 21, 1886, WCS.

32. Ida Remington Squire to Erretta Squire, November 9, 1885, box 17, file 15-17, WCS.

33. Ida Remington Squire, diary, box 1, file 22, WCS.

34. Ida Remington Squire, diary; Ida Remington Squire to Erretta Squire, February 9, 1886, box 17, file 15-17, WCS. [Emphasis in the original, punctuation added.]

35. Ida Remington Squire, diary.

36. Ida Remington Squire to Orra Squire, February 19, 1886, box 16, file 2, WCS.

37. Ida Remington Squire to Erretta Squire, March 8, 1886, box 16, file 2, WCS.

38. A. S. Farquharson, "Reminiscence," box 1, file 1, *A. S. Farquharson Papers,* Washington State Historical Society, Tacoma.

39. Hunt, *Washington West of the Cascades,* 3:298-301.

40. Farquharson, "Reminiscence."

41. Gail Bederman, *Manliness and Civilization: A Cultural History of Gender and Race in the United States, 1880-1917* (Chicago: University of Chicago Press, 1995), 7, 17, 25-27; Amy S. Greenberg, *Manifest Manhood and the Antebellum American Empire* (Cambridge: Cambridge University Press, 2005), 11-26; Matthew Basso, Laura McCall, and Dee Garceau-Hagen, eds., *Across the Great Divide: Cultures of Manhood in the American West* (New York: Routledge, 2001), 2-5; Karen J. Leong, " 'A Distinct and Antagonistic Race' : Constructions of Chinese Manhood in the Exclusion Debates, 1869-1878," in *Across the Great Divide,* 134.

42. Farquharson, "Reminiscence."

43. Ibid.

44. Ibid.

45. Ibid.; 泰勒博士是反华民团的一员，也是一位不折不扣的白人至上主义者。*SDC,* September 26, 1885.

46. Farquharson, "Reminiscence."

47. 关于铁路开发商利兰·斯坦福（Leland Stanford）与查尔斯·弗朗西斯·亚当斯（Charles Francis Adams）的类似反应，详见：*DAC,* May 26, 1886; Richard White, *Railroaded: The Transcontinentals and the Making of Modern America* (New York: W. W. Norton, 2011), 313; Robert Wynne, *Reaction to the Chinese in the Pacific Northwest and British Columbia, 1850-1910* (New York: Arno, 1978), 96-105. See also *TR,* January 1, 1886; *SDRU,* February 2, 10, 17, 1886; *San Jose Mercury,* February 14, 1886; *MDA,* February 16, 1886; Richard Steven Street, *Beasts of the Field: A Narrative History of California Farmworkers, 1769-1913* (Stanford, CA: Stanford University Press, 2004), 350-351。

48. W. P. Bonnie, *History of Pierce County, Washington* (Chicago: Pioneer Historical, 1927), 465.

49. Edward Allen Fay, *Histories of American Schools for the Deaf, 1817-1893,* vol. 3, (Washington, DC, 1893), 68, 217; Murray Morgan, *Puget's Sound: A Narrative of Early Tacoma and the Southern Sound, first edition* (Seattle: University of Washington Press, 1982), 23; Hunt, *Washington West of the Cascades,* 3:300.

50. *TDL,* October 13, 1885.

51. Stuart Creighton Miller, *The Unwelcome Immigrant: The American Image of the Chinese, 1785-1882* (Berkeley: University of California Press, 1969), 57-80.

52. Yong Chen, *Chinese San Francisco, 1850-1943: A Trans-Pacific Community* (Stanford, CA: Stanford University Press, 2000), 130-137; Jennifer C. Snow, *Protestant Missionaries, Asian Immigrants, and Ideologies of Race in America, 1850-1924* (New York: Routledge, 2007) xiv, 2, 14, 64-71; Derek Chang, *Citizens of a Christian Nation:*

Evangelical Missions and the Problem of Race in the Nineteenth Century (Philadelphia: University of Pennsylvania Press, 2010), 5; *TDL,* October 13, 1885.

53. Barnabas MacLafferty et al., "Sentiments of the Ministerial Union of Tacoma Respecting the Present Anti-Chinese Question Adopted at a Regular Meeting," October 26, 1885, "Chinese in Tacoma," file 1A, Washington Historical Society, Tacoma.

54. Ibid.

55. B. F. Alley and J. P. Munro-Fraser, *Washington Territory Descriptive and Historical—Thurston County* (Olympia, Washington Territory, 1886), 80.

56. Ibid. 麦克法兰和其他新教牧师都对反华暴徒表示了支持，而塔科马的天主教神甫彼得·弗朗西斯·海勒博斯（Peter Francis Hylebos）则尝试使用了另一种策略。他加入了一个反华组织，参加他们秘密的理事会会议，然后运用内部人士的身份反对暴力和纵火。*Tacoma News Tribune,* April 7, 1953, and September 18, 1955.

57. Morgan, *Puget's Sound,* 239-240.

58. D. H. Ella to the Senate and House of Representatives, March 8, 1886, 49th Cong., HR49A-HR9.1, National Archives, Washington, DC.

59. As quoted by John H. Mitchell, *Abrogation of Treaties with China, and Absolute Prohibition of Chinese Immigration* (Washington, 1886), 16. See also *SDRU,* February 2, 1886.

60. Joshua Paddison, *American Heathens: Religion, Race, and Reconstruction in California* (Berkeley: University of California Press, 2012), 8, 141-154. 据 Derek Chang 记载，1892 年《吉尔里法案》通过时，美国家庭浸礼会传教士协会（American Home Baptist Missionary Society）还在同排华作斗争。虽然 Derek Chang 的研究止于 1890 年代初，但他暗示说在接下来的几年时间里，他们对中国人的支持逐渐消退。See Chang, *Citizens of a Christian Nation,* 161-162.

61. Thomas Burke, "A Plea for Justice," box 32, file 2, TB.

62. Kornel Chang, *Pacific Connections: The Making of the U.S.-Canadian Borderland* (Berkeley: University of California Press, 2012), 34.

63. Haller, "Diary," September 23, 1885, box 4, vol. 1.

64. Clarence Bagley, *History of Seattle: From the Earliest Settlement to the Present Time* (Chicago: S. J. Clarke, 1916), 33; Robert C. Nesbit, *"He Built Seattle": A Biography of Judge Thomas Burke* (Seattle: University of Washington Press, 1961), 26; Thomas Burke, "A Plea for Justice."

65. Burke, "A Plea for Justice."

66. 伯克的选择与马修·扎克伯森（Matthew Jacobson）、大卫·罗迪格（David Roediger）观察到的趋势相左。据后者观察，爱尔兰移民与爱尔兰裔美国人通过诋毁黑人和华工来提升自己的种族地位。Matthew Frye Jacobson, *Whiteness of a Diferent Color: European Immigrants and the Alchemy of Race* (Cambridge, MA: Harvard University Press, 1999); David R. Roediger, *The Wages of Whiteness: Race and the Making of the American Working Class* (New York: Verso, 1991). 也有历史学家主张爱尔兰工人推动了反华运动，详见：Mary Roberts Coolidge, *Chinese Immigration* (New York: Holt, 1909), 270; Miller, *The Unwelcome Immigrant,* 195-199; Alexander Saxton, *Indispensable Enemy: Labor and the Anti-Chinese Movement in California* (Berkeley: University of California Press, 1971), 27-30; Neil Shumsky, *The Evolution of Political Protest and the Workingmen's Party of California* (Columbus: Ohio State University Press, 1991), 28, 220. 虽然爱尔兰工人和爱尔兰裔美国人参与了反华运动，但没有证据表明爱尔兰人领导了这一运动，或将其视作以族裔为基础的运动。相反，东海岸和本土主义的媒体似乎主要是出于种族偏见，将着眼点放在了爱尔兰人参与运动这件事上。*The Monitor,* July 24, 1869, and August 6, 1870. 爱尔兰领导者违背了白人至上的观

点，积极吸纳非裔美国人参与反华运动。See *Daily Morning Call,* July 22, 1877; *SFCH,* November 20, 1877.

67. Nesbit, *He Built Seattle,* 190-191; *SDC,* November 6, 1885.

68. Thomas Burke to Hon. H. F. Beecher, February 15, 1886, box 22, file 17, TB.

69. Thomas Burke to Louisa Ackerson, February 21, 1886, reel 10, TB; Arthur S. Beardsley, draft manuscript (1959), box 1, file 37, Washington State Historical Society, Olympia; unknown author, "Organized Militia in the Chinese Incident in Seattle," box 1, file "Military Affairs: Chinese Riots," Watson Squire Administration, Washington State Archives, Olympia.

70. Wynne, *Reaction to the Chinese in the Pacific Northwest,* 274; Clarence Bagley, *History of Seattle,* 468.

71. Ibid., 469-470.

72. 当时的人还有历史学家在谁开了第一枪的问题上各执一词。之后的庭审上展示的证据显示，极有可能是民兵开的第一枪。Nesbit, *He Built Seattle,* 203-204; Hunt, *Washington West of the Cascades,* 1:305.

73. Nesbit, *He Built Seattle,* 203; Hunt, *Washington West of the Cascades,* 1:306; Territory vs. Thomas Burke et al., case file no. 4864 (King County, 1886), WSA / TDC.

74. Haller, "Diary," February 9, 1886, box 4, vol. 2.

75. Squire, "Squire, Watson Carvosso, 1838-1926," 21.

76. Thomas Burke to Louisa Ackerson, February 21, 1886.

77. Thomas Burke to Rev. J. F. Ellis, February 17, 1886, reel 10, TB; see also Thomas Burke to unknown, February 15, 1886, reel 10, TB.

78. King County Bar Association, "Resolutions Adopted at a Meeting of the King County Bar, Held in Seattle, Wash. Ter. February 27th, 1886," Special Collections, University of Washington, Seattle. 伯克在起草这些决议时起到多大作用尚不可知，但决议内容和他前一年11月的演讲惊人的相似。

79. Territory vs. Thomas Burke et al.

80. Ibid.

81. 伯克成为大北方铁路公司的理事之后，聘用陈宜禧为劳务承包商及总代理。Madeline Yuan-yin Hsu, *Dreaming of Gold, Dreaming of Home: Transnationalism and Migration* (Stanford, CA: Stanford University Press, 2000), 159-160.

82. Haller, "Diary," November 5, 1885, February 7, 9, 1886, box 4, vol. 2.

83. J. W. Sprague to President Grover Cleveland, December 17, 1885, in Squire, *Report of the Governor,* app. 31; Washington Territory Legislature to Congress, "Concerning the evils arriving from the Presence of Chinese on the Pacific Coast and Praying for Suitable Legislation to Remedy the Same," January 29, 1886, 49th Cong., HR49A-H9.1, National Archives, Washington, DC.

6．一致排华

1. Charles Denby to Thomas Bayard, October 10, 1885, USDS / DDO; Charles Denby to Thomas Bayard, enclosure from the Chinese Foreign Office, October 9, 1885, USDS/ DDO; Charles Seymour (U.S. consul) to James D. Porter (assistant secretary of state), March 7, 1886, doc. 52, *American Diplomatic and Public Papers: The United States and China,* series 2, vol. 13, ed. Jules Davids (Wilmington, DE: Scholarly Resources, 1979), 193.

2. Charles Denby to Foreign Office, March 7, 1886, enclosure telegram, in Charles Denby to Thomas Bayard, March 10, 1886, USDS / DDO; *Shanghai Courier,* July, 1886, enclosure,

in Charles Denby to Thomas Bayard, August 10, 1886, USDS / DDO.

3. Charles Denby, *China and Her People: Being the Observations, Reminiscences and Conclusions of an American Diplomat*, 2 vols. (Boston: L. C. Page, 1906).

4. Charles Denby to Thomas Bayard and enclosures, March 10, 1886, USDS / DDO; Imperial Court to Zhang Zhidong (Chang Chih-tung), March 9, 1886, pt. 3, item 7, ZS, 112; Zhang Zhidong to the Imperial Court, memorial, June 16, 1886, pt. 3, item 14, ZS, 115-119.

5. Negotiation for the Protection of the Chinese in the United States, March 18, 1887, doc. 64, *The United States and China*, series 2, vol. 13, 277.

6. Charles Denby to Thomas Bayard, August 10, 1886, USDS / DDO.

7. As quoted by *Shanghai Courier*, December 2, 1886, enclosure, in Charles Denby to Thomas Bayard, December 6, 1886, USDS / DDO.

8. Kornel Chang, *Pacific Connections: The Making of the U.S.-Canadian Borderland* (Berkeley: University of California Press, 2012), 4-5; Amy Kaplan, *The Anarchy of Empire in the Making of U.S. Culture* (Cambridge, MA: Harvard University Press, 2003), 15.

9. Jean H. Baker, *Affairs of the Party: Political Culture of Northern Democrats in the Mid-Nineteenth Century* (New York: Fordham University Press, 1998), 198-211.

10. As quoted by Andrew Gyory, *Closing the Gate: Race, Politics, and the Chinese Exclusion Act* (Chapel Hill: University of North Carolina Press, 1998), 149.

11. Gerrit W. Gong, *The Standard of "Civilization" in International Society* (Oxford: Clarendon, 1984), 6; Brett Bowden, *The Empire of Civilization: The Evolution of an Imperial Idea* (Chicago: University of Chicago Press, 2009), 103-107, 121; Michael Schaller, *The U.S. and China: Into the Twenty-First Century*, 3rd ed. (New York: Oxford University Press, 2002), 13; Gordon H. Chang, "Whose 'Barbarism'? Whose 'Treachery'? Race and Civilization in the Unknown United States-Korea War of 1871," *Journal of American History* 89, no. 4 (March 2003): 1331-1336, 1362-1365; Bryna Goodman and David S. G. Goodman, eds., *Twentieth-Century Colonialism in China: Localities, the Everyday, and the World* (New York: Routledge, 2012), 1-20; Teemu Ruskola, "Canton Is Not Boston: The Invention of American Imperial Sovereignty," *American Quarterly* 57, no. 3 (September 2005): 859-888.

12. David L. Anderson, *Imperialism and Idealism: American Diplomats in China, 1861-1898* (Bloomington: Indiana University Press, 1985); Michael H. Hunt, *The Making of a Special Relationship: The United States and China to 1914* (New York: Columbia University Press, 1983); Delber L. McKee, *Chinese Exclusion versus the Open Door Policy, 1900-1906: Clashes over China Policy in the Roosevelt Era* (Detroit: Wayne State University Press, 1977).

13. 13 Cong. Rec., 2616 (1882).

14. As quoted by Charles Callan Tansill, *The Foreign Policy of Thomas F. Bayard, 1885-1897* (New York: Fordham University Press, 1940; New York: Kraus, 1969), 151. Citations refer to the Kraus edition.

15. A. A. Hayes, "The Retiring Chinese Minister," *Harper's Weekly*, April 17, 1886; Ching-Hwang Yen, *Coolies and Mandarins: China's Protection of the Overseas Chinese during the Late Ch'ing Period (1851-1911)* (Singapore: Singapore University Press, 1985), 221-229.

16. Thomas Bayard to L. Q. Lamar, November 7, 1885, Letter Book, vol. 194, Thomas Bayard Papers, Library of Congress, Washington, DC.

17. Walter LaFeber, *The New Empire: An Interpretation of American Expansion, 1860-1898*, 35th anniversary ed. (Ithaca, NY: Cornell University Press, 1998), 20; Chang,

Fateful Ties, 49-89.

18. Thomas Bayard to Cheng Tsao Ju, February 18, 1886, Notes to the Chinese Legation in the United States, 1834-1906 (microfilm copy), RG59 M99, roll 13.

19. Thomas Bayard to Charles Denby, December 26, 1885, Letter Book, vol. 195, Thomas Bayard Papers, Library of Congress, Washington, DC.

20. Charles Denby to Thomas Bayard, August 11, 1886, USDS / DDO; Denby to Bayard, March 10, 1886.

21. Zhang Zhidong (Chang Chih-tung) to the Imperial Court, Memorial, June 16, 1886, pt. 3, item 14, ZS, 115-119. See also Zheng Zaoru (Cheng Tsao Ju) to the Imperial Court, Telegram, February 16, 1886, pt. 3, item 6, ZS, 111-112; The Board of San Francisco Chinese Consolidated Benevolent Association to the General Department, Telegram, February 17, 1886, ZS, 112.

22. Denby to Bayard, March 10, 1886.

23. Zhang Yinhuan (Chang Yin-haun) to Imperial Court, August 14, 1886, pt. 2, item 21, ZS, 94-96; Zhang Yinhuan to American Foreign Ministry, August 14, 1886, pt. 2, item 22, ZS, 96-98; "Regulations of Chinese Labor," 1886, pt. 2, item 23, ZS, 98-99; Zhang Yinhuan to Imperial Court, memorial, May 18, 1888, pt. 3, item 22, ZS, 123-124. For the Bayard-Chang (Bayard-Zhang) Treaty, see Tansill, *The Foreign Policy of Thomas F. Bayard;* John A. Grenville and George Berkeley Young, *Politics, Strategy and American Diplomacy: Studies in Foreign Policy, 1873-1917* (New Haven, CT: Yale University Press, 1966); Yen, *Coolies and Mandarins; Shih-Shah Henry Tsai, The Chinese Experience in America* (Indianapolis: Indiana University Press, 1986); Charles J. McClain, *In Search of Equality: The Chinese Struggle against Discrimination in Nineteenth-Century America* (Berkeley: University of California Press, 1994), 191-192; Adam M. McKeown, *Melancholy Order: Asian Migration and the Globalization of Borders* (New York: Columbia University Press, 2008), 162-171.

24. Yen, *Coolies and Mandarins,* 236.

25. As quoted in McKeown, *Melancholy Order,* 162-163.

26. As quoted in Tsai, *The Chinese Experience in America,* 8-12; Kil Young Zo, *Chinese Emigration into the United States* (New York: Arno, 1978), 8-34.

27. Yen, *Coolies and Mandarins,* 235-236; Zhang Yinhuan (Chang Yin-haun) to Imperial Court, August 14, 1886; Zhang Yinhuan to American Foreign Ministry, August 14, 1886; "Regulations of Chinese Labor," 1886; Zhang Yinhuan to Imperial Court, May 18, 1888.

28. The Foreign Office to the United States Minister, August 3, 1886, doc. 54, *American Diplomatic and Public Papers: The United States and China,* series 2, vol. 13, 211.

29. Denby to Bayard, August 11, 1886, USDS / DDO.

30. Charles Denby, *China and Her People,* 110-111; Charles Denby to Thomas Bayard, August 11, 1886.

31. Tansill, *The Foreign Policy of Thomas F. Bayard,* 146; Arthur William Hummel, *Eminent Chinese of the Ch'ing Period, 1644-1912,* vol. 1, *A-O* (Washington, DC: U.S. Government Printing Office, 1943), 60-3; Yen, *Coolies and Mandarins,* 234-242.

32. Thomas Bayard to Zhang Zhidong (Chang Chih-tung), January 12, 1887, doc. 60, *American Diplomatic and Public Papers: The United States and China,* series 2, vol. 13, 261.

33. Zhang Yinhaun to Qing Court, report, August 14, 1886, pt. 2, item 30, ZS, 102-140; "An Act to indemnify certain subject of the Chinese Empire for losses sustained by the violence of a mob at Rock Springs, in the Territory of Wyoming," chap. 253, 24 Stat. 418 (February 24, 1887) ; Tansill, *The Foreign Policy of Thomas F. Bayard,* 147.

34. As quoted by Tansill, *The Foreign Policy of Thomas F. Bayard*, 150.

35. 历史学家如今估计有 34 人被杀。R. Gregory Nokes, *Massacred for Gold: The Chinese in Hells Canyon* (Corvallis: Oregon State University Press, 2009).

36. Chang Yen Hoon to Thomas Bayard, August 16, 1887, Notes from the Chinese Legation 1868-1906 (microfilm), RG59 M98, roll 2.

37. 19 Cong. Rec., 406-422 (1888); 17 Cong. Rec., 6226 (1886); Grenville and Young, *Politics, Strategy and American Diplomacy*, 56. 该调查时间为 1887 年 7 月。

38. 19 Cong. Rec., 1620 (1888). 参议员约翰·谢尔曼重述了 1886 和 1887 年外交事务委员会（Committee of Foreign Relations）曾要求缔结新条约的尝试。

39. As quoted in Tansill, *The Foreign Policy of Thomas F. Bayard*, 154; Grover Cleveland to Thomas Bayard, December 18, 1887, Thomas Bayard Papers, Library of Congress, Washington, DC; Alyn Brodsky, *Grover Cleveland: A Study in Character* (New York: St. Martin's, 2000), app. 2, 454-456; Richard E. Welch Jr., *The Presidencies of Grover Cleveland* (Lawrence: University of Kansas Press, 1988), 65, 72-73.

40. Thomas Bayard to Charles Denby, March 17, 1888, Letter Book, vol. 7, Thomas Bayard Papers, Library of Congress, Washington, DC; *NYT*, March 28, 1888.

41. "Report of the Secretary of State to the President," in "Message from the President of the United States," March 12, 1888, doc. 72, *American Diplomatic and Public Papers: The United States and China*, series 2, vol. 13, 294.

42. Thomas Bayard to Charles Denby, April 21, 1888, Letter Book, vol. 7, Thomas Bayard Papers, Library of Congress, Washington, DC; 18 Cong. Rec., 8364-8367 (1888). 两项修正案如下："这项禁令适用于目前在美国的中国劳工，无论是否依据现有法律持有'归国证明'"；"未向海关有关人员出示本条例所要求的'归国证明'，任何中国劳工都不得由陆路或海路入境美国。" doc. 76, *American Diplomatic and Public Papers: The United States and China*, series 2, vol. 12, 298-299.

43. As quoted by Tansill, *The Foreign Policy of Thomas F. Bayard*, 162-163, 165; Thomas Bayard to Grover Cleveland, April 17, 1888, Letter Book, vol. 7, Thomas Bayard Papers, Library of Congress, Washington, DC; "An Act to Prohibit the Coming of Chinese Laborers to the United States," chap. 1015, 25 Stat. 476-477 (September 13, 1888).

44. Yen, *Coolies and Mandarins*, 238; Li Hongzhang to the General Department, telegram, July 23, 1888, pt. 3, item 23, ZS, 124; General Department to Zhang Zhidong, telegram, July 24, 1888, pt. 3, item 24, ZS, 124; McKeown, *Melancholy Order*, 169-170; Tsai, *The Chinese Experience in America*, 82; Yen, *Coolies and Mandarins*, 238-240. 中国政府内部的结构性问题可能也导致了赔偿的缺失。Shih-shan Henry Tsai, *China and the Overseas Chinese in the United States, 1868-1911* (Fayetteville: University of Arkansas Press, 1983), 1-3.

45. Grenville and Young, *Politics, Strategy and American Diplomacy*, 60; *NYT*, September 2, 19, 1888; Tansill, *Foreign Policy of Thomas Francis Bayard*, 165-166.

46. 18 Cong. Rec., 8227 (1888).

47. Ibid; *NYT*, September 4, 1888.

48. 18 Cong. Rec., 8217, 8364-8367, 8297 (1888).

49. 米切尔似乎知道，由于该法案是《中国人限制法案》的修正案，如果不续约的话将于 1892 年到期。

50. 18 Cong. Rec., 8217, 8570 (1888).

51. The General Department to Zhang Yinhaun, telegram, September 24, 1888, pt. 3, item 29, ZS, 126; Tansill, *The Foreign Policy of Thomas F. Bayard*, 167, 173.

52. Charles Denby to Thomas Bayard, September 20, 1888, USDS / DDO.

53. As quoted by Tansill, *The Foreign Policy of Thomas F. Bayard*, 179, 171, 174.

54. 19 Cong. Rec., 9052 (1888); "A Supplement to 'An Act to execute certain treaty stipulations relating to Chinese,' " (The Chinese Exclusion Act; The Scott Act) chap. 1064, 25 Stat. 504 (October 1, 1888). 克利夫兰还敦促为怀俄明领地及西北太平洋地区的暴力向中国人支付赔偿金。S. Rep. No. 273, October 1, 1888. See also 19 Cong. Rec., 406, 412 (1888).

55. "An Act making appropriations to supply deficiencies in the appropriations for the fiscal year ending June 13, 1888," chap. 1210, 25 stat. 565 (October 19, 1888). 当国会批准赔偿金时，还特地将第一年的拨款数额设定为 50000 美元。"An Act making an appropriation for the enforcement of the Chinese Exclusion Act," chap. 1222, 25 Stat. 615 (October 19, 1888). Zhang Yinhaun to General Department, telegram, December 27, 1888, pt. 3, item 33, vol. 2, ZS, 127. 关于移民事务的主权问题，详见：Mae M. Ngai, *Impossible Subjects: Illegal Aliens and the Making of Modern America* (Princeton, NJ: Princeton University Press, 2005), 11; McKeown, *Melancholy Order*, 177-179。

56. *LAT,* October 1, 1888.

57. As cited by McClain, *In Search of Equality,* 193; *The Model Commonwealth* [Seattle, WA] October 12, 1888; Grenville and Young, *Politics, Strategy and American Diplomacy,* 63.

58. *Harper's Weekly,* October 6, 1888; *NYT,* October 2, 1888. 有学者认为，该法案在参议院被拖延得过久，然后在民意测验时白宫和克利夫兰又处理得犹豫不决。共和党候选人本杰明·哈里森（Benjamin Harrison）同样以反华立场被选为美国第 23 任总统。Tsai, *China and the Overseas Chinese,* 93; Grenville and Young, *Politics, Strategy and American Diplomacy,* 63.

59. Zhang Yinhuan to Imperial Court, memorial, March 30, 1889, pt. 3, item 34, ZS, 127-134; Charles Denby, *China and Her People,* 2:100-101. Mary Roberts Coolidge, *Chinese Immigration* (New York: Henry Holt, 1909), 183, 207; Warren Cohen, *America's Response to China: A History of Sino-American Relations,* 5th ed. (New York: Columbia University Press, 2010), 34.

60. Charles Seymour to Charles Denby, March 20, 1889, USDS / DCO; *LAT,* October 27, 1888.

61. Seymour to Denby, March 20, 1889; *LAT,* February 10, 1889; McKee, *Chinese Exclusion versus the Open Door,* 103-112; Charles Denby to Thomas Bayard, December 1, 1888, doc. 88, *American Diplomatic and Public Papers: The United States and China,* series 2, vol. 13, 325.

62. 1894 年，美国和中国批准了《葛逊阳条约》，该条约追溯性地批准了 1888 与 1892 年的《排华法案》（《吉尔里法案》）。但这一条约仅允许排斥华人十年，因此 1902 和 1904 年美国再次通过了违背中美条约协定的《排华法案》。详见：Coolidge, *Chinese Immigration,* 237; Paulsen, "The Gresham-Yang Treaty," 281-297; George E. Paulsen, "The Abrogation of the Gresham-Yang Treaty," *Pacific Historical Review* 40, no. 4 (1971), 457-477。

63. 其他有关后续外交让步的研究，详见：Paul A. Kramer, "Imperial Openings: Civilization, Exemption, and the Geopolitics of Mobility in the History of Chinese Exclusion, 1868-1910," *Journal of the Gilded Age and Progressive Era* 14, no. 3 (July 2015): 317-347; Madeline Y. Hsu, *The Good Immigrants: How the Yellow Peril Became the Model Minority* (Princeton, NJ: Princeton University Press, 2015), 11-17, 39-54; Eric T. Love, *Race over Empire: Racism and U.S. Imperialism, 1865-1900* (Chapel Hill: University of North Carolina Press, 2004); McKee, *Chinese Exclusion versus the Open Door Policy*。这在 20 世纪发生了巨变，美国在形式上不再寻求建立起一个帝国。详见：Mary L. Dudziak, *Cold War Civil Rights: Race and the Image of American Democracy* (Princeton,

NJ: Princeton University Press, 2000)。

64. Chae Chan Ping v. United States, 130 U.S. 581 (1889); Lucy E. Salyer, *Laws Harsh as Tigers: Chinese Immigrants and the Shaping of Modern Immigration Law* (Chapel Hill: University of North Carolina Press, 1995), 22.

65. Chae Chan Ping v. United States.

66. Ibid.; Kunal M. Parker, *Making Foreigners: Immigration and Citizenship Law in America, 1600-2000* (New York: Cambridge University Press, 2015), 119; Meredith K. Olafson, "Note: The Concept of Limited Sovereignty and the Immigration Law Plenary Power Doctrine," *Georgetown Immigration Law Journal* 13, no. 2 (Spring 1999): 433-453; Emer de Vattel, *Law of Nations* (London: G. G. and J. Robinson, 1797), 108; Ngai, *Impossible Subjects*, 11; McKeown, *Melancholy Order,* 177-179; McClain, *In Search of Equality,* 197; Gabriel Chin, "Segregation's Last Stronghold: Race Discrimination and the Constitutional Law of Immigration," *UCLA Law Review* 46, no. 1 (1998): 56, 58, 12; Natsu Taylor Saito, "The Enduring Effect of the Chinese Exclusion Cases: The 'Plenary Power' Justification for On-Going Abuses of Human Rights," *Asian American Law Journal* 10 (May 2003): 13-17, 26-30; Gabriel Chin, "Is There a Plenary Power Doctrine? A Tentative Apology and Prediction for Our Strange but Unexceptional Constitutional Immigration Law," *Georgetown Immigration Law Journal* 14 (2000): 257-287.

67. 关于全权原则的发展历程，详见：Natsu Taylor Saito, *From Chinese Exclusion to Guantanamo Bay: Plenary Power and the Prerogative State* (Boulder: University Press of Colorado, 2007), 5-6, 26-34; Sarah H. Cleveland, "Powers Inherent in Sovereignty: Indians, Aliens, Territories and the Nineteenth Century Origins of Plenary Power Over Foreign Affairs," *Texas Law Review* 81, no. 1 (2002): 1-284。虽然在排华案件中已经充分阐明了全权原则，但该原则在美国的判例中也有先例。详见：Johnson v. M'Intosh, 21 U.S. (8 Wheat.) 589 (1823); United States v. Kagama, 118 U.S. 377 (1886)。

7. 排华之下的余生

1. R. P. Scherwin to J. H. Rinder, February 15, 1904, private collection.

2. Ibid.

3. *SFCH,* April 20, 1904; *LAT,* July 30, 1904. Mary C. Greenfield, "Benevolent Desires and Dark Dominations: The Pacific Mail Steamship Company's SS *City of Peking* and the United States in the Pacific 1874-1910," *Southern California Quarterly* 94, no. 4 (2012): 423-478. 太平洋游船公司自 1848 年成立起便时不时收到联邦的补助。

4. As quoted by Robert Eric Barde, *Immigration at the Golden Gate: Passenger Ships, Exclusion, and Angel Island* (Westport, CT: Praeger, 2008), 209-222.

5. 案例详见：Lucy E. Salyer, *Laws Harsh as Tigers: Chinese Immigrants and the Shaping of Modern Immigration Law* (Chapel Hill: University of North Carolina Press, 1995); Daniel J. Trichenor, *Dividing Lines: The Politics of Immigration Control in America* (Princeton, NJ: Princeton University Press, 2002), 87-113; Daniel Kanstroom, *Deportation Nation: Outsiders in American History* (Cambridge, MA: Harvard University Press, 2010), 95-130。

6. W. H. Miller to William Windom, secretary of the treasury, June 30, 1891, box 4, USCS / IE; James J. Brooks, special agent, to William Windom, March 4, 1890, box 4, USCS/ IE. 基蒂·卡拉维塔（Kitty Calavita）注意到，1889 年行政官员的权力有所增加。Kitty Calavita, "The Paradoxes of Race, Class Identity, and 'Passing': Enforcing the Chinese Exclusion Act, 1882-1910," *Law and Social Inquiry* 25, no. 1 (Winter 2000): 19.

7. "Chinese Immigration," H.R. Rep. No. 4048 at iii-iv (1891).

8. Erika Lee, *At America's Gates: Chinese Immigration during the Exclusion Era, 1882-1943* (Chapel Hill: University of North Carolina Press, 2003), 153; McKeown, *Melancholy Order,* 144; Patrick Ettinger, *Imaginary Lines: Border Enforcement and the Origins of Undocumented Immigration, 1882-1930* (Austin: University of Texas Press, 2009), 55-57; Elliott Young, *Alien Nation: Chinese Migration in the Americas from the Coolie Era through World War II* (Chapel Hill: University of North Carolina Press, 2014), 153, 171-193.

9. "Chinese Immigration," H.R. Rep. No. 4048 at 18-22 (1891). 关于印第安人保留地的中国人，详见：Ettinger, *Imaginary Lines,* 54. 有关 19 世纪中国人和美国印第安原住民结合的相关研究并不多。人们从当时的报纸中注意到了这类关系的存在。详见：Daniel Liestman, "Horizontal Inter-Ethnic Relations: Chinese and American Indians in the Nineteenth-Century West," *Western Historical Quarterly* 30, no. 3 (Autumn 1999): 327-349; Jordan Hua, " 'They Looked Askance' : American Indians and Chinese in the Nineteenth Century U.S. West" (honors thesis, Rutgers University, 2012)。

10. For "remote control," see Aristide R. Zolberg, *A Nation by Design: American Immigration Policy in the Fashioning of America* (Cambridge, MA: Harvard University Press, 2008), 110-113.

11. "Chinese Immigration," H.R. Rep. No. 4048 at 140, 168 (1891). 历史学家的估算因信息来源不同而各异，但大多数都在此范围之内。Ettinger, *Imaginary Lines,* 49; Young, *Alien Nation,* 160-161; Lee, *At America's Gates,* 135.

12. "Chinese Immigration," H.R. Rep. No. 4048 at 24-25, 65 (1891); Adam M. McKeown, *Melancholy Order: Asian Migration and the Globalization of Borders* (New York: Columbia University Press, 2008), 217-238.

13. "Chinese Immigration," H.R. Rep. No. 4048 at 515, 546, ii (1891); W. H. Miller to William Windom, June 30, 1891; George H. Hopkins to O. L. Spaulding, June 27, 1891, box 4, USCS / IE. 有关这段遣返的历史，详见：Daniel Kanstroom, *Deportation Nation*。

14. W. H. Miller to William Windom, draft, April 1890, box 4, USCS / IE; O. L. Spaulding to C. W. Bradshaw, April 1890, box 4, USCS/ IE; Thomas R. Brown to C. W. Bradshaw, May 16, 1890, box 4, USCS / IE; O. L. Spaul- ding to C. W. Bradshaw, draft, May 1890, box 4, USCS / IE.

15. Kanstroom, *Deportation Nation.*

16. "Chinese Immigration," H.R. Rep. No. 4048 at 273, 333, 271, 494 (1891).

17. Calavita, "The Paradoxes of Race," 1-40; Anna Pegler-Gordon, "Chinese Exclusion, Photography, and the Development of U.S. Immigration Policy," *American Quarterly* 58, no. 1 (March 2006): 51-77.

18. Chinese Immigration. H.R. Rep. No. 4048 at 273 (1891); Judy Yung, *Unbound Feet: A Social History of Chinese Women in San Francisco* (Berkeley: University of California Press, 1995), 293; Salyer, *Laws Harsh as Tigers,* 150-151, 210.

19. "Chinese Immigration," H.R. Rep. No. 4048 at 406-407 (1891).

20. Ibid. at ii, 518, 544. Young, *Alien Nation,* 158-159; Ettinger, *Imaginary Lines,* 56; "Chinese Immigration," H.R. Rep. No. 4048 at 515, 546, ii (1891); Grace Pen~a Delgado, *Making the Chinese Mexican: Global Migration, Localism, and Exclusion in the U.S.- Mexico Borderlands* (Stanford, CA: Stanford University Press, 2012), 13-40, 73-103; Lee, *At America's Gates,* 157-173, 179-187; Young, *Alien Nation,* 171-193.

21. W. H. Miller to William Windom, June 30, 1891, box 4, USCS/ IE. 根据作者从以下来源收集的数据，1851~1882 年详见：Mary Roberts Coolidge, *Chinese Immigration* (New York: Henry Holt, 1909), 498; Treasury Department, "Letter from the Secretary

of the Treasury … statement of arrivals of Chinese at the port of San Francisco," 51st Cong., 1st sess., Ex. Doc. 97 (April 12, 1890) and Commissioner General of Immigration, *Annual Report of the Commissioner General of Immigration for the Fiscal Year Ended June 30, 1903* (Washington, DC: Government Printing Office, 1903), 34-37, 110-111; Bureau of Statistics, *Annual Report and Statements of the Chief of the Bureau of Statistics on the Foreign Commerce, Navigation, Immigration and Tonnage of the U.S. for the year ending June 30, 1892,* 52d Cong., 2d Sess., 3102 Ex. Doc. 6 (November 29, 1892); Treasury Department, *Immigration and Passenger Movement at Ports of the United States during the year ending June 30, 1894,* 53rd Cong., 3rd Sess., 3317 H.R. Ex. Doc. 6 (January 2, 1895)。这些数字不包括过境到其他国家的中国移民。

22. Lee, *At America's Gate,* 153, 238; McKeown, *Melancholy Order,* 144; Ettinger, *Imaginary Lines,* 55-57.

23. Kenneth Chew, Mark Leach, and John M. Liu, "The Revolving Door to Gold Mountain: How Chinese Immigrants Got around U.S. Exclusion and Replenished the Chinese American Labor Pool, 1900-1910," *International Migration Review* 43, no. 2 (2009): 410-430.

24. "Chinese Immigration," H.R. Rep. No. 4048 at 493-495 (1891).

25. Martin Gold, *Forbidden Citizens: Chinese Exclusion and the U.S. Congress: A Legislative History* (Alexandria, VA: The Capitol.Net, 2012), 282-283.

26. John Sherman as quoted in Coolidge, *Chinese Immigration,* 215; 23 Cong. Rec. 2912, 2915 (1892).

27. House 186 to 27, Senate 30 to 15. Coolidge, *Chinese Immigration,* 215-216.

28. "An act to prohibit the coming of Chinese persons into the United States" (The Geary Act), chap. 60, 27 Stat. 25 (May 5, 1892).

29. Ibid.; "An Act to amend an act entitled 'An act to prohibit the coming of Chinese persons into the United States'" (McCreary Amendment), chap. 14, 28 Stat. 7 (November 3, 1893); Wong Wing v. United States, 163 U.S. 228 (1896). 反对惩罚性监禁的裁决依然允许对移民实施拘留, 详见: Hernandez, *City of Inmates,* 89。关于之前拒绝保释的尝试, 详见: "Chinese Immigration," H.R. Rep. No. 4048 at 348-350 (1891)。有关不断变化的对被豁免阶层的界定, 详见: Calavita, "The Paradoxes of Race," 16。关于之前对确认证明的预期, 详见: George H. Hopkins to O. L. Spaulding, June 27, 1891, box 4, USCS / IE。关于登记的连带作用, 详见: A. L. Blake to A. W. Bash, September 1, 1882, box 111, file 2, RG36, USCS/ CM; Charles J. McClain, *In Search of Equality: The Chinese Struggle against Discrimination in Nineteenth-Century America* (Berkeley: University of California Press, 1994), 348n61; Commissioner-General of Immigration, *Annual Report of the Commissioner-General of Immigration,* 34-37。有关加利福尼亚之前登记华人的尝试, 详见: Hudson N. Janisch, "The Chinese, the Courts and the Constitution: A Study of the Legal Issues Raised by Chinese Immigration to the United States, 1850-1902" (JSD diss., University of Chicago Law School, 1971), 950; SFCA, April 27, 1892。

30. 有关之前华人抵抗的形式, 详见: Janisch, "The Chinese, the Courts, and the Constitution," 353, 529。

31. 有关之前护照的作用, 详见: McKeown, *Melancholy Order,* 41-42, 102-107; Craig Robertson, *The Passport in America: The History of a Document* (New York: Oxford University Press, 2010); *Daily Morning Call,* September 20, 1892. See also "Memorial from Yang Ru to Imperial Court," May 5, 1894, pt. 3, item 39, ZS, 139-142。

32. Janisch, "The Chinese, the Courts, and the Constitution," 975; *SDRU,* May 5, 1893; Salyer, *Laws Harsh as Tigers,* 55.

33. Fong Yue Ting v. United States, 149 U.S. 698 (1893); Chae Chan Ping v. United States, 130 U.S. 581 (1889); Salyer, *Laws Harsh as Tigers*, 52.

34. McClain, *In Search of Equality*, 201-211; Salyer, *Laws Harsh as Tigers*, 46-58; Jean Pfaelzer, *Driven Out: The Forgotten War against Chinese Americans* (New York: Random House, 2007), 300-301.

35. 53d Cong. 1st Sess., S. Doc. no. 13, "Letter from the Secretary of the Treasury in answer to a resolution of the senate . . . September 12, 1893" ; as quoted by Janisch, "The Chinese, the Courts, and the Constitution," 985.

36. *SFCA*, August 23, 1893; Pfaelzer, *Driven Out*, 318-327; Yucheng Qin, *The Diplomacy of Nationalism: The Six Companies and China's Policy toward Exclusion* (Honolulu: University of Hawai 'i Press, 2009), 122.

37. *Sausalito News*, August 25, 1893; Janisch, "The Chinese, the Courts, and the Constitution," 993; *LAH*, September 3, 5, 27, 1893; *SFCA*, September 3, 1893; Pfaelzer, *Driven Out*, 307-313; Salyer, *Laws Harsh as Tigers*, 55-56; Kelly Lytle Hernandez, *City of Inmates: Conquest, Rebellion, and the Rise of Human Caging in Los Angeles, 1771-1965* (Chapel Hill: University of North Carolina Press, 2017), 69-87.

38. *SFCA*, September 16, 1893; *LAH*, August 28, 1893.

39. *LAH*, October 17, 1893; McCreary Amendment.

40. 25 Cong. Rec. app. 231 (1893); Salyer, *Laws Harsh as Tigers*, 55-56.

41. Salyer, *Laws Harsh as Tigers*, 86; George E. Paulsen, "The Gresham-Yang Treaty," *Pacific Historical Review* 37 no. 3 (August 1968): 288; *Report of the Commissioner of Internal Revenue for the fiscal year ended June 30, 1894* [H.R. Ex. Doc. 4] (Washington, DC: Government Printing Office, 1894), 23. 1894 年获得拨款的法案进一步强化了该法律, 宣布 "适当的移民或海关官员的决定, 若不利于接纳此类外国人入境, 那么应作为最终决定, 除非在向财政部部长提出上诉时被推翻"。详见: "An Act making appropriations for sundry civil expenses of the Government for the fiscal year ending June 13, 1895, and for other purposes," chap. 301, 28 Stat. 372, 390 (August 18, 1894); McClain, *In Search of Equality*, 215。

42. Paulsen, "The Gresham-Yang Treaty," 281-297. 有关条约原文, 详见: Gold, *Forbidden Citizens*, 516-518; "Memorial from the General Department to the Imperial Court," August 29, 1894, pt. 3, item 40, ZS, 142-143.

43. Commissioner-General of Immigration, *Annual Report of the Commissioner-General of Immigration,* 34-37.

44. Commissioner-General of Immigration, *Annual Report of the Commissioner-General of Immigration to the Secretary of Treasury for the Fiscal Year Ended June 30, 1897* (Washington, DC: Government Printing Office, 1897), 49-50; Lee, *At America's Gates*, 66; Delber L. McKee, *Chinese Exclusion versus the Open Door Policy, 1900-1906: Clashes over China Policy in the Roosevelt Era* (Detroit: Wayne State University Press, 1977), 28-34.

45. Adam McKeown, *Chinese Migrant Networks and Cultural Change: Peru, Chicago, Hawaii, 1900-1936* (Chicago: University of Chicago Press, 2001), 28; United States v. Ju Toy, 198 U.S. 253 (1905). Opinion of the Attorney General, July 15, 1898, 22-130, as quoted in *Report of William W. Rockhill, Late Commissioner to China with Accompanying Documents* (Washington, DC: Government Printing Office, 1901), 35.

46. Calculation based on Adam McKeown, "Ritualization of Regulation: The Enforcement of Chinese Exclusion in the United States and China," *American Historical Review* 108, no. 2 (April 2003): 390. See also Salyer, *Laws Harsh as Tigers*, 32; McKee, *Chinese Exclusion versus the Open Door Policy*, 31; Beth Lew-Williams, "Before Restriction

Became Exclusion: America's Experiment in Diplomatic Immigration Control," *Pacific Historical Review* 83, no. 1 (February 2014): 24-56. 在 1900 年义和团运动期间，所有移民都被暂时停止。

47. Walter LaFeber, *The New Empire: An Interpretation of American Expansion, 1860-1898*, 35th anniversary ed. (Ithaca, NY: Cornell University Press, 1998); Paul A. Kramer, *The Blood of Government: Race, Empire, the United States, and the Philippines* (Chapel Hill: North Carolina University Press, 2006).

48. 古巴的华人人口在 1869 年到达高峰，共计 59283 人，但据学者估计截至 1900 年，这一数字已经下降到了 15000 人。Mauro García Triana and Pedro Eng Herrera, *The Chinese in Cuba, 1847-Now* (Lanham, MD: Lexington Books, 2009), xxxiv; Kathleen M. López, *Chinese Cubans: A Transnational History* (Chapel Hill: University of North Carolina, 2013), 50; Ronald Takaki, *Pau Hana: Plantation Life and Labor in Hawaii* (Honolulu: University of Hawai'i Press, 1983), 24-25; Russell McCulloch Story, "Oriental Immigration into the Philippines," *Annals of the American Academy of Political and Social Science* 34, no. 2 (1909): 168-174; Eleanor C. Nordyke and Richard K. C. Lee, "The Chinese in Hawai'i: A Historical and Demographic Perspective," *Hawaiian Journal of History* 23 (1989): 196-216; Irene Khin Khin Myint Jensen, *The Chinese in the Philippines during the American Regime: 1898-1946* (San Francisco: R and E Research Associates, 1975), 14, 16-17, 42; McKeown, *Chinese Migrant Networks*, 32-43.

49. 排华将美国的一整套监督机制带到了菲律宾，这套机制在时间上先于 Alfred W. McCoy 所描述的安全体系。Alfred W. McCoy in *Policing America's Empire: The United States, the Philippines, and the Rise of the Surveillance State* (Madison: University of Wisconsin Press, 2009), 8.

50. Transcript of "Joint Resolution to Provide for Annexing the Hawaiian Islands to the United States" (1898) in John A. Mallory, *U.S. Compiled Statutes Annotated* 1916, vol. 5 (St. Paul, MN: West Publishing Co., 1916); Tit. 29 Chap. B 4335 (Res. July 7, 1898, No. 55, 1) 夏威夷排华；禁止从夏威夷入境美国：Augustus H. Oakes and Willoughby Maycock, *British and Foreign State Papers, 1890-1891*, vol. 83 (London, 1897), 899-900;《夏威夷群岛法案》批准了华人务农劳工的引进（Introduction of Chinese Agricultural Labourers）并修改了 1887 年法律的第 28 章，名为"规范华人移民法案"（An Act to Regulate Chinese Immigration），November 14, 1890, in Oakes and Maycock, *British and Foreign State Papers*, 899. 之后美国准许了身为夏威夷公民的华人入境。Jensen, "The Chinese in the Philippines," 58-59.

51. *Report of the Commissioner of Labor on Hawaii*, 1905 (Washington, DC: Government Printing Office, 1906); *NYT*, January 21, 1899; McKee, *Chinese Exclusion versus the Open Door Policy*, 35-39; "An Act to prohibit the coming into and to regulate the residence within the United States, its Territories, and all territory under its jurisdiction, and the District of Columbia, of Chinese and persons of Chinese descent," (Chinese Exclusion Act of 1902), Pub. L. 57-89, 32 Stat. 176 (April 29, 1902).

52. Clark L. Alejandrino, *A History of the 1902 Chinese Exclusion Act: American Colonial Transmission and Deterioration of Filipino-Chinese Relations* (Manila: Kaisa Para Sa Kaunlaran, 2003), 15-18, 32; *Washington Star* as cited in Richard T. Chu, *Chinese and Chinese Mestizos of Manila: Family, Identity, and Culture, 1860s-1930s* (Boston: Brill, 2010), 286-287; *Report of the Philippine Commission to the President*, vol. 2 (Washington, DC: Government Printing Office, 1900), 252-253; Kramer, *The Blood of Government*, 157-158. 一些美国商人也会支持华人劳工。Jensen, "The Chinese in the Philippines," 62-63.

53. As cited by Qin, *The Diplomacy of Nationalism*, 122; Wu Tingfang to Secretary of State John Hay, September 12, 1899, in *Papers Relating to the Foreign Relations of the United States* (Washington, DC: Government Printing Office, 1899), 212.

54. "An Act making appropriations to supply deficiencies in the appropriations for the fiscal year ending June 13, 1904, and for prior years, and for other purposes," (Chinese Exclusion Act of 1904), Pub. L. 58-189, 33 Stat. 394, 428 (April 27, 1904); George E. Paulsen, "The Abrogation of the Gresham-Yang Treaty," *Pacific Historical Review* 40, no. 4 (November 1971): 473.

55. Guanhua Wang, *In Search of Justice: The 1905-1906 Chinese Anti-American Boycott* (Cambridge, MA: Harvard University Asia Center and Harvard University Press, 2001), 81, 115; Bryna Goodman, *Native Place, City, and Nation: Regional Networks and Identities in Shanghai, 1853-1937* (Berkeley: University of California Press, 1995), 183-187. 有关清廷进一步参与其中的陈述，详见：Daniel J. Meissner, "China's 1905 Anti-American Boycott: A Nationalist Myth?" *Journal of American-East Asian Relations* 10, no. 3 / 4 (2001): 175-196。关于海外华人的重要作用，详见：Shih-shan H. Ts'ai, "Reaction to Exclusion: The Boycott of 1905 and Chinese National Awakening," *Historian* 39, no. 1 (1976): 95-110; Delber L. McKee, "The Chinese Boycott of 1905-1906 Reconsidered: The Role of Chinese Americans," *Pacific Historical Review* 55, no. 2 (1986): 165-191。

56. As quoted by Wang, *In Search of Justice*, 163, 149; Arnold Xiangze Jiang, *The United States and China* (Chicago: University of Chicago Press, 1988), 39; June Mei, Jean Pang Yip, and Russell Leong, "The Bitter Society: Ku Shehui, A Translation, Chapters 37-46," *Amerasia Journal* 8, no. 1 (1981): 33-67.

57. As quoted by Howard K. Beal, *Theodore Roosevelt and the Rise of America to World Power* (Baltimore: Johns Hopkins University Press, 1956), 230.

58. Based on McKeown, "Ritualization of Regulation," 390.

59. Ibid., 241-244; William Rockhill to Elihu Root, July 25, 1905, August 15, 1905, October 30, 1905 in *American Diplomatic and Public Papers: The United States and China 1861-1893,* series 3, vol. 8, 175, 185, 225; Gregory Moore, *Defining and Defending the Open Door Policy: Theodore Roosevelt and China, 1901-1909* (Lanham, MD: Lexington Books, 2015), 126-127.

60. McKee, *Chinese Exclusion versus the Open Door Policy, 135.*

61. 1885~1887 年记载的死亡人数：华盛顿领地斯科克谷（3）；华盛顿领地塔科马（2）；华盛顿领地汤森港（1）；怀俄明领地石泉城（28）；阿拉斯加地区朱诺（2）；蒙大拿领地阿纳康达（5）；爱达荷领地皮尔斯（5）；俄勒冈州斯内克河（34）；加利福尼亚州尤里卡（5）。更多细节详见附录一。Mary Gaylord, *Eastern Washington's Past: Chinese and Other Pioneers 1860-1910* ([Portland, OR]: U.S. Department of Agriculture, 1993), 66, 84-85; R. Gregory Nokes, *Massacred for Gold: The Chinese in Hells Canyon* (Corvallis: Oregon State University Press, 2009); *NYT*, September 23, 1885; *Daily Miner,* April 17, 1885; *Chicago Tribune,* March 6, 1886.

62. 有关动荡的现状，详见：Judith Butler, "Performativity, Precarity and Sexual Politics," *Revista de Antropologia Iberoamericana* 4, no. 3 (September-December 2009): i-xiii。

63. 一些城市地图和加利福尼亚特拉基的地图一样，并不包含华人居住的城镇区域。加利福尼亚州马里斯维尔（1885, 1890）；加利福尼亚州内华达城（1885, 1891）；华盛顿领地塔科马（1885, 1888）；加利福尼亚州尤里卡（1886）；加利福尼亚州克洛弗代尔（1885, 1888）；加利福尼亚州河滨（1884, 1887, 1895）；加利福尼亚州圣何塞（1884, 1891）；华盛顿领地西雅图（1884, 1888); Sanborn Map Collection, Library of Congress, Washington, DC。有关圣何塞中国城的重新安置，详见：Connie Young Yu, *Chinatown*

San Jose, USA (San Jose, CA: San Jose Historical Museum Association, 1991), 11-47。

64. "List of Chinese Businesses Burned in Tacoma during Anti-Chinese Unrest," ca. 1886, box 2, file 24, WCS; Chang Yen Hoon, "Receipt for the Indemnity," in *Papers Relating to the Foreign Relations of the United States* (Washington, DC: Government Printing Office, 1890), 118; Shih-shan Henry Tsai, *China and the Overseas Chinese in the United States: 1868-1911* (Fayetteville: University of Arkansas Press, 1983), 77.

65. USC / WT 1885, 1887.

66. Robert Edmund Strahorn, *The Resources and Attractions of Washington Territory, for the Home Seeker, Capitalist, and Tourist* (Omaha, NE: Union Pacific Railway, 1888).

67. "Chinaman Turned White-Man Dies," *Tacoma News*, December 19, 1916, Chinese Folder, Tacoma Public Library Northwest Room, Tacoma, WA.

68. USC / CA 1880, 1890, 1900. 联邦人口普查仅将缴过税的印第安人包含在内。

69. Ibid.

70. Sucheng Chan 注意到加利福尼亚州务农华工的人数在 1880 年代和 1990 年代达到新高，便得出结论称驱逐华人没有产生长期的影响。Sucheng Chan, *This Bitter-Sweet Soil: The Chinese in California Agriculture, 1860-1910* (Berkeley: University of California Press, 1989), 378-381.

71. 不幸的是，反华暴力一路向南跟随着华人移民。不定期的地方袭击和驱逐继续在农村地区蔓延，贯穿了整个 1890 年代；1893 年，统一的反华运动在南部农业地区尤为明 显。Richard Steven Street, *Beasts of the Field: A Narrative History of California Farmworkers, 1769-1913* (Stanford, CA: Stanford University Press, 2004), 386-391.

72. *DAC,* February 13, 1886; J. S. Look, interview by C. H. Burnett, August 13, 1924, box 27, no. 182, SRR; Charlotte Brooks, *Alien Neighbors, Foreign Friends: Asian Americans, Housing, and the Transformation of Urban California* (Chicago: University of Chicago Press, 2009).

73. Coolidge 对 1882 年的人数估算基于：出入境的移民率、联邦人口普查以及 2% 的年死亡率；详见：Coolidge, *Chinese Immigration,* 498。国会通过《排华法案》几年之后，这群流离失所的中国工人返回美国变成了非法的。尽管未登记的移民仍在继续进入美国，但华人的人口数量依然有所减少。

74. Law Yow, interview by C. H. Burnett, August 12, 1924, box 27, no. 191, SRR. See also Sue Fawn Chung, *Chinese in the Woods: Logging and Lumbering in the American West* (Urbana: University of Illinois Press, 2015), 98.

75. Coolidge, *Chinese Immigration,* 501.

76. 有关华人向东迁移，详见：Huping Ling, *Chinese Chicago: Race, Transnational Migration, and Community Since 1870* (Stanford, CA: Stanford University Press, 2012), 30; Huping Ling, *Chinese St. Louis: From Enclave to Cultural Community* (Philadelphia: Temple University Press, 2004), 27-28。

77. 有关华人的孤立境地，详见：Paul C. P. Sui, *The Chinese Laundryman: A Study of Social Isolation,* ed. John Kuo Wei Tchen (New York: New York University Press, 1987); James W. Loewen, *The Mississippi Chinese: Between Black and White,* 2nd ed. (Long Grove, IL: Waveland Press, 1988), 32-57; Susan B. Carter, "Embracing Isolation: Chinese American Geographic Redistribution during the Exclusion Era, 1882-1943" (unpublished paper, 2013)。

78. 为了不让犯罪者讲述暴力的历史，已经有越来越多的学者从幸存者那里了解创伤的性质与含义。然而华人幸存者留下的资料如此匮乏，为这类讲述带来了巨大的挑战。Judith Lewis Herman, *Trauma and Recovery: The Aftermath of Violence—from Domestic Abuse to Political Terror* (New York: Basic Books, 1992), 7-8; Veena Das, *Mirrors of Violence: Communities, Riots and Survivors in South Asia* (Oxford: Oxford

University Press, 1990), 33-34; Kidada E. Williams, *They Left Great Marks on Me: African American Testimonies of Racial Violence from Emancipation to World War I* (New York: New York University Press, 2012), 10; Veena Das, "Language and Body: Transactions in the Construction of Pain," in *Social Sufering,* ed. Arthur Kleinman, Veena Das, and Margaret Lock (Berkeley: University of California Press, 1997), 88.

79. 有关身体创伤与华人移民，详见：Ryan P. Harrod and John J. Crandall, "Rails Built of Ancestors' Bones: The Bioarchaeology of the Overseas Chinese Experience," *Historical Archeology* 49, no. 1 (2015): 148-161. On "refugee temporality," see Eric Tang, *Unsettled: Cambodian Refugees in the NYC Hyperghetto* (Philadelphia: Temple University Press, 2015), 49-51。

80. Elizabeth Sinn, *Pacific Crossing: California Gold, Chinese Migration, and the Making of Hong Kong* (Hong Kong: Hong Kong University Press, 2013), 265-295; Sue Fawn Chung and Priscilla Wegars eds., *Chinese American Death Rituals: Respecting Ancestors* (Lanham, MD: AltaMira, 2005), 1-14; Cathy Caruth, *Unclaimed Experience: Trauma, Narrative and History* (Baltimore: Johns Hopkins University Press, 1996), 7. 有关中国人的宿命论，详见：Vera Schwarcz, "The Pane of Sorrow: Public Uses of Personal Grief in Modern China," in *Social Sufering,* 122; Vincent Brown, *The Reaper's Garden: Death and Power in the World of Atlantic Slavery* (Cambridge, MA: Harvard University Press, 2008)。

81. Marlon K. Hom, *Songs of Gold Mountain: Cantonese Rhymes from San Francisco Chinatown* (Berkeley: University of California Press, 1992), 96, 107. See also Him Mark Lai, Genny Lim, and Judy Yung, eds., *Island: Poetry and History of Chinese Immigrants on Angel Island, 1910-1940*, 2nd ed. (Seattle: University of Washington Press, 2014).

82. R. David Arkush and Leo O. Lee, trans. and eds., *Land without Ghosts: Chinese Impressions of America from the Mid-Nineteenth Century to the Present* (Berkeley: University of California Press, 1993), 64-65.

83. Chang-fang Chen, "Barbarian Paradise: Chinese Views of the United States, 1784-1911" (Ph.D. diss., Indiana University, 1985), 221.

84. Lum May, "Affidavit in the Matter of the Expulsion of Chinese from Tacoma," in Watson Squire to Thomas Bayard (and enclosed documents), July 17, 1886, USDS / ML; Sam Hing, "Affidavit in the Matter of the Expulsion of Chinese from Tacoma," in Watson Squire to Thomas Bayard (and enclosed documents), July 17, 1886, USDS / ML; Thomas Minor, "Affidavit in the Matter of the Expulsion of Chinese from Tacoma," in Watson Squire to Thomas Bayard (and enclosed documents), July 17, 1886, USDS / ML; Kwok Sue, "Affidavit in the Matter of the Expulsion of Chinese from Tacoma," in Watson Squire to Thomas Bayard (and enclosed documents), July 17, 1886, USDS / ML.

85. 有关当时形形色色的外国人身份及公民身份的形式，详见：Kamal Sadiq, *Paper Citizens: How Illegal Immigrants Acquire Citizenship in Developing Countries* (Oxford: Oxford University Press, 2009), 3-23。

86. Mae M. Ngai, *Impossible Subjects: Illegal Aliens and the Making of Modern America* (Princeton, NJ: Princeton University Press, 2005), 2-6; Estelle T. Lau, *Paper Families: Identity, Immigration Administration, and Chinese Exclusion* (Durham, NC: Duke University Press, 2006); Xiaojian Zhao, *Remaking Chinese America: Immigration, Family, and Community, 1940-1965* (New Brunswick, NJ: Rutgers University Press, 2002).

87. 和今天不同，当时与美国公民结婚并不是获得公民身份的一条备选路径。如果一位华人男性与一位拥有美国公民身份的女性结婚，那么女方将会承袭男方的法律身份地位，而非相反。George Anthony Peffer, *If They Don't Bring Their Women Here: Chinese*

Female Immigration before Exclusion (Urbana: University of Illinois Press, 1999), 9.

88. 有关"异族公民",详见：Ngai, *Impossible Subjects, 2,* 8。有关"模糊不清的成员身份（blurred membership）",详见：Sadiq, *Paper Citizens,* 8。

89. Lee, *At America's Gates*, 226-235.

90. Herbert F. Beecher to C. S. Fairchild, July 7, 1887, box 9, USCS / EI; Zhang Yinhuan to Imperial Court, memorial, March 30, 1889, pt. 3, item 34, ZS, 127-134.

91. Salyer, *Laws Harsh as Tigers*, xvi; Lee, *At America's Gates*, 6; Ettinger, *Imaginary Lines*, 6-7; Young, *Alien Nation*, 4, 156.

92. 有关近代的例子,详见：John Salt, "Trafficking and Human Smuggling: A European Perspective," *International Migration* 38, no. 3 (2000): 31-56。有关19世纪贩卖华人女性,详见：Sinn, *Pacific Crossing,* 226-261。

93. Yong Chen, *Chinese San Francisco, 1850-1943: A Transpacific Community* (Stanford, CA: Stanford University, 2002), 45-47, 125-141; McKeown, *Chinese Migrant Networks*, 178-180, 209-212.

94. Brooks, *Alien Neighbors, Foreign Friends*, 11-38; Natalia Molina, *Fit to Be Citizens?: Public Health and Race in Los Angeles, 1879-1939* (Berkeley: University of California Press, 2006), 15-45; Nayan Shah, *Contagious Divides: Epidemics and Race in San Francisco's Chinatown* (Berkeley: University of California Press, 2001).

95. 有关"包容",详见：Martha Hodes, *White Women, Black Men: Illicit Sex in the 19th-Century South* (New Haven, CT: Yale University Press, 1997), 3。

96. Woo Gen, interview by C. H. Burnett, August 12, 1924, box 27, no. 183, SRR.

97. Chin Cheung, interview by C. H. Burnett, August 12, 1924, box 27, no. 187, SRR. 关于在排斥阶段华人精英群体面临的机会,详见：Kenneth H. Marcus and Yong Chen, "Inside and Outside Chinatown: Chinese Elites in Exclusion Era California," *Pacific Historical Review* 80, no. 3 (August 2011): 369-400; Beth Lew-Williams, "'Chinamen' and 'Delinquent Girls': Intimacy, Exclusion and a Search for California's Color Line," *Journal of American History* 104 no. 3 (December 2017): 632-655。

98. 在《君子协定》中,日本同意停止从夏威夷、加拿大、墨西哥和日本本来的日本劳工进入美国本土。这并非是一项正式的条约,也从未获得批准。该协定完全是通过非正式的外交协定与行政手段颁布的。《君子协定》借鉴了中美十几年间有关排华的谈判先例,却是在美国放弃了同中国的这一外交方式之后出现的。日本在20世纪初的地缘政治方面尤其强势,这造成了它同中国的情况有着天壤之别。David FitzGerald and David Cook-Martin, *Culling the Masses: The Democratic Origins of Racist Immigration Policy in the Americas* (Cambridge, MA: Harvard University Press, 2014), 98. See also Andrea Geiger, *Subverting Exclusion: Transpacific Encounters with Race, Caste, and Borders, 1885-1928* (New Haven, CT: Yale University Press, 2011).

99. "An Act to regulate the immigration of aliens to, and residence of aliens in, the United States," (Immigration Act of 1917; Barred Zone Act), Pub. L. 65-301, 39 Stat. 874, 8 U.S.C.0 (February 5, 1917); Immigration Act of 1924 (National Origins Act; Johnson-Reed Act), Pub. L. 68-139, 43 Stat. 153 (May 26, 1924); Rick Baldoz, *The Third Asiatic Invasion: Migration and Empire in Filipino America, 1898-1946* (New York: New York University Press, 2011).

100. Jane H. Hong, "The Repeal of Asian Exclusion," in *American History: Oxford Research Encyclopedias,* accessed June 29, 2016, http://americanhistory.oxfordre.com/view/10.1093/acrefore/9780199329175.001.0001/acrefore-9780199329175-e-16; K. Scott Wong, *Americans First: Chinese Americans and the Second World War* (Cambridge, MA: Harvard University Press, 2005), 109-124.

101. "授权种族属于印度本地人及菲律宾群岛本地人进入美国,以使他们在种族上符合入籍资格及其他目的，"（卢斯塞勒法令，Luce-Celler Act）Pub. L. 79-483, 60 Stat. 416 (July 2, 1946); Immigration and Nationality Act of 1952 (McCarran-Walter Act), Pub. L. 82-414, 66 Stat. 163 (June 27, 1952); Immigration and Nationality Act of 1965 (Hart-Celler Act), Pub. L. 89-236, 79 Stat. 911 (October 3, 1965); Bill Ong Hing, *Making and Remaking Asian America through Immigration Policy, 1850-1990* (Stanford, CA: Stanford University Press, 1993), 1-47; "The Rise of Asian Americans," Pew Research Center: Social and Demographic Trends (Washington, DC: Pew Research Center, 2012).

102. Lee, *At America's Gates*, 191.

103. Elizabeth M. Hoeffel, Sonya Rastogi, Myoung Ouk Kim, and Hasan Shahid, "The Asian Population, 2010," U.S. Department of Commerce, (March 2012), https://www.census.gov/prod/cen2010/briefs/c2010br-11.pdf; Min Zhou, *Contemporary Chinese America: Immigration, Ethnicity, and Community Transformation* (Philadelphia: Temple University Press, 2009), xi, 43-44.

104. H.R. Res. 683, 158th Cong. (2012); S. Res. 201, 157th Cong. (2011).

105. 158 Cong. Rec., H 3715 (June 18, 2012); 157 Cong. Rec., H 3809 (June 1, 2011); 157 Cong. Rec., S6352 (October 6, 2011).

106. 正如 Gabriel Chin 所言："据说，根据种族来选择移民的权力依然存在。最高法院在当今作出裁决时仍在援引迟成平和冯越亭的案例。原因是所有宪法规定的移民法都是以这两个案例为源头延伸而来的，就连那些没有援引这两个案例的裁决，也一定是基于那些援引过它们的案例。"详见：Gabriel J. Chin, "Segregation's Last Stronghold: Race Discrimination and the Constitutional Law of Immigration," *UCLA Law Review* 46, no. 1 (1998): 15; David C. Brotherton and Philip Kretsedemas, eds., *Keeping Out the Other: A Critical Introduction to Immigration Enforcement Today* (New York: Columbia University Press, 2008), 12-13; Michael A. Scaperlanda, *Immigration Law: A Primer* (Washington, DC: Federal Judicial Center, 2009); Padilla v. Kentucky, 559 U.S. 356 (2010); Michael J. Wishnie, "Laboratories of Bigotry? Devolution of the Immigration Power, Equal Protection, and Federalism," *New York University Law Review* 76 (2001): 493-531。

后记 现代美国的异族

1. *NYT*, July 20, 1890.

2. "法案保护所有美国公民享有公民权利，并为他们提供辩护的途径。"（1866 年《民权法案》，Civil Rights Act of 1866）, chap. 31, 14 Stat. 27-30 (April 9, 1866); U.S. Const. amend. XIV; Eric Foner, *Reconstruction: America's Unfinished Revolution, 1863-1877* (New York: Harper and Row, 1988); Elliott West, "Reconstruction Race," *Western Historical Quarterly* 34, no. 1 (Spring 2003): 7-26; Najia Aarim-Heriot, *Chinese Immigrants, African Americans, and Racial Anxiety in the United States, 1848-82* (Urbana: University of Illinois Press, 2006), 194-195; Joshua Paddison, *American Heathens: Religion, Race, and Reconstruction in California* (Berkeley: University of California Press, 2012), 114-117; Cathleen D. Cahill, *Federal Fathers and Mothers: A Social History of the United States Indian Service, 1869-1933* (Chapel Hill: University of North Carolina Press, 2011), 18-20, 26-29; Gregory P. Downs and Kate Masur, eds., *The World the Civil War Made* (Chapel Hill: University of North Carolina Press, 2015), 8; Sarah H. Cleveland, "Powers Inherent in Sovereignty: Indians, Aliens, Territories and the Nineteenth Century Origins of Plenary Power Over Foreign Affairs," *Texas Law Review* 81, no. 1 (2002): 1-284; Steven Hahn, "Slave Emancipation, Indian Peoples, and the Projects of a New American Nation-State," *Journal of the Civil War Era* 3, no. 3

(September 2013): 307-330. 墨西哥裔美国人在美墨战争结束时，作为《瓜达卢佩—伊达尔戈条约》（1848）中的一项条款，已获得美国公民身份（以及合法的白人地位）。这在1897年的一项案例中得到了证实，In *Re: Rodriguez*□

3. William J. Novak, "The Legal Transformation of Citizenship in Nineteenth-Century America," in *The Democratic Experiment: New Directions in American Political History*, ed. Meg Jacobs, William J. Novak, and Julian E. Zelizer (Princeton, NJ: Princeton University Press, 2003), 85-119. See also Kunal M. Parker, *Making Foreigners: Immigration and Citizenship Law in America, 1600-2000* (New York: Cambridge University Press, 2015), 23-70, 77-85.

4. 有关奴隶是将移民管控的权力划归联邦的一个阻碍，详见：Karin Anderson Ponzer, "Inventing the Border: Law and Immigration in the United States: 1882-1891" (Ph.D. diss., The New School, 2012), 14-21, 64; Parker, *Making Foreigners*, 85-99, 104, 121。

5. Cleveland, "Powers Inherent in Sovereignty," 89-98.

6. 有关美国公民身份的不同地位、权利及特权，详见：Barbara Young Welke, *Law and the Borders of Belonging in the Long Nineteenth Century United States* (New York: Cambridge University Press, 2010); Nancy F. Cott, "Marriage and Women's Citizenship in the United States, 1830-1934," *American Historical Review* 103, no. 5 (December 1998): 1440-1474; Linda K. Kerber, "The Meanings of Citizenship," *Journal of American History* 84, no. 3 (December 1997): 833-854; Margot Canaday, *The Straight State: Sexuality and Citizenship in Twentieth-Century America* (Princeton, NJ: Princeton University Press, 2009); Parker, *Making Foreigners*, 117, 143; Stephen Kantrowitz, *More Than Freedom: Fighting for Black Citizenship in a White Republic, 1829-1889* (New York: Penguin, 2012); Eric Foner, *The Story of American Freedom* (New York: W. W. Norton, 1998), 107; Linda K. Kerber, *No Constitutional Right to Be Ladies: Women and the Obligation of Citizenship* (New York: Hill & Wang, 1998); Martha Gardner, *The Qualities of a Citizen: Women, Immigration and Citizenship* (Princeton, NJ: Princeton University Press, 2005)。

7. Parker, *Making Foreigners,* 11; Evelyn Nakano Glenn, *Unequal Freedom: How Race and Gender Shaped American Citizenship and Labor* (Cambridge, MA: Harvard University Press, 2004), 20-24; Lisa Lowe, *The Intimacies of Four Continents* (Durham, NC: Duke University Press, 2015), 7.

8. 南北战争之前的时期依然存在着本土主义的冲动，详见：John Higham, *Strangers in the Land: Patterns of American Nativism, 1860-1925* (New Brunswick, NJ: Rutgers University Press, 1955), 5-11; Michael Mann, *The Dark Side of Democracy: Explaining Ethnic Cleansing* (Cambridge: Cambridge University Press, 2005), 5.

9. Cong. Globe, 41st Cong., 2d Sess. 5152 (1870)。

10. 马萨诸塞州参议员查尔斯·萨姆纳（Charles Sumner）提出修正案，建议从法规中删去"白种（white）"一词。Cong. Globe, 41st Cong., 2d Sess. 5169 (1870). Lucy E. Salyer, *Laws Harsh as Tigers: Chinese Immigrants and the Shaping of Modern Immigration Law* (Chapel Hill: University of North Carolina Press, 1995), 13.

11. Cleveland, "Powers Inherent in Sovereignty," 98; Linda Bosniak, *The Citizen and the Alien: Dilemmas of Contemporary Membership* (Princeton, NJ: Princeton University Press, 2006), 54; Mae Ngai, *Impossible Subjects: Illegal Aliens and the Making of Modern America* (Princeton, NJ: Princeton University Press, 2005), 18; Daniel Kanstroom, *Deportation Nation: Outsiders in American History* (Cambridge, MA: Harvard University Press, 2010), 95-130; Parker, *Making Foreigners,* 119-130; Salyer, *Laws Harsh as Tigers,* 23. Gabriel J. Chin, "Is There a Plenary Power Doctrine? A Tentative Apology and Prediction for our Strange but Unexceptional Constitutional

Immigration Law," *Georgetown Immigration Law Journal* 14 (2000): 257-287; Charles J. McClain, *In Search of Equality: The Chinese Struggle against Discrimination in Nineteenth-Century America* (Berkeley: University of California Press, 1994), 191-219. 有关确立全权原则的排斥案例，详见：Chae Chan Ping, 130 U.S. 581 (1889); Fong Yue Ting v. United States, 149 U.S. 698 (1893); United States v. Ju Toy, 198 U.S. 253 (1905); Tiaco v. Forbes, 228 U.S. 549, 557 (1913).

12. Yick Wo v. Hopkins, 118 U.S. 356 (1886); Wong Wing v. U.S., 163 U.S. 228 (1896); U.S. v. Wong Kim Ark, 169 U.S. 649 (1898)。

13. Parker, *Making Foreigners,* 84, 103-110, 123; Hidetaka Hirota, " 'The Great Entrepot for Mendicants' : Foreign Poverty and Immigration Control in New York State to 1882," *Journal of American Ethnic History* 33, no. 2 (Winter 2014): 5-32; Hidetaka Hirota, "Nativism, Citizenship, and the Deportation of Paupers in Massachusetts, 1837-1883" (Ph.D. diss., Boston College, 2012); Hidetaka Hirota, "The Moment of Transition: State Officials, the Federal Government, and the Formation of American Immigration Policy," *Journal of American History* 99, no. 4 (2013): 1092-1108; Brendan P. O' Malley, "Protecting the Stranger: The Origins of U.S. Immigration Regulation in Nineteenth-Century New York" (Ph.D. diss., City University of New York, 2015); Gerald L. Neuman, "The Lost Century of American Immigration Law (1776-1875)," *Columbia Law Review* 93, no. 8 (December 1993): 1833-1901; Kanstroom, *Deportation Nation*, 49-63; Salyer, *Laws Harsh as Tigers,* 23-32; Ngai, *Impossible Subjects,* 18; Patrick Ettinger, *Imaginary Lines: Border of Enforcement and the Origins of Undocumented Immigration, 1882-1930* (Austin: University of Texas Press, 2009), 15-25; Hiroshi Motomura, *Immigration Outside the Law* (Oxford: Oxford University Press, 2014), 99. 有关"美国固守国门"，详见：Erika Lee, *At America's Gates: Chinese Immigration during the Exclusion Era, 1882-1943* (Chapel Hill: University of North Carolina Press, 2003), 7, 10-12。1875年《佩奇法案》限制了"东方"妓女及"苦力"的移民，但也针对少数罪犯以及所有国家的妓女。

14. 在挑战了1882年《联邦移民法案》的人头税案件（Head Money Cases, 1884）中，最高法院在裁定时的确援引了国际法作为权威来源，并拒绝了政府提出的全权理论。迟成平案（1891）确立了全权原则之后，最高法院随后在 Nishimura Ekiu v. U.S., 142 U.S. (1892) 中运用了这一原则，该理论根据1891年《移民法案》对一起排斥案件进行了复审。Yamataya v. Fisher, 189 U.S. 86 (1903) 同样引用了1891年《移民法案》中规定的排斥案件所运用的全权原则。这项裁决还规定，外国人有权在程序问题上享有正当的程序。Salyer, *Laws Harsh as Tigers*, 136-138, 149; Cleveland, "Powers Inherent inSovereignty," 121, 137, 158. 全权原则在美国法律中已经根深蒂固，1909年时最高法院宣布，"国会在移民这一问题上比其他所有可想到的问题都更全权"。Oceanic Steam Navigation Co. v. Stranahan, 214 U.S. 320, 339 (1909); Hiroshi Motomura, *Americans in Waiting: The Lost Story of Immigration and Citizenship in the United States* (Oxford: Oxford University Press, 2006), 116.

15. Bill Ong Hing, *Making and Remaking Asian America through Immigration Policy, 1850-1990* (Stanford, CA: Stanford University Press, 1993), 17-42; Ngai, *Impossible Subjects,* 21-55. Salyer, *Laws Harsh as Tigers,* xiii-xvi.

16. Bosniak, *The Citizen and the Alien*, 4.

17. Ibid., 40-53; Michael Walzer, *Spheres of Justice: A Defense of Pluralism and Equality* (New York: Basic Books, 1983), 38-39; Parker, *Making Foreigners,* 119; Peter H. Schuck and Rogers M. Smith, *Citizenship without Consent: Illegal Aliens in the American Polity* (New Haven, CT: Yale University Press, 1985), 36. 有关这一状况的批评，详见：Bas Schotel, *On the Right of Exclusion: Law, Ethics and Immigration Policy*

(New York: Routledge, 2012); Bridget Anderson, Nandita Sharma, and Cynthia Wright, "Editorial: Why No Borders?" *Refuge* 26, no. 2 (2009): 5-18; Joseph H. Carens, "Aliens and Citizens: The Case for Open Borders," *Review of Politics* 49, no. 2 (Spring 1987): 251-273。

18. Rosina Lozano, *An American Language: The History of Spanish in the United States* (Berkeley: University of California Press, 2018); Neil Foley, *The White Scourge: Mexicans, Blacks, and Poor Whites in Texas Cotton Culture* (Berkeley: University of California Press, 1997); Glenn, *Unequal Freedom*; Laura E. Gómez, *Manifest Destinies: The Making of the Mexican American Race* (New York: New York University Press, 2008), 138-147; Gregg Cantrell, " 'Our Very Pronounced Theory of Equal Rights to All' : Race, Citizenship, and Populism in the South Texas Borderlands," *Journal of American History* 100, no. 3 (December 2013): 663-690; In Re: Rodriguez, District Court, W.D. Texas 81 F. 337 (1897).

19. "法案规定，在各种保留地向印第安人分配土地若干，并将美国及领地的法律保护范围扩大到印第安人，并用于其他目的"[《道斯法案》(Dawes Act)；《1887 年印第安人全面土地分配法案》(The Indian General Allotment Act of 1887)]，chap. 119, 24 Stat.388 (February 8, 1887)。该法案宣布，已经"习得"与部落不同的"文明的生活习惯"或接受土地分配的印第安人将会获得公民身份。有关联邦保护，详见：Cahill, *Federal Fathers and Mothers*, 32; Cleveland, "Powers Inherent in Sovereignty," 54-81。有关美国原住民的毁灭，详见：Benjamin Madley, *An American Genocide: The United States and the California Indian Catastrophe* (New Haven, CT: Yale University Press, 2016)。

20. Downs and Masur, *The World the Civil War Made*, 3-7; Foner, *Reconstruction*, 457-459, 528-529, 562-563, 582; George C. Rable, *But There Was No Peace: The Role of Violence in the Politics of Reconstruction* (Athens: University of Georgia Press, 2007), 191; Herbert Shapiro, *White Violence and Black Response: From Reconstruction to Montgomery* (Amherst: University of Massachusetts Press, 1988), 11. 有关"准军国主义"及其影响，详见：Steven Hahn, *A Nation under Our Feet: Black Political Struggles in the Rural South from Slavery to the Great Migration* (Cambridge, MA: The Belknap Press of Harvard University Press, 2003), 238, 288, 312。

21. Hahn, *A Nation under Our Feet*, 413-442; Rable, *But There Was No Peace*, 10, 61-2; Joel Williamson, *The Crucible of Race: Black-White Relations in the American South since Emancipation* (New York: Oxford University Press, 1984); Leon F. Litwack, *Trouble in Mind: Black Southerners in the Age of Jim Crow* (New York: Vintage, 1999).

22. 这也是"种族三角论"的起源，克莱尔·让·金（Claire Jean Kim）概述了这一现象。Claire Jean Kim, "The Racial Triangulation of Asian Americans," *Politics and Society* 27, no. 1. (1999): 105-138.

索 引

（此部分页码为原书页码，即本书页边码。）

插图和地图用斜体表示

图书在版编目（CIP）数据

无处落脚：暴力、排斥和在美异族的形成 / (美)
贝丝·廖-威廉姆斯 (Beth Lew-Williams) 著；张畅译
. -- 北京：社会科学文献出版社，2022.6
书名原文：The Chinese Must Go: Violence,
Exclusion, and the Making of the Alien in America
ISBN 978-7-5201-5224-2

Ⅰ.①无… Ⅱ.①贝… ②张… Ⅲ.①排华-美国对
外政策-对华政策-研究 ②移民法-研究-美国 Ⅳ.
①D822.371.2 ②D998.371.2

中国版本图书馆CIP数据核字（2022）第061319号

无处落脚：暴力、排斥和在美异族的形成

著　　者 / ［美］贝丝·廖-威廉姆斯（Beth Lew-Williams）
译　　者 / 张　畅

出 版 人 / 王利民
组稿编辑 / 段其刚
责任编辑 / 陈旭泽　周方茹
责任印制 / 王京美

出　　版 / 社会科学文献出版社·联合出版中心（010）59367151
　　　　　 地址：北京市北三环中路甲29号院华龙大厦　邮编：100029
　　　　　 网址：www.ssap.com.cn
发　　行 / 社会科学文献出版社（010）59367028
印　　装 / 北京盛通印刷股份有限公司

规　　格 / 开　本：889mm×1194mm　1/32
　　　　　 印　张：11.25　字　数：276千字
版　　次 / 2022年6月第1版　2022年6月第1次印刷
书　　号 / ISBN 978-7-5201-5224-2
著作权合同
登 记 号 / 图字01-2019-1368号
定　　价 / 78.00元

读者服务电话：4008918866